高等学校专业教材

# 食品工艺学

（第三版）

陈　野　刘会平　主编



中国轻工业出版社

**图书在版编目（CIP）数据**

食品工艺学/陈野，刘会平主编．—3版．—北京：中国轻工业出版社，2026.1

高等学校专业教材

ISBN 978-7-5019-9212-6

Ⅰ.①食…　Ⅱ.①陈…②刘…　Ⅲ.①食品工艺学—高等学校—教材

Ⅳ.①TS201.1

中国版本图书馆CIP数据核字（2013）第300596号

责任编辑：马　妍　　责任终审：滕炎福　　整体设计：锋尚设计

责任校对：晋　洁　　责任监印：张　可

出版发行：中国轻工业出版社（北京鲁谷东街5号，邮编：100040）

印　　刷：三河市万龙印装有限公司

经　　销：各地新华书店

版　　次：2026年1月第3版第13次印刷

开　　本：787×1092　　1/16　　印张：25.75

字　　数：597千字

书　　号：ISBN 978-7-5019-9212-6　定价：52.00元

邮购电话：010-85119873

发行电话：010-85119832　010-85119912

网　　址：http：//www.chlip.com.cn

Email：club@chlip.com.cn



252157J1C313ZBW

# 前言（第三版）

食品是人们生活的第一需要，随着我国经济的发展和城乡居民生活水平的提高，对食品的需求也发生了很大变化，不仅要求吃饱，更要求营养、安全、优质、快捷、方便和多层次、多样化，这也为推动我国食品工业的升级创造了日益增长的消费市场和强大动力。食品工艺是食品工业重要的支柱之一，食品工艺学的发展关系到每个人的生活，人们都在享受着食品工艺学发展带来的便捷生活和健康。

赵晋府教授主编的《食品工艺学》第一版和第二版教材出版以来，被多所院校选用，为适应教学的需求，编者进行了充分调研，在广泛听取各院校的意见和建议的基础上，结合课程建设和教材建设的成功经验，对《食品工艺学》（第二版）进行了大量的修订和完善。

本次修订是以教育部高等学校食品科学与工程类专业教学指导委员会《高等学校工科本科食品工艺学教学基本要求》为依据，并根据最新颁布的国家标准组织编写而成。本书以介绍食品加工工艺过程为主，弱化了食品加工过程的技术原理，注重单元操作的叙述，强调工艺条件控制的分析和讨论，每一单元操作都精选了典型案例，使学生学会分析与解决食品加工、制造中的主要问题。

为了便于不同食品领域的读者自学，编者注重基本概念的表述，同时将食品加工、制造中涉及的主要工艺和近年来发展的新技术汇聚到本书中，做到内容的系统性与实用性相结合。本教材适用于高等学校食品及相关专业，也可作为电大、函授、继续教育等相关专业的教材。

本书绪论由陈野编写；第一篇由阮美娟、王丽霞编写；第二篇由汪建明、程永强、李昌模编写；第三篇由陈雪峰、王昌禄编写；第四篇由刘会平、王稳航、孔繁东编写；第五篇由陈野、李文钊编写；第六章由李文钊、路飞编写；第七篇由王稳航、刘会平、励建荣编写；第八篇由胡爱军、程永强、郑捷编写；第九篇由孔繁东、孙浩、张彧编写。

本书在编写过程中，得到了教育部高等学校食品科学与工程类专业教学指导委员会的指导和帮助，得到了各位编者所在单位的大力支持，特别是得到了赵晋府教授的关怀和指导，在此一并表示衷心地感谢。

由于编者水平所限，书中不当之处恳请读者不吝赐教，以便改正。

编者

2013. 10

# 前言（第二版）

《食品工艺学》和大家见面了。从1997年确定本书编写任务以后，教育部根据教育发展的需要，对专业设置作了较大的调整，许多原来专业分工过细的专业在调整中进行了合并重组。新的专业目录设置中，食品中科学与工程专业涵盖了原食品科学与工程，制糖工程，粮食工程，油脂工程，烟草工程，食品卫生与检验，粮油储藏，农产品贮运与加工，水产品贮运与加工，冷冻冷藏工程（部分）等专业。在食品专业教学指导小组对新专业的培养目标、课程设置、主干课程进行研究时，对食品工艺学在食品科学与工程专业中的地位作了研究分析，认为该课程作为专业学习的一门主要课程，可以根据各校不同的特点，进行有选择的教学。为了增强学生走向社会主义经济建设主战场的适应能力，对具有共性的内容，应作为重点；对具体的产品工艺，则应视各校的特色，主要介绍重点的和有代表性的产品，以此来带动其他同类产品的工艺研究方法。在本书的编写过程中，充分地注意了这一问题。

本书绪论由赵晋府编写，第一篇由郇延军、姬德衡、高彦祥编写，第二篇由阮美娟编写，第三篇由赵晋府、朱蓓薇编写，第四篇由陈雪峰、罗仓学、周庆礼编写，第五篇由王凤翼、赵晋府、栾广忠、张宗岩编写，第六篇由张鑫编写，第七篇由赵晋府编写，第八篇由葛文光、郇延军、李文钊编写，第九篇由朱蓓薇编写，第十篇由孔繁东编写。

在本书的编写过程中，得到了食品专业教学指导小组的指导与帮助，得到了各位编者所在单位的大力支持，特别是丁霄霖教授的关怀，在此一并表示衷心地感谢。

本书的编写，是教学改革的一种尝试，无论在内容的组织和具体素材的选用上，都还有不同的意见和考虑；加之参考资料不够完善，给编写工作带来了不少困难，因此本书作为一本引玉之砖，望能引出更多的佳著。

由于编者水平所限，书中会有不当之处甚至错误，深望读者能不吝赐教，以便改正，编者将不胜感谢。

赵晋府

# 本书编委会


**主　　编** 陈　野　天津科技大学

刘会平　天津科技大学

**参编人员**（排名以编写篇章作者出现先后为序）

阮美娟　天津科技大学

王丽霞　天津科技大学

汪建明　天津科技大学

程永强　中国农业大学

李昌模　天津科技大学

陈雪峰　陕西科技大学

王昌禄　天津科技大学

王稳航　天津科技大学

孔繁东　大连工业大学

李文钊　天津科技大学

路　飞　沈阳师范大学

励建荣　渤海大学

胡爱军　天津科技大学

郑　捷　天津科技大学

孙　浩　大连工业大学

张　彧　大连工业大学

# 目 录

## 第三章 碳酸饮料



## 第四章 其他饮料



# 第二篇 乳制品和大豆制品加工工艺

## 第一章 乳制品加工工艺

## 第二章 大豆制品加工工艺



# 第三篇 果蔬制品加工工艺

## 第一章 果蔬加工概论

## 第二章　果蔬速冻



## 第三章　果蔬干制



## 第四章　果蔬糖制

# 第四篇 肉制品与水产品加工工艺

## 第一章 肉制品概述



## 第二章 中式肉制品加工工艺



## 第三章 西式肉制品加工工艺

## 第四章　水产品加工工艺



# 第五篇　粮谷食品加工工艺

## 第一章　米、面制品

## 第二章 膨化食品



## 第三章 焙烤食品



# 第六篇 糖果加工工艺

## 第一章 糖果

## 第三章 肉禽类罐头



## 第四章 水产罐头



## 第五章 软罐头



## 第六章 其他类罐头

# 第八篇 调味品工艺

## 第一章 调味品概述



## 第二章 酱油、酱类和腐乳



## 第三章 醋



## 第四章 黄酒

# 第九篇 食品加工三废处理及利用

## 第一章 三废处理



## 第二章 三废的利用

# 绪 论

“民以食为天，无食则无以生存”。人类赖以生存的食品是经过加工和处理，作为可供流通的食物。制造食物的食品工业被人们称为关系国民经济的“生命工业”，其产品不仅供应国内外市场，还能促进相关行业、产业的迅速发展，是国民经济的支柱产业。

## 一、我国食品工业的现状及发展趋势

1. 食品工业的发展现状

面对不断增长的世界人口和有限的食物资源，食品的供求已成为世界性的问题，所以观察食品工业的发展状况，必须围绕食品供求以及与相关行业的关系诸方面进行剖析。第三次全国工业普查（1996 年）的结果表明，食品工业总产值在全国工业部门总产值中所占比例首次上升到第一位，成为国民经济的重要支柱产业。1996—2008 年间，食品工业产值和销售收入大幅度上升（如图 1 所示）。2002—2008 年的 6 年间，食品工业产值增加了 3. 98 倍，2008 年食品工业产值达到 42000 亿美元，增长速度大大高于包括美日欧在内的经合组织 30 个成员国的平均水平（2. 3%）。

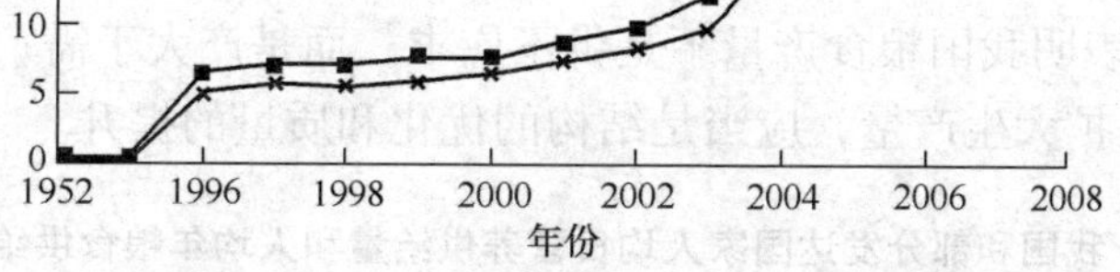


**图 1 1996—2008 年中国食品工业产值和销售收入**

资料来源：《中国食品工业年鉴》。

人类的一切生命活动，包括生长发育、细胞更新、组织修复均需从外界摄取物质和能量，因此经口摄入体内的含有营养素的物料，即食物或食料将成考察食品工业的重要关注点。表 1 为世界主要国家年人均食物供给量，从中可以清楚地看出：我国各类农产品和食品的供给量已经达到或超过一些发达国家，许多食物产量世界第一，甚至人均量也是名列前茅，表明我国已经很好地解决了13亿人口的吃饭问题。

表1　　世界主要国家国民年人均各种食物供给量　　单位：kg/（人·年）

| 国家 | 年份 | 谷类 | 薯类 | 豆类 | 蔬菜 | 水果 | 肉类 | 禽蛋 | 奶类 | 水产 | 砂糖 | 油脂 |
|---|---|---|---|---|---|---|---|---|---|---|---|---|
| 澳大利亚 | 1999 | 92.5 | 59.5 | 10.6 | 89.7 | 91.9 | 119.2 | 63 | 243.4 | 18.9 | 39.6 | 23.2 |
| 加拿大 | 1999 | 107.3 | 53.1 | 9.6 | 120.7 | 130.9 | 103.1 | 10.8 | 275.9 | 21.8 | 37.0 | 23.5 |
| 法国 | 1999 | 115.3 | 67.2 | 3.2 | 125.2 | 92.9 | 109.8 | 16.0 | 402.8 | 28.9 | 36.4 | 21.3 |
| 德国 | 1999 | 100.5 | 77.9 | 3.6 | 73.7 | 116.1 | 89.5 | 12.2 | 363.7 | 14.6 | 35.9 | 25.9 |
| 意大利 | 1999 | 161.5 | 39.4 | 6.3 | 178.9 | 140.8 | 95.1 | 12.9 | 307.2 | 23.5 | 29.7 | 30.9 |
| 荷兰 | 1999 | 74.5 | 83.7 | 3.4 | 87.7 | 139.3 | 88.2 | 16.1 | 398.8 | 15.9 | 45.3 | 22.2 |
| 西班牙 | 1999 | 101.1 | 87.1 | 6.4 | 163.4 | 121.9 | 117.3 | 13.9 | 176.3 | 41.0 | 29.7 | 29.7 |
| 瑞典 | 1999 | 103.2 | 52.5 | 2.3 | 78.1 | 109.5 | 73.9 | 11.6 | 445.7 | 27.6 | 42.4 | 22.2 |
| 瑞士 | 1999 | 106.4 | 42.0 | 2.3 | 94.9 | 105.0 | 77.3 | 10.5 | 366.0 | 17.9 | 47.0 | 20.7 |
| 英国 | 1999 | 107.6 | 110.5 | 8.5 | 88.6 | 87.0 | 78.7 | 9.2 | 276.8 | 22.1 | 37.3 | 23.2 |
| 美国 | 1999 | 115.6 | 64.2 | 7.4 | 134.2 | 111.8 | 125.0 | 14.5 | 282.5 | 20.3 | 33.2 | 28.6 |
| 日本 | 2000 | 115.6 | 23.6 | 9.4 | 118.4 | 56.7 | 43.9 | 20.0 | 94.3 | 67.1 | 20.2 | 19.7 |
| 中国 | 2007 | 347.0 | 21.3 | 13.1 | 428.8 | 137.6 | 62.1 | 19.1 | 27.6 | 36.0 | 92.5 | 22.5 |

资料来源：日本农林水产省“食料需给表”；FAO“Food Balance Sheets”；中国数据根据《中国农产品加工年鉴（2008）》提供数据计算。

从人体营养和粮食供给量角度观察食品工业的发展。表2为我国和部分发达国家人均日营养供给量和人均年粮食供给量，其数据显示：第一，多数发达国家人均年粮食供给量不足350kg；第二，美国粮食人均年供给量最高为375.5kg；第三，日本粮食人均年供给量为275.8kg；第四，我国粮食人均年供给量为309.7kg。应当指出的是我国食物结构与日本相接近，其粮食人均年供给量大体相当。然而，我国一直是把粮食人均年供给量定为400kg，这表明我国粮食产量不是供不应求，而是产大于需；表明今后我国食品工业的发展目标不是扩大生产量，应当是结构的优化和质量的提升。

表2　　我国和部分发达国家人均日营养供给量和人均年粮食供给量

| 国家 | 日供能量/kcal | 动物性食物比例/% | 折合日供糙米量/% | 折合年供粮食量/kg |
|---|---|---|---|---|
| 加拿大 | 3026.6 | 31 | 864.7 | 315.6 |
| 法国 | 3386.2 | 40 | 967.5 | 353.1 |
| 德国 | 3151.5 | 34 | 900.4 | 328.6 |
| 英国 | 3131.1 | 34 | 894.6 | 322.1 |

续表

| 国家 | 日供能量/kcal | 动物性食物比例/% | 折合日供糙米量/% | 折合年供粮食量/kg |
| --- | --- | --- | --- | --- |
| 美国 | 3600.5 | 29 | 1028.7 | 375.5 |
| 日本 | 2644.6 | 22 | 755.6 | 275.8 |
| 中国 | 2970.1 | 22 | 848.6 | 309.7 |

注：日本数字为2000年统计，其余国家为1999年统计。
1kcal = 4.18kJ。

表3所示为近年来食品工业产值与居民食品消费支出情况比较，其数据摘自《中国食品工业年鉴》《中国工业经济统计年鉴》和《中国统计年鉴》。从表中可以看出：第一，2004年以后，食品工业年产值大于全国居民的年食品消费支出，并且其差额逐年扩大，表明我国食品的产与销进入质量提升的重要阶段；第二，尽管广大居民收入水平不断的提高，对食品需求也更多更高，但是食品工业的生产和发展不仅实现了充足的供给，而且在保证安全可靠、品种丰富等方面做出了巨大贡献。

**表3　近年来我国食品工业年产值和居民食品消费支出情况比较表**　单位：亿元

| 年份 | 食品工业产值 | 食品消费支出 | 差额 |
| --- | --- | --- | --- |
| 2004 | 16280.9 | 14697.9 | 1583.0 |
| 2005 | 20473.6 | 16386.0 | 4087.6 |
| 2006 | 24808.4 | 17966.0 | 6842.4 |
| 2007 | 31912.2 | 20942.0 | 10970.2 |
| 2008 | 42000.0 | 25864.5 | 16135.5 |

食品工业的发展态势已从传统的食品工业逐步地发展成现代食品工业，不仅规模大、门类齐全，而且营养丰富，形态和风味各异的食品能够充分保证社会的需求。

2. 食品工业的发展趋势和对策

一个先进的国家，若没有先进的食品工业是不可想象的。我国食品工业的发展也必须伴随全世界经济日益融合，中国经济的飞速发展和工业化、城市化及国际化进程的加快，与时俱进。

（1）依靠科技进步扶植和改造传统食品业　我国日常家庭餐桌食品主要由主食和副食组成。其主食是以谷类食物为原料做成的米饭、粥、馒头、饼、面条等；而副食是荤素搭配的菜，主要由各种应时蔬菜以及肉类（如猪、牛、羊、鸡肉等）做成。这种饮食模式所需食物的结构，不仅与我国或其他国家营养学者所推荐的膳食指南相吻合，也与日本、韩国等很相似。日本也主张主食和副食搭配，以及“三菜一汤”的食文化和消费倡导。大家都知道，日本是第一长寿国，民族饮食结构被营养学家公认是理想结构。

在世界范围内，科学技术日新月异，发展变化的速度前所未有。诸如生物技术、信息技术、新材料、新能源、空间利用、海洋开发、营养保健、蛋白质工程、制造工业等先进科学和技术，同样是食品工业发展的原动力。比如，通过新的生物技术方法来生产发酵传统食品的白菜、大豆、豆类产品，使其改善消化，提升生理价值，减少环境污染。尤其值得一提的是，韩国泡菜和日本纳豆的发展壮大过程，使人们得到启发和经验：第一，依靠先进的科学技术为依托，加大对传统食品研发力度，采用先进制造工艺，提高产品质量；第二，国家重点支持，尤其是对小作坊、小企业的扶植和改造，使其产品逐步地工业化、标准化以及品牌化。

对于我国的食品工业，借鉴外国的先进经验，依靠科技进步积极扶植和支持传统食品加工企业，尤其是帮助那些从事传统加工的中小企业、作坊，通过技术改造，产品质量提高、企业创新、经营管理现代化，是推动我国食品工业现代化的重要战略。

（2）生产适应我国食品消费特点的产品将成为重要趋势　我国是食品消费大国，具有最多人口的消费大市场，如何满足社会需求，必须根据居民的饮食习惯，食品原料的供应情况，以及不同年龄、不同地域、不同人群的消费特点，开发和生产多样化、精细化和营养产品。

①开发和生产精深加工、高附加值食品，肉类、鱼类、果蔬的制成品和半成品、休闲食品以及满足不同人群的个性食品等，消费市场十分广阔。

②开发和生产适应职场人员生活（工作）快节奏的快捷方便食品，如快餐食品、方便面、方便饭等，将会大有作为。

③开发和生产功能性食品，以满足心脑血管病、糖尿病、癌症、过敏症等慢性病患者，以及减肥食品、保健食品等特殊人群需求，前景光明。

④开发和生产主食产品（主食是指人们日常三餐中食用频度较高，提供主要营养来源的食物），加速主食工业化，不仅是保证中国人赖以生存的主要营养食物，也是粮食加工增值的合理延伸和新的经济增长点。

（3）食品工业发展中几个值得思考的关注点　食品工业承载着提高人们生活水平，带动农业发展，实现工业强国的重任，已经进入快速发展和壮大的重要阶段。在这种新形势下，科学合理地确定食品工业发展目标与策略时，有几个值得思考的关注点。

①随着食物生产的发展，居民食物质量和营养摄入有明显的改善。但是，饮食中营养摄入不均衡或营养过剩问题也凸显出来，与之相关的慢性病快速增长。值得引起高度关注的是，国际快餐业如汉堡、比萨等，随着外来的饮食潮流进入中国，使得西式餐饮业逐渐繁荣，培养了一批儿童、青年人及中年妇女消费人群，只图美味好吃，忽略了营养均衡。使得肉类、油脂类食物消费过多，挤压了谷物食品供给比例；破坏了正常的饮食习惯，偏食精米、精面，造成矿物质、膳食纤维和部分微量营养元素缺乏，从而引起许多不应有的疾病。这些活生生的现实告诫我们，发展食品工业应重视国民的营养健康，不可盲目照搬西餐模式。

②农业为食品工业提供基础原料，如粮食、油料、糖料、果蔬、肉、禽、蛋、奶和水产品等，食品工业发展与粮食消费和农业生产的关系非常密切。如何通过食品工业的发展，提高农业产品的商业价值、农业资源的利用价值和农业经济效益，从而促进农业增产、农民增收、农村建设加快，将成为政府和人民共同关注的大问题。

首先，要改变食品工业是农业生产附属产品的陈旧观念，尽快转变“农民种（养）什么，食品加工业就加工什么，消费者只能购买什么”的局面，取而代之的是“市场需要什么，则食品工业加工什么，农业种（养）什么”，即市场需求成为食品开发与农业结构调整的重要依据，摆正农业和食品工业的关系，相互促进，共同发展。

其次，由于中国土地辽阔，区域气候差异大，农民种植传统不同，各地农产品区别很大，形成多个各具优势的农产品产业带。据此，确定食品工业发展目标时，应从实际情况出发，既要满足各地居民的消费区别，又要适应不同自然环境下农业生产的特点，使优势农产品产业带的丰富原料资源转化为食品工业的产业优势。例如，中国北方居民比较爱吃面食，以面食为主食，结合华北平原、东北三省盛产小麦，则应大力发展加工馒头、烙饼、面条、包子等主食加工业；中国南方居民比较喜欢吃米饭，并且水稻种植业发达，为满足人们的生活需求，理应发展米饭主食业；又因为稻米产量很大，除了做主食外，是做米粉、米线的最好原料，无疑发展米粉、米线加工也一定有很好的前景，既能为食品工业提供丰富的使用资源和原料，又有利于食品工业生产出更好更多的色、香、味、质构、营养等符合不同人群需要的食品，加速食品工业的发展。

最后，应清楚地看到，在食品工业蓬勃发展的同时，其中不尽如人意的事情不可小视，最需要关注的是，中国居民营养健康正面临严峻考验，食源性疾病正在快速增长。特别是在2008年三聚氰胺事件发生后，食品安全成了问题的焦点，到了必须解决的地步。

从本质上看，因为食品安全信用环境建设薄弱，信用意识缺乏，从而导致食品质量安全危机。可从以下几方面解决：

第一，政府高度重视，完善关于食品安全和质量的政策、法规，认认真真地执行各项规章制度；建立政府监管、行业自律和社会监督一整套的质量控制和保障体系。

第二，从技术层面，研发和确立从生产的源头到消费餐桌各种环节的风险评估与预警、溯源、检测和监控方法（体系）；研发和制造快捷、准确、便携检测技术和仪器；建立和完善食品安全全过程（包括农兽药残留、饲料质量、生产加工、储运等）的控制技术和体系；制定与国际接轨的食品安全技术标准等，以提供全面、具体、有力的技术保障。

第三，全体居民要提高食品的安全意识，并发挥全民监督的作用。食品生产和加工者更要肩负起保证食品安全的重担，根据法律、法规要求，对食品原料、生产过程和流通环节可能出现的安全问题进行监控，以确保产品的安全。

## 二、食品工艺学的研究对象和内容

食品工艺学是研究食品的原材料、半成品和成品的加工过程和方法的一门科学，它建立在食品化学、食品微生物学和食品工程原理等学科的基础上，探讨食品生产中的物理、化学、生物学之间的变化关系，将生产过程中发生的变化和工艺技术参数联系到一起，主动地进行控制，以求达到工艺控制上的高标准。因此，食品工艺学又是一门实践性极强、与生产实际联系紧密的应用学科。

食品工艺学所研究的内容包括各类食品的工业生产过程以及过程中每个环节的具体方法。按国家经济行业分类标准，食品工业包括食品加工业、食品制造业、饮料制造业及烟草加工业四大类。

食品工艺学的内容非常丰富，几乎包括了开发、加工、制造适合人类需求的各类食品和工业产物的全过程。并且，在这个全过程中，通过对可食资源的技术处理，以保持和提高其可食性与利用价值，从而创造经济效益。这就是食品工艺学中的经济观点，即经济上的合理原则；其次，在对可食资源的技术处理时，还应遵循技术先进的原则，使工艺控制达到高水平，以保证产品质量的优良。例如，超临界 $CO_2$ 流体萃取技术，现在已成功地应用在食品工业中，利用它萃取天然色素、萃取天然香料、萃取动植物油、萃取啤酒花和脱咖啡因等；再如电磁杀菌技术，以它不可替代的优点，广泛用在果蔬汁饮料、牛乳加工、鸡蛋加工、酿造食品加工中；也广泛用于果品、蔬菜、粮食类农产品贮存保鲜，以及鱼类、肉类等鲜活产品保鲜等诸多方面；还有食品超高压加工技术（或称高压加工技术）正越来越多地应用于食品加工中，用它进行食品加工、改善食品的冷冻、贮存质量、改变食品的特性等方面，其例不胜枚举。

在食品工艺学的研究中，除了遵循经济上合理和技术上先进两大原则外，保护环境，对任何生产所引起的环境污染都必须加以治理，尤其要做好食品工业的三废处理，也必须作为大事来考虑。食品加工过程中常常产生大量的废气、废水和固体废物，这些废弃物中有机物含量高，若处理不当，直接排放到环境中，则会造成环境污染，破坏生态平衡，影响身体健康，甚至危害人类的生存。对于食品技术工作者和生产食品的企业来说，第一，要履行保护环境的义务，遵守和执行规章制度。第二，选用不产生污染或少产生污染的工艺路线；对可能造成的污染，坚决采取有效的措施加以处理，做到废弃物的达标排放。第三，不断提高技术水平，改进生产工艺和设备，最大限度地利用原料，降低用水量及消耗，减少三废排放量。第四，不断开发和应用新技术，回收、利用三废，变废为宝。第五，利用生物技术及物理和化学方法，对最终排放的废弃物进行处理，使之达到国家规定的三废排放标准。

## 三、食品工艺学的学习方法

食品工艺学是一门将基础科学，如生物化学、微生物学、食品化学、物理学、化学等，应用于食品原材料、处理、包装、贮存、加工的科学。它不仅有很强的理论性，又具有极强的实践性，与生产实际联系紧密，所以也是一门应用学科。近年来，随着基础科学和综合应用技术的发展，农产品加工的理论和技术进步，现代高新技术广泛用于食品加工领域，已成为推动食品加工学科发展的巨大动力；另一方面食品工艺学自身实践基础的发展，发现了许多新成果，提出了新的方法和概念，从而加速了食品加工学科的前进步伐。

如今，食品工业已发展成一个大产业，包括很多门类，其中每一门类的产品均可形成一门自身的工艺学，如果蔬加工工艺学、罐藏食品工艺学、乳与乳制品工艺学等，所以作为以食品生产加工过程及其方法为主要研究对象的工艺学，其内容非常庞大繁杂。

本书是高等学校食品类专业的通用教材，食品工艺学不同于其他自然科学，具有很强的实践性，因此，考虑食品工艺学课程任务，应向学生介绍具有典型性、普遍性食品类加工的加工工艺，使学生掌握一般工艺。据此，以食品工艺课程任务为目标，将以原材料为主的加工工艺，整合成以产品为主的加工工艺。再用产品加工为主线，把内容相对独立，而在基础知识上又有一定联系的几种产品加工工艺串联在一起，构建成本“食品工艺”课程体系。本书的最后一篇为环境保护问题，启示学习者从事食品加工工作时，注意环境的保护，尤其要处理好食品工业三废。

为突出工艺学的实践性，在阐述加工工艺时，突出工艺条件、加工方法和实际经验、常见的产品质量问题及排除方法等方面的叙述，以培养学习者解决问题和动手的能力。

为学好食品工艺学，诚恳地向学习者提出几点建议，供参考。

（1）紧紧抓住食品工艺学以产品加工为主这条主线，集中精力学好几种产品加工工艺，举一反三，全面掌握食品工艺学这门科学。

（2）注意学习和积累产品加工的方法和实践经验，以培养解决问题的能力及创新意识。

（3）重视实验教学，通过基础性实验、综合性实验、设计性实验来提高分析能力和动手能力。

（4）关注和了解机电方面相关知识，以便掌握和使用食品加工设备。

（5）重视食品质量，认真地保护环境。

# 第一篇

## 饮料加工工艺

# 第一章　饮料概述

【学习指导】

本章应重点掌握水质对饮料的影响及饮料用水的基本要求；同时了解饮料的概念与分类。

## 第一节　饮料的定义和分类

### 一、饮料的定义

饮料定义："经过加工制造供饮用的液体，如酒、茶、汽水、橘子水等。"所以许多资料中将其说成是经过加工制造的、能使人愉快的、供人们消耗性消费的任何液体饮品。

### 二、饮料的分类

**（一）按国家标准分类**

我国《饮料通则》（GB10789—2007）直接用饮料代替软饮料一词，并作了新的概述。《饮料通则》中规定：饮料是指经过定量包装的，供直接饮用或用水冲调饮用的，乙醇含量不超过质量分数0.5%的制品，不包括饮用药品。

按原料或产品性状进行分类，将饮料分为碳酸饮料类、果汁和蔬菜汁类、蛋白饮料类、饮用水类、茶饮料类、咖啡饮料类、植物饮料类、风味饮料类、特殊用途饮料类、固体饮料类、其他饮料类共11个大类，各大类的基本定义与分类如下：

1. 碳酸饮料（汽水）类

碳酸类饮料是指在一定条件下充入二氧化碳气（$CO_2$）的饮料，不包括由发酵法自身产生的二氧化碳气的饮料。要求$CO_2$含量不小于1.5倍（20℃时同体积饮料中溶解的$CO_2$的体积倍数）。碳酸饮料又分为果汁型碳酸饮料、果味型碳酸饮料、可乐型碳酸饮料和其他型碳酸饮料4类。

2. 果汁和蔬菜汁类

果汁和蔬菜汁类饮料是指用水果和（或）蔬菜（包括可食的根、茎、叶、花、果实）等为原料，经加工或发酵制成的饮料。它分为果汁（浆）和蔬菜汁（浆）、浓缩果汁（浆）

和浓缩蔬菜汁（浆）、果汁饮料和蔬菜汁饮料、果汁饮料浓浆和蔬菜汁饮料浓浆、复合果蔬汁（浆）及饮料、果肉饮料、发酵型果蔬汁饮料、水果饮料和其他果蔬汁饮料共9类。

3. 蛋白饮料类

蛋白饮料类饮料是指以乳或乳制品，或有一定蛋白质含量的植物的果实、种子或种仁等为原料，经加工或发酵制成的饮料。按加工原料不同分为含乳饮料、植物蛋白饮料和复合蛋白饮料三类。

4. 饮用水类

饮用水类饮料是指密封于容器中可直接饮用的水。其有饮用天然矿泉水、饮用天然泉水、其他天然饮用水、饮用纯净水、饮用矿物质水和其他饮用水6类。

5. 茶饮料类

茶饮料类饮料是指以茶叶的水提取液或其浓缩液、茶粉等为原料，经加工制成的饮料。它又分为茶饮料（茶汤）、茶浓缩液、调味茶饮料和复（混）合茶饮料4类。

6. 咖啡饮料类

咖啡饮料类饮料是指以咖啡的水提取液或其浓缩液、速溶咖啡粉为原料，经加工制成的饮料。根据咖啡因含量的不同分为浓咖啡饮料、咖啡饮料和低咖啡因咖啡饮料3种。

7. 植物饮料类

植物饮料类饮料是指以植物或植物抽提物（水果、蔬菜、茶、咖啡除外）为原料，经加工或发酵制成的饮料。根据加工用原料的不同分为食用菌饮料、藻类饮料、可可饮料、谷物饮料和其他植物饮料5类。

8. 风味饮料类

风味饮料类饮料是指以食用香精（料）、食糖和（或）甜味剂、酸味剂等作为调整风味主要手段，经加工制成的饮料。根据添加物料及风味的不同又分为果味饮料、乳味饮料、茶味饮料 、咖啡味饮料和其他风味饮料5类风味饮料。

9. 特殊用途饮料类

特殊用途饮料类饮料是指通过调整饮料中营养素的成分和含量，或加入具有特定功能成分的适应某些特殊人群需要的饮料。根据用途不同分为运动饮料、营养素饮料和其他特殊用途饮料。

10. 固体饮料类

固体饮料类饮料是指用食品原料、食品添加剂等加工制成粉末状、颗粒状或块状等固态料的供冲调饮用的制品。如果汁粉、豆粉、茶粉、咖啡粉、果味型固体饮料、固态汽水（泡腾片）、姜汁粉。要求稀释冲调后，应达到相应种类的基本技术要求。

11. 其他饮料类

其他饮料类饮料是指以上分类中未能包括的饮料。

饮料的基本技术指标见表1-1-1。

**（二）按加工工艺分类**

按饮料的加工工艺，可以将其分为以下4类：

（1）采集型　采集天然资源，不加工或有简单的过滤、杀菌等处理的产品，如天然矿泉水。

表 1-1-1　　饮料基本技术要求

| 分　类 | 项　目 | 指标或要求 |
| --- | --- | --- |
| **碳酸饮料类** | | |
| 果汁型碳酸饮料 | $CO_2$ 含量（20℃时同体积饮料中溶解的 $CO_2$ 的体积倍数） | ≥1.5 |
| | 果汁含量/% | ≥2.5 |
| 果味型、可乐型、其他型碳酸饮料 | $CO_2$ 含量（20℃时同体积饮料中溶解的 $CO_2$ 的体积倍数） | ≥1.5 |
| **果汁和蔬菜汁类** | | |
| 果汁（浆）和蔬菜汁（浆） | | 具有原水果果汁（浆）和蔬菜汁（浆）的色泽、风味和可溶性固形物含量（为调整风味添加的糖不包括在内） |
| 浓缩果汁（浆）和浓缩蔬菜汁（浆） | 可溶性固形物的含量和原汁（浆）的可溶性固形物含量之比 | ≥2 |
| 果汁饮料 | 果汁（浆）含量/% | ≥10 |
| 蔬菜汁饮料 | 蔬菜汁（浆）含量/% | ≥5 |
| 果汁饮料浓浆和蔬菜汁饮料浓浆 | 按标签标示的稀释倍数稀释后，其果汁（浆）和蔬菜汁（浆）含量 | 不低于本表对果汁饮料和蔬菜汁饮料的规定 |
| 复合果蔬汁 | | 应符合调兑时使用的单果汁（浆）和蔬汁（浆）的指标要求 |
| 复合果蔬汁饮料 | 复合果汁饮料中果汁（浆）总含量/% | ≥10 |
| | 复合蔬菜汁饮料中蔬菜汁（浆）总含量/% | ≥5 |
| | 复合果蔬汁饮料中果汁（浆）蔬菜汁（浆）总含量/% | ≥10 |
| 果肉饮料 | 果浆含量/% | ≥20 |
| 水果饮料 | 果汁含量/% | 5~10 |
| **蛋白饮料类** | | |
| 配制型含乳饮料 | 乳蛋白质含量/% | ≥1.0 |
| 发酵型含乳饮料 | 乳蛋白质含量/% | ≥1.0 |
| | 未杀菌型，出厂检验乳酸菌活菌数量/(cfu/mL) | $\geq 1\times10^6$ |

续表

| 分类 | 项目 | 指标或要求 |
|---|---|---|
| 乳酸菌饮料 | 乳蛋白质含量/% | ≥0.7 |
| | 未杀菌型，出厂检验乳酸菌活菌数量/(cfu/mL) | $\geq 1\times10^6$ |
| 植物蛋白饮料 | 蛋白质含量/% | ≥0.5 |
| 复合蛋白饮料 | 蛋白质含量/% | ≥0.7 |
| **茶饮料类** | | |
| 茶饮料（茶汤） | 茶多酚含量/（mg/kg） | ≥300 |
| 果汁茶饮料 | 茶多酚含量/（mg/kg） | ≥200 |
| | 果汁茶饮料果汁含量/% | ≥5.0 |
| 奶茶饮料 | 茶多酚含量/（mg/kg） | ≥200 |
| | 奶茶饮料中乳蛋白含量/% | ≥0.5 |
| 碳酸茶饮料 | 茶多酚含量/（mg/kg） | ≥100 |
| | $CO_2$含量（20℃时同体积饮料中溶解的$CO_2$的体积倍数） | ≥1.5 |
| 其他调味茶饮料 | 茶多酚含量/（mg/kg） | ≥150 |
| 复合茶饮料 | 茶多酚含量/（mg/kg） | ≥150 |
| **咖啡饮料类** | | |
| 浓咖啡饮料 | 咖啡因含量/（mg/kg） | ≥400 |
| 咖啡饮料 | 咖啡因含量/（mg/kg） | 200~400 |
| 低咖啡因咖啡饮料 | 咖啡因含量/（mg/kg） | ≤50 |
| **固体饮料类** | | 稀释冲调后，应达到本表中相应种类的基本技术要求 |

（2）提取型　天然水果、蔬菜或其他植物经破碎、压榨或浸提、抽提等工艺制取的饮料，如果汁、菜汁或其他植物饮料。

（3）配制型　以天然原料和添加剂配制而成的饮料，包括充二氧化碳的汽水。

（4）发酵型　包括酵母、乳酸菌等发酵制成的饮料，包括杀菌的和不杀菌的。

# 第二节　饮料加工用水

## 一、水质对饮料的影响

水质的好坏对饮料的品质影响很大，水中各种杂质的影响各不相同。

（1）浊度　使水质混浊的原因是由于水中含有微生物、泥沙、铁、锰等。这些物质会升到瓶颈处或从饮料中沉淀出来，导致瓶颈积垢，出现一种称作“絮状沉淀”的蓬松黏性微粒，或者在瓶底沉淀。另外，在生产汽水时，它们还会在装瓶时造成 $CO_2$ 迅速消耗，使得瓶内汽水的高度不一致，一般用混凝过滤法除去。

（2）色　天然水中的着色成分多为腐殖酸等植物分解生成的生成物以及铁、锰离子等。这种杂质不但影响饮料的外观，而且会影响产品的味道，一般用活性炭吸附处理。

（3）臭气及味　消毒自来水中残留下来的余氯，即使是1mg/L也会被人品尝到；土壤化合物中的硫化氢（$H_2S$）溶于水会产生一种类似坏蛋的臭味，从水管上溶下来的铁和铜会产生一种金属味。这些物质都会影响饮料的香气和味道，有时也会导致沉淀的发生，影响饮料的外观。因此，对饮料用水必须脱臭脱味。脱臭脱味的方法多种多样，由气体引起的可用脱气处理；由还原性物质引起的可用氯或臭氧氧化处理；因铁、锰引起的可作除铁、锰处理。如果只是微量的臭气及味可用活性炭吸附处理。

（4）碱度　水中含有的氢氧化物、碳酸盐、重碳酸盐使水带有碱性。碱性如果不清除，就会中和成品饮料中的酸，从而改变了酸性饮料的特殊酸味，同时也就影响了饮料的香味。可口可乐饮料中的碱性浓度只要达到85mg/L便会使25%的饮料的酸度得到中和。茶饮料生产中，pH >8 就会引起茶中儿茶素的褐变，从而影响茶饮料的外观色泽；红茶茶汤在 pH >5 色泽会加深，pH 还会影响茶汤中茶黄素和茶红素的含量，使两者的比例改变从而间接影响茶汤的色泽，表1－1－2所示为几种茶汤中茶黄素（TF）和茶红素（TR）比例与色泽的关系。

表1－1－2　红茶、乌龙茶茶汤中茶黄素和茶红素比例与茶汤色泽的关系

| TF/TR | 65.2 | 13.5 | 11.4 | 7.5 | 4.0 |
|---|---|---|---|---|---|
| 色泽 | 很深、混浊 | 浅灰暗 | 亮金黄色 | 很亮金黄色 | 很亮、强金黄色 |

一般可用石灰软化法除去水中的碱度。

（5）硬度　水中含有钙和镁会使水的硬度增大。在洗瓶机中，水的硬度会和洗瓶所用的苛性碱溶液起反应，导致在洗瓶机内的冲洗射口处和冲洗套袋处形成水垢。一旦形成水垢，洗瓶效率就会降低，因而就要用更多的水和苛性碱溶液，而且会使机器的磨损也比较快，最后瓶子会得不到有效的洗涤和冲洗。此外，还会使瓶子蒙上一层水垢，既

影响瓶子的外观也会造成灌装时起泡。

水中的钙镁离子对茶汤的色泽有不利影响。一般认为，$Ca^{2+}$含量>60mg/L时，红茶茶汤明亮度和彩度下降，产生茶乳酪；$Ca^{2+}$含量<25mg/L时，可得到较好的茶汤水色。

茶用水的总硬度影响茶汤澄清透明度，当茶用水的总硬度<1.07mg/L时，无沉淀生成；>1.07mg/L时有明显的沉淀生成。红茶、绿茶和乌龙茶三者中以乌龙茶对$Ca^{2+}$、$Mg^{2+}$最为敏感，以结合形式生成沉淀。$Mg^{2+}$对绿茶茶汤浊度无影响，$Ca^{2+}$对包种茶茶汤浊度无影响。

$Ca^{2+}$、$Mg^{2+}$还影响到茶汤的滋味，$Ca^{2+}$含量达到4mg/L时，茶汤发苦；$Mg^{2+}$含量达到2mg/L时，茶汤滋味变淡。

可用软化法除去水中的硬度。

（6）铁和锰　一般地表水中的铁、锰含量很低，而地下水中的铁、锰含量较高。铁的化合物存在于天然水中是以$Fe^{2+}$和$Fe^{3+}$形式存在的。在地下水中，由于溶解的氧少，而且又含有游离碳酸，因而只有$Fe^{2+}$以溶解的、无色的重碳酸亚铁形式存在。有的地下水中$Fe^{2+}$含量很大，可达10mg/L以上，一旦其与空气接触，$Fe^{2+}$就会被氧化成$Fe^{3+}$，生成难溶的氢氧化铁$Fe(OH)_3$，从而使水带有黄褐色，并且变得混浊。

锰是许多岩石及土壤的微量组成成分，它常与铁同时存在于水中。在地下水中，锰常以重碳酸亚锰形式存在。

铁和锰的存在会使饮料着色、带异味、产生沉淀，如当$Fe^{3+}$含量达到0.1mg/L时，茶汤色泽变深，含量达到5mg/L时，茶汤色泽变黑；$Fe^{3+}$不仅影响茶汤的汤色而且对茶汤组分还有助氧化作用；水中过量的$Fe^{3+}$会使茶汤产生似黄铜的、粗涩的金属味。因此，饮料用水对铁、锰要求比较严格。

除去水中铁的方法是，把亚铁盐通过曝气或用氯氧化成为氧化铁盐后，用凝集沉淀和过滤方法处理除去。用石灰软化法可以除去水中的铁与锰。另外，当水中的铁、锰含量高时，可用专门除铁除锰的设备除去。

（7）余氯　消毒自来水中会有残留的余氯，用石灰软化法处理的水中也会有余氯。氯是强氧化剂，会使软饮料的颜色和味道都发生变化。一般可用活性炭法吸附处理。

（8）微生物　微生物超过标准，会影响饮料的保质期，严重时会使饮料在几天之内变坏，致使饮料的外观和味道都受到影响。水中的微生物可用氯消毒法、紫外线、臭氧消毒法处理。

## 二、饮料用水的基本要求

饮料厂用水的水质要求视水的用途而异。通常饮料工厂用水按用途可分为一般用水、饮料生产用水和冷却用水三大类，各类用途的水质要求有所不同。

1. 一般用水

一般用水用于饮料原料和包装容器（玻璃瓶、金属罐、塑料容器等）的清洗、一般饮料的调配、设备及附属器具的清洗等，用量最多。这种水必须符合饮用水的标准，要求清洁卫生、无色透明、无味无臭，不含有害离子，细菌数在允许范围内。

2. 饮料生产用水

饮料生产用水不仅要符合饮用水标准，有时还要求用软化水，需要除去其中溶解的盐类。例如碳酸饮料，水中溶解的盐类会影响饮料的组织和风味，需要采用离子交换等方法去除。另外，果蔬中的花色素、单宁等物质受 $Ca^{2+}$、$Mg^{2+}$ 等金属离子影响而带有颜色，故在清洗、热烫果蔬时要注意水质的影响。还有茶和咖啡浸提用水的水质对其浸提液的色泽和风味也会产生影响。因此，饮料生产用水除应符合我国《生活饮用水卫生标准》（GB5749—2006）外，还应符合表 1-1-3 所示的指标。饮用水与饮料生产用水在主要指标上的差异见表 1-1-4。

**表 1-1-3　一般饮料用水标准**

| 项目名称 | 指标 | 项目名称 | 指标 |
|---|---|---|---|
| 浊度/度 | <2 | 高锰酸钾消耗量/（mg/L） | <10 |
| 色度/度 | <5 | 总碱度（以 $CaCO_3$ 计）/（mg/L） | <50 |
| 味及嗅 | 无味无臭 | 游离氯含量/（mg/L） | <0.1 |
| 总固形物含量/（mg/L） | <500 | 细菌总数/（个/mL） | <100 |
| 总硬度（以 $CaCO_3$ 计）/（mg/L） | <100 | 大肠菌群/（个/L） | <3 |
| 铁（以 Fe 计）含量/（mg/L） | <0.1 | 霉菌数/（个/mL） | ≤1 |
| 锰（以 Mn 计）含量/（mg/L） | <0.1 | 致病菌 | 不得检出 |

注：在微生物指标中，从质量角度考虑，有将酵母指标列入者，数值为 1mL 不表现或≤5 个/100mL。

资料来源：①GB5749—2006，②《软饮料工业》总第 14 期。

**表 1-1-4　饮用水与饮料生产用水在指标上的差异**

| 指　标 | 饮用水 | 饮料用水 |
|---|---|---|
| 浊度/度 | <3 | <2 |
| 色度/度 | <15 | <5 |
| 溶解性总固体含量/（mg/L） | <1 000 | <500 |
| 总硬度（以 $CaCO_3$ 计）/（mg/L） | <450 | <100 |
| 铁（以 Fe 计）含量/（mg/L） | <0.3 | <0.1 |
| 高锰酸钾消耗量/（mg/L） | — | <10 |
| 总碱度（以 $CaCO_3$ 计）/（mg/L） | — | <50 |
| 游离氯含量/（mg/L） | ≥0.3 | <0.1 |
| 致病菌 | — | 不得检出 |

3. 冷却用水

冷却用水的水质没有严格要求，冷却用水只要不混入饮料内，其水质就不需要达到饮用水的标准。硬水易结垢，可以考虑软化，但没有必要去除其色泽和气味等。

【思考题】

1. 说明饮料的概念及其种类。
2. 简要说明饮料工厂用水的分别及其要求。
3. 饮料生产用水对饮料的品质有什么影响？

# 第二章　果蔬汁饮料

**【学习指导】**

本章应在了解澄清型果蔬汁、混浊型果蔬汁、浓缩果蔬汁、发酵果蔬汁饮料特点及基本生产工艺的基础上，重点掌握各类饮料的加工关键技术。

## 第一节　果蔬汁及其饮料

果蔬汁饮料是指以新鲜果蔬为原料，经过物理方法（如压榨、浸提等）提取而得到的汁液，或以该汁液为原料，加入水、糖、酸及香精色素等而制成的产品。产品中含有果蔬中所含有的矿物质、维生素、糖、酸等多种可溶性营养成分和一些膳食纤维等不溶性物质，是一种具有果蔬的芳香，营养丰富、风味良好，十分接近天然果蔬的饮品。深受广大消费者欢迎，也是饮料中保持强劲发展势头的饮品之一。

不同种类的果蔬汁饮料不仅营养成分有所不同，其状态及风味也有差异，如澄清型饮料澄清透明、赏心悦目，混浊型饮料果肉细微均匀、浑厚浓郁。不同种类饮料的特有加工方法赋予了它们特有的风味。

### 一、澄清型果蔬汁饮料生产工艺

#### （一）基本生产工艺

澄清型果汁及其饮料的特点就是在整个保存期内要保持该类果汁特有的澄清透明度，要保证这一点，在生产澄清型果汁生产过程中要除去新鲜榨出汁中的全部悬浮物，还要除去容易产生沉淀的胶粒，这需要有特定的澄清过滤工艺来实现，这也是这类饮料的技术关键。在此仅介绍澄清型果汁基本生产工艺。

1. 澄清型果蔬汁生产工艺

（1）澄清型果蔬汁基本工艺流程　澄清型果蔬汁基本工艺流程见图1－2－1。

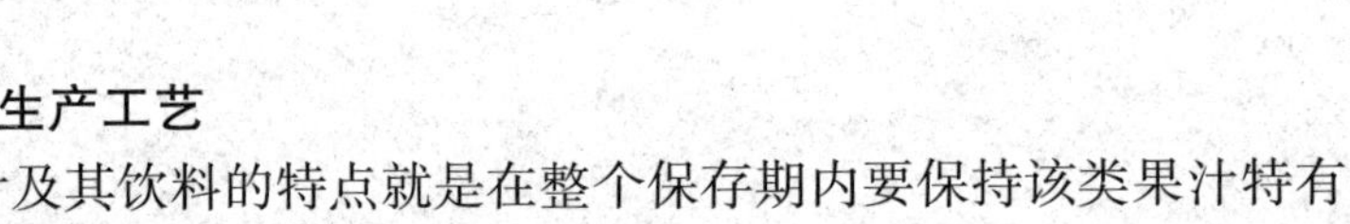


**图1－2－1　澄清型果蔬汁基本工艺流程**

（2）工艺要点

①原料选择：果蔬汁加工时应该选用多汁、甜酸比适宜、芳香纯正浓郁，色泽鲜艳和风味宜人，出汁率高、成熟、清洁、新鲜和健康的原料。采用干果原料时，干果应该无霉烂果或虫蛀果。

②清洗：原料的清洗是果蔬汁加工的必须工序，清洗可以去除果蔬表面的尘土、泥沙、微生物、农药残留以及携带的枝叶等。生产时经常需要对果蔬原料进行多次清洗，对于农药残留较多的原料可用1%柠檬酸或0.1%～0.2%脂肪酸系列洗涤剂浸泡清洗，然后再用清水强力喷淋冲洗。果蔬的清洗方法可分为手工清洗和机械清洗两大类。为提高果蔬原料的清洗消毒效果与效率，已经将臭氧、超声波等技术加以应用。

果蔬原料的清洗用水经过滤和适当的消毒处理，可以循环利用。但必须指出，对于浆果类水果的加工不需要清洗这道工序。

③破碎：由于果蔬的汁液都存在于果蔬的组织细胞内，只有打破细胞壁，细胞中的汁液和可溶性固形物才能出来，因此取汁之前，必须对果蔬进行破碎处理，以提高出汁率，尤其是果皮较厚、果肉致密的果蔬原料破碎更为重要。

原料的破碎程度要适宜，过大或过小均会对后续工序或饮料质量产生不良影响。破碎物料的块太大，出汁率低；破碎过度果块太小，造成压榨时外层的果汁很快地被压榨，形成一层厚皮，使内层果汁流出困难，也会降低出汁率，同时会使榨汁时间延长，榨汁压力增高，而且汁中混浊物质含量大，给澄清操作带来困难。

原料的破碎程度要根据果蔬品种、取汁的方式和设备以及汁液的性状和要求而定。采用压榨取汁的果蔬，例如苹果、梨、菠萝、芒果、番石榴以及某些蔬菜，其破碎颗粒以3～5mm为宜；草莓和葡萄等以2～3mm、樱桃以5mm较为合适。破碎时由于果肉组织接触氧气，会发生氧化反应，破坏果蔬汁的色泽、风味和营养成分等，需要采用一些措施防止氧化反应的发生，如破碎时喷雾加入维生素C或异维生素C等。榨汁前对破碎后的果蔬原料进行热处理也可提高出汁率和产品的品质。因为加热使细胞原生质中蛋白质凝固，改变细胞结构，同时使果肉软化，果胶部分水解，降低了果蔬汁黏度；另外，加热抑制多种酶类，如果胶酶、多酚氧化酶、脂肪氧化酶、过氧化氢酶等的活性，从而不使产品发生分层、变色产生异味等不良变化；对于一些含水溶性色素的果蔬，加热有利于色素的提取，如杨梅、山楂、红色葡萄等；柑橘类果实中宽皮柑橘加热有利于去皮，橙类有利于降低精油含量，胡萝卜等具有不良风味的果蔬，加热有利于去除不良风味。

果蔬经破碎后，为了提高出汁率，生产中有时需要加入酶制剂对果蔬浆料进行处理，以分解果胶。

④取汁：果蔬的取汁工序是果蔬汁饮料加工中的又一重要工序，取汁方式不但影响出汁率而且还影响果蔬汁产品品质和生产效益。果蔬取汁的方式视原料的品种、质构特性而异，一般像苹果、梨等多汁的果蔬原料采用压榨法取汁，而像山楂等少汁却果胶含量高的果蔬以及干果常采用浸提法取汁。果蔬的出汁率可按下列公式计算：

$$出汁率 = 汁液质量/果蔬质量 \times 100\% \quad （压榨法）$$

$$出汁率 = \frac{汁液质量 \times 汁液可溶性固形物含量}{果蔬质量 \times 果蔬可溶性固形物含量} \times 100\% \quad （浸提法）$$

⑤粗滤：粗滤是除去分散于果蔬汁中的较大颗粒或悬浮粒的过程。除打浆法之外，其他方法得到的果蔬汁液中含有大量的悬浮颗粒，如果肉纤维、果皮、果核等，它们的存在会影响产品的外观质量和风味，需要及时去除。粗滤可在榨汁过程中进行或单机操作，生产中通常使用振动筛，进行粗滤，果蔬汁一般通过0.5mm孔径的滤筛即可达到粗滤要求。对果蔬汁粗滤后还需澄清与过滤，对于混浊汁和带肉饮料则需要均质与脱气。

⑥杀菌：果蔬汁的杀菌目前仍然以热杀菌为主。加热杀菌可以改善饮料品质和特性、提高饮料中营养成分的可消化性和可利用率、延长饮料贮存期，是保证饮料安全的最重要手段。饮料加热杀菌条件是否适当，直接关系到饮料的质量。必须根据饮料的种类及配料中关键组分的耐热性等具体情况选定合理热杀菌条件。

热杀菌方法有常压杀菌、高温杀菌和超高温杀菌等多种。常压杀菌指饮料经100℃以下的杀菌处理，要应用于pH<4.5的酸性饮料的杀菌。饮料的高温杀菌指饮料经100℃以上的杀菌处理，主要应用于pH>4.5的低酸性饮料的杀菌。这类饮料因酸度较低，能被各种致病菌、芽孢菌、产毒菌及其他腐败菌污染变质。考虑到这些有害菌其芽孢的耐热性较强，故必须采用高温杀菌的手段。超高温杀菌通常的杀菌温度在135℃以上，时间在3~15s，根据具体的饮料品种而定。

⑦灌装密封：果蔬汁及其饮料通常有热灌装和冷灌装两种灌装方法。

热灌装是指将物料先按工艺要求进行热杀菌（根据物料的具体状况可采用UHT杀菌或HTST杀菌），然后在一定的温度下趁热灌装密封的工艺。热灌装按灌装时温度的不同又分为中温灌装和热灌装两种工艺：热灌装通常要求热杀菌后的物料在85~90℃下进行灌装、密封，然后倒瓶，再冷却；中温灌装一般要求在70~80℃下进行灌装、密封。密封后的饮料可以根据需要进行二次杀菌、冷却，也可以采用倒瓶1min后直接冷却的工艺。

热灌装工艺具有高效、节能的效果，而且多采用UHT或HTST杀菌，升温和降温迅速，可有效地减少产品的受热时间，最大限度地保存产品风味和营养成分。

采用热灌装工艺时要特别注意：a. 容器的耐温性，尤其是热灌装用的塑料容器，其耐热程度不能低于灌装温度；b. 在灌装前包装容器须经过清洗和消毒；c. 热灌装后必须及时密封，以保证热灌装效果。

采用热灌装工艺的饮料在常温下流通销售，产品保质可达1年以上。

冷灌装广义的概念是灌装温度低于40℃灌装工艺，它包括常温灌装和无菌冷灌装。常温灌装即物料在灌装前不进行杀菌，在自然温度下灌装、密封后再进行杀菌和冷却，即传统的非碳酸饮料灌装方式。无菌冷灌装是指物料先进行热杀菌（多采用UHT杀菌）并立即冷却到工艺要求的温度（一般为25℃），然后在无菌条件下进行灌装密封。

无菌冷灌装是目前最为先进的一种灌装技术，其技术关键在于保证灌装封口后的饮料达到商业无菌的要求。为保证无菌冷灌装的效果，必须满足3个无菌状态的基本要求，即物料经过超高温瞬时杀菌达到商业无菌后保持无菌状态；包装材料和密封容器要处于无菌状态；灌装设备达到无菌状态。使热杀菌后的物料输送、灌装和封盖均必须在无菌环境下完成。

### （二）典型澄清型果蔬汁饮料生产

苹果清汁是最典型的澄清型饮料，也是这类产品中产量最大的饮料，下面以苹果清汁为例介绍澄清型果蔬汁饮料的生产工艺。

1. 工艺流程

苹果清汁工艺流程见图 1-2-2。

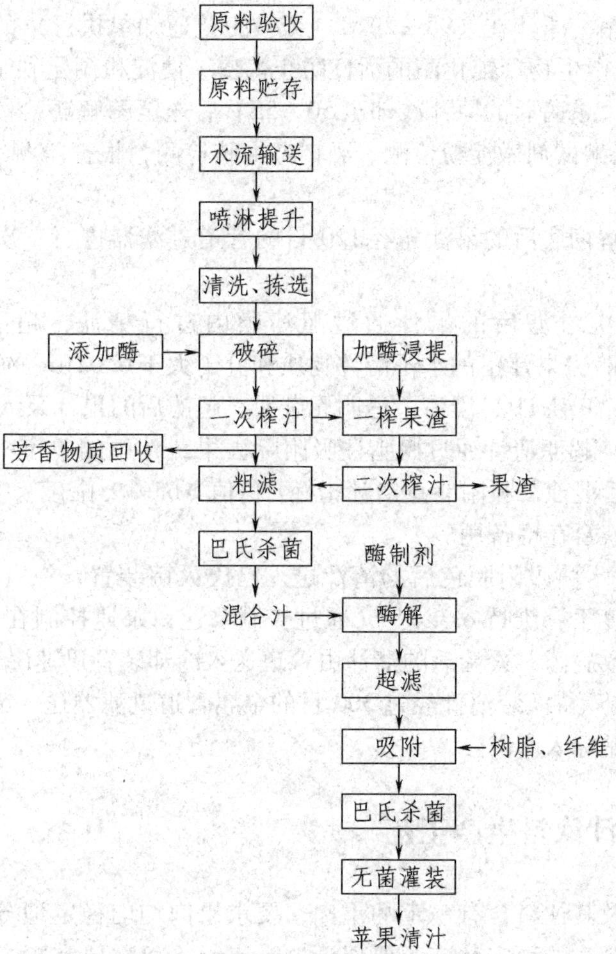


**图 1-2-2　苹果清汁工艺流程**

2. 工艺要点

（1）原料验收　参照《鲜苹果》（GB/T 10651—2008）“品质基本要求”的规定，根据苹果供需合同或协议进行验收，选用符合要求的苹果。

（2）清洗、输送与挑选　苹果通过果槽（渠）依靠水的流动输送，同时使苹果得到充分的浸泡，并在具有一定压力的水喷淋得以初步清洗；苹果提升至拣选台，在拣选台上随着苹果的滚动将霉烂果、变质果、杂质拣选挑出，拣出的烂苹果等杂质用螺旋提升机输送出车间。此工序保证拣选之后烂果率控制在 2% 以下。合格苹果在浮洗机中随水流动翻转，得以充分地浸泡、清洗后，苹果进入消毒池进行消毒清洗。可用浓度为 5～8mg/L 二氧化氯消毒，原料果消毒后在滚杠输送机上用高压喷淋水冲淋洗净。

（3）破碎　将清洗干净的苹果用破碎机破碎为3～5mm的果浆粒，根据工艺需要添加果浆酶。果浆用泵通过不锈钢管道输送进入果浆罐。

（4）压榨　对破碎后的果浆进行一次压榨，压榨后果蔬汁进入一级过滤工序，果渣在本机内进行加水萃取并进行二次压榨、粗滤。将两次压榨过滤后的混浊汁送入原汁罐备用。

（5）预巴氏杀菌　原汁在（98±2）℃（或按工艺通知单执行）的巴氏灭菌装置中维持30s，以杀灭部分微生物、钝化酶的活性防止褐变、使淀粉糊化利于淀粉酶的作用。

（6）酶解澄清　杀菌后的原汁冷却至50～55℃后送至酶解罐，按工艺要求加酶进行60～90min酶解。以碘试剂做淀粉检测、酒精做果胶检测，根据检测结果（检测为阴性）判定酶解终点。

（7）精滤　酶解彻底后的果汁先经120目的管道过滤器进行二次过滤，并泵入超滤原汁罐备用。

（8）超滤　二次过滤后的果汁通过超滤膜内进行精滤，超滤装置的膜孔径≤0.02μm。经过超滤除去果汁中的水不溶性物质和分子大于0.02μm的物质包括微生物等。过滤后的果汁浊度≤0.4NTU，澄清、透明无杂质。超滤后的果汁泵入超滤清汁罐备用。

（9）吸附脱色　超滤清汁通过树脂柱吸附除去果蔬汁中的单宁、酚类物质等，以提高清汁色值、避免后混浊。吸附终点清汁指标：色值>65%、酸度<0.04%。经过树脂吸附脱色后的清汁泵入暂存罐备用。

（10）巴氏杀菌　将吸附脱色后的清汁送入巴氏灭菌装置，在（96±2）℃（工艺通知单的要求）的温度下，维持6s以上（通过控制泵速，泵速控制在≤1500r/h）以杀灭细菌、大肠菌群、致病菌。灭菌后的清汁由管道送入冷却装置迅速降至灌装要求温度。

（11）无菌灌装　待灌装清汁经过300目的金属管道过滤器送入无菌灌装机进行无菌灌装。检验合格后贴标入库。

## 二、混浊型果蔬汁饮料生产工艺

混浊型果蔬汁及其饮料含有一定的果肉，要求果肉均匀稳定地分散在果汁中，并在整个保存期内保持均一的稳定状态，要保证这一点，不仅需要在配方设计时添加一定的稳定剂，还需要通过均质等特殊工艺来实现，这也是混浊型饮料生产的技术关键。在此仅介绍混浊型果蔬汁及其饮料的基本生产工艺过程。

### （一）基本生产工艺

1. 混浊型果蔬汁基本工艺流程

混浊型果蔬汁及其饮料的基本工艺流程见图1－2－3。

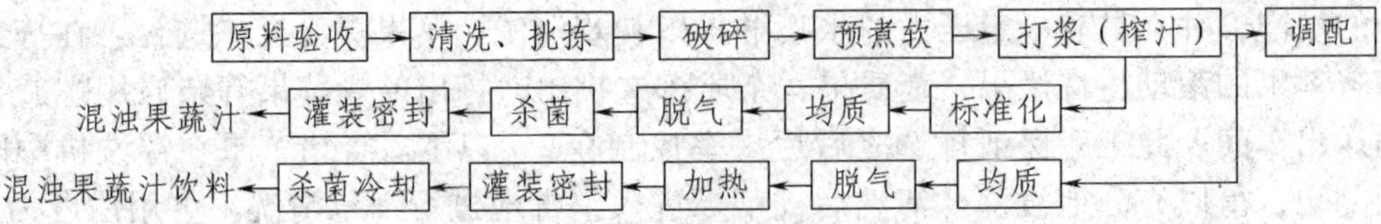


**图1－2－3　混浊型果蔬汁及其饮料工艺流程**

2. 工艺要点

（1）原料选择、清洗挑选和破碎　原料选择、清洗挑选和破碎的要求参见澄清型果蔬汁技术要点。

（2）取汁　生产混浊型果蔬汁时取汁的方法有压榨和打浆两种方式；根据成品饮料的要求及原料的特性选择取汁方法。压榨取汁的具体内容参见澄清型饮料的工艺要点。

打浆是通过打浆机将破碎的果蔬原料刮磨粉碎并分离出果核、果籽、薄皮等而获得果（蔬）原浆。原浆的细度可以通过选用不同的打浆机筛网的孔径实现。在果蔬汁的加工中这种方法适用于果蔬浆和果肉饮料的生产，如草莓汁、芒果汁、桃汁、山楂汁等。果蔬原料经过破碎后需要立即在预煮机进行预煮，钝化果蔬中酶的活性，防止褐变，然后进行打浆，生产中一般采用三道打浆，筛网孔径的大小依次为1.2、0.8、0.5mm，经过打浆后果肉颗粒变小有利于均质处理。如果采用单道打浆，筛眼孔径不能太小，否则容易堵塞网眼。

（3）离心　混浊型果蔬汁要求含有一定的果肉，常用离心机分离多余的果肉，以保证混浊型果蔬汁的品质。一般通过卧式螺旋离心机来完成，利用离心力的原理实现果蔬汁与果肉的分离。

（4）调配　生产混浊型果蔬汁饮料时，根据成品果蔬汁含量的要求需要按照工艺配方进行调配。

物料调配是饮料生产中决定饮料口味、色泽等品质的关键工序，必须严格按工艺要求进行操作与检验。物料调配的方法与过程及调配物料的品质参数视饮料的种类而异，但其基本要求是一致的，主要有：调配用水必须符合饮料用水标准；固体原辅料需先过筛、溶解和过滤后方可使用；要根据饮料的品种严格按工艺配比进行调配，如果汁饮料中果汁的含量、防腐剂等食品添加剂的含量等；调配分批进行，每批调配量视饮料品种而异，如果蔬汁饮料生产一般一次配料500～2000kg；每批物料在调配过程中都需要进行在线品质指标如糖度、酸度等参数的检测及口味、色泽等感官品质的鉴定，检验合格才能送入下道工序；调配时注意调配均匀的同时要避免混入过多空气而影响后道工序操作，如使果汁饮料的脱气操作时间延长等。在调配时要特别注意调配顺序，物料调配通常遵循以下几个原则：调配量大的先调入，如糖液、水等；配料容易发生化学反应的应分别加入，如酸和防腐剂；黏度大、起泡性原料较迟调入，如乳浊剂、稳定剂等；挥发性的原料最后调入，如香精、香料等。一般添加顺序为：糖液、适量水、防腐剂液、甜味剂液、酸味剂液、果汁、色素、香精，最后加水定容。

（5）均质　均质是混浊型果蔬饮料生产的特有操作、必需工序，不经均质的混浊饮料，由于果蔬汁中的悬浮果肉颗粒较大，产品不稳定，在重力的作用下果肉会逐渐沉淀而失去混浊度，影响产品的外观质量。均质的效果与均质压力、均质温度、均质次数、物料的特性及一级均质阀和二级均质阀压力的分配等因素有关，需要根据原料的特性而定。一般均质压力为18～20MPa，均质温度为50～65℃，可多次均质，实际上产中最多采用2次均质。

（6）脱气　脱气操作就是脱除果蔬汁中的氧、氮和二氧化碳等气体。这些气体的脱除既可以减少和防止果汁中色素、维生素C、香气成分和其他物质的氧化，防止品质下降；又因为除去附着于果汁中悬浮微粒上的气体，抑制微粒上浮，使果汁保持良好的外观；还能防止或减少装罐和杀菌时产生气泡，保证杀菌效果；对于采用金属包装的饮料来说还可以有效减少金属罐内壁的腐蚀。脱气时易造成挥发性芳香物质的损失，因此，必要时可进行芳香物质的回收。

脱气方法主要有真空脱气、酶法脱气（加入葡萄糖氧化酶等）和加入抗氧化剂法脱气等。在生产中最常用的是真空脱气。

**（二）典型混浊型果蔬汁饮料生产工艺**

橙浊汁是最典型的混浊型饮料，也是最受消费者欢迎的大众饮料，下面以橙浊汁为例介绍混浊型饮料的生产工艺。

1. 工艺流程

橙浊汁工艺流程见图 1-2-4。

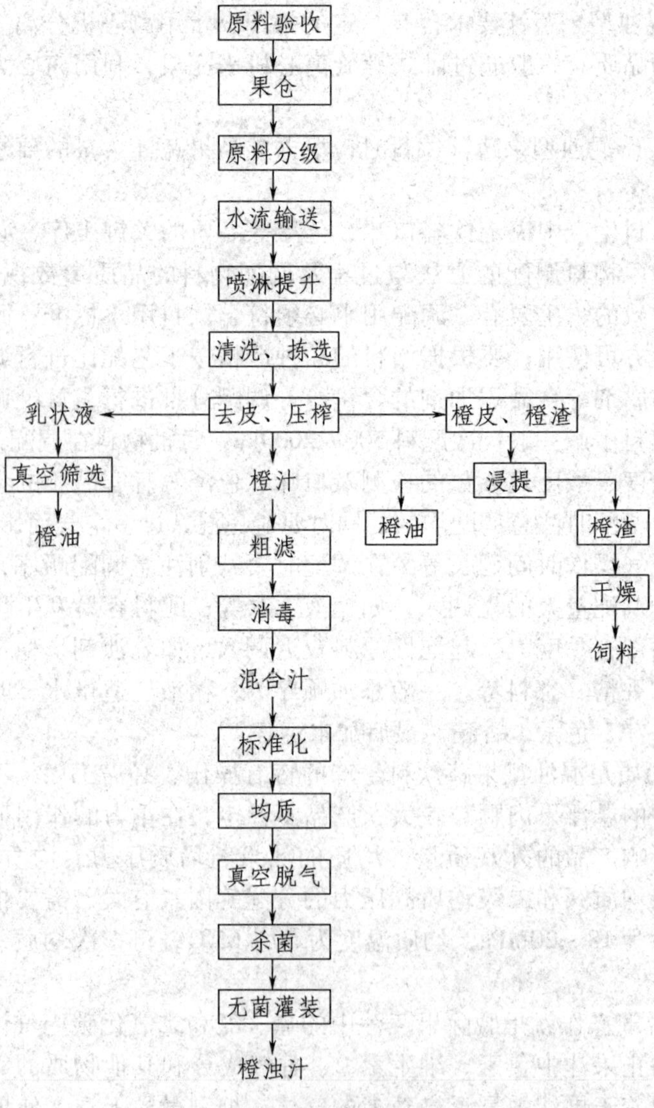


**图 1-2-4　橙浊汁工艺流程**

2. 工艺要点

（1）原料选择　制汁用鲜橙可参照《锦橙》（NY/T 697—2003）中的规定，或即根据鲜橙供需合同或协议进行验收，选用符合要求的鲜橙。

一般感官上要求同一品种或相似品种，果形呈椭圆形，果蒂完整，果蒂平齐，形状整齐；果面清洁，果实新鲜饱满，无萎蔫现象；肉质细嫩，种子平均数小于8粒，风味正常；无腐果、裂果、重伤果；理化指标要求果肉松脆，汁液丰富，出汁率高，滋味浓重，糖、酸含量高。如国家标准 NY/T 697—2003 中规定了鲜橙的质量要求：可溶性固形物（%）≥9.5，固酸比≥8∶1。

（2）清洗、输送与挑选　橙通过果槽（渠）依靠水的流动输送，同时使橙得到充分浸泡并在具有一定压力（喷淋压力0.3MPa）的水喷淋得以清洗；螺旋提升机将橙提升至拣选台。在拣选台上随着橙的滚动将霉烂果、变质果、杂质拣选挑出，此工序保证拣选之后烂果率控制在2%以下。挑选合格的橙在浮洗机中随水流动翻转，得以充分浸泡、清洗后，送入消毒池进行消毒清洗。可用浓度为5～8mg/L二氧化氯消毒，原料果消毒后在滚杠输送机上用高压喷淋水冲淋洗净。

（3）压榨　一级压榨：甜橙、柠檬柚、柠檬严格分级后用FMC压榨机和布朗锥汁机取汁，宽皮橘用螺旋压榨机、刮板式打浆机及安迪生特殊压榨机取汁。

二级压榨：取汁后，残留的果渣占果实质量的40%～50%，这些残渣中含有丰富的可溶性糖、酸、果胶、粗脂肪、粗纤维、维生素、氨基酸和矿物质等营养成分，然而，迄今中国柑橘果渣利用相对较少，除极少量柑橘果渣用于陈皮（凉果）等加工外，多作为废弃物处理，既浪费了资源，又污染环境。果渣经果胶酶处理后，进行二次压榨，可提高柑橘出汁率，减少资源浪费和环境污染。酶用量为200μg/L，酶解时间为120min，酶解温度为53℃，渣水比为1∶1。

果渣排放：二级压榨后的果渣由螺旋输送器送出车间，连续排放，运出工厂作为生产高蛋白发酵饲料、生物酶制剂、乙醇等。

粗滤：一次压榨汁和二次压榨汁混合后经0.3mm筛孔进行粗滤，要求果蔬汁中含果浆3%～5%，果浆太少，色泽浅，风味平淡；果浆太多，则容易产生沉淀。

（4）调整混合　按混浊果蔬汁饮料标准调整，原汁添加量为12%～15%，白砂糖用量为10%左右，复合酸（柠檬酸和苹果酸）添加量为0.15%左右，还原胶0.1%，CMC－Na0.1%，最终产品中可溶性固形物含量为12%～14%，含酸量为0.15%～0.2%。

（5）均质　均质是柑橘汁加工的必需工艺，均质压力为20MPa左右。

（6）脱油和脱气　柑橘汁经脱油和脱气后，应保持精油含量在0.15%～0.25%，脱油和脱气可设计同一台设备。

（7）无菌灌装　采用FBR无菌灌装机，果蔬汁经管道输送至无菌灌装机，利用灌装机灌装头腔室温度≥95℃的灭菌条件将果蔬汁灌入无菌包装容器中，灌装重量通过质量流量计来控制。要求：下线产品温度：≤25℃；灌装净重量：符合《质量包装商品净含量计量检验规则》（JJG 1070—2005）净重要求。

（8）贴标、铅封　每桶灌装满后，用蘸有75%酒精的干净毛巾擦干净无菌袋表面的水珠，操作工检查合格后，折叠好无菌袋和保护袋，盖上桶盖，对包装进行铅封。在钢桶外壁的标识框内贴上标签。

(9) 贮存　包装好的产品贮存在≤5℃洁净卫生的库房，并在产品堆放点放有明确的标识牌。

(10) 出厂前检查　产品出厂前由目视检查包装物是否干净卫生、包装容器应平整、无掉漆、无破损、无锈迹、无碰痕、无污物；包装有无破损、果蔬汁渗漏，桶圈、铅封齐全，标签字迹清晰、位置端正等不合格情况。

## 第二节　浓缩果蔬汁（果浆）

浓缩果蔬汁是采用物理方法从果汁中除去一定比例的水分，加水复原后具有果蔬汁应有特征的制品。由于部分水分的脱除使浓缩果蔬汁具有了体积小、包装和运输费用省、产品质量稳定和不添加防腐剂却具有较长保藏期的特点，使其在饮料中的比例日益增大，尤其是饮料生产加工向主剂化生产发展，浓缩果蔬汁的需要随之增加。在国际贸易中，浓缩果蔬汁比较受欢迎，生产量和贸易量也在逐年增加。常见的果蔬浓缩汁产品有浓缩苹果汁（70～72°Bx）、浓缩橙汁（65°Bx）、浓缩菠萝汁（65°Bx）、浓缩葡萄汁（65～70°Bx）、浓缩胡萝卜汁（30°Bx）以及浓缩番茄浆（28～30°Bx）等。

### 一、浓缩果蔬汁生产工艺

#### （一）浓缩果蔬汁基本生产工艺

1. 浓缩果蔬汁基本工艺流程

浓缩果蔬汁工艺流程见图1-2-5。

由图1-2-5所示浓缩果蔬汁生产工艺流程可知，浓缩果蔬汁生产浓缩前的工序与前面所述果蔬汁是一样的。具体内容参照前述两类饮料的生产工艺。

#### （二）典型浓缩果汁生产

1. 工艺流程

浓缩苹果清汁是我国农产品加工的关键产业，浓缩苹果汁的主要工艺流程见图1-2-6。

2. 工艺要点

(1) 原料验收　参照《鲜苹果》（GB/T 1065—2008）“品质基本要求”的规定，或根据苹果供需合同或协议进行验收，选用符合要求的苹果。

(2) 清洗、输送与挑选　苹果通过果槽（渠）依靠水的流动输送，同时使苹果得到充分浸泡，并在具有一定压力的水喷淋得以初步清洗；苹果提升至拣选台，在拣选台上随着苹果的滚动将霉烂果、变质果、杂质拣选挑出，拣出的烂苹果等杂质用螺旋提升机输送出车间。此工序保证拣选之后烂果率控制在2%以下。合格苹果在浮洗机中随水流动翻转，得以充分浸泡、清洗后，苹果进入消毒池进行消毒清洗。可用浓度为5～8mg/L二氧化氯消毒，原料果消毒后在滚杠输送机上用高压喷淋水冲淋洗净。

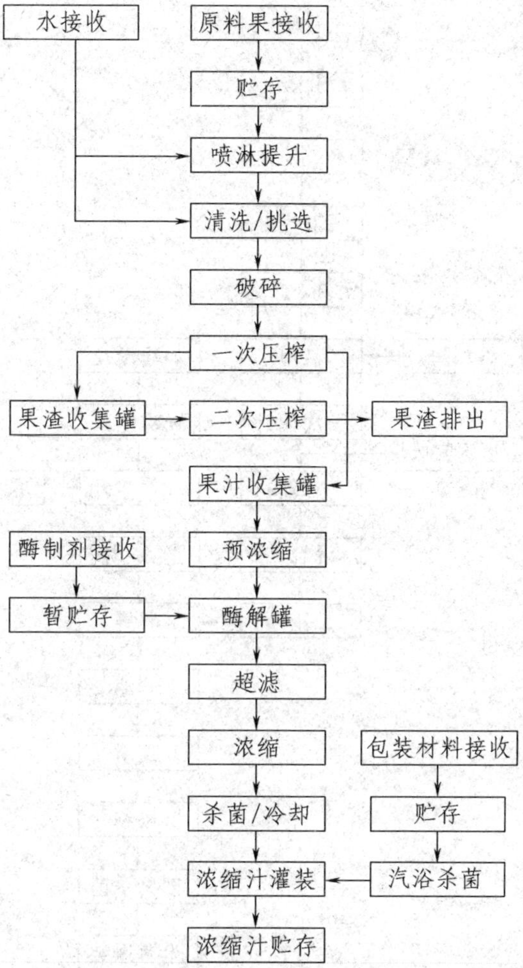


图1-2-5 浓缩果蔬汁工艺流程

(3) 破碎 将清洗干净的苹果用破碎机破碎为3~5mm的果浆粒，根据工艺需要添加果浆酶。果浆用泵通过不锈钢管道输送进入果浆罐。

(4) 压榨 对破碎后的果浆进行一次压榨，压榨后果蔬汁进入一级过滤工序，果渣在本机内进行加水萃取并进行二级压榨、粗滤。将两次压榨过滤后的混浊汁送入原汁罐备用。

(5) 预浓缩 将两次压榨过滤后的混浊汁进行适度浓缩。

(6) 酶解澄清 预浓缩后的果汁送至酶解罐，按工艺要求加酶进行60~90min酶解。以碘试剂做淀粉检测、酒精做果胶检测，根据检测结果（检测为阴性）判定酶解终点。

酶解彻底后的果汁先经120目的管道过滤器进行二次过滤，并泵入超滤原汁罐备用。

(7) 超滤 二次过滤后的果汁通过超滤膜内进行精滤，超滤装置的膜孔径≤0.02μm。经过超滤除去果汁中的水不溶性物质和分子大于0.02μm的物质包括微生物等。过滤后的果汁浊度≤0.4NTU，澄清、透明无杂质。超滤后的果汁泵入超滤清汁罐备用。

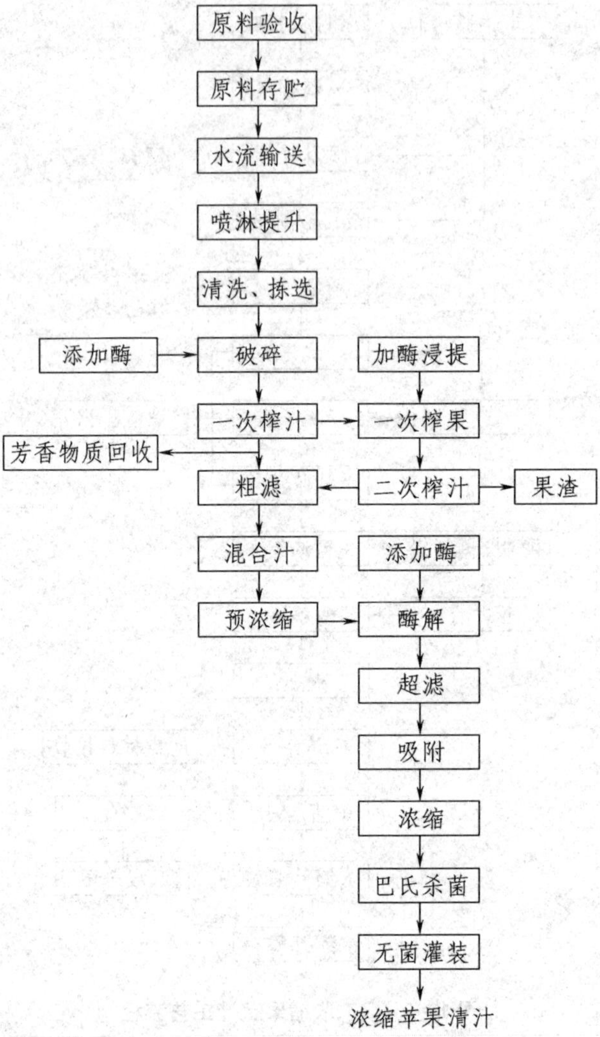


**图1-2-6 浓缩苹果汁工艺流程**

超滤清汁通过树脂柱吸附除去果蔬汁中的单宁、酚类物质等物，以提高清汁色值、避免后混浊。吸附终点清汁指标：色值>65%、酸度：<0.04%。经过树脂吸附脱色后的清汁泵入暂存罐备用。

(8) 浓缩　脱色后果汁进入五效管式或四效板式蒸发器进行浓缩，浓缩至可溶性固形物为70.0~70.4°Bx。

(9) 杀菌、冷却　浓缩后的果汁按工艺要求进行杀菌和冷却，一般巴氏杀菌条件为≥85℃的条件下保持30s，使所有致病微生物含量达到标准要求。

(10) 灌装密封　浓缩苹果清汁包装材料有：无菌袋、塑料袋、钢桶。相关部门检验合格后使用。

采用无菌袋灌装，无菌灌装温度控制在≤35℃；钢桶用螺丝紧固，密封完好无渗漏，符合《包装容器　钢桶》（GB325—1991）标准，检验合格后贴标入库。

## 二、浓缩果浆生产工艺

### （一）基本生产工艺

1. 浓缩果浆基本工艺流程

浓缩果浆工艺流程见图1－2－7。

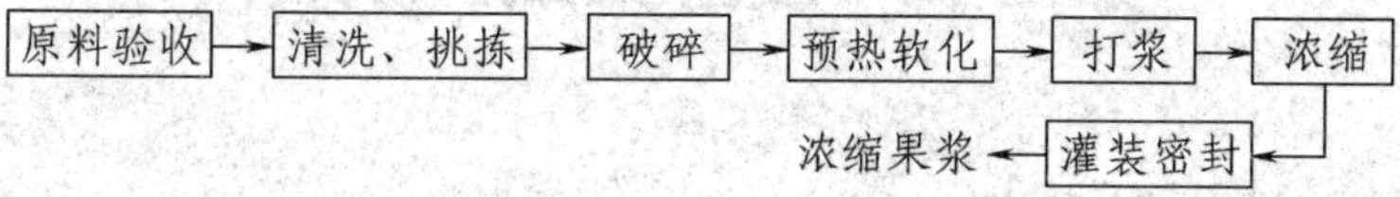


**图1－2－7　浓缩果浆工艺流程**

2. 工艺要点

由图1－2－7流程可知浓缩果浆的生产工艺是经混浊果汁的前处理后获得果浆后再加以浓缩而成，所以在此不再重复表述。

浓缩果浆的浓缩程度一般不如浓缩清汁高，具体浓缩程度视原料鲜果的特性、成分组成等而异，如浓缩杏浆，一般浓缩2～3倍。

### （二）典型浓缩果浆生产

1. 浓缩桃浆工艺流程

浓缩桃浆工艺流程见图1－2－8。

2. 工艺要点

（1）原料验收　选用符合相关标准或合同要求的清洁的新鲜桃。

（2）清洗　清水清洗以去除或减少原料桃表面的微生物、尘埃、残存农药及泥土等。注意清洗用水的卫生。

（3）挑选　剔除霉变、腐烂、病虫害等果实。

（4）去核　挑选合格的桃送入去核工序，去除桃核。可用去核机也可采用人工去核。

（5）破碎　将去核后的桃肉进行破碎（3～5mm），以便后续预热、打浆操作。

（6）预热　破碎后的桃肉进行预热，一般预热温度为90～95℃，时间为15～30s。

（7）打浆　预热后的桃肉立即送入打浆机进行打浆处理，一般采用上双道打浆、细度为0.5mm、0.8mm。

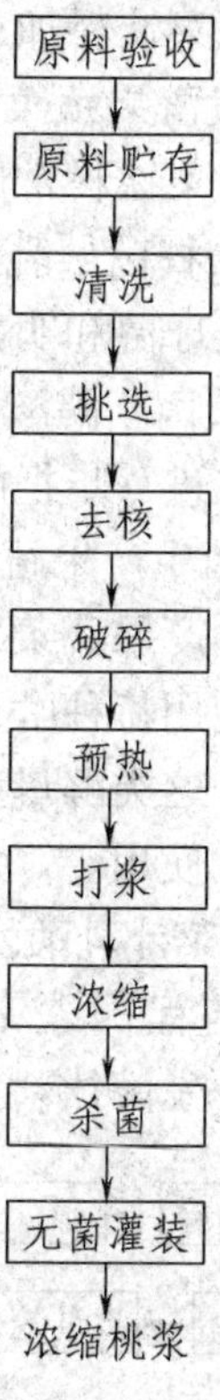


**图1－2－8　浓缩桃浆工艺流程**

(8) 浓缩　多采用两双效真空浓缩，浓缩至工艺规定的程度。如浓缩黄桃浆一般浓缩终点控制在可溶性固形物达到30～32°Bx。

(9) 杀菌冷却　浓缩后的桃浆多采用管式换热器加热，经102～105℃、10～30s杀菌，并急速冷却至38～40℃，输送至无菌灌装工序。

(10) 无菌灌装　浓缩桃浆与其他浓缩产品一样，多采用无菌大包装。灌装是要保证无菌效果。灌装后要及时进行外包装。

# 第三节　发酵果蔬汁饮料

## 一、发酵果蔬菜汁饮料生产工艺

发酵果蔬菜汁饮料指以新鲜果蔬菜为主要原料，用压榨或浸提等方法取得的汁液，以此汁液为基质通过接种有益微生物发酵再经过调配而获得的饮品。发酵果蔬菜汁饮料不仅含有果蔬菜汁中原有营养与疗效成分，而且赋予了发酵制品特有的风味极功能，越来越受到消费者的青睐。

### (一) 发酵果蔬菜饮料加工常用的微生物

发酵果蔬菜饮料加工常用的微生物主要有为细菌和酵母菌。

1. 细菌发酵果蔬菜饮料

发酵果蔬菜饮料常用的细菌主要是乳酸菌和醋酸菌两类发酵菌种。

(1) 乳酸杆菌　乳酸菌以在发酵过程中产生乳酸而得名。发酵饮料常用的乳酸菌有乳酸杆菌、链球菌和明串珠菌以及双歧乳杆菌。

(2) 醋酸菌　醋酸菌有周生鞭毛醋酸杆菌和极生鞭毛酸杆菌两类。前者能把乙醇氧化成醋酸，并进一步把醋酸氧化成二氧化碳和水；后者只能把乙醇氧化成醋酸。

2. 酵母菌生产果蔬菜发酵饮料

酵母菌生产果蔬菜发酵饮料所使用的酵母菌要求产酒精能力低，一般不使用普通的酵母菌，而使用特种酵母菌，目前使用的主要是克鲁维酵母属的乳酸克鲁维酵母和脆壁克鲁维酵母。这类酵母产生酒精的能力很低，产品风味好。这些克鲁维酵母可以单独使用也可以混合使用。

### (二) 蔬菜汁乳酸发酵饮料的生产工艺

1. 工艺流程

果蔬菜汁发酵饮料工艺流程见图1-2-9。

原料选择→预处理→制浆或榨汁→过滤→调配→灭菌→冷却→接种→发酵→过滤→调和→灌装密封→灭菌冷却→检验→成品

图1-2-9　果蔬菜汁发酵饮料工艺流程

2. 工艺要点

（1）原料要求　用于制汁的原料应是成熟度高、新鲜度好、气味芳香、色泽稳定、汁液丰富、取汁容易且出汁率高、酸味适度、无病虫害、无霉变的果蔬。同时，为了提高发酵蔬菜汁成品的风味，增强营养价值，应选择几种质地、色泽相近的果蔬菜混合汁进行发酵。例如，可将胡萝卜、番茄与南瓜混合制汁；将萝卜、甘蓝与冬瓜混合制汁；将芹菜、苹果与豆角混合制汁等，可以互相搭配调和营养，而且易于乳酸菌发酵。

（2）原料预处理　原料预处理主要包括清洗、破碎、加热和酶处理等过程，要求与方法同前所述，请参阅本章第一节。要特别注意的是通常蔬菜种类多、食用部位及物理特性各异，形状及表面状况复杂多变，清洗较水果困难。清洗设备也要根据原料的性质、形状适当选择设备，如胡萝卜可采用滚筒式洗涤机洗涤。

（3）调配　为保证发酵效果，对于营养组成不足的蔬菜汁需要进行合理调配，调配方式可以直接添加相应的营养素，如葡萄糖、脱脂奶粉以补充碳源和氮源；也可通过果蔬汁的混合实现。

（4）灭菌　果蔬菜汁在发酵前必须进行加热灭菌，以杀灭杂菌，保证果蔬汁的发酵效果。加热温度一般不低于90℃，灭菌后的果蔬汁应急速冷却降至发酵温度。

（5）接种与发酵　按工艺要求在无菌的状态下接入工作发酵剂进行发酵，接种量一般为果蔬菜汁总量的4%～5%。发酵温度一般在30～40℃，具体以所选用的菌种而定。发酵终点通常控制在发酵液的酸度达到1.5%左右。

（6）调和　调和的目的在于使果蔬菜汁发酵饮品具有一定品质，通过合理调和可以改进风味、改善色泽、增加营养，以适应消费者的口味、满足消费者的需求。调和用添加物常用的也是糖、酸、着色剂、稳定剂等，具体根据发酵汁状态与特性、成品发酵饮料的规格与要求而定。

（7）灌装与杀菌　对于非活菌性发酵果蔬汁饮料的灌装和杀菌与其他非碳酸饮料一样，可以采用先杀菌后热灌装（中温灌装、热灌装）的方式，也可采用常温灌装后热杀菌的方式，或采用无菌灌装工艺。参考杀菌条件为：酸性和高酸性蔬菜汁，80～85℃，保持30min，或高温瞬时杀菌，快速加热至汁温达（93±2）℃，维持15～30s；低酸性蔬菜汁，可采用超高温瞬时杀菌，120℃以上的温度下保持3～5s。

对于活菌性发酵果蔬汁饮料与活菌性如饮料相似，灌装密封后放入4℃的温度下冷藏保存。

## 二、典型发酵果蔬汁生产工艺

以发酵芹菜复合饮料为例介绍发酵果蔬汁饮料基本工艺。

1. 工艺流程

发酵芹菜复合饮料基本工艺流程见图1－2－10。

2. 工艺要点

（1）原料与处理　选择叶茎完整的新鲜芹菜清洗干净，沥水后进行热烫。

（2）榨汁　热榨后的芹菜添加适量水进行二次榨汁，合并芹菜汁后过滤。

芹菜原料→挑选、清洗→分切→热处理→压榨→初滤→发酵→过滤→澄清→调配→加热灌装→杀菌→冷却→检验→包装→成品

图1-2-10 发酵芹菜复合饮料工艺流程

（3）发酵　过滤后的芹菜汁添加适量蔗糖后加热杀灭杂菌后，冷却至发酵温度，接种后在40℃条件下发酵24h。

（4）调配　发酵芹菜汁添加量30%～50%，再配以适量果汁（如苹果汁10%～20%），再以蔗糖、柠檬酸等调整适宜的糖酸比即可。

（5）杀菌、灌装和冷却　90℃杀菌10s即刻热灌装、密封冷却。

## 【思考题】

1. 简要说明果蔬汁加工中取汁的方法、特点和应用。
2. 简述澄清型果蔬汁、混浊型果蔬汁的特点及其生产工艺上的主要差异。
3. 请说明澄清型果蔬汁、混浊型果蔬汁生产的关键技术，并提出保证其产品特色与品质的措施。
4. 简述果蔬汁浓缩的主要方法及其特点与应用。
5. 简述发酵果蔬菜饮料加工常用的发酵剂种类与特点。
6. 如何保证发酵果蔬汁饮料的特色与品质？

# 第三章　碳 酸 饮 料

【学习指导】

本章应掌握碳酸饮料一次灌装法、二次灌装法的基本工艺流程及其特点。

## 第一节　碳酸饮料工艺类型

### 一、现调式碳酸饮料工艺

碳酸饮料俗称汽水，即在一定条件下充入二氧化碳气的饮料，其在饮料中占有很大的比例。碳酸饮料的生产有现调式和预调式两种，现调式工艺是先将配好的调味糖浆灌入包装容器，然后再灌装碳酸水调和而成汽水。其工艺流程见图 1－3－1。

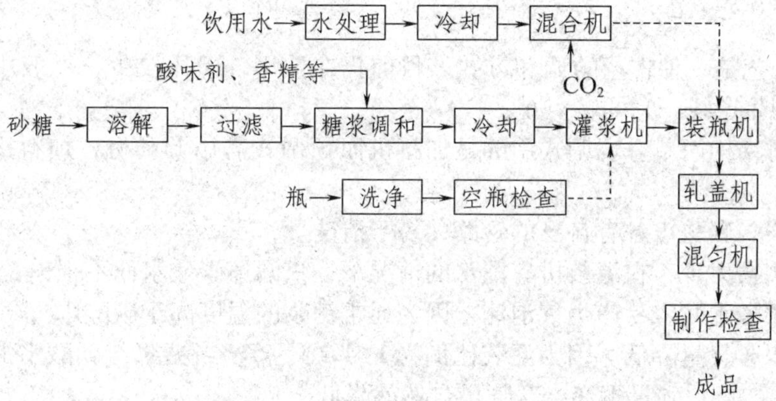


图 1－3－1　现调式碳酸饮料工艺流程

### 二、预调式碳酸饮料工艺

预调式工艺是即将调味糖浆和水先按一定比例混合，再经冷却碳酸化后一次灌入包装容器中的生产工艺。其工艺流程见图 1－3－2。

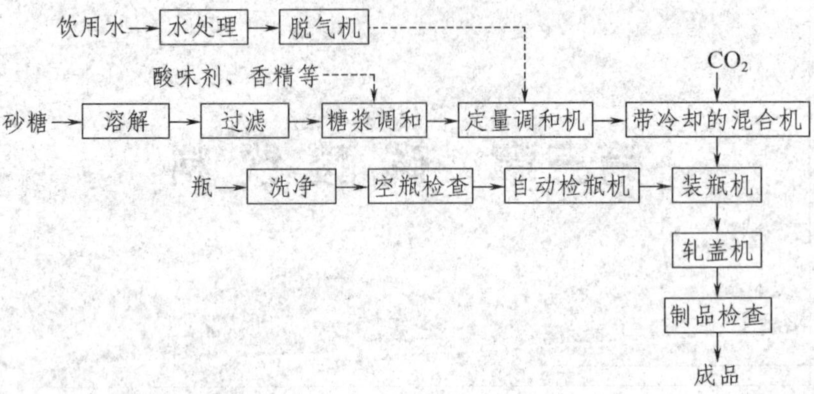


图1-3-2 预调式碳酸饮料工艺流程

从图1-3-2中可以看出，在装瓶前有三条支线，即水处理和碳酸化、调味糖浆制备及空瓶处理。从上述两种工艺流程看现调式工艺需灌装两次（碳酸水与调味糖浆分别灌装），又称二次灌装工艺；而预调式只需灌装一次（碳酸水与调味糖浆事先按比例调和后灌装），所以又称一次灌装工艺。

# 第二节 碳酸饮料的工艺特点

## 一、现调式碳酸饮料工艺的特点

现调式工艺是一种古老的调和方式，目前仍在使用，但比较少，一般用于含有果肉的汽水或小型生产线。它的特点是：

（1）设备结构简单。现调式用的是加料机而预调式需用调和机，加料机比调和机结构简单得多。

（2）糖浆、碳酸水各有自己的管路，易于清洗。

（3）糖浆损失少，在灌装机有漏水的情况下，只漏掉碳酸水而不损失糖浆。

（4）灌碳酸水时容易产生气泡沫，因为通常糖浆的温度高于碳酸水。

（5）汽水含气量降低。因为灌装比例为1∶4或1∶5，当糖浆与碳酸水混合成汽水后总容量增加而二氧化碳量不变，含气量自然就降低。

（6）汽水的质量有差异，因为现调式，每瓶灌入的糖浆是定量的，而碳酸水则是以灌到瓶口的某一高度为准，这样由于瓶子容量的不一致，或灌装液面高低控制的不一致等都会导致汽水的质量有差异。例如，液面高了，碳酸水相对灌得就多，汽水的色、味就淡。

## 二、预调式碳酸饮料工艺的特点

预调式工艺是目前汽水厂尤其是大型汽水厂采用的生产工艺，它的特点是：

（1）糖浆和水的比例失误小，准确度高，产品质量一致。

（2）灌装时起泡小。

（3）只需控制一次含气量。

（4）应用局限性，不适合带果肉的汽水生产。

除上述两种生产工艺外，为了采用预调式而又要解决带果肉汽水堵塞喷嘴的问题，人们设计了各种组合方式。主要有：

（1）按一般预调式组合各机，当灌装带果肉汽水时，则在调和机上装一个旁通，使糖浆按比例泵入另一管线（不与水混合），与碳酸化后的碳酸水在混合机末端连接，再进行灌装。

（2）按一般预调式组合各机，但在调和机以后（即水与糖浆调和好后）加一个旁通，采用注射式混合器进行碳酸化（冷却可在脱气罐中加一个易清洗的冷却器），然后进行灌装。

（3）只使用调和机的比例泵部分，不进行调和。水以注射式混合器进行预碳酸化，然后与糖浆共同进入易清洗的碳酸化罐作最后的碳酸化，再进行灌装。

（4）水先在混合机中进行碳酸化，然后与糖浆分别进入调和机中，按比例调和后进行灌装。

**【思考题】**

1. 简述碳酸饮料生产的工艺类型。
2. 说明一次灌装法、二次灌装法的特点及其应用。
3. 比较一次灌装法、二次灌装法的基本工艺流程的异同。

# 第四章　其他饮料

**【学习指导】**

本章应该在了解配制型含乳饮料和发酵型含乳饮料的概念、熟悉这两类含乳饮料基本生产工艺的基础上掌握配制型、发酵型含乳饮料生产的关键技术；在了解营养素饮料概念、熟悉常用营养素及其功能的基础上掌握营养素饮料生产中应该注意的主要问题；在了解固体饮料的分类、基本生产工艺的基础上掌握固体饮料生产关键技术。

## 第一节　蛋白饮料

### 一、含乳饮料

#### （一）配制型含乳饮料基本生产工艺

配制型含乳饮料的主要品种有咖啡乳饮料、可可乳饮料、果汁乳饮料、巧克力乳饮料、红茶乳饮料、蛋乳饮料、麦乳精饮料、配制乳酸饮料等。各种配制型含乳饮料的生产工艺相似，图1－4－1是其基本工艺流程。

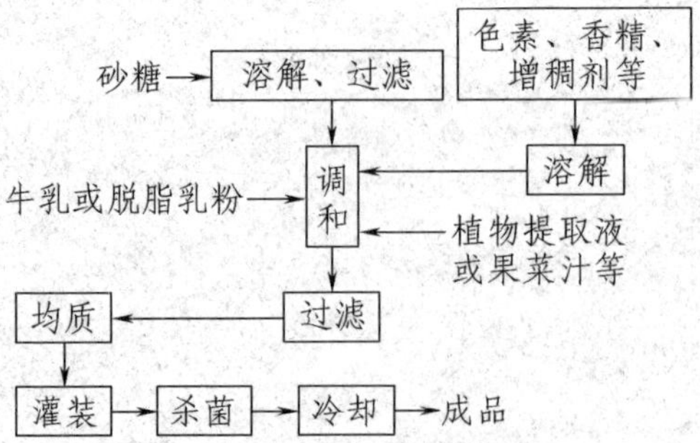


图1－4－1　配制型含乳饮料基本工艺流程

#### （二）发酵型含乳饮料基本生产工艺

发酵型含乳饮料是指以乳或乳制品为原料，经乳酸菌等有益菌培养发酵制得的乳液中加入水以及食糖和（或）甜味剂、酸味剂、果汁、茶、咖啡、植物提取液等的一种或几种调制而成的乳蛋白质含量不小于1%的饮料。

1. 工艺流程

发酵型含乳饮料基本工艺流程见图1－4－2。

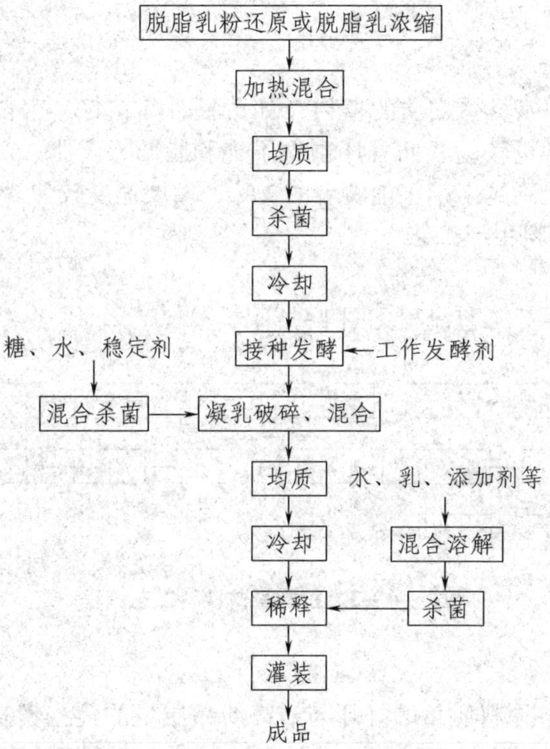


**图1－4－2　发酵型活菌型含乳饮料（活菌型乳酸菌饮料）工艺流程**

2. 工艺要点

（1）物料的杀菌与冷却　发酵型乳饮料在原料选择及混合后首先进行杀菌操作，以杀灭原料乳中的杂菌，确保乳酸菌的正常生产和繁殖，钝化原料乳中对发酵菌有抑制作用的天然抑制物，使牛乳中的蛋清蛋白变性，以达到改善组织状态、提高黏稠度和防止成品乳清析出的目的，杀菌条件一般为90～95℃、5min。

杀菌后的乳应马上降温到45℃左右，以便接种发酵剂。接种量根据菌种活力、发酵方法、生产时间的安排和混合菌种配比而定。一般生产发酵剂，其产酸活力在0.7%～1.0%之间，此时接种量应为2%～4%。加入的发酵剂应事先在无菌操作条件下搅拌成均匀细腻的状态，不应有大凝块，以免影响成品质量。

（2）物料发酵　物料发酵是发酵型乳饮料生产的典型而又重要的工序，是发酵型乳饮料生产的又一关键技术。要根据所选菌种的特性，严格物料发酵操作，按工艺要求恒定发酵温度，保证发酵时间，控制好发酵终点，确保发酵效果。一般用保加利亚乳杆菌与嗜热链球菌的混合发酵剂时，温度保持在41～42℃，培养时间为2.5～4.0h（2%～4%的接种量）。达到凝固状态时即可终止发酵。一般发酵终点可依据如下条件来判断：

①滴定酸度达到80°T以上；②pH低于4.6；③表面有少量水痕；④奶变黏稠。发酵应注意避免振动，否则会影响组织状态；发酵温度应恒定，避免忽高忽低；掌握好发酵时间，防止酸度不够或过度以及乳清析出。

## 二、植物蛋白饮料

植物蛋白饮料是以富含蛋白质的植物（如黄豆、葵花籽、杏仁等）为主要原料加工而成的，不仅蛋白质含量较高，而且还富含不饱和脂肪、磷脂、矿物质、多种维生素以及特殊营养成分，正受到越来越多消费者的青睐，发展速度较快。

**（一）植物蛋白饮料生产工艺**

1. 工艺流程

植物蛋白饮料的生产工艺流程见图1－4－3。

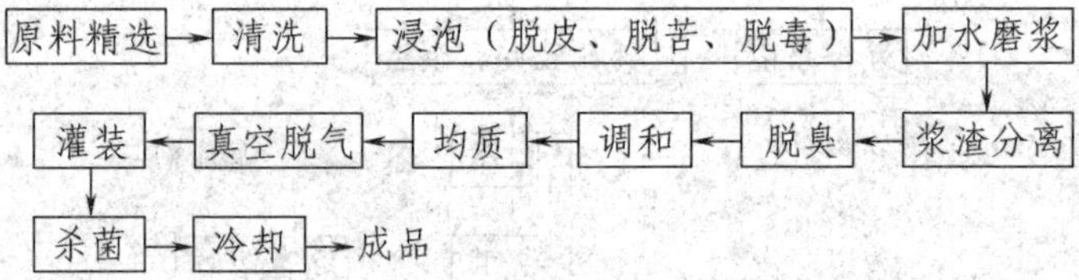


**图1－4－3　植物蛋白饮料工艺流程**

2. 工艺要点

（1）原辅料选择　原料质量的好坏与最终产品质量的优劣密切相关，首先要选好原料。要选择符合原料相关质量标准要求的无虫蛀、无霉变、清洁度高的新鲜或干制原料，如黄豆、杏仁等。

辅料中乳化剂、稳定剂的选择至关重要，必须根据产品的类型（酸性、中性或低酸性）选择适宜的乳化剂、稳定剂及并通过实验确认其最佳添加量。在选用时注意乳化剂和稳定剂的协调使用。

（2）原料的预处理　原料的预处理通常包括清洗、浸泡、脱皮、脱苦、脱毒等。清洗是为了去除表面附着的尘土和微生物。浸泡的目的是软化组织，利于蛋白质有效成分的提取。脱皮的目的是减轻异味，提高产品白度，从而提高产品品质。不同的植物蛋白饮料，应针对其原料性质采用适当的预处理措施。例如大豆，一般须经浸泡、脱皮；花生须经烘烤、去皮后再浸泡；而杏仁浸泡时对水的pH有较严格的要求。

（3）磨浆与分离　原料经浸泡、去皮等预处理后，加入适量的水直接磨浆，浆体通常离心等操作进行浆渣分离。一般要求浆体的细度应有90%以上的固形物通过150目滤网。

（4）调配　对于植物蛋白饮料来说，调配过程要确保配料的准确，以保证饮料的蛋白质含量、饮料的色香味感官品质及产品的稳定性。使用稳定剂时要特别注意：事先加适量的水充分地溶解或分散，可以采用适度加热或用胶体磨、高速剪切机等加速实现溶解过程。

（5）杀菌　植物蛋白饮料和其他饮料一样目前多采用热杀菌，确定杀菌温度时除了要考虑蛋白的变性外，还须注意所用稳定剂的热稳定性，以免温度过高使稳定剂变性而达不到预期的稳定效果。参考杀菌工艺参数为110～120℃、10～15s。

**（二）典型植物蛋白饮料生产**

以豆乳生产工艺为例。

（1）豆乳的生产工艺流程　豆乳工艺流程如图1－4－4所示。

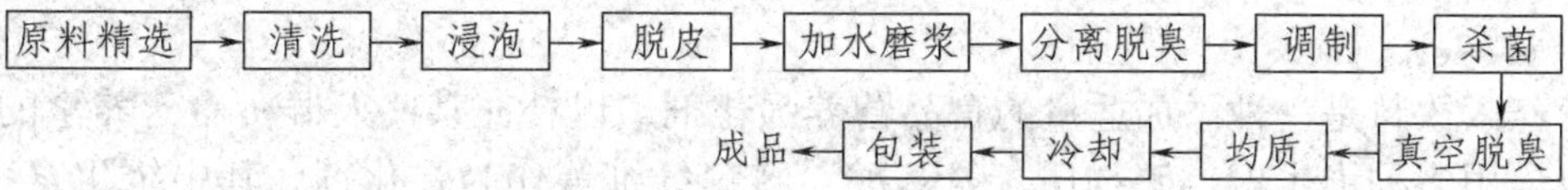


**图1－4－4　豆乳工艺流程**

（2）工艺要点

①原料选择：优质的原料是豆乳质量的保证。一般选用优质新鲜全大豆为加工原料，要求：色泽光亮、子粒饱满、无霉变、虫蛀、病斑，贮存条件良好。

②清洗、浸泡：清洗是为了去除表面附着的尘土和微生物。浸泡的目的是软化大豆组织，利于蛋白质有效成分的提取。通常大豆与水的比例为1∶3。不同浸泡温度所需时间不同：70℃，0.5h；30℃，4～6h；20℃，6～10h；10℃，14～18h。浸泡前需用95～100℃的水热烫1～2min或在浸泡液中加入0.3%浓度的$NaHCO_3$，以钝化酶的活性，减少豆腥味，软化大豆组织。

③脱皮：脱皮的目的是减轻豆腥味，提高产品白度，从而提高豆乳品质。常用脱皮方法有：a. 湿法脱皮：大豆浸泡后去皮。b. 干法脱皮：大豆脱皮常用凿纹磨，使多数大豆裂成2～4瓣，经重力分选器或吸气机除去豆皮。脱皮后需及时加工，以免脂肪氧化，产生豆腥味。

④磨浆与分离：大豆经浸泡去皮后，加入适量的水直接磨浆，浆体通常采用离心操作进行浆渣分离。一般要求浆体的细度应有90%以上的固形物通过150目滤网。采用粗磨、细磨两次磨浆可以达到这一要求。因磨浆后，脂肪氧化酶在一定温度、含水量和氧气存在的条件下，会迅速催化脂肪酸氧化产生豆腥味，所以磨浆前应采取必要的抑制酶措施。

⑤调配：调配的目的是生产各种风味的豆乳产品，同时有助于改善豆乳稳定性和质量。豆乳的调配是在带有搅拌器的调料锅内进行，按照产品配方和标准要求，加入各种配料，充分搅匀或再加水稀释到一定比例即可。通常可添加稳定剂、甜味剂、赋香剂和营养强化剂等。

⑥均质：均质可提高豆乳的口感和稳定性，增加产品的乳白度。豆乳均质的效果取决于均质的压力、物料温度和均质次数。生产上常用的均质压力为20～25MPa，物料温度为80～90℃，均质2次。均质工序可放在杀菌前也可放在杀菌后，均质放在杀菌后，豆乳的稳定性高，但生产线需采用无菌包装系统，以防杀菌后的二次污染。

⑦杀菌、脱臭：杀菌的目的是杀灭部分微生物，破坏抗营养因子，钝化残存酶的活性，同时可提高豆乳温度，有助于脱臭。调配好的豆乳应立即进行杀菌处理，杀菌常用

的工艺参数为110～120℃、10～15s。灭菌后及时入真空脱臭器进行脱臭处理，真空度为0.03～0.04MPa，不宜过高，以防气泡冲出。

⑧灌装密封：豆乳的包装形式很多，常用的有玻璃瓶包装、复合袋包装及无菌包装等。可根据计划产量、成品保藏要求、包装设备费用、杀菌方法等因素统筹考虑、权衡利弊，最后选定合适的包装，根据灌装工艺进行灌装。

## 三、营养素饮料

营养素饮料是一种添加适量的食品营养强化剂，以补充某些人群所需营养素的饮料。该饮料采用多种维生素、矿物质、氨基酸、膳食纤维等作为强化剂，其中维生素多以复配的形式应用，单品的应用较少。此类饮料品种很多，每一品种营养素饮料除与一般的饮料功能类似外，还有其特有的如消除疲劳等作用。

目前，随着饮料产业迅速发展，消费者的营养观念不断加强，在营养素饮料品种、产量不断增加的同时，也看到了在饮料中应用营养素的拓展及营养素加工特性的改善，如，应用微胶囊技术提高维生素C和$\beta$－胡萝卜素的水溶性，改变其在油溶性配料体系中稳定性较差的状况。

### （一）新型营养素

1. 低聚糖

低聚糖应用到饮料后能达到清凉、排毒并及时补充因运动而需要的能量，加快体内维生素的合成。

2. 谷氨酰胺

谷氨酰胺是肌肉和血浆中最为丰富的氨基酸，它为白细胞快速提供能量，同时也是合成核苷的重要原料。外源性补充谷氨酰胺浓度，可以预防长时间运动后免疫功能的损害。

3. 大豆多肽

经生物工程水解并通过超滤精制后获得的大豆低聚肽，其氨基酸组成几乎与大豆蛋白质一样，必需氨基酸比例平衡。大豆多肽具备易于消化吸收的功能，同时其抗还原性低，可双向调节血糖，加之有降低血压、抑制胆固醇等作用，因此在运动营养方面，大豆多肽具有增强肌肉运动力，加速肌红细胞恢复，抗氧化，迅速供能，加速运动人群肌肉疲劳恢复的功能。利用大豆多肽对血糖的双向调节作用，可生产适合运动人群需求的饮料或固体饮品，解决长时间运动后出现的低血糖问题；并可以将大豆肽抗氧化的特性运用到运动食品中，从而有效加速消除疲劳。

4. 其他多肽

白蛋白多肽可以补充大豆肽的蛋氨酸不足，并有效维持运动者的体液平衡，帮助改善氧的代谢；胶原蛋白肽则对于经常从事越野及游泳的运动人群而言，是一个很好的皮肤保持因子，它能够有效抑制酪氨酸的活性，减少皮肤色素沉着，保持皮肤水分，增加皮肤和肌腱的弹性；乳清肽则可有效帮助中老年人群预防骨质疏松。

5. 功能性油脂

功能性油脂是指一类具有特殊生理功能的油脂，是为人类营养所需要，并对人体的健康有促进作用的一类脂溶性物质。主要有亚油酸、亚麻酸、花生四烯酸、二十碳五烯酸（EPA）和二十二碳六烯酸（DHA）以及卵磷脂、脑磷脂、肌醇磷脂等。此外，一些新的结构脂质、脂肪改性产品和脂肪替代品也可归入其中。其作用随着产品组成成分的不同发挥着不同的作用，主要有免疫调节、改善心血管疾病及干预某些炎症发生、发展的作用。

**（二）营养素饮料生产中注意问题**

1. 口味与营养性

有些营养素具有特殊的口味，甚至是令人不太愉快的味道，使饮料的接受性受到影响，因而要注意营养素的选用及其实验严格用量，另外可采用复配的方式来减少或掩盖不好的口味。

2. 营养素的加工特性和稳定性

在使用营养素前一定要了解清楚其特性，尤其是加工特性。

有些营养素本身带有颜色，在进行饮料配方设计时要考虑合理利用营养素自身颜色或通过配伍恰当调整其色泽。有些营养素对光敏感，除了在加工过程中注意避光外，在选用包装时也应选用棕色瓶、铝箔复合袋等避光包装物。

有些营养素如维生素本身对加热、光照、酸碱都敏感，在应用于饮料生产，在加工中不可避免会有所损失，在保藏过程中也可能会有所损失，因而在设计配方时需要把这些损失量考虑在内，以保证成品饮料中应该含有的营养素含量。

# 第二节 固体饮料

## 一、固体饮料概述

依据《饮料通则》（GB 10789—2007），固体饮料（powdered drink）是用食品原料、食品添加剂等加工制成粉末状、颗粒状或块状等固态料供冲调饮用的制品（不包括烧煮型咖啡）。如果汁粉、豆粉、茶粉、咖啡粉、果味型固体饮料、固态汽水（泡腾片）、姜汁粉。

固体饮料是相对饮料的物理状态而言，是饮料中的一个特殊品种。与液体饮料相比，固体饮料具有重量轻、体积小，运输与携带方便，且易冲溶，特别因其含水量低，故具有良好的保藏性。固体饮料种类很多，分类方法也有多种，依据原料组成可分为果香型、蛋白型和其他型三大类固体饮料。果香型固体饮料是以糖、果汁（或不加果汁）、食用香精、着色剂等主要原辅料制成的制品。蛋白型固体饮料是以糖、乳制品、蛋白粉或植物蛋白等为主要原辅料制成的制品。其他型固体饮料是以糖为主，配以咖啡、可可、乳制品和食用香精等，或配以茶、菊花等制成的制品。依据成品形态分，可分为粉末型固体饮料、颗粒型固体饮料、片剂型固体饮料和块状型固体饮料四类。依据成品溶于水时起泡与否可分为起泡型固体饮料和非气泡型固体饮料。

## 二、固体饮料生产工艺

固体饮料一般有两种生产工艺，即分料法和成型干燥法。

分料法又称合料法，是将多种粉末原料粉碎成一定细度，并按照配方进行混合。这一方法的特点是操作简单，合料是全部操作的唯一工序，生产设备是高效粉碎机和混合机。将各种原料粉碎，并在干燥条件下按配方进行混合，可得到所需产品。目前，国内生产固体饮料一般在合料后还需进一步成型和烘干。

成型干燥法是将多种原料按配方混合、成型后干燥、过筛或粉碎过筛而成。

**（一）固体饮料的分料法生产工艺流程**

1. 固体饮料的分料法生产工艺流程（见图1－4－5）

原料粉→筛检→合料→成型→干燥→过筛→检验→包装→成品

**图1－4－5　分料法工艺流程**

果香型固体饮料多采用分料法生产工艺。

2. 成型干燥法生产工艺流程（见图1－4－6）

化糖+配浆→混合→均质→脱气→分盘→干燥→轧碎→检验→包装→成品

**图1－4－6　成型干燥法工艺流程**

蛋白型固体饮料常采用此法生产。

**（二）固体饮料生产关键技术**

在固体饮料生产中，合料、造粒成型、干燥是基本工序。在干燥的同时，饮料的香气成分会随同水分部分被蒸发，因此在干燥过程中，香气成分的保持尤为重要。

1. 合料

合料是分料法中的首要工序，各种经过筛分细度要求（过100目）的原辅料按配方投料后充分混合均匀，通常由混合机混合。合料的用水量严格控制，一般不得超过全部投料量的5%～7%。全部用水包括果蔬汁中的含水量，用以溶解食用色素和溶解柠檬酸的水，也包括溶解香精的水。用水过多，则成型机不好操作，并且颗粒坚硬，影响质量；用水过少，则产品不能形成颗粒，只能成为粉状，不合乎质量要求，如用果蔬汁取代香精，则果蔬汁浓度必须尽量高，并且绝对不能加水合料。

2. 成型

成型即造粒，将混合均匀、干湿适当的坯料放进颗粒成型机造型，使成颗粒状。颗粒大小通过合理选用成型机筛网孔眼大小实现，一般以6～8目筛网为宜。造型后成颗粒状的坯料，由成型机出口进入盛料盘。

3. 干燥

颗粒坯料放入烘盘后，轻轻摊匀摊平，放入干燥箱干燥。要求控制温度在80～85℃

以使产品保持良好的色、香、味。这种烘箱应配以真空系统，以便尽快排除水分。也可采用沸腾干燥，颗粒料置于筛板上，热风由筛板下吹出，使颗粒料在热风中悬浮、翻滚，从而得以干燥，这种设备称为沸腾床干燥器。如果混合料中含有较多果蔬汁，则其中所含有的许多维生素对温度很敏感，因此，在选择干燥工艺条件时应选择受热时间较短的，以减少营养素的损失，如沸腾干燥设备就比较适合。

蛋白型固体饮料常采用真空干燥，一般要经过四个阶段，即升温、恒速干燥、发泡成型、冷却固化。发泡成型操作是混入空气或添加碳酸铵类的物质使之产生泡沫，先进行低真空干燥，物料在减压下气体膨胀形成泡沫层，干燥到一定程度后，物料形成较稳定的蜂窝状，之后提高真空度进行强化干燥，干燥后可得到组织疏松、速溶性好的物料。

4. 过筛

干燥后的产品有的发生粘连，须将大颗粒及结块颗粒除去，可使其再通过 6 ~ 8 目筛，保持产品颗粒基本一致。

5. 包装

将通过检验合格的产品，摊晾至室温后包装，再用包装机进行包装。如在品温较高的情况下包装，则容易回潮，引起一系列质变。包装如不紧密，也会引起产品的回潮变质。其常用设备是薄膜袋包装机、金属罐包装机等。

## 三、典型固体饮料生产实例

麦乳精原名“乐口福”，是以乳制品、蛋制品、麦精、糖类、香精等为主要原料制成的一种具有疏松、多孔性颗粒和部分细粉的固体颗粒。

### （一）麦乳精工艺流程

麦乳精生产工艺流程见图 1 - 4 - 7。

原料→预处理→调配→均质→浓缩→干燥→冷却→粉碎→包装→成品

**图 1 - 4 - 7　麦乳精工艺流程**

### （二）麦乳精生产工艺要点

1. 预处理

按配方称取各种原料用量，其中奶粉、蛋粉、可可粉等应经 50 ~ 60 目筛，奶油要融化，糖类放入化糖锅中加适量水制成糖浆。

2. 调配

调配时再调料桶中进行，桶内应配备有搅拌器、过滤筛，加热系统等。先调制可可乳浆，在桶内加入粉料重量 15% ~ 20% 的净水，再加入甜炼乳、乳粉、蛋粉、可可粉、融化的奶油等，并不断地搅拌，使固体原料均匀地混入炼乳中，过筛成为可可乳浆。

将预先制好的糖浆加入到可可乳浆中，充分搅拌使其混合，随后加入其他配料，在连续搅拌中制得含水量为24%～30%的麦乳精浆。

3. 均质

麦乳精浆中含有大量油脂和固形物，虽经搅拌器搅拌，仍难以使奶油中团聚的脂肪粒分散，更无法使脂肪球变小，影响产品黏度和口感。而均质能使混合料均匀一致、冲调液保持浓稠、均匀、少沉淀，是保证产品品质的关键工序之一。常用的均质设备是高压均质机，也可用胶体磨、超声波均质机等。

4. 浓缩

浓缩可缩短干燥时间，一般采用真空浓缩，使固形物含量达到82%～84%。在真空浓缩过程中，还可对麦乳精浆进行脱气。麦乳精浆料中含有大量空气，若不进行排除，在干燥时气泡会起泡翻滚，造成损失。浓缩设备常用真空浓缩设备。

5. 干燥

将浓缩麦乳精浆料分装于烘盘中，每盘装料数量须参照干燥设备的具体性能和实际操作条件而定，一般每盘装料的厚度为0.6～1cm，干燥后浆料发泡可达8～10cm。分盘后将烘盘送入真空干燥箱中，真空干燥一般要经过四个阶段：升温、恒速干燥、发泡成型、冷却固化。蒸气压控制在0.1～0.12MPa，真空度为80～100kPa。

另外，还可采用喷雾干燥，它是将浆料喷雾于热风中，在瞬间将水分排除而成麦乳精粉末，可采用制造乳粉设备生产麦乳精。

除上述干燥方法外，微波干燥作为一种新技术也开始在麦乳精干燥工序中得到应用，有很好的发展前景。

6. 粉碎

经真空干燥的麦乳精呈蜂窝块状，需通过粉碎机，将颗粒大小控制在3.5～5mm，呈鳞片状，经检验后即可投入包装。

7. 包装

麦乳精常用包装容器有玻璃瓶、塑料瓶、金属罐、薄膜袋等，分别由不同的包装机包装。

**【思考题】**

1. 简述配制型含乳饮料生产的基本工艺。
2. 如何保持和保证发酵型含乳饮料的品质与特色？
3. 举例说明植物蛋白饮料加工的关键技术。
4. 试比较配制型含乳饮料和植物蛋白饮料生产工艺的异同点。
5. 简述常用营养素及其作用，并说明营养素饮料生产中应注意的主要问题。
6. 固体饮料生产有哪两种生产工艺？说明这两种工艺的特点及其应用。
7. 简述固体饮料生产的三道基本工序及其对固体饮料品质的影响。

## 参考文献

[1] 赵晋府．食品工艺学．第二版．北京：中国轻工业出版社，2008
[2] 邵长富，赵晋府．软饮料工艺学．北京：中国轻工业出版社，1987
[3] 赵晋府．饮料生产技术问答．北京：中国轻工业出版社，1990
[4] 萧家捷等编译．果汁和蔬菜汁生产工艺学．北京：中国轻工业出版社，1987
[5] 徐怀德．天然产物提取工艺学．北京：中国轻工业出版社，2009

乳浊液状态。通常直径在0.1～10μm，平均为3μm。每毫升牛乳中有20亿～40亿个脂肪球。

2. 乳脂肪球膜

乳脂肪表面被一层5～10nm厚的膜所覆盖，称为脂肪球膜。脂肪球膜主要由蛋白质、磷脂、高熔点甘油三酸酯、固醇、维生素、金属离子、酶类及结合水等复杂的化合物所构成。其中起主导作用的是卵磷脂－蛋白质络合物。

3. 乳脂肪的化学组成

乳脂肪主要由甘油三酯（98%～99%）、少量的磷脂（0.2%～1.0%）、固醇等（0.25%～0.40%）组成。

4. 乳脂肪的理化特性

乳脂肪的组成与结构决定其理化性质，表2－1－1所示为乳脂肪的理化常数。

表2－1－1　乳脂肪的理化特性

| 项目 | 指标 | 项目 | 指标 |
|---|---|---|---|
| 相对密度 | 0.935～0.943 | 赖克特迈斯尔值* | 21～36 |
| 熔点/℃ | 28～38 | 波伦斯克值** | 1.3～3.5 |
| 凝固点/℃ | 15～25 | 酸值 | 0.4～3.5 |
| 折射率 | 1.4590～1.4620 | 丁酸值 | 16～24 |
| 皂化率 | 218～235 | 不皂化物 | 0.31～0.42 |
| 碘值 | 26～36（30左右） | | |

注：*水溶性挥发性脂肪酸值；**非水溶型挥发性脂肪酸值。

**（四）磷脂**

按其化学成分来看很接近脂肪。由甘油、脂肪酸、磷酸和含氮物组成，在乳中平均含0.072%～0.086%。主要是卵磷脂、脑磷脂与神经鞘磷脂，比例为48∶37∶15。

**（五）固醇**

乳中固醇的最主要部分是胆固醇，含量很低（每100mL牛乳中含7～17mg），主要结合在脂肪球膜上。

**（六）乳糖**

1. 乳糖

乳糖是乳汁中的碳水化合物，占总碳水化合物的99.8%以上，其他碳水化合物虽然也存在，但含量极微。乳糖是一种从乳腺分泌的特有的化合物，其他动植物的组织中不含有乳糖。乳糖属双糖类，分子式$C_{12}H_{22}O_{11}$，牛乳中约含4.5%，占干物质的38%～39%。乳糖可分为：α－乳糖和β－乳糖两类，其中α－乳糖又可与一分子水结合成为α水合物，所以实际上乳糖可以分为三种异构体：

（1）α－乳糖水合物（α－lacyose monohydrate）　即普通乳糖。通常在93.5℃以下的水溶液中结晶而成，其他种类的乳糖当温度在93.5℃以下且含有少量的水时也转变成α－乳糖水合物，这种乳糖在常温下最为稳定。市售乳糖一般为α－乳糖水合物。

（2）$\alpha$－乳糖无水物（$\alpha$－lacyose anhydride） 将$\alpha$－乳糖水合物在真空中缓慢加热到65℃以上或在120～125℃迅速加热，失去结晶水而形成。$\alpha$－乳糖无水物很不稳定，吸湿性很强，易吸收空气中的水分而转变为$\alpha$－乳糖水合物。

（3）$\beta$－乳糖 在93.5℃以上的水溶液中结晶而成。以无水物形式存在，比$\alpha$－乳糖易溶于水，且较甜。将溶解于水中放置时，与$\alpha$－乳糖溶解于水中放置时一样，$\alpha$－与$\beta$－的比例成为平衡状态。

2. 乳糖溶解度

（1）最初溶解度 乳糖投入水中，即刻溶解的那部分达到饱和状态时，为$\alpha$－乳糖的最初溶解度。

（2）最终溶解度 将$\alpha$－乳糖溶液继续振荡，$\alpha$－乳糖可转变为$\beta$－乳糖，最后达到的饱和点，即$\alpha$－乳糖与$\beta$－乳糖平衡时的溶解度。

（3）过饱和溶解度 继续将饱和乳糖溶液于饱和温度以下冷却时，可成为过饱和溶液，此时如果冷却操作比较缓慢，则结晶不会析出，从而形成过饱和状态。

**（七）乳蛋白质**

乳蛋白质包括酪蛋白、乳清蛋白及少量脂肪球膜蛋白。

1. 酪蛋白

在温度20℃时调节脱脂乳的pH至4.6时沉淀的一类蛋白质称为酪蛋白（casein），占乳蛋白总量的80%～82%。酪蛋白不是单一的蛋白质，而是由$\alpha s$－，$\beta$－，$\gamma$－，$\kappa$－酪蛋白组成。$\alpha$－酪蛋白含磷多，故又称磷蛋白。

2. 酪蛋白的性质

乳中的酪蛋白与钙结合生成酪蛋白胶束状态存在，再与胶体状的磷酸钙结合形成酪蛋白酸钙－磷酸钙复合体，以微胶粒的形式存在于牛乳中。酪蛋白胶束以亚酪蛋白胶束混合构成：直径为10～15nm（$1nm=10^{-9}m$），不同的酪蛋白胶束所含有的$\alpha s$－酪蛋白、$\beta$－酪蛋白和$\kappa$－酪蛋白也不是均匀一致的。乳清蛋白是指溶解于乳清中的蛋白质，占乳蛋白质的18%～20%。乳清蛋白包括对热不稳定的乳白蛋白、乳球蛋白及对热稳定的小分子蛋白胨。

**（八）乳中的酶类**

1. 脂酶

牛乳中的脂酶至少有两种，一是吸附于脂肪球膜间的膜脂酶，它在末乳中含量高。另一种是存在于脱脂乳中的、大部分与酪蛋白相结合的乳浆脂酶。其主要来源于挤奶过程中污染微生物的代谢产物。乳脂肪在脂酶的作用下水解产生游离脂肪酸，从而使牛乳带上脂肪分解的酸败味。

2. 磷酸酶

牛乳中的磷酸酶有两种：主要是碱性磷酸酶，少部分是酸性磷酸酶。其中碱性磷酸酶经62.8℃、30min或72℃、15s加热而被钝化，利用这种性质来检验巴氏杀菌乳杀菌是否彻底。即使在巴氏杀菌乳中混入0.5%的原料乳也能被检出。这就是著名的磷酸酶试验。

3. 过氧化氢酶

牛乳中的过氧化氢酶主要来自白血球的细胞成分，特别在初乳和乳房炎乳中含量较高。利用对过氧化氢酶的测定作为检验乳房炎乳的手段之一。此酶经75℃、20min加热可全部钝化。

4. 过氧化物酶

最早从乳中发现的酶，它能促使过氧化氢分解产生活泼的新生态氧，使多元酚、芳香胺及某些无机化合物氧化。主要来自于乳腺白血球的细胞成分。其钝化条件为70℃、150min；75℃、25min；80℃、2.5s。可通过测定过氧化物酶的活性来判断乳是否经过热处理及热处理的程度。

5. 还原酶

还原酶是挤乳后进入的微生物的代谢产物之一。还原酶能促使甲基蓝（美蓝）变为无色。乳中还原酶的量与微生物污染的程度成正比，因此，微生物检验中常用还原酶试验来判断乳的新鲜程度，即所谓还原酶实验（如美蓝实验）。

## 四、乳的物理性质

### （一）乳的热学性质

1. 冰点

牛乳冰点的为－0.550～－0.515℃，平均为－0.540℃。利用冰点的变动可推算掺水率。

2. 沸点

在101.33kPa（1个大气压）下约为100.55℃，乳的沸点受其固形物含量影响。浓缩到原体积的一半时，沸点上升到101.05℃。

3. 比热容

各种成分比热容的总和约为3.89kJ/（kg·℃），常用于加热量和制冷量的计算。

### （二）乳的电学性质

1. 电导率

由于乳中含有盐类，可以传导电流，因此具有导电性。正常牛乳的电导率25℃时为0.4～0.5s/m。利用电导率可快速鉴定乳房炎乳。

2. 氧化还原电势

一般牛乳的氧化还原电势Eh为＋0.23～＋0.25V。乳经过加热，则产生还原性强的硫基化合物，从而使Eh降低；而微生物污染后随着氧的消耗和产生还原性代谢产物，使Eh降低；铜离子的存在可使Eh上升。此原理可用于微生物污染程度的检验。

### （三）乳的滋味与气味

乳中含有挥发性脂肪酸及其他挥发性物质，这些物质是牛乳滋味和气味的主要构成成分。牛乳除了原有的香味之外很容易吸收外界的各种气味，所以挤奶过程中必须注意周围环境的清洁。新鲜纯净的乳稍带甜味，这是由于乳中含有乳糖的缘故。乳中除甜味外，因其中含有氯离子，所以稍带咸味。

**（四）乳的密度与相对密度**

乳的相对密度是指乳在15℃时的质量与同容积水在15℃时的质量之比。正常乳的相对密度以15℃为标准，平均为 $d_{15}^{15}=1.032$。

乳的密度是指乳在20℃时的质量与同容积水在4℃时的质量之比。正常乳的密度平均为 $d_4^{20}=1.030$。我国乳品厂都采用这一标准。*

**（五）乳的酸度与pH**

1. 吉尔涅尔度（°T）

测定方法：取10mL牛乳，用20mL蒸馏水稀释，加入0.5%的酚酞指示剂0.5mL，以0.1mol/L氢氧化钠溶液滴定，将所消耗的NaOH毫升数乘以10，即为中和100mL牛乳所需的0.1mol/L NaOH体积（mL），每毫升为1°T（1度）。正常乳的酸度为16~18°T。

2. 乳酸度（乳酸%）

用乳酸量表示的酸度。按上述方法测定后用下列公式计算：

$$\text{乳酸含量（\%）}=\frac{\text{0.1mol/L NaOH 体积（mL）}\times 0.009}{\text{供试牛乳质量（g）}}\times 100\%$$

3. 乳的pH

正常新鲜牛乳的pH为6.4~6.8，一般酸败乳或初乳的pH在6.4以下，乳房炎乳或低酸度乳pH在6.8以上。

# 第二节 液 态 乳

## 一、液态乳概述

**（一）液态乳的定义**

《无公害食品　液态乳》（NY5410—2005）中定义“液态乳”为：以生鲜牛（羊）乳为原料，不添加或添加辅料，经巴氏杀菌或灭菌制成的液体产品，包括巴氏杀菌纯牛（羊）乳、巴氏杀菌调味乳、灭菌纯牛（羊）乳及灭菌调味乳，不包括炼乳和酸乳。

**（二）液态乳的种类**

液态乳种类繁多，除了标准定义中所含的分类方法，通常采用以下几种方法进行分类。

1. 根据热处理方法分类

根据产品在生产过程中采用热处理方式的不同，可将液态乳分为：

（1）巴氏杀菌乳。

（2）超高温灭菌乳。

---

* 根据《量和单位》（GB 3100~3102—1993），密度是指物体的质量和其体积的比值，单位为 $kg/m^3$，符号 $\rho$。此 $d_4^{20}$ 是指相对密度，不能称密度。

(3) 保持式灭菌乳。

经不同热处理制成的液态乳产品保质期如表2-1-2所示。

表2-1-2　不同加热处理方法生产的液态乳制品的保质期

| 液态乳 | 热处理 | 最低温度/℃ | 最少时间 | 保质期/d | 流通模式 | 工艺要求 |
|---|---|---|---|---|---|---|
| 巴氏杀菌乳(美国) | 巴氏杀菌 | 72 | 15s | 7~14 | 冷 | 净化灌装机 |
| ESL乳(英国) | 巴氏杀菌 | 90 | 5s | 14~30 | 冷 | 超净化灌装机 |
| ESL乳(美国) | 超高温巴氏杀菌 | 138 | 2s | 45~60 | 冷 | 超卫生灌装机 |
| 灌装灭菌乳 | 加压高温灭菌 | 120 | 20min | 90~180 | 室温 | 净化灌装机及高压灭菌锅系统 |
| 超高温灭菌乳 | 瞬时超高温灭菌 | 140<br>149 | 4s<br>2s | 90~180 | 室温 | 无菌灌装生产线 |

注:ESL(extent shelf life)为延长货架期。

2. 根据脂肪含量分类

为了满足不同消费者的需求,常常生产不同脂肪含量的液态乳。不同国家对按脂肪分类的产品标准并不相同。我国和德国液态乳依据产品中脂肪含量的不同,分类情况如表2-1-3所示。

表2-1-3　液态乳的类型及脂肪质量分数

| 产品类型 | 脂肪质量分数/% | |
|---|---|---|
| | 中国 | 德国 |
| 全脂乳 | ≥3.1 | ≥3.5 |
| 部分脱脂乳 | 1.0~2.0 | 1.5~1.8 |
| 脱脂乳 | ≤0.5 | ≤0.4 |

3. 根据营养成分或特性分类

液态乳依据营养成分或特性也可分为以下几类。

(1) 纯牛乳　以生鲜牛乳为原料,不添加任何其他食品原料,产品保持了牛乳所固有的营养成分。

(2) 复原乳　以乳粉、奶油等为原料,加水还原而制成的与鲜乳组成、特性相似的乳产品。我国规定,再制乳必须在产品包装上予以标注。

(3) 调味乳　以生鲜牛乳为主要原料,同时添加其他的调味成分,如巧克力、咖啡、各种谷物成分等制成的产品。产品的风味与纯牛乳有较大的不同,这类产品一般含有80%以上的牛乳。

(4) 营养强化乳　在生鲜牛乳的基础上,添加其他的营养成分,如维生素、不饱和脂肪酸等对人体健康有益的营养物质而制成的液态乳制品。

（5）含乳饮料　在牛乳中添加水和其他调味成分而制成的含乳量在30%～80%的产品，根据国家标准，乳饮料中蛋白质的含量应在1.0%以上。

## 二、液态乳生产工艺

液态乳的种类较多，但这类产品的生产工艺大致相近，基本工艺流程如图2－1－1所示。

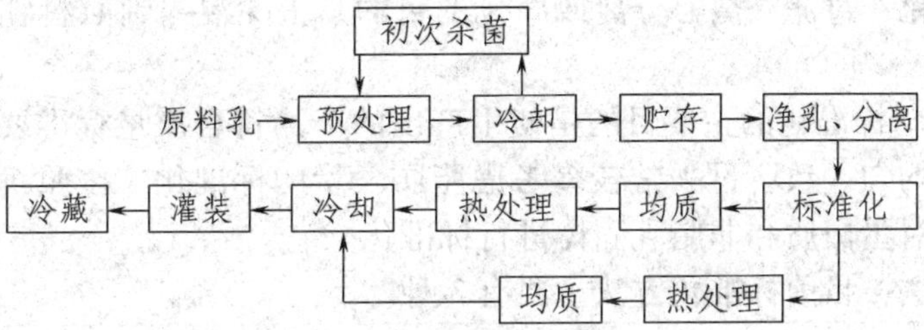


图2－1－1　液态乳生产的基本工艺流程

### （一）巴氏杀菌乳

1. 巴氏杀菌乳的定义

《巴氏杀菌乳》（GB 19645—2010）中巴氏杀菌乳（pasteurized milk）定义为：仅以生牛（羊）乳为原料，经巴氏杀菌等工序制得的液体产品。通常巴氏杀菌乳又称市乳（market milk），它是以新鲜牛乳为原料，经过离心净乳、标准化、均质、杀菌、冷却、以液体状态灌装，直接供给消费者饮用的商品乳。

2. 巴氏杀菌乳的加工工艺

一般在巴氏杀菌乳的生产过程中，冷却、离心净乳和杀菌是必须的。大部分国家在生产巴氏杀菌乳时采用均质工艺，但也有些国家希望加工后产品表面有一层脂肪层，并视之为优质产品，故不采用均质工艺。脱气是在牛乳中空气含量较高或当产品中存在挥发性异味的情况下使用。巴氏杀菌乳工艺流程如图2－1－2所示。

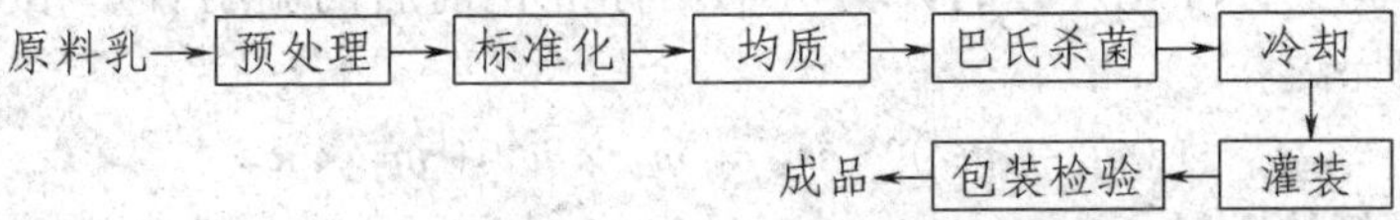


图2－1－2　巴氏杀菌乳的工艺流程

3. 巴氏杀菌乳的生产控制

（1）原料乳验收和分级　通常在牧场仅对牛乳的质量作一般的评价，在到达乳品厂后，需对原料乳的质量，包括感官、理化和卫生质量进行测定，以便按质论价和分级使用。

（2）预处理

①脱气：刚挤出的牛乳含5.5%～7.0%的气体；经过贮存、运输和收购后，一般其气体含量在10%以上，而且绝大多数为非结合的分散气体。这些气体对乳品加工过程和产品质量会产生影响。所以，在牛乳处理的不同阶段进行脱气是非常必要的。首先，要在奶槽车上安装脱气设备，以避免泵送牛乳时影响流量计的准确度；其次，在乳品厂收乳间流量计之前安装脱气设备。但是，上述两种方法对乳中细小的分散气泡是不起作用的。因此在进一步处理牛乳的过程中，还应使用真空脱气罐，以除去细小的分散气泡和溶解氧。一般脱气的牛乳在60℃条件下进行分离、标准化和均质，然后进入杀菌机杀菌。

②过滤、净化：过滤、离心分离或净化的目的是去除混入到原料乳中的机械杂质中的部分微生物。

（3）标准化　标准化的主要目的是使生产出的产品符合质量标准要求，同时使生产的每批产品质量均匀一致。过去常较多考虑脂肪含量的标准化，按照我国巴氏杀菌乳的国家标准，尚需对蛋白质和非脂乳固体进行标准化。

①标准化方法：目前标准化方法主要有3种。

a. 预标准化：预标准化是指在巴氏杀菌之前把部分全脂乳分离成稀奶油和脱脂乳。如果标准化乳的含脂率高于原料乳，则需将稀奶油按计算比例与原料乳在罐中混合以达到要求的含脂率；如果标准化乳的含脂率低于原料乳，则需将脱脂乳按计算比例与原料乳在罐中混合达到要求的脂肪含量。

b. 后标准化：后标准化是在巴氏杀菌之后进行的，方法同上，它与预标准化不同的是二次污染的可能性增大。

c. 直接标准化：又称在线标准化，牛乳经分离成为脱脂乳和稀奶油两部分，然后通过再混合过程，控制脱脂乳和稀奶油的混合比例，使混合后的牛乳脂肪、蛋白质等指标符合产品要求。将牛乳加热至55～65℃，然后按预先设定好的脂肪含量，分离出脱脂乳和稀奶油，并且根据最终产品的脂肪含量，由设备自动控制回流到脱脂乳中的稀奶油的流量，多余的稀奶油会流向稀奶油巴氏杀菌机。

预标准化和后标准化都需要使用大型、等量的混合罐，分析和调整工作也很费时费工。而直接标准化的主要特点为：快速、稳定、精确、与分离机联合运作、单位时间内处理量大。

②标准化计算：标准化过程的计算可根据标准化前后的脂肪含量相等建立等式，如式（2-1-1）所示。

$$(m_1 + m_2) \times w_3 = m_1 \times w_1 + m_2 \times w_2 \tag{2-1-1}$$

式中　$m_1$——原料的质量，kg；

$m_2$——添加物的质量，kg；

$w_1$——原料中脂肪的含量,%；

$w_2$——添加物中脂肪的含量,%；

$w_3$——标准化后料液中脂肪的含量,%。

或者依据标准化前后脂肪与非脂乳固体的比例相等而计算，如式（2-1-2）所示。

$$\frac{(m_1 + m_2) \times w_3}{(m_1 + m_2) \times n_3} = \frac{m_1 \times w_1 + m_2 \times w_2}{m_1 \times w'_1 + m_2 \times w'_2} \qquad (2-1-2)$$

式中 $m_1$——原料的质量，kg；

$m_2$——添加物的质量，kg；

$w_1$——原料中脂肪的含量,%；

$w_2$——添加物中脂肪的含量,%；

$w_3$——标准化后料液中脂肪的含量,%；

$w'_1$——原料中非脂乳固体的含量,%；

$w'_2$——添加物中非脂乳固体的含量,%；

$n_3$——标准化后料液中非脂乳固体的含量,%。

（4）均质　自然状态的牛乳，其脂肪球直径大小不均匀，在1~10μm之间，一般为2~5μm。如经均质，脂肪球直径可控制在1μm左右，这时乳脂肪的表面积增大，浮力下降。另一方面，经均质后的牛乳脂肪球直径减小，易于消化吸收。在巴氏杀菌乳的生产中，一般均质机的位置处于杀菌机的第一热回收段；在间接加热的超高混灭菌乳生产中，均质机位于灭菌之前；在直接加热的超高温灭菌乳生产中，均质机位于灭菌之后，因此应使用无菌均质机。但是当脂肪含量高于6%，蛋白质含量相应增加时，均质后的脂肪球会很容易聚结在一起，此时即使是使用间接灭菌机，也应使用后置无菌均质机。脂肪含量在1%~5%的原料乳，大多数采用二级均质机进行均质处理，控制二级均质压力在5MPa左右，再调节总均质压力为18~25MPa，进行均质处理。

（5）杀菌　巴氏杀菌的目的首先是杀死引起人类疾病的所有致病微生物，同时杀灭牛乳中影响产品风味和保质期的绝大多数其他微生物以及酶类，以保证产品质量并提高产品的贮存稳定性。同时牛乳中也存在一些致敏因子，牛乳的热处理可以降低过敏性反应等。

从杀死微生物的观点来看，牛乳的热处理强度是越强越好。但是，强烈的热处理对牛乳外观、味道和营养价值均会产生不良影响。如牛乳中的蛋白质在高温下会变性；强烈的加热使牛乳味道改变，首先是出现“蒸煮味”，然后是焦味。因此，时间和温度组合的选择必须考虑到杀灭微生物和保持产品质量两方面，以达到最佳效果。表2-1-4所示为巴氏杀菌乳常用的一些杀菌方法。

表2-1-4　　巴氏杀菌主要的热处理方法

| 杀菌方法 | 温度/℃ | 时间 |
|---|---|---|
| 初次杀菌 | 63~65 | 15s |
| 低温长时间巴氏杀菌 | 63 | 30min |
| 高温短时间巴氏杀菌（牛乳） | 72~75 | 15~20s |
| 高温短时间巴氏杀菌（稀奶油等） | >80 | 1~5s |
| 超巴氏杀菌 | 125~138 | 2~4s |

（6）冷却　经过杀菌的牛乳，必须迅速冷却到7℃以下，抑制残留微生物的生长和繁殖，同时，低温贮存对产品品质的保持也是十分有利的。

目前对巴氏杀菌乳的冷却，通常在板式热交换器中完成，其特点是能回收利用热能。杀菌后的高温牛乳先进入预热阶段，同进入该段的冷藏牛乳进行热交换，使前者得以降温，后者得以升温预热。在该段的热交换中，热量得以回收利用。经预热段降温后的杀菌乳，进入冷却段，进行最后的冷却。该段使用冰水作冷却介质，将杀菌乳冷却至4~5℃，然后从杀菌器中排出，通过出料管，连续送往灌装机。

（7）灌装　就目前而言，我国巴氏杀菌乳的包装形式主要有玻璃瓶、塑料袋、复合纸包装等。

（8）冷藏、运输　巴氏杀菌乳在贮存、运输和销售过程中，必须保持冷链的连续性。乳品厂至商店的运输过程及产品在商店的贮存过程是冷链的两个最薄弱环节，要特别引起重视。表2-1-5所示为瑞典乳业协会的调查结果，表明产品在装车、运输、卸车最后运至商店的整个过程中，时间不应超过3h，而且应该选用保温密封车甚至冷藏车运输。

表2-1-5　运输条件与产品温度之间的关系　单位：℃/h

| 运输车 | 产品升温 | |
|---|---|---|
| | 室温（20℃） | 室温（10℃） |
| 非冷藏、非保温帐篷车 | 3 | 1.5 |
| 非冷藏、非保温密封车 | 1 | 0.5 |
| 非冷藏、保温密封车 | 1 | 0.5 |
| 冷藏、保温密封车 | 0.5~1 | 0 |

巴氏杀菌乳在冷藏和运输过程中的具体要求包括：①产品必须贮存在4℃以下；②巴氏杀菌乳必须在6℃以下贮存和运输；③产品应尽量在避光条件下贮存、运输和销售；④产品应尽量在密闭条件下销售。

**（二）灭菌乳**

1. 灭菌乳的定义

灭菌乳是以牛乳（羊乳）或复原乳为主料，不添加或添加辅料，经灭菌制成的液体产品。灭菌乳不是无菌乳，两者之间有严格的界限：无菌乳即所谓产品绝对无菌，这是一种理想状态，在实际生产中是不可能获得的，灭菌乳并非指产品绝对无菌，而是指产品达到商业无菌状态，即：①不含危害公共健康的致病菌和毒素；②不含任何在产品贮存运输及销售期间能繁殖的微生物；③在产品有效期内保持质量稳定和良好的商业价位，不变质。经过灭菌的产品具有极好的保存特性，可在较高的温度下长期贮存。

2. 灭菌乳的种类

按照《灭菌乳》（GB 25190—2010）规定，灭菌乳可分为保持灭菌乳和超高温灭菌乳。

（1）超高温（UHT）灭菌乳　超高温灭菌乳以生牛（羊）乳为原料，添加或不添加复原乳，在连续流动的状态下，加热到至少132℃并保持很短时间的灭菌，再经无菌灌装等工序制成的液体产品。

超高温（UHT）灭菌乳是指物料在连续流动的状态下通过热交换器加热至135～150℃，在这一温度下不少于1s的超高温瞬时灭菌（以完全破坏其中可以生长的微生物和芽孢）以达到商业无菌水平，然后在无菌状态下灌装于无菌包装容器中的产品。UHT产品能在常温条件下贮存和销售。超高温（UHT）灭菌的出现，大大改善了灭菌乳的特性，不仅使产品的色泽和风味得到了改善，而且提高了产品的营养价值。

（2）保持灭菌乳　保持灭菌乳以生牛（羊）乳为原料，添加或不添加复原乳，无论是否经过预热处理，在灌装并密封之后经灭菌等工序制成的液体产品。

保持灭菌乳是指物料在密封容器内被加热到至少110℃，保持15～40min，经冷却后制成的产品。为进一步改善产品的感官质量，现广泛采用二段式灭菌即二次灭菌方法生产保持灭菌乳。所谓二次灭菌，是将牛乳先经过超高温瞬时处理之后再灌装、封合，然后在高压灭菌釜内进行保持灭菌。因为先进行了高温瞬时处理，保持灭菌的条件就可相对较温和，从而提高了产品的感官质量。

3. 灭菌乳的加工工艺

灭菌乳的主要目的是使产品的特性在加工后保持稳定并使此时间尽量延长。灭菌乳应符合两项要求：①加工后产品的特性应尽量与其最初状态接近；②贮存过程中产品的质量应与加工后产品的质量保持一致。

（1）超高温（UHT）灭菌乳的工艺流程　UHT处理是连续加工过程，通常具有4个操作单元；设备预灭菌、生产、ALC（无菌中间清洗）和CIP（就地清洗）。UHT乳的工艺流程如图2－1－3所示。

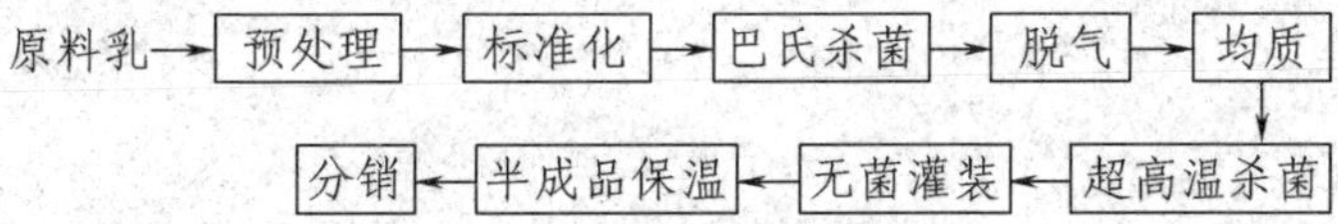


**图2－1－3　UHT乳的工艺流程**

原料乳首先经预处理、标准化、巴氏杀菌等过程。UHT乳的加工工艺通常包含巴氏杀菌过程，尤其在现有条件下这更为重要。巴氏杀菌可有效地提高生产的灵活性，及时杀灭嗜冷菌，避免其繁殖代谢产生的酶类影响产品的保质期。经巴氏杀菌后的乳升温至83℃进入脱气罐，在一定真空度下脱气，以75℃离开脱气罐后进入均质机。均质通常采用二级均质。第一级均质压力为15～20MPa，第二级均质压力为5MPa。均质后的牛乳进入加热段，在这里牛乳被加热至灭菌温度（通常为137℃），在保温管中保持4s，然后进入热回收管。冷却后的牛乳直接进入灌装机或无菌罐贮存。若牛乳的灭菌温度低于设定值，则牛乳就返回平衡槽。

（2）保持式灭菌乳的工艺流程　保持式灭菌乳工艺流程如图2－1－4所示。

如图2－1－4所示，保持式灭菌乳基本生产工艺与巴氏杀菌乳及UHT乳相似，所不同的是保持式灭菌乳采用高压灭菌的方式实现产品的商业无菌，在生产工艺中通常又可分为原料乳直接预热灌装灭菌（称一次灭菌）和首先经过一次UHT预灭菌，然后再边装

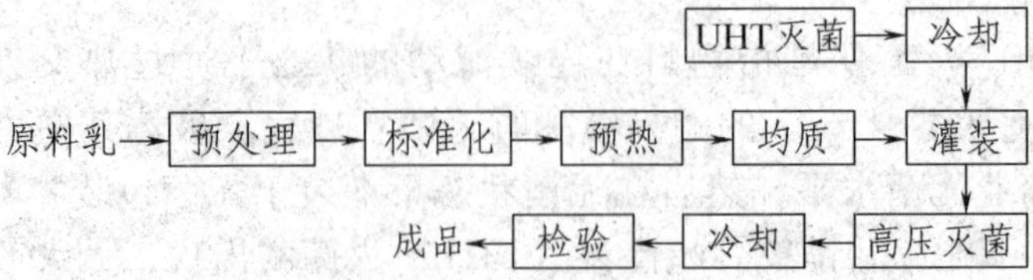


图2-1-4 保持式灭菌乳工艺流程

到瓶中进行二次灭菌（二次灭菌乳）。在原料乳质量较差的情况下，往往采用二次灭菌的方法，以保证产品质量。

保持式灭菌乳的加工方法主要有两种：即间歇式加工和连续式加工。

①间歇式加工：间歇式加工通常在灭菌釜中进行，牛乳首先预热到约80℃后，灌装于干净、经加热后的瓶（或其他容器）中，这些瓶随后封盖，置于蒸汽灭菌釜中灭菌，通常处理条件为110～120℃、15～40min，经冷却后取出，灭菌釜中放入下一批产品重复上述操作，与罐头食品加工原理相同。

②连续式加工：采用连续式加工工艺，通常牛乳被加热到135℃或更高的温度，保持数秒后冷却到30～70℃（如果是普通塑料瓶则要求更低温度）。装入干净经加热的瓶中，然后进入水压塔灭菌。牛乳在间接或直接UHT设备上进行预杀菌时，不需要像一般灭菌乳那样进行强烈热处理，因为其主要目的只是降低芽孢数量以减少加热塔热能需求。

连续式水压灭菌器的循环时间约为1h，其中20～30min用于通过115～125℃的灭菌段。水压灭菌器适于进行2000个/h×0.5L～16000个/h×1L的热处理，玻璃和塑料瓶都可使用。

# 第三节 发 酵 乳

## 一、发酵乳概述

### （一）发酵乳的定义

根据食品安全国家标准《发酵乳》（GB 19302—2010），发酵乳的定义为：以生牛（羊）乳或乳粉为原料，经杀菌、发酵后制成的pH降低的产品。“风味发酵乳”是以80%以上生牛（羊）乳或乳粉为原料，添加其他原料，经杀菌、发酵后pH降低，发酵前或后添加或不添加食品添加剂、营养强化剂、果蔬、谷物等制成的产品。

“酸乳”是以生牛（羊）乳或乳粉为原料，经杀菌、接种嗜热链球菌和保加利亚乳杆菌（德氏乳杆菌保加利亚亚种）发酵制成的产品。“风味酸乳”是以80%以上生牛（羊）乳或乳粉为原料，添加其他原料，经杀菌、接种嗜热链球菌和保加利亚乳杆菌（德氏乳杆菌保加利亚亚种）发酵前或后添加或不添加食品添加剂、营养强化剂、果蔬、谷物等制成的产品。

最原始的发酵乳是利用乳中污染的乳酸菌将乳糖转化成乳酸制作而成。目前，工业化生产是以乳酸菌为主的特定微生物作发酵剂接种到杀菌后的原料乳中，在一定温度下乳酸菌增殖产生乳酸，同时伴有一系列的生化反应，使乳发生化学、物理和感官变化。

### （二）发酵乳的形成及营养

在发酵过程中由于乳酸菌发酵产生蛋白质水解酶，使原料乳中部分蛋白质水解，从而使酸乳含有比原料乳中更多的肽和比例更合理的人体所需的必需氨基酸，使得酸乳中的蛋白质更易被机体所利用。

## 二、发酵剂

### （一）发酵剂概述

发酵剂是制造干酪、奶油及发酵乳制品所用的特定的微生物培养物，此培养物一般为液状或固形粉末。用于直接制造产品的发酵剂称为工作发酵剂，为了制备生产用发酵剂预先制备的发酵剂称为母发酵剂或种子发酵剂。

### （二）发酵剂的种类

1. 单一发酵剂

这一类型发酵剂生产时一般是将每一种菌株单独活化，生产时再将各菌株混合在一起。

2. 混合发酵剂

这一类型的发酵剂是保加利亚乳杆菌和嗜热链球菌按 1∶1 或 1∶2 比例混合的酸乳发酵剂，且两种菌比例的改变越小越好。

3. 补充发酵剂

为了增加酸乳的黏稠度、风味或增强产品的保健目的，一般可单独培养或混合培养后加入乳中。

## 三、酸乳生产工艺

### （一）凝固型酸乳

凝固型酸乳工艺流程如图 2－1－5 所示。

### （二）搅拌型酸乳

搅拌型酸乳的工艺流程如图 2－1－6 所示。

## 四、酸乳生产的质量控制

### （一）凝固型酸奶常见缺陷及控制方法

1. 凝固不良或不凝固的主要原因

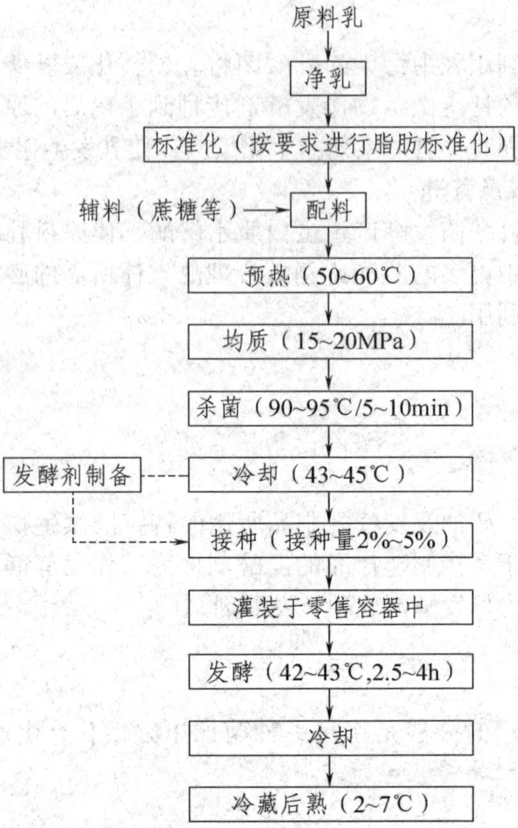


**图2-1-5 凝固型酸乳工艺流程**

图中虚线为发酵剂的制作过程，即：用处理过的原料乳用于发酵剂的扩大培养，制备得到工作发酵剂后投入到酸乳中发酵。

（1）原料乳质量　乳中含有抗菌素、防腐剂会抑制乳酸菌生长，影响正常发酵，从而导致酸乳凝固性差；原料乳掺水，使乳的总干物质含量降低；原料乳因变酸而掺碱中和等，都会造成酸乳凝固不好。因此，必须把好原料验收关，杜绝使用含有抗菌素、农药、防腐剂及掺碱、掺水牛乳生产酸乳。对于物质含量低的牛乳，可适当添加脱脂乳粉，提高其总干物质含量。

（2）发酵温度与时间　发酵温度与时间低于乳酸菌发酵的最适温度与时间，会使乳酸菌凝乳能力降低，从而导致酸乳凝固性降低。另外，发酵室温度不均匀也会造成酸乳凝固性降低。因此，生产中一定要控制好发酵温度与时间，并尽可能保持发酵室温度恒定。

（3）发酵剂活力　发酵剂活力减弱或接种量太少会造成酸乳凝固性差。

（4）加糖量　加糖量过大会产生高渗透压，抑制乳酸菌的生长繁殖，也会使酸乳不能很好地凝固。实际生产中要选择好最佳的加糖量，既能给产品带来良好的风味，又不影响乳酸菌的生长。

2. 乳清析出的主要原因

（1）原料乳热处理不当　温度低或时间不够，不能使大量乳清蛋白变性。变性乳清

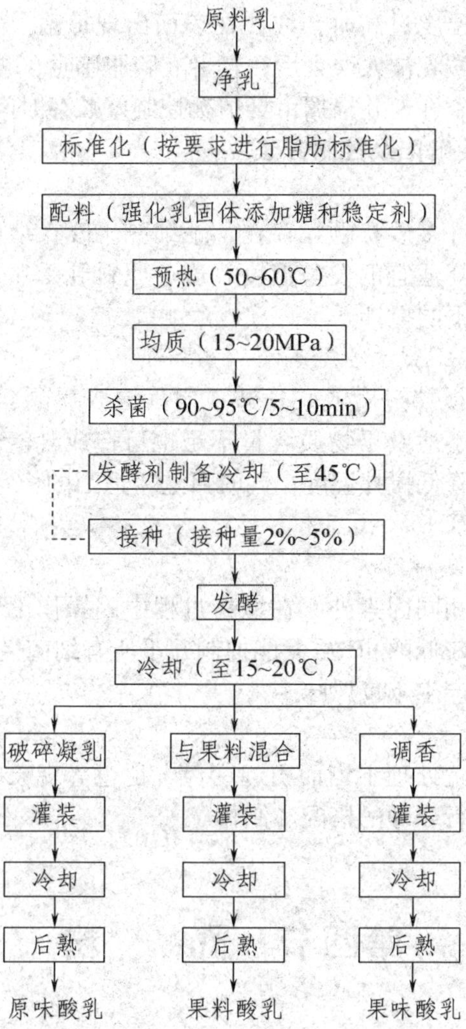


图2-1-6 搅拌型酸乳工艺流程

蛋白与乳中酪蛋白形成复合物，可容纳更多的水分，就不会出现乳清分离。

（2）发酵时间 发酵时间过长或过短，都会有乳清分离。过长，酸度过大破坏了乳蛋白质已经形成的胶体结构，使乳清分离出来；过短，胶体结构还未充分形成，也会形成乳清析出。

（3）其他 如原料乳总干物质含量低、接种量过大、机械振动等也会造成乳清析出。生产中添加适量的 $CaCl_2$，可减少乳清析出，也可赋予产品一定的硬度。

3. 风味不良

由于菌种选择及操作工艺不当造成。菌种混合比例应选择适当，任何一方占优势都会导致产香不足，风味变劣。高温短时发酵或发酵过度也会造成酸乳芳香味不足，酸甜不适口等风味缺陷。过度热处理或添加了风味不良的乳粉、炼乳也会造成酸乳风味不良。

4. 表面霉菌生长

酸乳贮存时间过长或温度过高时，往往在表面出现霉菌。黑斑点易被察觉，而白色霉菌则不易被注意。这种酸乳被人误食后，轻者有腹胀感觉，重者引起腹痛下泻。

因此要严格保证卫生条件，并根据市场情况控制好贮存时间和贮存温度。

**（二）搅拌型酸奶常见缺陷及控制方法**

1. 砂状组织

酸乳在组织外观上有许多砂状颗粒存在，不细腻。砂状结构的产生有多种原因，在生产搅拌型酸乳时，应选择适宜的发酵温度，避免原料乳受热过度，减少乳粉用量，避免干物质过多和较高温度下的搅拌。

2. 乳清分离

酸乳搅拌速度过快、搅拌过度或泵送造成空气混入产品，将造成乳清分离。此外，酸乳发酵过度、冷却温度不适及干物质含量不足也可造成乳清分离现象。因此，应选择合适的搅拌器搅拌并注意降低搅拌温度。同时可选用适当的稳定剂，以提高酸乳的强度，防止乳清分离，其用量为0.1%～0.5%。

3. 风味不正

除了与凝固型酸乳的相同因素外，在搅拌过程中因操作不当而混入大量空气，造成酵母和霉菌的污染。酸乳较低的pH虽然能抑制几乎所有细菌生长，但酵母和霉菌却可以生长，造成酸乳的变质和产生不良风味。

4. 色泽异常

在生产中因加入的果蔬处理不当而引起变色、褪色等现象时有发生。应根据果蔬的性质及加工特性与酸乳进行合理的搭配和制作。

# 第四节　乳　　粉

## 一、乳粉概述

**（一）乳粉的定义**

根据《乳粉》（GB 19644—2010）以生牛（羊）乳为原料，经加工制成的粉状产品，即以新鲜乳（包括羊乳等）为原料，用冷冻或加热的方法去除乳中几乎所有的水分，得到干燥的粉末状产品。广义乳粉中包括添加或不添加食品添加剂和（或）食品营养强化剂等辅料，经脱脂或不脱脂、浓缩干燥或干混合的粉末状产品，产品中乳干物质应不低于70%。乳粉除可供婴儿、病人、老人等饮用外，还可供制造糖果、冷饮、糕点等其他食品加工提供原料。

乳粉中保持了鲜乳中的大部分营养成分，水分含量很低，使微生物细胞和周围环境的渗透压差数增大。乳粉中几乎保持了鲜奶的全部营养成分，而且冲调容易，使用方便，便于运输，可以调节产奶的淡、旺季节和地区间供应的不平衡。因而，乳粉在我国的乳制品结构中仍然占据着重要的位置。

### （二）乳粉的种类和组成

1. 乳粉的种类

目前我国生产的乳粉主要有全脂乳粉、全脂加糖乳粉、婴儿乳粉及少量保健乳粉等，婴儿乳粉的产量正在逐步上升。根据乳粉的特征、所用原料、原料处理及加工方法的不同，乳粉可以分为以下几种：

（1）全脂乳粉（whole milk powder） 全脂乳粉以新鲜牛乳为原料，添加或不添加食品营养强化剂，经标准化、杀菌、浓缩、干燥而制得的蛋白质不低于非脂乳固体的34%，脂肪不低于25%的粉末状产品。根据是否加糖其又分为全脂淡乳粉和全脂甜乳粉。

（2）脱脂乳粉（skimmed milk powder） 脱脂乳粉为将新鲜牛乳，添加或不添加食品营养强化剂，经预热、离心分离获得脱脂乳，再经杀菌、浓缩、干燥而制得，脂肪不高于1.75%的粉末状产品。因为脂肪含量少，保藏性较全脂乳粉要好。

（3）配制乳粉（formula powder） 配制乳粉为在牛乳中添加目标消费对象所需的各种营养素，经杀菌、浓缩、干燥而制得的粉末状产品。目前市场配方乳粉主要包括：

①婴幼儿配方乳粉：婴幼儿配方乳粉是指以新鲜牛乳为原料，以母乳中的各种营养元素的种类和比例为基准，添加适量的乳清蛋白、多不饱和植物脂肪酸、乳糖、复合维生素和复合矿物质等物质，达到乳粉的蛋白质母乳化、脂肪酸母乳化、碳水化合物母乳化和维生素、矿物质母乳化的目的，将各种原料混匀后经均质、杀菌、浓缩、干燥等工艺而制得的粉末状产品。根据婴幼儿出生时间的不同分为：0～6个月婴儿乳粉、6～12个月较大婴儿乳粉和12～36个月幼儿成长乳粉。

②儿童学生配方乳粉：儿童学生配方乳粉是以新鲜牛乳为主要原料，添加一定量儿童、学生生长发育所必需的营养物质，经杀菌、浓缩、干燥等工艺而制得的粉末状产品。

根据食用对象的不同分为儿童配方乳粉、中学生配方乳粉和大学生配方乳粉。

③中老年配方乳粉：以新鲜牛乳或脱脂乳为主要原料，添加一定量的蛋白质、碳水化合物以及中老年人容易缺乏的维生素和矿物质，混匀后经杀菌、浓缩、干燥等工艺而制得的粉末状产品。

④特殊配方乳粉：特殊配方乳粉是指以新鲜牛乳为主要原料，根据特定人群特殊的营养需求和功能需求，添加一定量特殊人群所需要的营养元素、功能性成分或因子，配料混合均匀后，经杀菌、浓缩、干燥等工艺而制得的粉末状产品，如降乳糖乳粉、高钙助长乳粉等。

（4）速溶乳粉（instant milk powder） 速溶乳粉为在制造乳粉过程中采取特殊的造粒工艺或喷涂卵磷脂而制成的溶解性、冲调性极好的粉末状产品。

（5）乳清粉（whey powder） 将生产干酪排出的乳清经脱盐、杀菌、干燥而制成的粉末状产品即为乳清粉。乳清粉中含有易消化、有生理价值的乳白蛋白、球蛋白及非蛋白态氮化合物、其他有效物质，用以制造育儿用配制乳粉及点心、面包的原料。根据用途可分为无脂、含脂及调整灰分的乳清粉。

（6）酪乳粉（butter milk powder） 以酪乳为原料，经浓缩、干燥加工而成的粉状物，含有较多的卵磷脂。用于制造点心及复原乳。

（7）奶油粉（cream powder） 在稀奶油中添加一部分鲜乳，经干燥加工而成的粉末状产品。产品由于含乳脂高，所以易氧化。

(8) 麦精乳粉（malted milk powder） 在鲜乳中加入麦芽糖、可可、蛋类、乳制品等，经干燥加工而成。

(9) 强化乳粉（modified milk powder） 是指在鲜乳中加入一定量的维生素、无机盐及其他一些营养成分，经浓缩、干燥加工而成，以满足不同人群的营养需要。

(10) 其他专用乳粉

①焙烤专用乳粉：根据饼干等焙烤行业的特殊营养需求和生产加工工艺的特殊功能需要，要求专用乳粉可替代焙烤行业中使用的通用型乳粉，具有理想的水合性、乳化性、起泡性、发泡性和凝胶性。

②冰淇淋专用乳粉：根据冰淇淋行业的特殊营养需求和冰淇淋生产工艺的特殊功能需要，要求专用乳粉可以替代冰淇淋行业中使用的通用型乳粉，具有理想的起泡性、发泡性和乳化性。

③酸乳粉：酸乳粉是根据目前发酵乳制品采用复原乳和发酵剂的要求，将乳粉和粉末状发酵剂采用特殊的加工工艺，达到两者物理和化学的良好混合，使生产厂商只需要复原酸乳粉即可完成良好发酵乳制品的制造。

④巧克力专用乳粉：根据巧克力行业的特殊营养需求和巧克力生产工艺的特殊功能需要，要求专用乳粉可以替代巧克力行业中使用的通用型乳粉，具有理想的起泡性、乳化性和较高的游离脂肪酸含量。随着乳品工业的发展和科学技术的进步，满足各种不同要求的许多乳粉新品种不断出现，现在世界上乳粉生产已进入了新的时代。近年来，由于人工营养育儿用乳粉需要量的急剧增加，特殊调制的婴儿乳粉在某些国家已成为主要乳制品品种。目前有嗜酸菌乳粉、高蛋白低脂肪乳粉、低苯丙氨酸乳粉、蛋白分解乳粉、低钠乳粉和乳糖分解乳粉等。

2. 乳粉的功能特性

作为食品配料，乳粉能提供多种功能特性，主要来自乳蛋白质。牛乳提供的功能特性包括溶解性、乳化性、凝胶性、水合性、掼打/起泡性、黏性、褐变以及风味。乳粉中的乳糖有助于食品发色，还可用作充填剂。

(1) 溶解性 乳蛋白质的功能性取决于配料在溶液中的溶解性。酪蛋白和乳清蛋白在其自然状态下，在食用和饮料体系中有高度的溶解性，溶解之后，发挥乳化作用和掼打/起泡作用。但是，过度热处理会导致蛋白质变性，从而降低其溶解性。乳粉的溶解性不佳（较高的不溶解度指数）是由于牛乳、浓缩乳受到高温热处理造成的。

就全脂乳粉而言，游离脂肪在粉粒表面形成一层疏水性膜，使可湿性问题更为严重。正是出于这个原因，常常在干燥过程中加入卵磷脂来帮助改善乳粉的溶解性能。

速溶化处理，包括在干燥的同时进行附聚处理，增强了乳粉在冷水小的复原性，因而可改善如下一种或多种性能：可湿性、沉降性、分散性、水合速度和溶解性。

(2) 乳化作用 食品乳浊液一般多为水包油体系。水－油界面的形成是高能量的动力学过程。表面活性剂吸附在水－油界面，起到保护作用。但随着乳液液滴的重新聚合，表面活性剂来不及保护新形成的表面，而丢失部分界面。

乳粉中的蛋白质作用于油－水界面，对乳浊液的形成和稳定有十分良好的效果。通过控制蛋白质的变性可以强化这种乳化特性。随着温度的升高，蛋白质扩散到新形成的油水界面中的速度、蛋白质分子的伸展和吸附速度都有所提高，从而促进乳浊液液滴的形成和稳定。乳蛋白质伸展暴露出疏水性的氨基酸残基，有利于蛋白质在油－水界面的定向。

乳蛋白稳定乳化体系的能力受水相的 pH 和离子强度的影响。乳脂肪中存在的卵磷脂也有助于乳粉的乳化性能。

（3）成胶性 乳蛋白质在未变性状态下，能够形成刚性的、热诱导的不可逆凝胶，结合水分和脂肪，提供结构支撑。

## 二、乳粉生产工艺

乳粉生产的工艺流程如图 2－1－7。

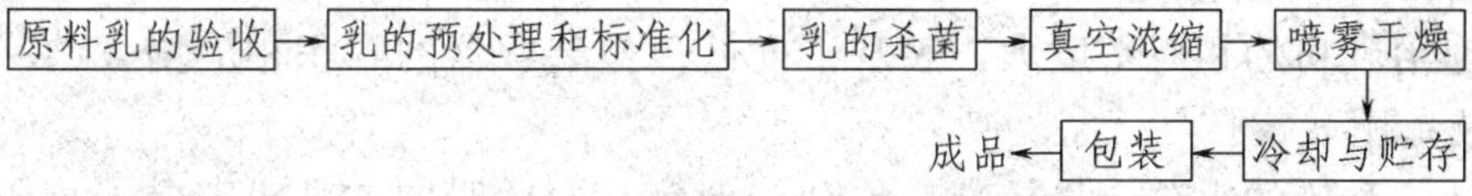


**图 2－1－7 乳粉的工艺流程**

乳粉生产中，原料乳的验收、预处理以及标准化过程与液态乳的生产流程一样。在乳粉生产过程中，除了少数几个品种（如全脂乳粉、脱脂乳粉）外，都要经过配料工序，其配料比例按产品要求而定。配料时所用的设备主要有配料缸、水粉混合器和加热器。生产全脂乳粉、全脂甜乳粉以及脱脂乳粉时一般不必经过均质操作，但当乳粉的配料中加入植物油或其他不易混匀的物料时，就需要进行均质操作。均质时的压力一般控制在 14～21MPa，温度控制在 60℃为宜。均质后脂肪球变小，从而可以有效地防止脂肪上浮，并易于消化吸收。不同的产品可根据本身的特性选择合适的杀菌方法。目前最常见的是采用高温短时灭菌法，因为使用该方法牛乳的营养成分损失较小，乳粉的理化特性较好。

牛乳经杀菌后立即泵入真空蒸发器进行减压（真空）浓缩，除去乳中大部分水分（65%），然后进入干燥塔中进行喷雾干燥，以保障产品质量和降低成本。一般要求原料乳浓缩至原体积的 1/4，乳的干物质达到 45% 左右。浓缩后乳温一般为 47～50℃。不同的产品浓缩程度如下：全脂乳粉的浓度 11.5～13°Bé，相应乳固体含量 38%～42%；脱脂乳粉的浓度 20～22°Bé，相应乳固体含量 35%～40%；全脂甜乳粉浓度 15～20°Bé，相应乳固体含量 45%～50%，生产大颗粒乳粉时浓缩乳浓度应提高。

浓缩乳中仍然含有较多的水分，必须经喷雾干燥后才能得到乳粉。乳粉经冷却以防脂肪分离，然后过筛（20～30 目）后即可包装。

## 三、速溶乳粉

### （一）速溶乳粉的定义

速溶乳粉比普通喷雾乳粉具有颗粒大而疏松、润湿性好、分散度高，用水冲调复原时，即使用冷水也能迅速溶解而不结块，所以受消费者欢迎。

速溶乳粉的特性，来自特殊的工艺条件，由于全脂速溶乳粉含有较多的脂肪，脂肪的疏水性对润湿性有很大影响，所以其生产工艺较脱脂速溶乳粉复杂。因此，只是在近些年才有所发展。

速溶乳粉是采用某种特殊的工艺及设备所制成的粉末状制品，它有以下特点：

（1）速溶乳粉的颗粒直径大，一般为100～800μm。

（2）速溶乳粉的溶解性、可湿性、分散性等性能都得到极大的改善，当用不同温度的水冲调复原时，只需搅拌一下，即迅速溶解，不结块，无需先调浆再冲调，减少了消费者冲饮的麻烦，即使用冷水直接冲调也能迅速溶解。

（3）速溶乳粉中的乳糖是呈结晶状的含水乳糖，在包装和保存过程中不易吸潮结块。

（4）由于速溶乳粉的直径大而均匀，减少了制造、包装及使用过程中粉尘飞扬的工作环境，避免了不应有的损失。

（5）速溶乳粉的相对密度大，表观密度低，包装容器的容积相应增大，一定程度上增加了包装费用。

（6）速溶乳粉的水分含量较高，不利于保藏，对脱脂速溶乳粉而言，易于褐变，并具有一种粮谷的气味。

**（二）速溶乳粉的加工**

1. 复湿工艺

复湿工艺也称二次制造法，即将全脂乳粉再处理成团粒化的方法。复湿处理法的速溶乳粉的结晶乳糖量取决于湿润及再干燥时间的长短。复湿工艺分四个阶段将全脂乳粉或脱脂乳粉进行速溶化，即：附聚—再干燥—冷却—整粒，其工艺流程如图2－1－8、图2－1－9所示。

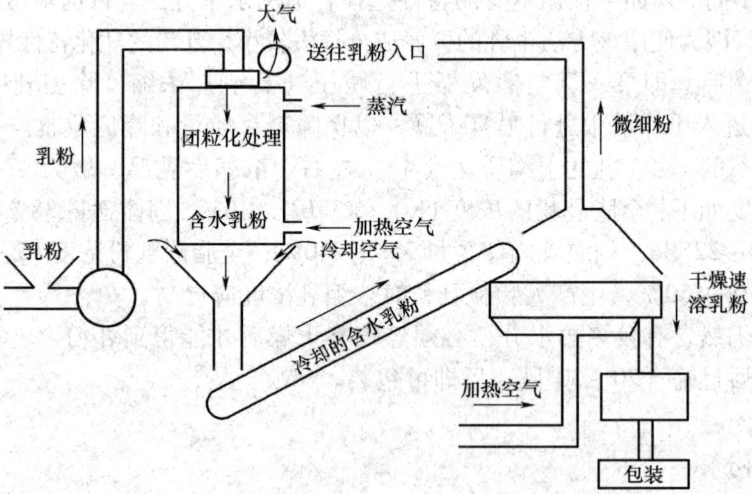


**图2－1－8　复湿处理法生产速溶乳粉的工艺流程**

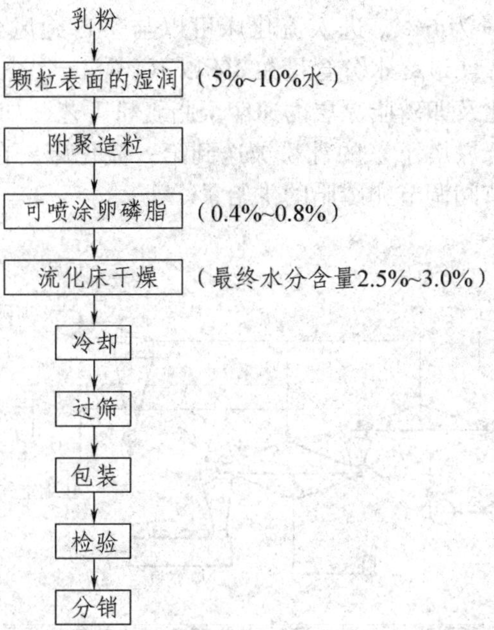


图2－1－9 复湿处理法生产速溶乳粉的工艺流程

乳粉粒子在管或箱内由湿润气流均匀分散、浮游，控制吹入的二次蒸汽量以调换温度与湿度进行附聚、团粒化，最终乳粉水分含量为8%～25%。乳粉由于湿润进行团粒化，可以认为乳糖为主要的黏合剂，蛋白质起辅助作用。然后进行再干燥、冷却过筛或滚压整粒，或两者并用将粒子标准化为成品。

2. 直接附聚工艺

直接附聚工艺已得到了广泛应用，即在喷雾干燥过程中，将旋风分离器收集下来的细粉，通过罗茨鼓风机吹入喷雾干燥塔塔顶与雾化浓奶乳滴附聚，或吹入流化床入口与塔内下来的乳粉附聚，如图2－1－10所示。

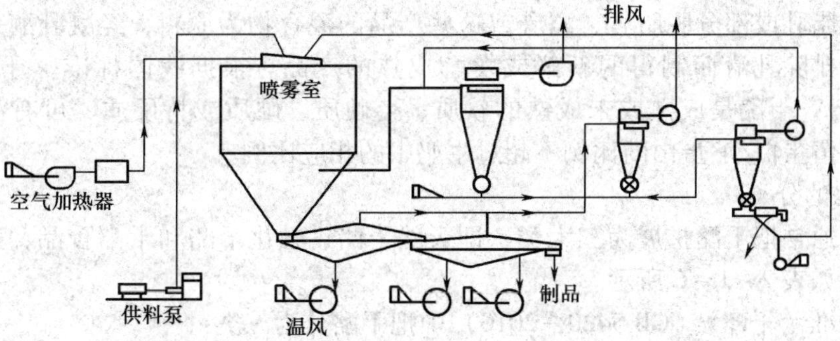


图2－1－10 直接附聚法生产速溶乳粉的工艺流程

直接附聚常结合二次干燥工艺，为了提高干燥效率，不在塔内进行降速第二段干燥，控制干燥塔出粉水分含量为6%，进入流化床可以与来自旋风分离器的细粉进行附聚，在流化床进行二次干燥，使最终水分含量在3%以下。

另外，已采用团粒化及卵磷脂涂层的速溶全脂乳粉工艺，如图2－1－11所示。全脂乳粉由筒仓用温风或从干燥塔下来的乳粉被送到第一流化床。在第一、第二流化床之间喷洒卵磷脂涂层，用调节阀调节卵磷脂的供给量。

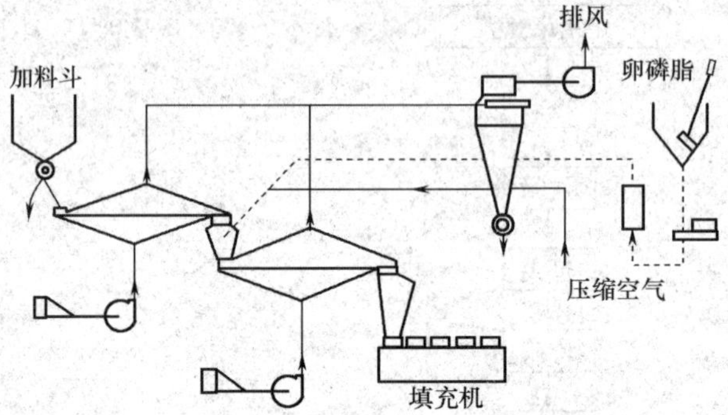


图2－1－11　卵磷脂处理装置的工艺流程

# 第五节　干　　酪

## 一、干酪概述

### （一）干酪的概念及种类

1. 干酪的概念

联合国粮农组织和世界卫生组织（FAO/WHO）制定的干酪定义为：干酪是以乳、稀奶油、脱脂乳或部分脱脂乳、酪乳或这些产品的混合物为原料，经凝乳酶或其他凝乳剂凝乳，并排除乳清而制得的新鲜或发酵成熟的产品。根据我国标准《干酪》（GB 5420—2010），干酪是成熟或未成熟的软质、半硬质、硬质或特硬质、可有涂层的乳制品，其中乳清蛋白/酪蛋白的比例不超过牛奶中的相应比例。

2. 干酪的分类

国际上通常把干酪扩展为三大类，即天然干酪、融化干酪和干酪食品，这三类干酪的主要规格如表2－1－6所示。

我国标准《干酪》（GB 5420—2010）中把干酪分为三类：

（1）成熟干酪　生产后不能马上使（食）用，应在一定温度下贮存一定时间，以通过生化和物理变化产生该类干酪特性的干酪。

（2）霉菌成熟干酪　主要通过干酪内部和（或）表面的特征霉菌生长而促进其成熟

的干酪。

(3) 未成熟干酪 未成熟干酪（包括新鲜干酪）是指生产后不久即可使（食）用的干酪。

表2－1－6 天然干酪、融化干酪和干酪食品的主要规格

| 名称 | 规格 |
| --- | --- |
| 天然干酪 | 以乳、稀奶油、部分脱脂乳、酪乳和混合乳为原料，经凝固后，排出乳清而获得的新鲜或成熟的产品，允许添加天然香辛料以增加香味和滋味 |
| 融化干酪 | 用一种或一种以上的天然干酪，添加食品卫生标准所允许的添加剂（或不加添加剂），经粉碎、混合、加热融化、乳化后而制成的产品，含乳固体在40%以上 |
| 干酪食品 | 用一种或一种以上的天然干酪或融化干酪，添加食品卫生标准所允许的添加剂（或不加添加剂），经粉碎、混合、加热融化而成的产品，产品中干酪比例须占50%以上 |

### （二）凝乳酶

生产干酪所用的凝乳酶，一般以皱胃酶为主。使用前需测定凝乳酶的活力。

凝乳酶的主要作用是促进乳的凝结，并为乳清的排除创造条件。

皱胃酶是最常用的凝乳酶，由于凝乳酶的来源及成本等原因，其代用酶也被应用于干酪的实际生产中。根据来源，代用酶分为植物性、动物性及微生物代用凝乳酶，但还没有达到完全代替的程度。

1. 皱胃酶

皱胃酶的等电点为4.45～4.65，凝乳作用的最适pH为4.8左右，最适温度为40～41℃，皱胃酶在弱碱（pH9）、强酸、热、超声波的作用下易失活，制造干酪时的凝固温度通常为30～35℃，时间为20～40min。如果加过量的皱胃酶、温度上升过高或时间过长，则凝块变硬。20℃以下或50℃以上则凝乳酶活性减弱。

皱胃酶的活力单位是指皱胃酶在35℃条件下，使牛乳40min凝固时，单位重量（通常为1g）的皱胃酶能使牛乳凝固的倍数。即1g（或1mL）皱胃酶在一定温度（35℃），一定时间（40min）内所能凝固牛乳的毫升数。

一般的测定方法是：将100mL脱脂乳（若想得到较好的再现性，应取脱脂乳粉9g配成100mL的溶液）调整酸度为0.18%，用水浴加温至35℃，添加10mL 1%的皱胃酶食盐水溶液，迅速搅拌均匀，准确记录从开始加入酶液到凝乳时所需的时间（s），此时间也称皱胃酶的绝对强度。按式（2－1－3）计算活力：

$$活力=\frac{供试乳数量}{皱胃酶数量}\times\frac{2400\ (s)}{凝乳时间\ (s)} \tag{2-1-3}$$

式中 2400（s）——测定皱胃酶活力时所规定的时间（40min），活力确定以后可根据活力计算皱胃酶的用量。

2. 皱胃酶的代用凝乳酶

除皱胃酶外，很多蛋白质分解酶也具有凝乳作用。由于皱胃酶来源于犊牛的第四胃，其成本高及目前肉牛的生产实际等原因，很多代用凝乳酶已应用到干酪的生产中。代用

酶按其来源可分为动物性凝乳酶、植物性凝乳酶、微生物凝乳酶及基因工程凝乳酶等。

（1）动物性凝乳酶　动物性凝乳酶主要是胃蛋白酶，这种酶以前就已经作为皱胃酶的代用酶而应用到干酪的生产中，其性质在很多方面与皱胃酶相似，由于胃蛋白酶的蛋白分解力强，如果单独使用，制作的干酪成品略带苦味，会使产品产生一定的缺陷。

如果将胃蛋白酶与皱胃酶等量混合添加，可以减少胃蛋白酶单独使用的缺陷。另外，某些主要蛋白分解酶，如胰蛋白酶和胰凝乳蛋白酶，蛋白分解力强，凝乳硬度差，产品略带苦味。

（2）植物性凝乳酶　包括无花果蛋白酶、木瓜蛋白酶、凤梨酶等。

（3）微生物来源的凝乳酶　微生物凝乳酶可分为霉菌、细菌、担子菌三种来源。在生产中得到应用的主要是霉菌性凝乳酶，如从微小毛霉菌中分离出的凝乳酶，蛋白分解力比皱胃酶强，但比其他的蛋白分解酶蛋白分解力弱，对牛乳凝固作用强。

微生物来源的凝乳酶生产干酪时的缺陷主要是在凝乳作用强的同时，蛋白分解力比皱胃酶高，干酪的得率较皱胃酶生产的干酪低，成熟后产生苦味。另外，微生物凝乳酶的耐热性高，给乳清的利用带来不便。

（4）利用基因工程技术生产皱胃酶　由于皱胃酶的各种代用酶在干酪实际生产中的缺陷，迫使人们利用新的技术和途径来寻求犊牛以外的皱胃酶来源。美国和日本等国利用基因工程技术，将控制犊牛皱胃酶合成的DNA分离出来，导入微生物细胞内，利用微生物来合成皱胃酶获得成功，并得到美国食品医药局（PDA）的认定和批准（1990）。

## 二、天然干酪

### （一）天然干酪的分类及特性

国际乳品联合会（IDF）规定了天然干酪的分类标准见表2－1－7。

表2－1－7　天然干酪的分类方法

| 原料乳 | 干酪类型 | 特征 | | 组　成 |
|---|---|---|---|---|
| | | 内部 | 外观 | |
| 牛乳 | 硬质干酪 | 大圆孔 | 硬、干外皮 | 脂肪占干物质中含量（FDM） |
| 绵羊乳 | 半硬质干酪 | 中圆孔 | 硬、油性外皮 | |
| 山羊乳 | 软质干酪 | 小圆孔 | 软、油性外皮 | 水分 |
| 水牛乳 | 半软质干酪 | 不规则孔 | 软、白霉外皮 | 水分占无脂肪含量（MNFM） |
| | 酸凝干酪 | 无孔 | 软、绿霉外皮 | |
| | 乳清干酪 | 青纹 | 软外皮、外涂石蜡 | |
| | | 白霉 | 无外皮 | |
| | | 加香料 | | |
| | | 加植物 | | |

按照凝乳方法的不同，干酪可分为酸凝干酪和酶凝干酪两种，酸凝干酪和酶凝干酪的主要区别是在酸和热的作用下，酶凝干酪更富弹性和伸缩性，水分含量较少，所以保质期较长。

干酪按照是否成熟可分为新鲜干酪和成熟干酪，其中未经发酵成熟的产品称为新鲜干酪，经长时间发酵成熟而制成的产品称为成熟干酪，国际上将这两种干酪统称为天然干酪。

**（二）干酪的一般加工技术**

通常干酪由下述方法获得：

首先在凝乳酶或其他适当凝乳剂的作用下，使乳、脱脂乳、部分脱脂乳、稀奶油、乳清稀奶油、酪乳中一种或几种原料的蛋白质凝固或部分凝固，排出凝块中的部分乳清。这个过程是乳蛋白质（特别是酪蛋白部分）的浓缩过程，即干酪中蛋白质的含量显著高于所用原料中蛋白质的含量。

半硬质及硬质干酪加工技术基本相同，其工艺流程如图 2-1-12 所示。

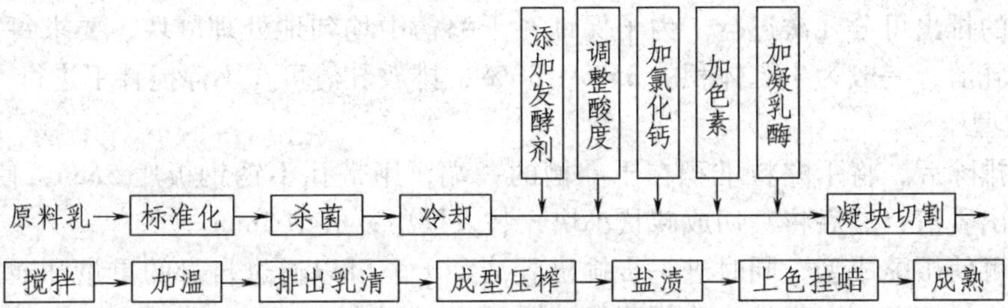


**图 2-1-12 半硬质及硬质干酪工艺流程**

1. 原料乳的验收

按照标准进行验收，不得使用含有抗菌素的牛乳。

2. 标准化

（1）测定脂肪。

（2）根据式（2-1-4）、式（2-1-5）计算。

①
$$w_C = 0.4w_F + 0.9 \quad (2-1-4)$$

或
$$w_C = (w - 3) \times 0.4 + 2.1 \quad (2-1-5)$$

②确定 $w_C/w_F = 0.70$

式中 $w_F$——脂肪含量,%；

$w_C$——酪蛋白含量,%。

3. 原料乳的杀菌和冷却

杀菌的条件直接影响着产品质量。若杀菌温度过高、时间过长，则蛋白质热变性量增多，用凝乳酶凝固时，凝块松软，且收缩后也较软，往往形成水分过多的干酪。所以多采用 63℃、30min 或 71~75℃、15s 的杀菌方法。杀菌后的牛乳冷却到 30℃左右，放入干酪槽中，依次加入氯化钙、发酵剂、硝酸钾、色素、凝乳酶。

4. 凝块的形成及处理

凝乳酶凝乳过程与酸凝固不同，即先将酪蛋白变成副酪蛋白后，再与钙离子反应而使乳凝固。乳酸发酵及加入氯化钙有利于凝块的形成。

牛乳凝固后，凝块达到适当硬度时，用干酪刀切成 7 ~ 10mm 的小立方体。

5. 搅拌及加温

在干酪槽内，切割后的小凝块易粘在一起，所以应不停地搅拌。开始时徐徐搅拌，防止将凝块碰碎。大约 15min 后，搅拌速度可逐渐加快，同时在干酪槽的夹层中通入热水，使温度逐渐上升。温度升高速度为：开始时每隔 3min 升高 1℃，以后每隔 2min 升高 1℃，最后使槽内温度达 42℃。加温的时间按乳清的酸度而定，酸度越低加温时间越长，酸度高则可缩短加温时间。通常加温温度越高，排出的水分越多，干酪越硬。如果加温速度过快，会使干酪粒表面结成硬膜，影响乳清排出，最后成品水分含量过高。

6. 排除乳清

凝块粒子收缩时必须立即将乳清排出。乳清排出的时间对产品质量也有影响。当乳清酸度过高时，会使干酪过酸及过于干燥；酸度不够时则会影响干酪成熟。

乳清的排出可分几次进行。为了保证在干酪槽中均匀地处理凝块，要求每次排出同样数量的乳清，一般为牛乳体积的 35% ~50%，排放乳清可在不停搅拌下进行。

7. 成型压榨

乳清排除后，将干酪粒堆积在干酪槽的一端，用带孔不锈钢板压 5min，使其成块，并继续压出乳清，然后将其切成砖状小块，装入模中，成型 5min。

压榨可使干酪成型，同时进一步排出乳清。干酪可以通过自身的重量和通过压榨机的压力进行长期和短期压榨。为了保证成品质量，压力、时间、酸度和温度等参数应保持在规定值内。压榨用的干酪模必须是多孔的，以便将乳清从干酪中压榨出来。

8. 加盐

在干酪制作过程中，加盐可以改善干酪风味、组织状态和外观，调节乳酸发酵程度，抑制腐败微生物生长，还能够降低水分，起到控制产品最终水分含量的作用。

干酪的加盐方法，通常有下列四种：

（1）将盐撒在干酪粒中，并在干酪槽中混合均匀。

（2）将食盐涂布在压榨成形后的干酪表面。

（3）将压榨成型后的干酪取下包布，置于盐水池中浸渍，盐水的浓度，第 1 ~2 天保持在 17% ~18%，以后保持在 22% ~23%。为防止干酪内部产生气体，盐水温度应保持在 8℃左右，腌渍一般为 4d。

（4）以上几种方法的混合。

9. 干酪的成熟

干酪的成熟是指在一定条件下，干酪中包含的脂肪、蛋白质及碳水化合物等在微生物和酶的作用下分解并发生其他生化反应，形成干酪特有风味、质地和组织状态的过程。这一过程通常在干酪成熟室中进行。不同种类的干酪对成熟室内的温度和湿度要求不同，成熟的时间也各不相同。一般来说，成熟温度为 5 ~15℃，室内空气相对湿度为 65% ~90%，成熟时间为 2 ~8 个月。

### （三）天然干酪的加工工艺

天然干酪的加工工艺如图2－1－13所示。

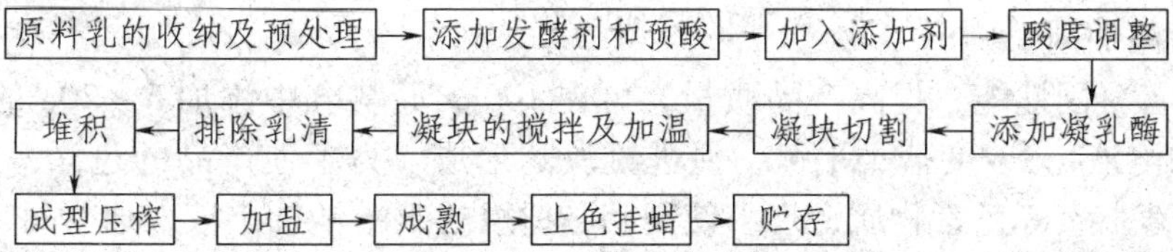


图2－1－13 干酪工艺流程

1. 原料乳的预处理

干酪的原料必须是健康牛产的新鲜质优的牛乳，经过感官检查、酸度测定或酒精试验，必要时进行抗生素的试验，检查合格后，进行相应原料乳的预处理。

（1）净乳 某些形成芽孢的细菌，在巴氏杀菌时不能杀灭，对干酪的生产和成熟造成很大危害，用离心除菌机进行净乳处理，不仅可以除去乳中大量杂质，而且可以将乳中90%的细菌除去，尤其对相对密度较大的菌体芽孢特别有效。

（2）标准化 为了保证每批干酪的质量均一、组成一致、偏差减少，在加工之前要对原料乳进行标准化处理。生产干酪时对原料乳的标准化，首先要准确测定原料乳的乳脂率和酪蛋白的含量，调整原料乳中的脂肪和非脂乳固体之间的比例，使其比值符合产品要求。

（3）原料乳的杀菌 实际生产中多采用63℃、30min杀菌或71～75℃、15min的高温短时杀菌。为了确保杀菌效果，防止和抑制丁酸菌等产气芽孢菌，在生产中常添加适量的硝酸盐（硝酸钠或硝酸钾）或过氧化氢。硝酸盐的添加量应特别注意，过多的硝酸盐不但能抑制发酵剂的正常发酵，还会影响干酪的成熟和成品风味。加热杀菌可使部分白蛋白凝固，留存于干酪中，可以增加干酪的产量。

2. 添加发酵剂和预酸化

原料乳经杀菌后，直接泵入干酪槽中。干酪槽有保温（加热或冷却）夹层及搅拌器（手工操作时为干酪铲和干酪耙）。将干酪槽中的牛乳冷却到30～32℃，然后按操作要求加入发酵剂。

（1）发酵剂的作用 通过添加发酵剂，发酵乳糖产生乳酸，提高凝乳酶的活性缩短凝乳时间；促进切割后凝块中乳清排除；发酵剂在成熟过程中，利用本身的各种酶类促进干酪的成熟；防止杂菌的繁殖。

（2）干酪发酵剂的种类 用于生产干酪的乳酸发酵剂，随干酪种类而异。最主要的菌种有乳酸链球菌、干酪杆菌、丁二酮链球菌、嗜酸乳杆菌、保加利亚乳杆菌和噬柠檬酸明串珠菌等。通常选取其中两种以上的乳酸菌配成混合发酵剂，加入杀菌乳中。

（3）发酵剂的加入方法 首先应根据制品的质量和特征，选择合适的发酵剂种类和组成。取原料乳量1%～2%工作发酵剂，边搅拌边加入，并在30～32℃条件下充分搅拌

3～5min。为了促进凝固和正常成熟，加入发酵剂后应进行短时间的发酵，保证乳酸菌的数量，此过程为预酸化。经 10～15min 的预酸化后，取样测定酸度，酸度为 0.18%～0.22%。

3. 加入添加剂

为了改善凝固性能，提高产品质量，可在 100kg 原料乳中添加 5～20g 的 $CaCl_2$（先配成 10% 的溶液），改变盐类平衡，促进凝块的形成。为了使产品的色泽一致，需在原料乳中加胡萝卜素等色素物质，现多使用胭脂树橙的碳酸钠抽出液，通常每 1000kg 原料乳中加 30～60g。为防止和抑制产气菌，可同时加入适量的硝酸盐。

4. 酸度调整

添加发酵剂并经 30～60min 发酵后，酸度为 0.18%～0.22%，但该发酵酸度很难控制。为使干酪成品质量一致，可用 1mol/L 的盐酸调整酸度，一般调整酸度到 0.21% 左右。具体的酸度值应根据干酪的品种而定。

5. 添加凝乳酶

通常按凝乳酶效价和原料乳的量计算凝乳酶的用量。用 1% 的食盐水将酶配成溶液，并在 28～32℃下保温 30min。然后加入到乳中，充分搅拌均匀（2～3min）。

6. 凝块切割

用刀在达到适当硬度的凝乳表面切割深 2cm、长 5cm 的切口，称其为凝块切割。

7. 凝块的搅拌及二次加温

开始操作时注意动作轻稳，防止将凝块碰碎。经过 15min 后，搅拌速度可加快。与此同时，在干酪槽的夹层中通入热水，使温度逐渐升高。升温的速度应严格控制，初始时每 3～5min 升高 1℃，当温度升至 35℃时，则每隔 3min 升高 1℃。当温度达到最终要求（具体由干酪品种而定），停止加热并维持一段时间，并不停地搅拌。

8. 排除乳清

在搅拌升温的后期，乳清酸度为 0.17%～0.18% 时，凝块收缩至原来的一半大小，这时可根据经验用手检查凝乳颗粒的硬度和弹性以决定是否马上排出乳清。此时应将干酪粒堆积在干酪槽的两侧，促进乳清的进一步排出。

9. 堆酿

乳清排除后，将干酪粒堆积在干酪槽的一端或专用的堆积槽中，上面用带孔不锈钢板压 5～10min，压出乳清使其成块，这一过程即为堆酿。

10. 成型压榨

将堆积后的干酪块切成方砖形或小立方体，装入成型器中进行压榨。压榨结束后，从成型器中取出的干酪称为生干酪。

11. 加盐

加盐可以改进干酪的风味组织和外观，延缓乳酸发酵的进行，抑制腐败微生物的生长，同时排出内部乳清或水分，增加干酪硬度。加盐的量应按成品的含盐量确定，一般在 1%～3%。加盐的方法有三种。

（1）干盐法　在定型压榨前，将所需的食盐撒布在干酪粒中，或者将食盐涂布于生干酪表面。

(2) 湿盐法 将压榨后的生干酪浸于盐水池中腌制，盐水浓度第1～2天为17%～18%，以后保持20%～23%的浓度。为了防止干酪内部产生气体，盐水浓度应控制在8℃左右，浸盐时间为4～6d。

(3) 混合法 是指在定型压榨后先涂布食盐，过一段时间后再浸入食盐水中的方法。

12. 干酪的成熟

将生鲜干酪置于一定温度（10～12℃）和湿度（相对湿度85%～90%）条件下，经一定时期（3～6个月）。干酪的成熟通常在成熟室内，成熟时低温比高温好，一般为5～15℃；成熟硬质和半硬质干酪相对湿度为85%～95%，而软质干酪及霉菌成熟干酪需20～30d。

13. 上色挂蜡

为了防止霉菌生长和增加美观，将前期成熟后的干酪清洗干净后，用食用色素染成红色（也有不染色的）。待色素完全干燥后，在160℃的石蜡中进行挂蜡。为了食用方便和防止形成干酪皮，现多采用食用塑料膜进行热缩密封或真空包装。

## 三、融化干酪

将同一种类或不同种类的两种以上的天然干酪，经粉碎、加乳化剂、加热搅拌、分散乳化、浇灌包装而制成的产品，称为融化干酪，又称再制干酪。

### （一）融化干酪的生产工艺

融化干酪的生产工艺流程如图2－1－14。

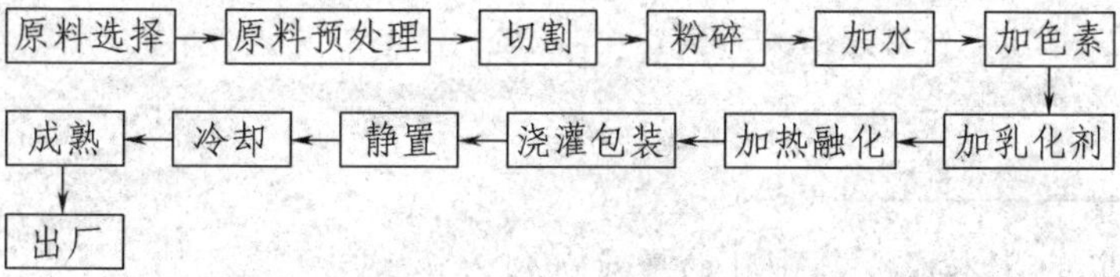


**图2－1－14 融化干酪的工艺流程**

其中融化、乳化是融化干酪的关键过程。在熔融釜中加入适量的水，通常为原料干酪重的5%～10%。成品的含水量为40%～55%，但还应防止加水过多造成脂肪含量的下降，按配料要求加入适量的调味料、色素等，然后加入预处理粉碎后的原料干酪，开始向熔融釜的夹层中通入蒸汽进行加热。当温度达到50℃左右，加入乳化剂，如磷酸钠、柠檬酸钠、偏磷酸钠和酒石酸钠等。

这些乳化剂可以单用，也可以混用。最后将温度升至60～70℃，保温20～30min，使原料干酪完全融化。加乳化剂后，如果需要调整酸度时，可以用乳酸、柠檬酸、醋酸等，也可以混合使用。磷酸盐能提高干酪的保水性，可以形成光滑的组织状态；柠檬酸钠有保持颜色和风味的作用。乳化终了时，应检测水分、质地及风味等，然后抽真空进行脱气。

### （二）融化干酪的缺陷

1. 砂状结晶

砂状结晶中98%是磷酸三钙为主的混合磷酸盐。这种缺陷产生的原因是混入粉末乳化剂时分布不均匀、乳化时间短等。此外，当原料干酪的成熟度过高或蛋白质分解过度时，容易产生难溶的氨基酸结晶。因此，采取乳化剂全部溶解后再使用、乳化时间充分、乳化时搅拌均匀、追加成熟度低的干酪等措施可以克服这种缺陷。

2. 脂肪分离

表现为干酪表面有明显的油珠渗出，这与乳化时处理温度和时间有关，由长时间存放组织发生变化和过度低温贮放干酪冻结而引起的。

3. 过硬或过软

过硬的主要原因是所用的原料干酪成熟度低，酪蛋白的分解少，补加水分少和pH过低，以及脂肪含量不足，熔融乳化不完全，乳化剂的配比不当；过软是由于原料干酪的成熟度、加水量、pH及脂肪含量过高而产生的。

4. 膨胀和产生气孔

刚加工之后产生气孔，是由于乳化不足引起，保藏中产生的气孔及膨胀，其原因是污染了酪酸菌等产气菌。因此，应尽可能地使用高质量干酪作为原料，提高乳化温度，采用可靠的杀菌手段。

5. 产生异味

产生异味的主要原因是原料干酪质量差，加工工艺控制不严格，保藏措施不当。因此，在加工过程中，要保证不使用质量差的原料干酪，正确掌握工艺操作，成品在冷藏条件下保藏。

**【思考题】**

1. 简述牛乳的基本成分，牛乳的酸度如何表示？
2. 异常乳包括哪些？
3. 淡炼乳和甜炼乳在生产工艺中的相同点和不同点。
4. 分别写出灭菌乳和UHT乳的生产工艺流程并说出其不同之处。
5. 说明原料乳检测的项目，重点说明酒精试验的方法。
6. 说明酪蛋白的理化性质对于发酵乳制品的影响。
7. 论述婴儿配制乳粉的设计原理。
8. 简述提高全脂乳粉溶解度的措施。

# 第二章　大豆制品加工工艺

【学习指导】

本章应重点掌握大豆的基本结构和成分，大豆制品中的大豆蛋白、大豆油、豆乳粉、豆腐等的分类和基本加工工艺，在不同制品加工中大豆主要成分的变化；了解国内外出现的部分新型大豆制品。重点掌握大豆油的生产工艺及基本原理，熟悉大豆油生产工艺中采取的常用方法，了解这些工艺方法主要针对油脂中哪些物质进行分离，以及这些物质对成品油的危害。

大豆是世界上栽培最为广泛的作物之一，在我国古代被称为“菽”，在世界各地都可以看到大面积的种植，英语、俄语和拉丁语中的“大豆”都是中国“菽”的译音。几乎所有的历史学家都承认大豆的故乡在中国。大豆，按皮色可分为两类：一类为黄豆，另一类为杂豆。杂豆又分为青豆、黑豆和红豆等。黄豆的产量占世界大豆总产量的90%以上，因而约定俗成地将大豆称为黄豆。

## 第一节　大豆的成分

### 一、大豆的营养成分

大豆含有多种营养成分，其主要成分有蛋白质、脂肪、碳水化合物、矿物质、维生素等。随着大豆的品种、产地、收获时间等不同，其各种成分的含量也有所不同。几种国产大豆的主要营养成分见表2－2－1。

表2－2－1　　国产大豆的主要成分表（以可食部分100g计）

| 地区 | 水分/g | 蛋白质/g | 脂肪/g | 糖类/g | 粗纤维/g | 灰分/g | 钙/mg | 磷/mg | 铁/mg | 胡萝卜素/mg | 硫胺素/mg | 核黄素/mg | 烟酸/mg |
|---|---|---|---|---|---|---|---|---|---|---|---|---|---|
| 北京 | 10.2 | 36.3 | 18.4 | 25.3 | 4.8 | 5.0 | 367 | 571 | 11.0 | 0.40 | 0.79 | 0.25 | 2.1 |
| 陕西 | 10.0 | 39.6 | 17.1 | 23.9 | 5.2 | 4.2 | 263 | 502 | 6.6 | 0.39 | — | 0.24 | 1.6 |
| 新疆 | 7.0 | 35.0 | 13.3 | 31.1 | 4.9 | 4.7 | 325 | 454 | 10.5 | 0.41 | 0.46 | 0.19 | 1.8 |

续表

| 地区 | 水分/g | 蛋白质/g | 脂肪/g | 糖类/g | 粗纤维/g | 灰分/g | 钙/mg | 磷/mg | 铁/mg | 胡萝卜素/mg | 硫胺素/mg | 核黄素/mg | 烟酸/mg |
|---|---|---|---|---|---|---|---|---|---|---|---|---|---|
| 江苏 | 8.7 | 40.5 | 20.2 | 21.0 | 4.6 | 5.0 | 190 | 631 | 10.2 | — | — | — | — |
| 湖南 | 10.0 | 37.8 | 17.2 | 24.6 | 5.0 | 5.4 | 232 | 518 | 14.9 | 0.12 | — | 0.14 | 1.7 |
| 贵州 | 10.1 | 36.9 | 15.8 | 28.4 | 4.5 | 4.4 | 330 | 480 | — | 0.16 | 0.38 | 0.20 | 3.0 |
| 福建 | 20.0 | 35.4 | 12.1 | 23.3 | 4.6 | 4.6 | 242 | 354 | 10.8 | — | — | — | — |
| 四川 | 12.0 | 36.6 | 18.2 | 24.5 | 4.6 | 4.4 | 240 | 516 | 10.0 | 0.34 | — | 0.25 | 2.3 |

由于各个国家利用大豆的方式不同，因此对于大豆成分的要求也有所区别。在美国，大豆主要用于榨油，所以，整体而言，需要油脂含量较高。因此，大豆的育种也按照高含油量（高脂肪）、低蛋白的方向进行改进。在日本，大豆主要用于加工豆腐和纳豆等豆制品，因而蛋白质含量通常较高而油脂类成分含量较低。我国的大豆根据产地不同，蛋白和脂肪的含量都有所区别。由于目前我国大豆加工大多以家庭小规模生产和经营为主，对不同用途的蛋白质和油脂含量差异很大的大豆还没有进行非常系统的管理和贮存，东北地区建立了高油大豆产区，而黄淮平原则建立了高蛋白的专用大豆生产区。

大豆在加工过程中，其化学成分会发生各种变化。这些成分的变化自然也会引起化学特性的改变。

## 二、大豆主要成分的特性

1. 大豆蛋白质

大豆中含有丰富的蛋白质，是大豆最重要的成分之一。依品种不同，大豆的蛋白质含量也有较大差异。我国的大豆蛋白质含量一般在40%左右，个别品种可达50%以上。按含40%蛋白质计算，1kg大豆的蛋白质含量相当于2.3kg猪瘦肉或2kg瘦牛肉的蛋白质含量，正因为如此，人们将大豆称为“植物肉”。

大豆中的蛋白质，有86%～88%属于水溶性蛋白质，其中大豆球蛋白是主成分，占水溶性蛋白的85%。大豆蛋白的组成极为复杂，相对分子质量很难测定。目前已应用于大豆蛋白质相对分子质量测定的方法有超离心沉降法、凝胶电泳法、光散射法等。其中，由Svedberg等人所发展出的超高速离心机分离的方法是测定蛋白质相对分子质量方法中最令人满意的一种。大豆蛋白经超高速离心分离后，按分子质量大小分为2$S$、7$S$、11$S$、15$S$（$S$为沉降系数，$1S=10^{-13}s=1$ Svedberg单位）四级，其中7$S$和11$S$为大豆蛋白质的主要成分。大豆蛋白的分级组成如表2－2－2所示。从表中可以看出，大豆蛋白质的相对分子质量分布非常广泛（8000～600000），而且分布不均匀。

表 2-2-2　　大豆蛋白组成

| 组分 | 所占比例/% | 成分 | 相对分子质量 | |
|---|---|---|---|---|
| | | | A | B |
| 2 *S* | 22 | 胰蛋白酶抑制剂 | 8000～21500 | 15000～30000 |
| | | 细胞色素 C | 12000 | |
| 7 *S* | 37 | 血球凝集素 | 110000 | 100000～200000 |
| | | 脂肪氧化酶 | 102000 | |
| | | $\beta$-淀粉酶 | 61700 | |
| | | 7 *S* 球蛋白 | 180000～210000 | |
| 11 *S* | 31 | 11*S* 球蛋白 | 350000 | 350000 |
| 15 *S* | 10 | | 600000 | 600000 |

大豆蛋白的氨基酸组成相当完全，除蛋氨酸和半胱氨酸含量较少外，其余必需氨基酸含量均达到或超过了世界卫生组织推荐的必需氨基酸需要量水平。大豆蛋白质所含的各种氨基酸中，赖氨酸的含量特别丰富，而赖氨酸正是谷物类食品所缺乏的氨基酸，因此，在谷物类食品中添加适量大豆蛋白质或大豆制品，或将大豆制品与谷物类食品配合食用，可以起到弥补谷物类食品所缺乏的氨基酸，使谷物类食品的营养价值得到进一步提高。整体而言，大豆蛋白质是一种优质的完全蛋白质。

大豆的热变性和冷冻变性是大豆蛋白质最为重要的特性。几乎所有的大豆制品都利用了大豆蛋白的热变性。尽管人们对大豆蛋白的热变性条件和变性产物有了较多的了解，但有关大豆热变性的机理还不是十分清楚。而大豆蛋白质的冷冻变性则主要用于冻豆腐的生产。

大豆蛋白质除有一定的溶解性、热变性和冷冻变性的特点外，还具有一些功能性特性，如吸油性、吸水性、乳化性、凝胶性和起泡性等都可应用食品加工中。

大豆蛋白还有一个优点就是不同的加工方法对必需氨基酸的含量和特性没有显著影响。因此，大豆适用于加工成各种食品。除了球蛋白以外，现已发现大豆中的酶有 30 多种（部分如表 2-2-2 所示），主要是淀粉酶、蛋白酶、脂肪氧化酶、解脂酶、尿素酶等，这些酶受热易破坏。脂肪氧化酶活性很高，当大豆的细胞壁破碎后，只需要有少量水分，就会使脂肪氧化，产生豆腥味物质。因此，在豆制品加工时，常常根据最终产品风味等的要求，采取一定措施来抑制脂肪氧化酶的活性或使其完全失活。

2. 大豆脂肪

大豆中另外一个重要成分是油脂，其含量大约 18%。大豆脂肪在常温下为黄色液体，是半干性油，其凝固点在 -15℃。大豆脂肪中含有丰富的不饱和脂肪酸（约占全部脂肪酸的 60%）。由于不饱和脂肪酸具有防止胆固醇在血管中沉积及溶解沉积在血管中胆固醇的功能，因此，大量食用大豆制品或大豆油对人体是有益的。但从大豆制品加工与贮存特性来看，由于不饱和脂肪酸稳定性较差，易氧化，因此，不饱和脂肪酸含量高又不利于大豆制品的加工与贮存，必须加以注意。同时，大豆脂肪还是决定大豆制品的营养和风味的重要物质之一。

此外，大豆中还含有较丰富的磷脂（约为1.5%），其中主要是卵磷脂，还有微量脑磷脂，磷脂是优良的乳化剂，因此，它的存在对大豆制品，特别是大豆饮料的稳定性和口感有很重要的作用。

3. 大豆中的碳水化合物

大豆中约含有25%的碳水化合物，其组成成分比较复杂。一种是不可溶性碳水化合物——纤维素，一般每100g大豆中含5g左右，主要存在于种皮，另一种可溶性碳水化合物主要由低聚糖（包括蔗糖、棉籽糖、水苏糖）和多糖（包括阿拉伯半乳糖和半乳糖类）构成。但成熟的大豆几乎不含淀粉（含量为0.4%～0.9%）。大豆中的碳水化合物除蔗糖外，都难以被人类吸收。一部分糖类物质在肠道中易成为微生物的营养源而在肠道内产生气体。不过，这些碳水化合物在加工过程中多溶于水而被去除掉。

4. 大豆中的维生素

大豆中含有多种维生素，特别是B族维生素含量较多（见表2-2-3）。不过大豆中的维生素总含量较少，脂溶性维生更少。大豆中的维生素在加工中，由于受加热、精制或氧化多被破坏或除去，很少转移到产品中去。

表2-2-3　大豆中的维生素含量　单位：mg

| 维生素 | 含量 | 维生素 | 含量 |
|---|---|---|---|
| 维生素 $B_1$ | 0.9～1.6 | 胡萝卜素 | 未成熟大豆0.2～0.9 |
| 维生素 $B_2$ | 0.2～0.3 | | 成熟大豆 < 0.08 |
| 维生素 $B_6$ | 0.6～1.2 | | 其中80%是$\beta$-胡萝卜素 |
| 泛酸 | 0.2～2.1 | 维生素E | 20 |
| 烟酸 | 0.2～2 | （生育酚） | 其中：$\delta$-生育酚30% |
| 肌醇 | 229 | | $\gamma$-生育酚60% |
| 维生素 | 61 | | $\alpha$-生育酚10% |
| 抗坏血酸 | 2.1 | | |

5. 大豆无机盐

大豆无机盐又称大豆矿物质，其种类及含量较多，且对人体的生长发育有重要作用。大豆无机盐主要为钾、钠、钙、镁、硫、磷、氯、铁、铜、锰、锌、铝等，总含量为4.4%～5%。各种无机元素的含量见表2-2-4。大豆中钙含量差异最大。大豆的钙含量与蒸煮后大豆的坚硬度有关，即钙含量多的，蒸煮时会变得很坚硬。大豆中的磷，有75%是植酸钙镁态，13%是磷脂态，其余12%是有机物和无机物。大豆在发芽过程中，植酸酶被激活，矿物质元素游离出来，从而使其生物利用率明显提高。因此可以说豆芽菜是一种非常好的蔬菜。

表2-2-4　　大豆中的无机元素含量　　单位:%

| 元素 | 含量 | 元素 | 含量 | 元素 | 含量 |
| --- | --- | --- | --- | --- | --- |
| 钾 | 1.67 | 磷 | 0.659 | 铜 | 0.0012 |
| 钠 | 0.343 | 硫 | 0.406 | 锰 | 0.0028 |
| 钙 | 0.275 | 氯 | 0.024 | 锌 | 0.0022 |
| 铁 | 0.223 | 铁 | 0.0097 | 铝 | 0.0007 |

6. 大豆异黄酮

大豆异黄酮是大豆生长过程中产生的次生代谢产物，是大豆和大豆食品中主要的生理活性物质。整粒大豆中异黄酮的含量约为0.3%，主要以葡萄糖苷和丙二酰葡萄糖苷的形式存在，其中大豆苷和染料木苷占异黄酮总量的90%以上。目前已发现的大豆异黄酮共有15种，分别以异黄酮糖苷（Isoflavone Glucoside）和相应的苷元形式（Isoflavone Aglycone）存在。

大豆异黄酮的形式不同，其在体内的消化吸收和生物利用状况也存在差异。在消化过程中，肠道菌群产生的酶对糖苷型有分解作用，生成相应的苷元形式。被吸收的大豆异黄酮具有多种生理功能特性，主要表现在植物雌激素功能和抗氧化功能两个方面。大豆异黄酮在低浓度时表现为类雌激素，而在高浓度时则表现为抗雌激素的作用，可以作为雌激素拮抗剂与生物体内雌激素受体竞争性结合，对妇女更年期出现的许多与激素减退相关的疾病如骨质疏松、动脉粥样硬化、血脂升高、乳腺癌和子宫癌有一定的预防和辅助治疗作用。

# 第二节　大　豆　油

## 一、大豆油制取方法

大豆中含有丰富的油脂，其中亚油酸、α-亚麻酸的含量与其他油种相比较高，具有很高的营养价值。大豆制油方法主要有压榨法、浸出法两种制油方法。

1. 压榨法大豆油生产工艺

利用外界机械外力的挤压方法，将油料中油脂成分挤压出来的方法称为压榨法提取方法。压榨法的工艺如下：

大豆→[预处理（分选、脱皮剥壳、清洗）]→[制坯]→[压榨]→毛油

压榨法是一种较为传统的制油方法，工艺简单灵活、易于生产等特点，应用于小规模的生产。压榨法生产出来的大豆油保持了特有的大豆风味与口感，受到北方人的

喜欢。

2. 浸出法大豆油生产工艺

浸出法制取油脂是利用能够溶解油脂的有机溶剂，通过浸润渗透、分子扩散和对流扩散的作用，将油料中的油脂萃取出来，然后再将溶剂与脂肪分离而取得毛油的过程。

浸出法制油工艺如下：

大豆→制坯→溶剂浸出→混合油分离→毛油

浸出法与压榨法相比，具有出油效率高、豆粕含油率低，同时还能得到低变性脱脂豆粕与优质毛油。我国制油工业实际生产中应用最普遍的浸出溶剂有6号溶剂（正己烷）、4号溶剂（丙烷、丁烷）或轻汽油等几种脂肪族碳氢化合物。其中轻汽油是应用最多的一种溶剂，但最大的缺点是易燃易爆，成分复杂，沸点范围较宽。

## 二、大豆油的精炼工艺

由压榨或浸出得到的毛油经过脱胶、脱酸、脱色、脱臭生产工艺变成了精炼食用油脂。精炼工艺流程如下：

毛油→脱胶→脱酸→脱色→脱臭

油脂精炼的意义在于：①增加油脂储藏稳定性；②改善油脂的风味；③改善油脂的色泽；④为油脂深加工产品提供合格原料。

1. 油脂脱胶技术

大豆毛油中含有多种杂质，分为机械杂质（泥沙）、胶溶性杂质（如磷脂、蛋白质、黏液质、糖类等）、脂溶性杂质（如游离脂肪酸、固醇类、色素等）以及水分。应用物理、物理化学或化学方法等将毛油中的胶溶性杂质脱除的工艺过程称为脱胶。脱胶的方法较多，一般使用的方法以水化脱胶和酸炼脱胶为主，还有吸附脱胶、电聚法脱胶、热凝聚脱胶等方法。

水化脱胶主要利用磷脂等胶溶性杂质在水、加热、搅拌的作用下，磷脂吸水膨胀，絮凝成大的胶团，再借助重力和离心力的作用，使油脚与油脂分离。虽然磷脂具有水化特性，但是由于磷脂种类较多、分子结构不同使其水化程度产生差异。

酸炼脱胶是在毛油中添加一定量的无机酸（磷酸或硫酸），使有机杂质变性分离的脱胶方法。此方法还可以将非水化磷脂转化成水化磷脂而被去除，使微量金属元素（铁、铜等离子）生成络合物被分离提高油脂的氧化稳定性。

2. 油脂脱酸技术

毛油中含有一定量的游离脂肪酸，脱除游离脂肪酸的过程称为脱酸。毛油中游离脂肪酸主要来源于植物体代谢产物以及制油过程中甘油三酯受到热分解或脂肪酶作用下生成的分解产物。油脂中游离脂肪酸含量高，可引起油脂风味的劣败，使胶溶性杂质溶解度增加、加速油脂的水解酸败，降低油脂的氧化稳定性。油脂工业中普遍应用的方法有碱炼法和物理精炼法。

碱炼法利用碱性溶液中和毛油中的游离脂肪酸，生成的皂被分离的精炼方法。生成的皂可以吸附部分其他杂质（蛋白质、胶质、色素等）一同被分离。油脂工业中使用的碱，一般为烧碱和纯碱。

物理精炼法（蒸馏法）利用游离脂肪酸沸点比中性脂肪低的特点，使用水蒸气真空蒸馏的方法，使游离脂肪酸从油脂中挥发出去，达到脱除游离脂肪酸的目的。此方法一般用于酸价较高的油脂（米糠油等）的处理，而且对毛油的前处理要求较高，一般情况下与脱臭工艺结合进行去除游离脂肪酸。

3. 油脂脱色技术

呈液态的甘油三酯是无色的，固态时呈白色。但常见的油脂带有一定的颜色，因为脂溶性的胡萝卜素、叶绿素或其他杂质产生不同的颜色。脱色过程可将有机色素（叶绿素、类胡萝卜素等）、有机降解物、色原体等通过吸附去除。从毛油到精制油的精炼过程中，油脂中色素的去除并非全部依赖脱色工序。在脱胶、脱酸、脱臭等工序均有脱色作用。脱色的主要作用如下：

（1）脱除油脂中的色素；

（2）除去微量金属；

（3）除去微量皂化物、磷脂等胶质及一些有气味的物质；

（4）除去多环芳烃、农药等。

油脂的脱色方法较多，其中普遍采用的方法是吸附脱色法。还有化学法（氧化法、化学试剂脱色法、光化学法等）和加热脱色法等。化学试剂脱色法由于使用强氧化剂去除颜色的同时产生不确定的副产物，影响食用油脂的安全卫生，因此很少使用。

油脂的吸附脱色是利用具有较强吸附性能的材料（天然白土、活性白土、活性炭、凹凸棒土、硅藻土等），在一定条件下吸附油脂中的色素类物质及其他杂质，达到油脂脱色的目的。

4. 油脂的脱臭技术

纯净的甘油三酯是无色、无味的物质，但是采用不同工艺得到的油脂都会具有不同程度的气味。这些气味有些是天然的，有些是在制油和加工过程中产生的新物质。引起油脂臭味的主要组分有低分子的醛、酮、游离脂肪酸、不饱和碳氢化合物等。如已鉴定的大豆油气味成分就有乙醛、正己醛、2，4－癸二烯醛、丁酮、丁二酮、3－羟基丁酮、庚酮、辛酮、乙酸、丁酸、乙酸乙酯、二甲硫等种类物质。

油脂脱臭是在高温高真空条件下，利用油脂用风味物质与油脂中甘油三酯的挥发度（气化分压）的差异，使用蒸汽蒸馏方法去除风味物质。脱臭不仅可除去油脂中的风味物质，提高油脂的烟点，改善食用油的风味，还能使油脂的稳定度、色度和品质有所改善。因为在脱臭的同时，还能脱除游离脂肪酸、过氧化物和一些热敏性色素，除去霉烂油料中蛋白质的挥发性分解物，除去小分子质量的多环芳烃及残留农药，使之降至安全程度内。油脂精炼过程中不同的阶段分离的成分如表2－2－5所示，最后得到的油脂是以甘油三酯为主要成分的脂肪。

表2-2-5　　油脂精炼过程中除去的杂质成分

| 精炼过程 | 分离成分 |
| --- | --- |
| 脱胶 | 磷脂、黏液质、树脂、固醇、金属盐 |
| 脱酸 | 游离酸、脂溶性磷脂、着色成分、金属盐 |
| 脱色 | 色素（叶绿素、胡萝卜素）、皂化物、金属化合物 |
| 脱臭 | 游离脂肪酸、色素、不皂化物、残留农药、呈味物质等 |

# 第三节　豆　乳　粉

## 一、豆乳粉的品种

豆乳粉一般是指利用制成的豆浆，添加或者不添加其他添加物，然后进行干燥得到的粉状产品。与之相对应的是利用脱脂或全脂的大豆直接粉碎所得的产品称为豆粉。豆粉的加工方式比较简单，将豆粕（或脱皮全脂大豆）、粉碎、分级、包装即为成品，其中部分品种在粉碎前有烘焙工序。与豆粉不同，豆乳粉则是指以整粒大豆为原料，经粉碎、磨浆或加水抽提、喷雾干燥等加工而成的粉末状豆制品，又称干燥豆乳。

豆乳粉有以下几种：

（1）淡豆乳粉　以大豆为原料不添加任何添加物制成的产品即为淡豆乳粉。这类产品往往被用做肉类加工的食品添加剂，可以改善肉类制品的弹性和色泽，提高其保水性。另外，淡豆乳粉也可以作为某些有特殊要求病人的营养补充食品。

（2）甜豆乳粉　以大豆为主要原料，添加30%～70%的白砂糖和少量饴糖制成的产品。

（3）花色豆乳粉　在甜豆乳粉中添加适量的巧克力、咖啡、麦芽、水果汁、果酱、蔬菜、植物油、盐等成分得到的产品。

（4）强化豆乳粉　在甜豆乳粉的基础上添加维生素、微量元素和矿物盐等营养强化剂制成的产品。

（5）冰淇淋豆乳粉　在花色豆乳粉的基础上添加脂肪粉、乳化剂、稳定剂和赋香剂而制成。

（6）混合豆乳粉　由豆乳、牛乳、白砂糖和饴糖按照一定比例制成的产品，也有在此基础上添加适量的精炼植物油、维生素、矿物质盐和微量元素制成适合于婴儿的婴儿乳粉，或者制成适用于孕妇或中老年人的牛乳豆乳粉。

## 二、豆乳粉生产工艺

豆乳粉的制造有三个主要的工序：豆乳的制备、配料和粉体制造。其生产的过程为：

首先将大豆按照一定的方法制成豆乳，然后按照配方，将其他配料加入到豆乳中，最后经过杀菌、浓缩、均质和干燥制成豆乳粉。对于这三个工序，配料的不同决定了最终产品的豆乳粉花色品种的变化，各种豆乳粉的粉体制造过程大同小异，豆乳粉生产方法的不同主要体现在豆乳制备这一环节。目前，根据豆乳制备方法的不同，分别有湿法制备豆乳、干法制备豆乳和半干湿法制备豆乳三种。由于真正意义上的干法制备在实际生产中并不多见，本部分介绍湿法和半干湿法制备豆乳的工艺。

**（一）湿法制备豆乳粉**

1. 原辅料

大豆、10%氢氧化钠、抗坏血酸钠、大豆磷脂油、白糖。

2. 主要设备

真空浓缩设备、喷雾干燥设备。

3. 工艺流程

大豆→精选→浸泡→粉碎→分离→豆乳→煮浆→浓缩→喷雾→筛粉→包装

4. 操作要点

（1）浸泡　浸泡水和豆的比例为4∶1，浸泡水的pH控制在6.5~7之间，不起泡，浸泡后的大豆应用清水冲洗，并沥干。冬季浸泡时间为18h，夏季浸泡6h，春秋浸泡9~10h。

（2）制乳　沥干后的大豆用石磨粉碎，细度达80目，加水量为1∶10左右，然后进行分离除渣制成豆乳。再次分离前应在豆糊中加入适量的“油脚”，直至渣中含水量小于80%。大规模生产一般采用比析式分渣机，较小规模生产可采用立式离心分离机，筛网采用130~150目。

浸泡和粉碎的好坏关系到蛋白质的抽取和得浆率。

（3）制粉

①调pH：以1∶10磨浆制成的豆乳，自然pH为6.4左右。当豆乳pH为6.5时，主要蛋白质溶出量最高，可达85%。因而，在煮浆前用10%的氢氧化钠（一般1kg豆乳加0.08~0.1mL）将豆乳pH调至6.5。

②煮浆：煮浆温度和时间直接影响产品质量，以温度95~98℃、时间2~3min，蒸气压$3.92\times10^4$Pa为宜。当豆乳加热到50℃左右时，开始出现大豆腥味，此时加入0.0005%的抗坏血酸钠，可以加速豆乳腥味的分解。在煮浆时易产生大量气泡、溢锅，同时也给浓缩喷雾带来困难，需要加入消泡剂。按成品量0.3%加大豆磷脂油，不但起到消泡作用，而且还能提高产品速溶性。

③浓缩：由于豆乳本身黏度大，在通常情况下，豆乳浓缩过程其固形物质含量很难超过15%。在豆粉生产中浓缩物的干物质含量是造粒的基础。因此，在浓缩过程中降低豆乳黏度，提高豆乳干物质含量是关键问题。生产中要选用浓缩罐最佳工作蒸气压和真空度，使物料尽快达到适宜浓缩终点，通常蒸气压为0.2MPa，真空度为690~700mmHg。制淡粉时加钠盐，浓豆乳固形物含量达17%；制甜粉时，按成品粉加糖30%~40%，固形物达21%~22%。加抗坏血酸钠后固形物可提高至23%。保温也可

以稳定浓豆乳的黏度有利喷雾，温度保持在55～60℃为宜。浓缩采用单效升膜蒸发器和双效降膜蒸发器。

④喷雾：浓豆乳中80%左右的水分将在喷雾干燥中除去。用离心式喷雾器喷雾，高压泵压力为15MPa，进风温度为145℃左右时，排风温度以72～73℃为宜。一般以改变浓豆乳的流量来控制排风温度，排风温度既不能过高也不能过低，可以认为产品水分是排风温度高低的反应。温度过低产品水分大，过高会使雾滴粒子外层迅速干燥，使颗粒表面硬化，豆粉含水量应在2%左右。

⑤喷大豆磷脂油：由全脂大豆制成的豆粉含有脂肪，并且豆粉颗粒表面也含有少量脂肪，脂肪的疏水性影响了豆粉在水中的溶解速度。如果在豆粉表面喷涂一层既亲水又亲油的磷脂，就能提高产品速溶性。在塔底部温度达70℃左右时，按成品0.2%～0.3%喷涂。

**（二）半干湿法制备豆乳粉**

1. 原料及辅料

（1）大豆　符合《大豆》（GB1352—2009）一级品要求；

（2）鲜牛乳　脂肪≥3.2%，干物质≥11%；

（3）白砂糖　符合《白砂糖》（GB317—2006）一级品要求；

（4）饴糖　符合SB105优级品要求（必须采用酶法生产的）；

（5）精炼植物油　符合《食用植物油卫生标准》（GB2716—2006）优级品要求；

（6）精制南瓜粉　采用去皮、喷雾干燥制品；

（7）其他　根据品种需要，可调入可可脂、咖啡、果蔬汁等，生产可可豆粉、咖啡豆粉、果味豆粉、菜汁豆粉等，也可调换主要原料，生产大豆、绿豆、红豆、花生等混合型豆粉。

2. 主要设备

大豆烘干机、脱皮机、灭酶失活机、粗磨机、精磨分渣机组、真空浓缩设备、喷雾干燥设备。

3. 工艺流程

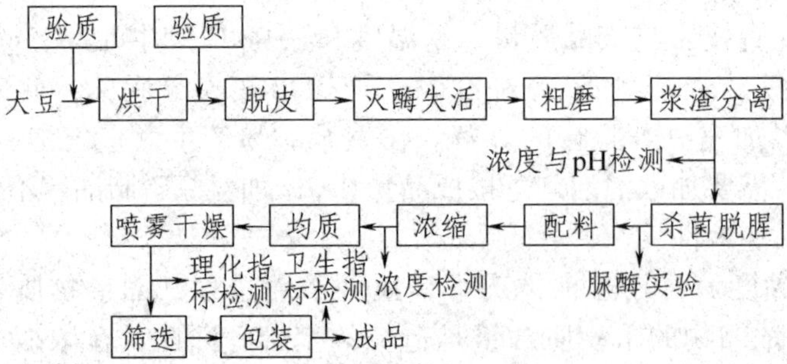


4. 工艺要点

（1）大豆清洗　采用清洗机，将大豆的机械杂质与尘土、虫蛀、霉变豆剔除。虫蛀、霉变豆进入产品中会严重影响滋味和色泽。最好在机械挑选后，进行适当的人工拣选。

（2）烘干　为了利于大豆脱皮，要对大豆进行烘干，大豆水分控制在11%～12%。水分过高不利于脱皮，水分过低易引起蛋白质变性，影响出浆率。

（3）脱皮　脱皮率不低于85%，一般来讲脱皮率不宜过高，过高将使大豆过度破碎，造成浪费。

（4）灭酶失活　该工序是对脱皮后的大豆进行加温、加压、使酶钝化，并加入一定量的碱液，使大豆软化。灭酶蒸气压为0.2～0.4MPa，碱水温度控制在65～75℃，热水温度控制在75～85℃。在配制碱水浓度时，加入苏打粉量应占处理大豆量的0.5%～1.0%，主要以分渣后豆浆pH在6.6～6.8为准。

（5）粗磨　目前采用较先进的牙板磨作粗磨机，大大提高了磨浆效率，且牙板磨故障少使用寿命长。粗磨时所使用的热水、碱水及水温控制都由失活机供给；其用水量以分渣后豆浆浓度在8%～10%为准。

（6）精磨　使粗磨后的豆浆进一步微细化，更有利于大豆蛋白的提取，采用胶体磨进行二次精磨。

（7）分渣　使豆渣与豆浆分离。一般较大规模生产可采用比析式分渣机分渣，较小规模生产可采用立式离心分离机进行分渣。采用立式离心分离机分渣时，筛网采用130～150目较适宜，最好采用2台分离机交替使用，以便于间歇清洗。

（8）杀菌脱腥　脱腥是豆制品生产中的关键工艺，脱腥的方法大至也有三种：一是蒸煮法，即湿法生产。大豆浸泡磨浆后，在煮浆罐中用蒸汽将豆浆加温至80℃，保温15min；二是半湿法生产，采用杀菌脱腥机进行超高温杀菌，闪蒸脱腥器进行脱腥；三是远红外加热和射频处理新技术。上述第一种方法由于充分浸泡，酶更易分解大豆中的营养成分，更易生成异味，产品质量不能稳定控制，是一种较落后的方法。远红外加热与射频处理新技术，脱腥效果好，对蛋白质影响较小，但目前中小型企业改造因资金受限，引进有些困难。采用超高温杀菌闪蒸脱腥设备进行灭酶脱腥是目前较为理想的加工方法。目前，有一种改进型半湿法大豆制浆脱腥设备，杀菌温度高达135～140℃，4s内完成瞬间灭酶杀菌，然后进入闪蒸脱腥器，快速地除去腥味，该设备因杀菌时间短，对蛋白质的影响也较小，杀菌温度高，还能够有效地杀死大豆从土壤中所带入的虫卵，使产品在贮存过程中不生虫子。

杀菌温度应控制在135～140℃，一般杀菌时间4s就可完成，然后进入闪蒸罐脱腥。脱腥后的物料脲酶试验应呈阴性。

（9）配料　将砂糖、饴糖等物料先用50～60℃温水溶解过滤后按比例加入豆浆中，搅拌混合均匀。为延长其货架期，应控制pH为6.6。如生产各种特色产品，辅料可在此时加入。

（10）浓缩　豆乳浓缩采用单效升膜蒸发器效果较好。近年来经实践摸索，采用双效降膜蒸发器浓缩豆乳同样可达到高浓度效果。为利于喷雾造粒和使产品保持良好的色泽，浓浆浓度控制在40%～45%为宜。浓缩中易出现的两个问题：一是浓缩中要求浓度越高，通入蒸汽越大，蒸发温度高，蛋白质越容易出现变性，产品溶解度也相应降低。因此，在使用双效降膜蒸发器浓缩时，应将二效回流阀全部打开，并适量开启出料回流阀，降低蒸汽用量与蒸发温度。也可适当提高配料浓度，以减少浓缩中的蒸汽用量。二是浓缩中随着浓度增加，蛋白质分子相互接近，促使—SH 在分子间形成二硫键（—S—S），使豆粉黏度增大，在双效距离喷雾工段较高或较远的情况下，双效出料泵很难将浓奶送至喷雾工段，此时可增加一台送料泵进行一次缓冲。

（11）均质　浓缩、均质应与喷雾工段连续作业，防止存料过多。均质温度一般为 50～60℃，均质压力为 15～18MPa。

豆乳经高压均质后，不但能获得细腻香浓的口感，而且可以减小脂肪球，易于人体的消化吸收，同时也将少量变性蛋白颗粒进一步微细化。以往的均质工艺在配料以后、浓缩之前进行，这使得豆浆更容易受热氧化，产生异味，降低产品的抗氧化能力，缩短保质期，且浓缩中出现的变性蛋白颗粒不能细化。故将均质工艺改在浓缩以后、喷雾之前较为合理，同时也适合于各种乳粉的生产。

（12）喷雾干燥　为获得较好的豆粉颗粒和色泽，应采用 M 型大板眼、低压力进行喷雾干燥。MD250 型压力喷雾干燥塔采用 $\phi$2.6～2.8mm 板眼、6～8MPa 压力喷雾较适宜。因豆粉更易黏结滤粉布袋，故生产中抖动布袋间隔时间应短于乳粉生产时间。

## 三、速溶豆粉

速溶豆粉是近 20 年兴起的一种大豆新加工产品，是以大豆为原料制成的高蛋白质冲剂式食品，营养丰富，价格低廉。目前我国生产速溶豆粉的企业已在百家以上。但是，在速溶豆粉生产原理与实践中却存在一定的误区。例如：①速溶豆粉不单纯是“溶质分子均匀分布于溶剂之中”的化学溶解，而是一种商品概念；所谓的“速溶”，实质是复杂的水溶性蛋白、非水溶性蛋白、糖、多糖、脂肪等在水中产生复杂的生物物理与生物化学反应，形成既有溶液、又有上述物质络合物或缔合物的悬浊液、乳浊液的混合液态体系。②速溶豆粉的粉粒构成并不是粒度越细，越容易溶解。过细的粉粒，水很难进入微细粉粒之间，易出现结团现象。

### （一）商品“豆粉”的“速溶”功能

豆粉类产品中含有溶于水的水溶性蛋白质、糖分子、矿物离子和小分子有机离子等，水溶性成分的存在增加了水的相对密度，有利于其他小颗粒物质的悬浮分散；豆粉中还含有不溶于水的大分子蛋白质、多糖、纤维素以及脂溶性脂类等，例如在加糖速溶豆粉中至少含有 10% 左右的非水溶性蛋白质，无糖豆粉中非水溶性蛋白质含量更高，可达 70% 以上。如何延长这部分非水溶性物质加水冲调时出现沉淀与分层的时间，是生产速溶豆粉需要着重解决的问题。

1. 豆粉的“溶解”

食品业所说的“速溶”和化学中的“溶解”，实质是两个概念。“溶解”的特点是溶质分子均匀分布于溶剂中。“速溶”，在豆粉、豆乳粉、乳粉等产品上的描述，一般是指粉状产品经冲调能很快分散到冲调液中成为一个均匀状态体系，并在规定的饮用时间范围内，仍能保持这种均匀体系，但是如果超过规定的时间，则失去这种溶解、分散性能，出现分层或其他状态（如凝结、沉淀等）。

因此，速溶豆粉不仅是多组分、多相体系，而且涉及胶体的分散作用及两相物质的乳化作用，还会有大分子及不溶性组分间缔合和络合作用。

2. 速溶豆粉类的胶体分散性

速溶豆粉中还含有部分不溶性物质。不溶性物质主要是细胞壁及不溶性高分子，当粉碎度在1~100μm的胶体粒子范围内时，显示胶体溶液的性质，加水后，有布朗运动，表现出分散性，呈溶解状态，这种状态随时间延长，粒子相互碰撞和温度降低等条件变化，小粒子会聚集而呈现分层状态，稳定性较差。

蛋白质分子具有胶体性质，因大豆蛋白类高分子化合物其分子质点大小也在1~100μm之间，因而也可显示胶体溶液的性质。

3. 豆粉的乳化功能

豆粉中还含有脂溶性的物质及其他脂类分子，因此在水中显示两相不溶性。要使这些物质分散在水介质中就必须依赖油、水乳化作用。蛋白质分子、磷脂分子等极性分子，既有亲水基又有亲油基，可有效地促进两相分子的乳化作用，显示分散溶解性。

但是，豆粉由于多组分两相体系的存在，导致乳化液的溶解分散性质要比真分子溶液或单一的蛋白质溶液、乳化液复杂得多。所以，单纯依靠蛋白质、磷脂的分子的乳化性来长时间保持体系的稳定仍然十分困难。

4. 不同组分粒子间交联络合作用

豆粉中不同粒子间的范德华力、异性电荷的吸引力、极性作用在水介质中相互间聚集交联和络合成新的分子颗粒可以产生两种结果：一是聚沉失去分散性，二是经络合反应，由亲水蛋白质将一些不溶性分子颗粒转为溶解分散性络合物，呈现单相均态。

作为豆粉的生产者，应该采用多种加工技术，防止其多组分、多相体系聚结分层，促使其保持溶解、分散状态，以显示良好的商品“速溶性”。

**（二）豆粉的增溶**

高频增溶、细胞粉碎、粉粒重组技术在豆粉生产上的应用可以提高豆粉的速溶性，而改性的大豆磷脂在速溶豆粉中的应用也较为广泛。

磷脂是天然的非离子两性表面活性剂，具有优良的乳化性、扩散性和浸润性等优良物理性能。将磷脂添加到豆粉中，既有健脑益智、抗痴呆、防衰老、降血脂、降胆固醇等营养功能，又有增强豆粉速溶性的良好效果。有关文献报道，添加或喷涂到乳粉或豆粉上可提高产品的分散性和水溶性。例如，美国ADM公司将改性大豆磷脂直接添加到乳粉或豆粉的浓缩浆液中再喷雾干燥制粉增强产品的速溶性。将改性磷脂直接添加到豆浆料液中是一种低成本、质量稳定、工艺简便易行的工艺方法，可使产品蛋白质质量分散系数提高容重增大，速溶性明显改善。其工艺流程如下：

优质大豆→精选→瞬时高温灭酶→脱皮→破碎→筛选（200目）→配料调浆→均质→喷雾干燥→添加改性磷脂→冷却筛分→成品包装

产品的主要质量和性能指标检测结果对照见表2-2-6。

表 2-2-6　　豆粉产品质量和性能对照表

| 序号（工艺） | PDI/% | 溶解度/% | 水分含量/% | 蛋白质含量/% | 灰分含量/% | 体积质量/(mg/mL) |
|---|---|---|---|---|---|---|
| 1# | 75 | 87 | 2.1 | 22.9 | 3.6 | 0.22 |
| 2# | 86 | 90.4 | 3.4 | 22.3 | 2.5 | 0.23 |

注：1#—普通豆粉加工工艺；
　　2#—添加改性磷脂到豆浆中加工工艺。

添加磷脂的豆粉蛋白质分散系数（PDI）值比不添加磷脂的豆粉提高 10% 以上；溶解度增加 3% 以上，具有明显增溶速溶的作用。磷脂加到豆粉中，增加了豆粉颗粒中的亲水基团数目，即亲水性增加，改善其可溶性，提高了豆粉在水中的分散性和速溶性，有利于豆粉溶解。在喷雾干燥时，相同工艺条件下，降低水分含量难度加大，添加的磷脂亲水性越强，产品的含水量越高，容重增大，易冲调。而没添加磷脂的豆粉最差、需剧烈搅拌方可分散，易结块，难溶解。

改性磷脂可以直接用水溶解，直接添加到豆浆料液中去，喷雾干燥后的产品中含有亲水性强的改性磷脂。产品更易吸湿溶解，速溶性更好。

## 第四节　大豆蛋白制品

### 一、大豆粉生产工艺

大豆粉根据生产原料的不同，可以分为脱脂豆粉和全脂豆粉。一般来说，生产豆粉的原料大多数是低温脱脂豆粕，也有以脱皮大豆作为原料的。近年来，用脱皮大豆生产的全脂豆粉的产量也在不断扩大。区别豆粉种类的指标主要有两个，一是脂肪含量；二是蛋白质分散系数（或尿素酶活性）。脱脂豆粉经添加强化营养成分后就成为各种强化豆粉。

**（一）大豆粉的分类**

根据油脂的含量的不同，一般可以将豆粉分成五种。

1. 全脂豆粉

全脂豆粉是使用脱皮大豆粉碎而成。其脂肪含量一般在 18% 以上，蛋白质含量不低于 40%，细度在 20 目以上。

2. 高含脂豆粉

高含脂豆粉大多是用脱脂豆粕与精炼大豆油混合制成。脂肪含量一般在 15% 左右，蛋白质含量在 45% 以上，也有部分高含脂豆粉是用大豆部分脱脂制成。

3. 低脂豆粉

生产方法与高含脂豆粉基本相同，其脂肪含量一般在 5% 左右，蛋白质含量高于45%。

4. 磷脂大豆粉

磷脂大豆粉是用脱脂豆粉添加大豆磷脂而成，磷脂含量在15%左右。蛋白质含量在45%以上。

5. 脱脂大豆粉

脱脂大豆粉一般是脱脂豆粉粉碎而成。脂肪含量一般低于1.0%，蛋白质含量高于50%。

根据大豆粉中蛋白质分散系数的不同，可以分为活性大豆粉和非活性大豆粉两类。活性大豆粉的蛋白质分散系数一般在80%以上，而非活性大豆粉的蛋白质分散系数一般在15%~20%。

**（二）大豆粉的生产工艺**

下面以全脂大豆粉为例介绍大豆粉的一般生产工艺。

全脂生豆粉在加工中不经过热处理，大豆蛋白质未变性，大豆中的各种酶及抗营养因子也依然保持活性。因此，这种产品主要作为其他食品的原料或添加剂。全脂生豆粉可使面包松软和使面包瓤增白，原因是全脂生豆粉中的脂肪氧化酶催化脂肪形成过氧化物，过氧化物可起漂白作用并使谷朊蛋白的巯基氧化成二硫键而使面包弹性增强。全脂生豆粉也可添加到糕点中起乳化油脂和稳定结构的作用，此外也可作为豆浆粉供应。然而，全脂生豆粉含有抗营养因子并带有豆腥味，人体直接吸收的效果差，且大量油脂的存在使全脂生豆粉在贮存时易氧化酸败。

全脂生豆粉的加工工艺很简单，大豆经干法清选除杂后，采用干热法烘干至水分8%~10%即可进行破碎脱皮，使粉碎前大豆含壳率小于8%。最后经锤片式粉碎机或磨碎机进行粉碎、分级，使产品颗粒度保持在0.3~0.85mm。该工艺的要求是尽量不采用强烈加热处理。烘干时采用高温瞬时，避免直接蒸汽加热，这样才能保证产品的可溶性蛋白质的保持率在95%以上。

为了克服全脂生豆粉的不足并扩大豆粉的应用范围，也有采用挤出膨化法生产膨化大豆粉的工艺。

这种工艺的特点是采用了膨化技术。大豆在膨化机内受到高温高压的作用后使水分形成蒸汽，以最短的时间蒸熟原料后挤出，在机外减压膨胀，形成疏松颗粒（又称膨化蛋白）。然后再经冷却脱水，用锤片式粉碎机粉碎成大小符合要求的颗粒即为成品。

膨化全脂豆粉在膨化过程中使细胞破坏，油滴分散均匀而且容易被人体吸收。同时大豆中的有害因子也因湿热作用而被钝化。另外，膨化后的大豆粉具有多孔的组织结构，加水很易调成糊状，因此加入糖等调味后可制成方便食品。

相对于全脂大豆粉，脱脂大豆粉的工艺不同之处在于采用了脱脂大豆作为原料。

大豆经压榨法或浸出法制取油脂后得到的豆饼或豆粕都可生产脱脂豆粉。

用常规压榨法生产的高温饼粕应该用于饲料，欲使大豆作为人类食品和进一步作深加工原料，则应选用经过脱皮的冷榨饼或低变性的浸出粕。

## 二、大豆浓缩蛋白生产工艺

大豆浓缩蛋白是以低温脱脂豆粕为原料，经过湿热水处理、醇洗或酸洗等方法去除其中的可溶性组分（可溶性碳水化合物、灰分、肽类、植酸等），而得到的蛋白质含量在65%（干基）以上的大豆蛋白制品。大豆浓缩蛋白原料以低温脱溶粕为佳，也可用高温浸出粕，但得率低、质量较差。

**（一）大豆浓缩蛋白的生产方法**

生产浓缩蛋白的方法主要有稀酸沉淀法和酒精洗涤法。

1. 稀酸沉淀法

利用豆粕粉浸出液在等电点（p*I* 4.3～4.5）时，蛋白质溶解度最低的原理，用离心法将不溶性蛋白质、多糖与可溶性碳水化合物、低分子蛋白质分开，然后中和浓缩并进行干燥脱水，即得浓缩蛋白粉。此法可同时除去大豆的腥味。稀酸沉淀法生产浓缩蛋白粉，蛋白质水溶性较好，但酸碱耗量较大。同时排出大量含糖废水，造成后处理困难，产品的风味也不如酒精法。

2. 酒精洗涤法

利用酒精浓度为60%～65%时可溶性蛋白质溶解度最低的原理，将酒精液与低温脱溶粕混合，洗涤粕中的可溶性糖类、灰分和醇溶蛋白质等。再过滤分离出醇溶液，并回收酒精和糖，浆液则经干燥得浓缩蛋白粉。此法生产的蛋白粉，色泽与风味较好，蛋白质损失少。但由于蛋白质变性和产品中仍含有0.25%～1%的酒精，使其食用价值受到一定限制。此外还有湿热水洗法、酸浸醇洗法和膜分离法等。其中膜分离法是用超滤膜脱糖获得浓缩蛋白，反渗透膜脱水回收水溶性低分子蛋白质与糖类，生产中不需要废水处理工程，产品氮溶指数（NS）高，因此是一种有前途的方法。

**（二）大豆浓缩蛋白的用途**

可应用于代乳粉、蛋白浇注食品、碎肉、乳胶肉末、肉卷、调料、焙烤食品、婴儿食品、模拟肉等的生产，使用时应根据不同浓缩蛋白的功能特性选择。

## 三、大豆分离蛋白生产工艺

大豆分离蛋白（soy protein isolate）是一种含蛋白质高达80%的大豆蛋白制品。这种产品不但去除了豆粕中的某些可溶性非蛋白成分，而且还去除了原料中的大部分不溶性成分，因而蛋白质得到了进一步的浓缩。大豆分离蛋白的生产方法主要有碱溶酸沉淀法、膜分离法及离子交换法。

碱溶酸沉淀法是大豆分离蛋白的传统生产方法，其原理是：大豆中的大多数蛋白质都溶于稀碱液，因而将脱脂豆粕粉的水分散体系调至碱性可使蛋白质溶出。离心分离后不溶性的纤维等物质被除去，将得到的蛋白质溶液的pH调至大豆蛋白质的等电点使蛋白质沉淀出来，再次分离除去可溶性成分，剩下的沉淀再经洗涤、回调pH、改性杀菌和喷雾干燥即得大豆分离蛋白粉。其工艺流程如图2－2－1所示。

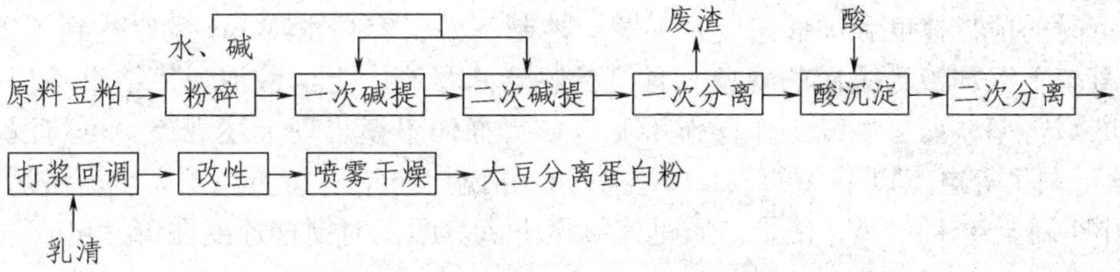


**图2-2-1 大豆分离蛋白的碱溶酸沉工艺流程**

1. 原料粉碎与浸提

大豆分离蛋白的生产应采用低变性饼粕，得率可达35%～40%，用高变性饼粕得率仅有18%～22%。

豆粕粉碎后可增大其与水之间的接触面积，破坏大豆的细胞结构，使大豆蛋白更易分散到体系中。理论上讲，粉碎得越细蛋白质越易溶出，但过细的粒度会使粉碎工序负荷过大，并且给后面的分离造成困难。粉碎的粒度一般控制在20～80目，以40～60目为佳。

浸提是将豆粕与一定量的水混合，在一定的pH、温度和搅拌速度下提取大豆中的蛋白质的过程。主要的工艺参数为温度、pH、加水量、提取时间和搅拌速度。

浸提温度越高，浸提效率越高，但对蛋白质的溶出率影响不大。温度过高会引起蛋白质变性和提取液黏度增加从而造成操作困难。一般浸提温度控制在30～60℃。

浸提时的加水量一般控制在原料质量的10～20倍，加水量大可使蛋白质的溶出率增加，但随加水量的增加，溶出率趋于恒定。过多的加水量还会造成酸沉困难。加水量过少，蛋白质浓度高，体系黏度大，操作困难。一般加水量控制在14～16倍。

pH是提取蛋白的重要工艺参数，在碱性范围内，pH越高蛋白溶出率越高，但碱性过强会引起：蛋白质一定程度的水解而形成低分子质量、密度小的产品；胱赖反应形成有毒化合物质；提取液黏度增加，操作困难；酸和碱消耗量的增加，产品中含盐量增加。提取蛋白时pH一般不超过8.5，而以8.0居多，也有人主张在微碱性（pH7.0～7.6）条件下浸提。

提取时间一般在15～120min不等，视温度、加水量和pH而定。搅拌速度以浸提罐中液体呈悬浮状态无沉淀即可，一般在30～60r/min。

2. 离心分离

浸提完成后，需要将蛋白质提取液与残渣分开。可先经振动筛或滤筒粗滤，得粗提取液。残渣可以进行二次碱提（条件为加入10倍的水，pH8.0～8.5，时间80min，其他条件同一次碱提），得到的提取液与一次碱提液合并；将残渣加水洗涤压榨后将所得液体与提取液合并。合并后的蛋白质提取液进一步离心分离去除细渣即可进行酸沉淀工序。

3. 酸沉淀

将合并的蛋白质提取液加入10%～35%的食用盐酸溶液，当全部提取液达到等电点时，立即停止搅拌，静止20～30min，使蛋白质能形成较大的颗粒而沉淀下来，沉淀速度越快越好。

酸沉时的搅拌速度和加酸速度是关键，控制不好，容易出现 pH 虽然达到了等电点，蛋白质凝聚下沉却极为缓慢的现象，且沉淀物含水量高，上清液混浊，结果不但会降低蛋白质的酸得率，而且后续工作操作不利。如果操作不慎出现上述现象，可将浸提液的 pH 继续下调至等电点以下（如 pH2.5 左右），并搅拌 5min，待蛋白质完全溶解后，再用浓碱将 pH 调至 4.4～4.6，使蛋白质迅速凝聚下沉。酸沉时搅拌速度在 30～40r/min 比较适宜。

4. 二次分离与洗涤

用离心机将酸沉淀下来的沉淀物离心脱水，弃去上清液。经酸沉淀下来的沉淀物含有大量的氢离子和盐，可用水冲洗，一般用 50～60℃的温水冲洗两次，两次水洗后水洗液的 pH 应在 6 左右。现在有的企业在酸洗后用含水乙醇冲洗，这样可以避免蛋白质的流失，但不可避免地造成蛋白质发生一定程度的变性，影响产品质量。

5. 打浆回调

由离心机排出的蛋白质沉淀物呈凝乳状且有较多的团块。为进行喷雾干燥，需加适量水搅打或研磨成均匀浆液。为了提高凝乳蛋白的分散性和最终产品的实用性，可用 NaOH 中和，回调 pH 至 6.5～7.0。回调时的搅拌速度为 85r/min。

为了突出大豆蛋白质的功能特性，可在打浆、回调时进行一定程度的热处理，如在 80℃加热处理 15min，不仅可以起到杀菌作用，而且可以明显提高产品的凝胶性。根据加热条件的不同，可以生产出具有不同功能特性的大豆分离蛋白产品。

回调后的大豆蛋白也可进行化学修饰（chemical modification）。用乙酸酐进行乙酰化可得到乙酰化大豆分离蛋白。这种蛋白在 pH5～7 的范围内溶解性较高，溶液黏度大，凝胶强度低，发泡性好。乙酰化的条件为 pH7.2～7.8，蛋白质浓度 6%～7%，温度 60～70℃，乙酸酐的添加量为 0.16mL/min，时间 60min。大豆分离蛋白经磷酸化可以改善其水溶性、持水能力、乳化性和发泡能力等功能特性，磷酸化可用环状磷酸三钠或 $POCl_3$，如在 4% 的蛋白质浓度下加入 1%～3%（蛋白质基）的磷酸三钠粉，在 35～45℃下连续搅拌 3h 即可。

6. 干燥

大豆分离蛋白的干燥普遍采用喷雾干燥的方法。喷雾干燥的条件为：进风温度 160～170℃，塔体温度 85～100℃，排风温度 85～80℃，蛋白质浓度 12%～20%，黏度控制在 1Pa·s 左右。

## 四、大豆组织蛋白生产工艺

大豆植物蛋白肉是以脱脂豆粉为原料，经加热膨化等过程而制成，含大豆蛋白质高达 50% 以上。它的色泽、食感、结构、韧性均与动物肉相似，而蛋白质含量却比猪、牛瘦肉高 2～3 倍，赖氨酸含量更优于其他植物蛋白，并且无毒、无害、无病菌、营养丰富，而其最大优越之处是不含胆固醇，是一种防止高血压、动脉硬化、心血管病的健康食品之一，对人体十分有益。

大豆组织蛋白是指大豆经加工后，其蛋白质发生了变性，蛋白质分子重新定向，形成新的组织结构。脱脂大豆粉是油脂加工中的重要副产品，脱脂大豆粉中的蛋白质含量高达50%，其蛋白质中各种氨基酸的比例合理，营养价值接近于动物蛋白。但脱脂豆粉由于存在豆腥味，缺少类似于肉的组织、结构、风味和外观，需要进行深加工，才能有效利用其蛋白质资源。大豆组织蛋白产品在国内已进行了多方面的研究，主要是以脱脂大豆粉为原料，经加工后形成一定的组织结构或形成类似于肉一样的纤维结构，具有吸水性和吸油脂特性。

可以利用单螺杆挤压机加工大豆组织蛋白，用单螺杆挤压机挤出大豆组织蛋白的特点是可充分利用单螺杆挤出机的高压、高剪切功能，使大豆组织蛋白在极高的剪切作用下，被挤压成薄片状产品。这种薄片状大豆组织蛋白是纤维状的，并且已没有豆腥味。

根据不同的加工工艺，可以将大豆组织蛋白分为两类组织化大豆蛋白产品。一类是利用单一的高温、高压挤出加工形成组织化的大豆蛋白，挤出的产品具有明显的纤维形状，并且具有较高的膨松特性，立刻可以复水；这种大豆组织蛋白产品可以添加到肉和肉制品中，也广泛应用于面食、肉类、调味品中和纤维状食品的成型上。与这类组织蛋白相对照，另外一类组织蛋白是仿肉制品，主要用于代替肉制品。这类大豆组织蛋白，产品密实，没有空隙，形成层状纤维结构，并且经过各种方法的蒸煮加工后，产品保持肉的特性。这种产品具有肉的组织结构、外观和口感。这种仿肉制品的生产需要利用双重挤压工艺或特殊的带冷却机头的加工机械。

口感和风味是食品加工的重要参数。对于脂肪大豆蛋白组织化来说，很重要的指标是其内部是否形成纤维结构，挤出产品的豆腥味如何。因此，在挤压加工时，为了去除产品的豆腥味，消除大豆中的抗营养因子，改善大豆组织蛋白的口感，需要添加部分添加剂，如食用碱、植物油、卵磷脂、盐、调味品等。

此外，将一定配比的大豆分离蛋白与动物蛋白及其他原料，用双螺杆挤压机进行挤压加工，可生产出被称为工程肉的产品。这种以大豆蛋白替代部分动物蛋白的工程肉，可以降低食品的热能密度，提高营养密度，具有很好的色、香、味、形，可以作为动物性食品的替代品。

## 五、大豆发泡蛋白粉生产工艺

大豆发泡蛋白粉是以低温脱脂豆粕为原料，经浸提、水解等工序而制成的具有很强发泡性和泡沫稳定性的食用发泡剂。它可代替传统的发泡剂如蛋白、明胶等，广泛用于焙烤食品、糖果和冷饮等食品中，赋予食品以的疏松的组织结构和良好的口感。

典型的大豆发泡蛋白粉的生产工艺流程如图 2 - 2 - 2 所示。

1. 原料粉碎

原料应使用低温饼粕，蛋白质含量在50%以上，NSI 需大于80%，粉碎到60 ~ 80 目。

2. 调浆

加水混合并不断搅拌，加水量为原料质量的 8 ~ 12 倍，加入 NaOH 调 pH 至 9。为提

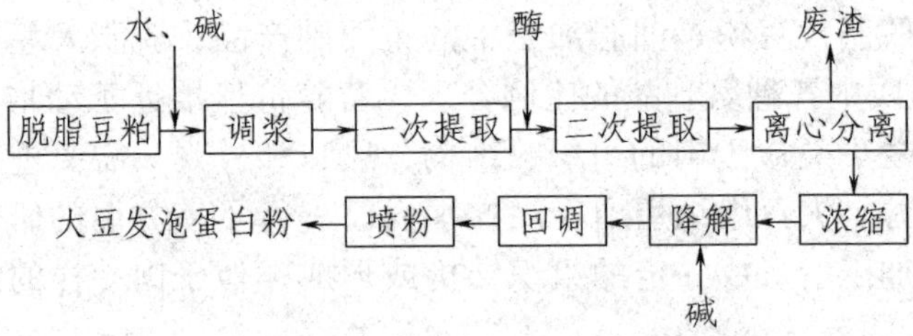


图2-2-2 大豆发泡蛋白粉生产工艺流程

高蛋白质的溶解度，可加入亚硫酸盐作为增溶剂，以提高蛋白质的提取率。亚硫酸盐同时还有漂白与防腐的作用。为提高大豆蛋白发泡粉的泡沫稳定性，可加入甘草提取液作为泡沫稳定剂。

3. 一次提取

这一步是为了使蛋白质溶出，温度控制在45~50℃，持续45min。

4. 加酶

可用中性蛋白酶，如As. 1398中性蛋白酶，添加量为每克原料200活力单位。

5. 二次提取

温度45~50℃，此时pH应控制在7左右。

6. 离心分离

将废渣排出，提取液进入浓缩罐。

7. 浓缩

采用真空浓缩方式，温度控制在65℃以下，蛋白质最终浓度为15%~17%。

8. 加碱降解

用生石灰将溶液pH调到11，在85~95℃恒温下保持3.0~4.5h，使大豆蛋白质适当降解。

9. 回调

用1mol/L的盐酸将pH回调到8.5~9.5。

10. 喷雾干燥

喷雾干燥条件为：进风温度160℃，排风温度90℃，塔体温度保持在95~100℃。

# 第五节 豆　腐

## 一、豆腐分类

豆腐在我国随着地域等的不同，种类较多。目前对于豆腐的分类方法也很多。在日本，根据是否有破碎及压榨工序可以分为木棉豆腐（有压榨过程）和娟豆腐（无压榨豆腐），这两种豆腐的凝固剂主要是盐卤和石膏的混合物，而利用葡萄糖酸内酯作为凝固剂的一般是做成在包装盒内凝固的充填豆腐。在我国，日常生活中常见到的豆腐有南豆腐、北豆腐和充填豆腐。豆腐的生产过程经过数千年优胜劣汰的历史洗礼，除了机械化和自动化程度可能有差别外，生产原理基本上是世界统一的。首先是大豆的浸泡使大豆软化，浸泡后的大豆磨浆后蒸煮，然后通过过滤将豆渣分离，再加入凝固剂等使大豆蛋白质凝胶成型后就得到了豆腐。

## 二、豆腐生产工艺

不同豆腐的生产工艺流程如图 2－2－3 和图 2－2－4 所示。

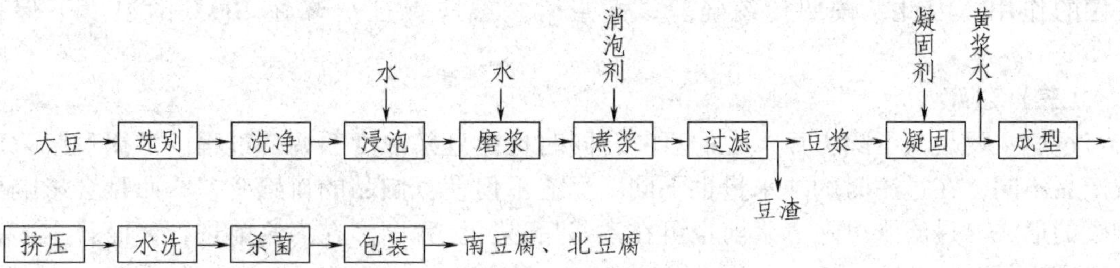


**图 2－2－3　北豆腐、南豆腐的工艺流程**

注：也有在煮浆前过滤。

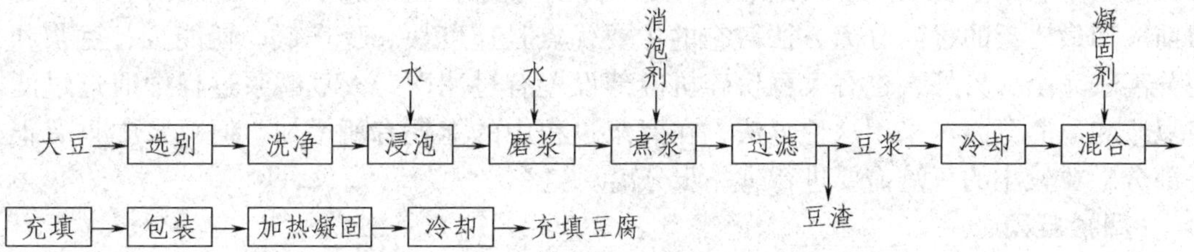


**图 2－2－4　充填豆腐的工艺流程**

### （一）磨浆

传统大豆制品的生产工艺各不相同，但就其产品的本质而言，无论是豆腐类制品，还是干燥豆制品都属大豆蛋白质凝胶。生产豆制品的过程就是制取不同性质的蛋白质胶体的过程。大豆蛋白质存在于大豆子叶的贮存组织细胞中，外有一层皮膜组织，其主要成分是纤维素、半纤维素及果胶质等。在成熟的大豆种子中，蛋白质皮膜是比较坚硬的，当大豆浸于水中时，蛋白体膜同其他组织一样，开始吸水溶胀，质地由硬变脆最后变软。处于脆性状态下的蛋白体膜，受到机械破坏时很容易破碎。蛋白体膜破碎以后，蛋白质即可分散于水中，形成蛋白质溶胶，即生豆浆。吸水后的大豆用磨浆机粉碎制备生豆浆的过程称为磨浆。在磨浆时应特别注意两点：

（1）磨浆时一定要边粉碎边加水，这样做不但可以使粉碎机消耗的功率大为减少，还可以防止大豆种皮过度粉碎引起的豆浆和豆渣过滤时分离困难的现象。一般磨浆时的加水量为干大豆的3～4倍。

（2）使用砂轮式磨浆机时，粉碎粒度是可调的。调整时必须保证粗细适度，粒度过大，则豆渣中的残留蛋白质含量增加，豆浆中的蛋白质含量下降，不但影响到豆腐得率，也可能影响到豆腐的品质。但粒度过小，不但磨浆机能耗增加，易发热，而且过滤时豆浆和豆渣分离困难，豆渣的微小颗粒进入豆浆中影响豆浆及豆制品的口感。

**（二）煮浆**

生豆浆必须加热后才能形成凝胶，这一过程称为煮浆。大豆蛋白质的组分比较复杂，所以，蛋白质变性的温度（即煮浆温度）和煮沸时间应保证大豆中的主要蛋白质能够发生变性。另外，煮浆还可破坏大豆中的抗生理活性物质和产生豆腥味的物质，同时具有杀菌的作用。因此，按照传统经验，煮浆时一般应保证豆浆在100℃的温度下保持3～5min。

**（三）过滤**

过滤主要是为了除去豆浆中的豆渣，同时也是豆浆浓度的调节过程。根据豆浆浓度及产品不同，在过滤时的加水量也不同。豆渣不但使豆制品的口感变差，而且会影响到凝胶的形成。过滤既可在煮浆前也可在煮浆后进行。我国多在煮浆前进行，而日本多在煮浆后进行。

豆浆过滤的方法很多，可分为传统手工式和机械式过滤法两种。在家庭和小型的手工作坊还主要应用传统的过滤方法，如吊包过滤和挤压过滤。这种方法不需要任何机械设备，成本低廉，但劳动强度很大，过滤时间长，豆渣中残留蛋白质含量也较高。而在较大的工厂，则主要采用卧式离心筛过滤、平筛过滤、圆筛过滤等。卧式离心筛过滤是目前应用最广泛的过滤分离方法。它的主要优点是速度快、噪声低、耗能少、豆浆和豆渣分离较完全。另外，也有大豆粉碎机内部设置有过滤网，大豆磨浆过程中通过过滤网将豆浆和豆渣分离。采用这种方法，在磨浆过程中的能耗有所增加，但豆浆中只有很少一部分颗粒较小的豆渣需要进行进一步分离。

**（四）凝固**

凝固就是通过添加凝固剂使大豆蛋白质在凝固剂的作用下发生热变性，使豆浆由溶胶状态变为凝胶状态。由于内酯豆腐（充填豆腐）的凝胶特性完全不同，在这里主要介绍南豆腐和北豆腐的凝胶过程。凝固是豆腐生产过程中最为重要的工序，可分为点脑和蹲脑两个部分。

1. 点脑

点脑又称点浆，是豆制品生产中的关键工序。把凝固剂按一定的比例和方法加入到煮熟的豆浆中，使大豆蛋白质溶胶转变成凝胶，即豆浆变为豆腐脑（又称豆腐花）。

影响豆腐脑质量的因素有很多，大豆的品种和质量、水质、凝固剂的种类和添加量、煮浆温度、点浆温度、豆浆的浓度与pH、凝固时间以及搅拌方法等会对凝胶过程产生一定的影响。其中又以温度、豆浆浓度、pH、凝固时间和搅拌方法对质量影响最为显著。

点脑时蛋白质的凝固速度与豆浆的温度高低密切相关。点脑温度应根据产品的特点和要求，以及所使用的凝固剂种类、比例和点脑方法的不同灵活掌握。一般来说，点脑温度越高，则豆腐的硬度越大，表面显得越粗糙。南豆腐和北豆腐的点脑温度一般在70～90℃，要求保水性好的产品，如水豆腐，点脑温度宜稍低一些，以70～75℃为宜；要求含水量较少的产品，如豆腐干，点脑温度宜稍高一些，常在80～85℃。以石膏为凝固剂时，点脑温度可稍高，盐卤为凝固剂时的点脑温度可稍低，而对于充填豆腐，由于凝胶速度特别快，因此一般要将豆浆冷却后再加入凝固剂。

凝固剂的比例是影响点脑质量的最重要因素。凝固剂比例受到蛋白质含量、点脑温度的影响，但一般来说，凝固剂的量少，则凝固不充分而使豆腐硬度降低，凝固剂的量过多，则易发生凝胶不均，离析水增加，得率下降。

豆浆的浓度是影响凝胶质量的另外一个重要因素。豆浆的浓度主要是指豆浆中的蛋白质浓度。如图2－2－5所示，豆浆的浓度低，点脑后形成的脑花太小，保不住水，产品发死发硬，出品率低；豆浆浓度高，生成的脑花块大，持水性好，有弹性。但浓度过高时，凝固剂与豆浆一接触，就会迅速形成大块脑花，造成凝胶不均和白浆等现象。点脑时豆浆中蛋白质浓度要求为北豆腐3.2%以上，南豆腐为4.5%以上，只有这样，才有可能获得质量比较好的豆腐制品。因此，在控制整个生产过程的加水量时以1kg大豆生产的豆浆量为依据，南豆腐多为6～7倍，而北豆腐为9～10倍。

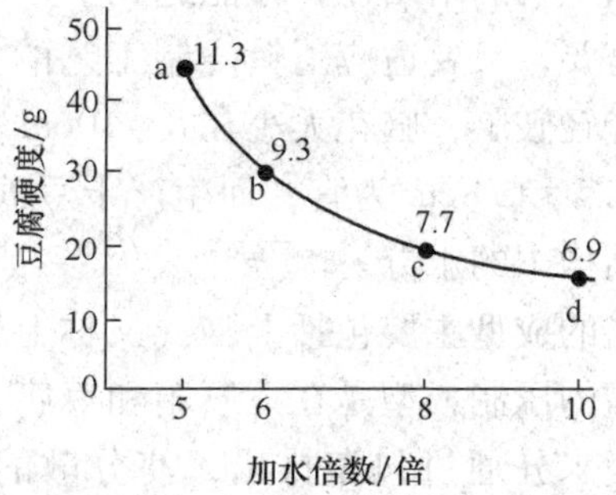

图2－2－5 豆浆蛋白质含量与豆腐硬度的关系

为了使凝固剂分布均匀，在点脑时要加以搅拌。搅拌的目的是为了使蛋白质在凝固前与凝固剂完全和均匀的混合。豆浆的搅拌速度和时间，直接关系着凝固效果。搅拌速度越快，凝固剂的使用量就越少，凝固的速度就快，相应凝固物的结构和体积变小、硬度增加。搅拌速度慢，凝固剂的使用量就多，凝固的速度缓慢，使得凝固物的体积增大、硬度降低。搅拌的速度要视产品品种而定，而搅拌时间要视豆腐花的凝固情况而定。豆腐花如已经达到凝固要求，就应立即停止搅拌，防止破坏凝胶产物。这样，豆腐花的组织状况就好，产品细腻柔嫩、有劲，产品得率也高。如果搅拌时间过长，豆腐花的组织被破坏，则凝胶的持水性差，品质粗糙，成品得率低，口味也不好。如果搅拌时间没有达到凝固的要求，豆腐花的组织结构不好，柔而无劲，产品不易成型，有时还会出现白浆，也影响产品得率。搅拌方式要保证豆浆与凝固剂完全和均匀的接触。在这种条件下，凝固剂能充分起到凝固作用，使大豆蛋白质全部凝固。如果搅拌不当，可能使一部分大豆蛋白质接触过量的凝固剂而使组织粗糙，另一部分大豆蛋白质接触的凝固剂不足，而不能凝固，影响产品的产量和质量。

2. 蹲脑

蹲脑又称涨浆或养花，是大豆蛋白质凝固过程的继续。从凝固时间与豆腐硬度的关系曲线可以看出，点脑操作结束后，蛋白质与凝固剂的凝固过程仍在继续进行，蛋白质网络结构尚不牢固，只有经过一段时间后凝固才能完成，组织结构才能稳固。蹲脑过程宜静不宜动，否则，已经形成的凝胶网络结构会因振动而破坏，使制品内在组织产生裂隙，外形不整，特别是在加工嫩豆腐时表现更为明显。不过，蹲脑时间过长，凝固物温度下降太多，也不利于成型及以后各工序的正常进行。

**（五）成型**

成型就是把凝固好的豆腐脑，放入特定的模具内，通过一定的压力，榨出多余的黄浆水，使豆腐脑紧密地结合在一起，成为具有一定含水量、弹性和韧性的豆制品。除加工嫩豆腐外，加工其他豆腐制品一般都需要在上箱压榨前从豆腐脑中排除一部分豆腐水。在豆腐脑网络结构中的水分不易排出，只有把已形成的豆腐脑适当破碎，不同程度地打散豆腐脑中的网络结构，才能达到生产各种豆制品的不同要求。破脑程度既要根据产品质量的需要，又要适应上箱浇制工艺的要求。南豆腐的含水量较高，可不经破脑，北豆腐只需轻轻破脑，脑花大小在 8～10cm 范围较好，豆腐干的破脑程度宜适当加重，脑块大小在 0.5～0.8cm 为宜，而生产干豆腐（薄百页）时豆腐脑则需完全打碎，以完全排出网络结构中的水分。

豆腐的成型主要包括上脑（又称上箱）、压制、出包和冷却等工序。

豆腐的压制成型是在豆腐箱和豆腐包内完成的，使用豆腐包的目的是在豆腐的定型过程中使水分通过包布排出，使分散的蛋白质凝胶联接为一体。豆腐包布网眼的粗细（目数），与豆腐制品的成型有相当大的关系。北豆腐宜采用孔隙稍大的包布，这样压制时排水较畅通，豆腐表面易成“皮”。南豆腐要求含水量高，不能排除过多的水，就必须用细布。

豆腐脑上箱后，置于模型箱中，还必须加以定型。其作用是使蛋白质凝胶更好地接近和黏合，同时使豆腐脑内要求排出的豆腐水通过包布排出。加压时，主要应注意豆腐脑的温度和施加的压力及时间。压力是豆腐成型所必需的，但一定要适当。加压不足可能影响蛋白质凝胶的黏合，且难以排出多余的黄浆水。加压过度又会破坏已形成的蛋白质凝胶的整体组织结构，而且加压过大，还会使豆腐表皮迅速形成皮膜或使包布的细孔被堵塞，导致豆腐排水不足，内外组织不均。一般压榨压力为 1～3kPa，北豆腐压力稍大，南豆腐压力稍小。

为使压制过程中蛋白质凝胶黏合得更好，除需一定的压力外，还必须保持一定的温度。开始压制时，如豆腐温度过低，即使压力很大，蛋白质凝胶仍然不能很好黏合，豆腐水不易排出，生产的豆腐结构松散。一般豆腐压制时的温度应在 65～70℃。豆腐脑在一定温度下加压，逐渐按模塑造成一定的形状，这个过程需要一定的时间，时间不足不能成型和定型。而加压时间过长，会过多地排出豆腐中应持有的水。一般压榨时间为 15～25min。北豆腐在压制成型过程中还应注意整形。压榨后，南豆腐的含水率要在 90% 左右，北豆腐的含水率要在 80～85%。

豆腐压制完成后，应在水槽中出包，这样豆腐失水少、不粘包、表面整洁卫生，可以在一定程度上延长豆腐的保质期。

### (六) 豆腐生产过程中的添加剂

豆腐生产过程中常用的添加剂主要有凝固剂、消泡剂，其中凝固剂是生产传统豆制品不可缺少的辅料，主要有石膏、盐卤和δ-葡萄糖酸内酯三种。

1. 石膏

石膏是一种矿产品，主要成分是硫酸钙，由于结晶水含量不同，又分为生石膏($CaSO_4 \cdot 2H_2O$)、半熟石膏($CaSO_4 \cdot H_2O$)、熟石膏($CaSO_4 \cdot 1/2H_2O$)及过熟石膏($CaSO_4$)。生石膏对豆浆的凝固作用最快，熟石膏较慢，而过熟石膏则几乎不起作用，生石膏作凝固剂，制得的豆腐弹性好，但由于凝固速度太快，生产中不易掌握，因此在我国生产中基本都是采用熟石膏。不过在日本，为了提高凝固力，保证豆浆的完全凝固，通常采用生石膏。

2. 卤水

卤水又称盐卤，是海水制盐后的副产品，主成分为氯化镁($MgCl_2$)。卤水中的氯化镁含量变化较大，使用时应通过试验确定适当的添加量。一般来说，1kg 大豆的盐卤添加量为15~20g。用盐卤作凝固剂，蛋白质凝固速度快，蛋白质的网络结构容易收缩，制品持水性差，一般用于生产北豆腐、豆腐干等含水量比较低的产品。盐卤的成分比较复杂，除主要成分氯化镁之外，还含一定量的氯化钙、氯化钠、氯化钾以及硫酸镁、硫酸钙等。且随产地、批次的不同，成分差异很大。由于海洋污染越来越严重，海水中的有害物质在浓缩的海水副产品中，会对人体构成危害，所以有人建议禁止使用盐卤，而应改用精制氯化镁作凝固剂。不过卤水生产的豆腐有一种特殊的风味，在日本也被认为比其他品种的豆腐更“高级”一些，因此，我们应该采取措施防止污染或者限定食品用盐卤的生产地。

3. δ-葡萄糖酸内酯

δ-葡萄糖酸内酯又称 GDL，是一种新型的酸类凝固剂。δ-葡萄糖酸内酯是一种白色结晶物，易溶于水，溶在水中后会渐渐地分解为葡萄糖酸，在加热的条件下分解速度还会加快。δ-葡萄糖酸内酯多用于生产充填豆腐，添加剂的使用量一般为豆浆的0.2%~0.3%。因为δ-葡萄糖酸内酯的凝胶速度非常快，因此生产时要先将豆浆冷却到室温或室温以下，以保证凝固反应的均一性。冷却后的豆浆中加入δ-葡萄糖酸内酯后必须充分搅拌，否则每个容器中的凝固剂量可能相差很大，造成产品品质不合要求。搅拌后应立即进行充填作业，以防止凝固反应引起的豆浆黏性增加导致的充填困难。完成充填作业后再加热使蛋白质凝固。

4. 消泡剂

消泡剂的主要作用是抑制煮浆过程中产生的泡沫。由于大豆蛋白质具有典型的两亲分子结构，因此表现出较强的界面活性，磨浆过程中豆浆就会含有大量泡沫，煮浆时泡沫变得更多，稍不注意，就可能发生溢浆现象。泡沫的存在不仅使豆浆传热效率降低，延长煮浆时间，影响蛋白质的溶出，而且使豆腐内所含气泡增加，口感变得粗糙并使外观变差。因此，在豆腐生产时，一般都要添加消泡剂，以克服上述缺点，提高生产效率及产品质量。消泡剂属表面活性剂，是一种同时含有亲油憎水基团和亲水憎油基团的有机化合物。它可被吸附在液体表面或水与油的界面上，从而降低液体的表面张力，起到乳化和消泡的作用。豆腐生产中常用的消泡剂有酸败油类消泡剂、甘油酯类消泡剂、硅酮树脂类消泡剂和混合消泡剂。

【思考题】

1. 简述大豆的定义及主要结构。
2. 简述大豆的主要成分及其对于人体的作用。
3. 简述大豆蛋白制品的分类与主要加工工艺。
4. 简述豆乳粉的加工工艺与加工过程中蛋白的变化规律。
5. 简述豆乳加工过程中喷雾干燥的原理及有哪些质量控制方法。
6. 简述“速溶豆粉”的概念及其“速溶”原理。
7. 简述豆腐的基本分类方式。
8. 豆腐加工有哪些不同种类的凝固剂？其凝固机理有哪些区别？
9. 简述大豆油精炼的目的和意义。
10. 大豆油的精炼工艺由哪几部分组成？
11. 毛油中有哪些主要成分？
12. 脱酸工艺中常用的方法是什么？分析脱酸方法的利弊？
13. 脱色工艺中脱除物有哪些？
14. 简述脱臭工艺的意义。

## 参考文献

[1] 蔡长霞．绿色乳制品加工技术．北京：中国环境科学出版社，2006
[2] 曾寿瀛．现代乳与乳制品加工技术．北京：中国农业出版社，2002
[3] 郭本恒．乳品微生物学．北京：中国轻工业出版社，2001
[4] 张兰威．乳与乳制品工艺学．北京：中国农业出版社，2006
[5] 詹现璞．乳制品加工技术．北京：中国科学技术出版社，2012
[6] 顾瑞霞．乳与乳制品工艺学．北京：中国计量出版社，2006
[7] 王建．乳制品加工技术．北京：中国社会出版社，2009
[8] 卫祥云．中国豆制品产业发展研究．北京：中国轻工业出版社，2012
[9] 石彦国．大豆制品工艺学．北京：中国轻工业出版社，2008
[10] 李里特，程永强．大豆食品安全标准化生产技术．北京：中国农业大学出版社，2006
[11] 李里特．大豆加工与利用．北京：化学工业出版社，2003
[12] 何东平．油脂精炼与加工工艺学．北京：化学工业出版社，2012
[13] 贾健辉．大豆油脂的生产与检验技术．北京：化学工业出版社，2012

# 第三篇
# 果蔬制品加工工艺

# 第一章　果蔬加工概论

【学习指导】

本章应重点掌握果蔬采收与加工产品之间的关系；了解果蔬加工产品的分类。

## 第一节　果蔬加工产品分类

目前国内外果蔬加工产品主要有果蔬罐头、果蔬汁、脱水蔬菜、速冻果蔬、冻干果蔬、果蔬脆片、功能型果蔬制品等。

1. 果蔬罐头

果蔬罐头是指以新鲜果蔬为原料，经过整理（去皮、去囊衣、切分等）、灌装、杀菌等加工处理后得到的罐藏果蔬产品。果蔬罐头食品是国际市场近百年来久盛不衰的大众食品，由于携带和食用方便，产品贮存时间长，能很好地调节市场和淡旺季节，因此备受世界各国消费者的青睐。

2. 果蔬汁

果蔬汁是指以新鲜果蔬为原料，经过物理方法（如压榨、浸提等）提取得到的汁液。作为绿色健康食品的果蔬汁，一直受到广大消费者的追捧，世界范围的果蔬饮料消费总量在不断增加，果汁饮料、功能性饮料等受到更多消费者的青睐。果蔬汁加工的品种有浓缩果汁、鲜榨果蔬汁、复合果蔬汁、果肉饮料等。

3. 脱水蔬菜

脱水蔬菜又称复水菜，是将新鲜蔬菜经过洗涤、烘干等加工制作，脱去蔬菜中大部分水分后而制成的一种干菜。蔬菜原有色泽和营养成分基本保持不变。既易于贮存和运输，又能有效地调节蔬菜生产淡旺季节。食用时只要将其浸入清水中即可复原，并保留蔬菜原来的色泽、营养和风味。

4. 速冻果蔬

速冻果蔬是将新鲜果蔬在 -25℃以下迅速冻结，然后在 -18℃或更低温度条件下贮存运输，并长期保存的一种果蔬产品。由于其加工的原料均为新鲜果蔬，速冻形成的冰晶小，最大限度地保持了天然食品原有的新鲜程度、色泽、风味及营养成分。

5. 果蔬脆片

果蔬脆片是将新鲜果蔬经真空油炸脱水等工艺生产的一种果蔬深加工产品。由于工艺过程中真空的存在，使得果蔬脱水在相对较低的温度下进行，从而保证了食品的营养成分不受高温破坏。正是真空低温油炸脱水的特定工艺，使得果蔬脆片以松脆的口感、天然的成分、宜人的口味、丰富的营养，引起人们消费的热情。

6. 冻干果蔬

冻干果蔬是指采用将新鲜果蔬先进行冻结，再在真空条件下实现升华（冰直接变成汽）脱水而获得的干制果蔬产品。冻干果蔬由于是在低温和真空条件下生产的，所以具有极其优良的品质，形、色、味、营养成分都与鲜品基本相同，复水性好。冻干果蔬不要冷藏设备，密封包装后，可在常温下长期贮存、运输和销售。

7. 鲜切果蔬

鲜切果蔬又称果蔬最少加工，它是指新鲜蔬菜和水果原料经清洗、修整、鲜切等工序后用塑料薄膜袋或以塑料托盘盛装并外覆塑料膜包装，供消费者立即食用的一种新型果蔬加工产品。

8. 功能型果蔬制品

比较有代表性的功能型果蔬制品有复合保健浆果粉、营养酸橙粉、干燥李子酱、果蔬提取物补充剂、天然番茄复合物、水果低热量甜味料等。

9. 果蔬综合利用

果蔬深加工已成为国内外果蔬加工的发展趋势。在实际的果蔬深加工过程中，往往有大量废弃物产生，如风落果、不合格果，以及大量的下脚料，如果皮、果核、种子、叶、茎、花、根等，这些废弃物中含有较为丰富的营养成分，对这些废弃物加以利用称为果蔬综合利用。

## 第二节　果蔬原料加工特点

果蔬原料的种类和品种繁多，不同品种的果蔬原料理化性质不同，适宜的加工方法也各不相同。根据原料特性进行合理的加工，是保证资源得到最有效利用的途径。优良产品的产生由加工品本身的制作要求和原料本身的特性共同决定。原料和加工制品的适用性见表 3－1－1。

表 3－1－1　加工产品和原料之间的关系

| 加工制品种类 | 加工原料特性 | 果蔬原料种类 |
|---|---|---|
| 果汁及果酒类产品 | 汁液丰富，容易取汁，可溶性固形物含量高，酸度适宜，风味芳香独特，色泽良好，果胶含量少 | 葡萄、柑橘、苹果、梨、菠萝、番茄、黄瓜、芹菜、大蒜、胡萝卜等 |
| 干制品 | 干物质含量较高、水分含量较低、可食部分多、粗纤维少、风味及色泽好 | 大枣、花茶、山楂、龙眼、杏、胡萝卜、木耳及大部分食用菌等 |
| 罐藏、果脯、冷冻制品 | 质地紧密，可食用部分多，肉厚，糖酸比适当、色香味好 | 大多数果蔬均适合 |

续表

| 加工制品种类 | 加工原料特性 | 果蔬原料种类 |
| --- | --- | --- |
| 果酱制品 | 果胶物质含量丰富、有机酸含量较高、风味和香气浓郁 | 草莓、山楂、杏等 |
| 蔬菜腌制品 | 水分含量低、干物质较多、肉质厚、有独特风味、粗纤维少 | 较好的腌制原料有芥菜类、根菜类、榨菜、黄瓜 |

1. 果品的采收

果蔬原料的成熟度和采收期，在后期的加工处理中，对产品的质量有直接的影响。一般来讲，果蔬的成熟度分为三个阶段，可采成熟度、加工成熟度（又称食用成熟度）和生理成熟度。

可采成熟度是指果蔬充分膨大长成，但风味还未达到顶点。这时采收的果实，适宜储运或者经成熟后方可达到加工的要求。需要长期贮存和运输的果实以及果脯类产品的原料如香蕉、苹果、桃等水果可以此时采收。部分工厂为了延长加工期也常在此时采收，以备日后加工。

加工成熟度是指果实已具备该品种应有的加工特性，又可分为适当成熟与充分成熟。根据加工类别的不同，要求的成熟度也不同。如制造果汁类，要求原料充分成熟，色泽好且香味浓，糖酸比适中，榨汁容易，损耗低；制造干制品类，果实也要求充分成熟，否则缺乏应有的果香味，制品质地坚硬，而且有的果实若青绿色未褪尽，干制后会因叶绿素分解变成暗褐色，影响外观品质；制造果脯、罐头类则要求原料成熟适当，这样要求因果胶物质较多，组织比较坚硬，可以经受高温煮制；果糕、果冻类加工时，则要求原料具有适当的成熟度，其目的是利用果胶含量高，使制成品具有凝胶特性。

生理成熟度是指果实变软过老化，营养价值降低，一般称这个阶段为过熟。这种果实除了可制成果汁和果酱外，一般不适宜加工成其他产品。

以上三种成熟度的范围和界限其实很难划分，但仍然可根据这些范围，结合不同的目的、要求，来确定果蔬的采收成熟度。

2. 蔬菜的采收

蔬菜供食用的器官不同，它们在田间生长发育过程变化很大，因此恰当的采收，对加工至关重要。例如，蘑菇子实体生长到1.8~4.0cm时采收制作清水蘑菇罐头为宜，过大、开伞后蘑菇，菌柄空心，外观欠佳，只可制作蘑菇干。金针菇以花蕾充分膨大还未开放时以生产罐头和干制品为优，花蕾开放后，易折断，品质变劣。

青豌豆、菜豆等罐头用原料，以初熟期采收为宜。青豌豆开花后17~18d采收品质最好，糖分含量高，粗纤维少，表皮柔嫩，制成的罐头甜、嫩、不混汤。如采收过早，果实发育不充分，难以加工，产量也低；若选择在成熟期后采收，则子粒变老，糖类转化成淀粉，失去加工的价值。

青菜头、萝卜和胡萝卜等要充分膨胀大，尚未抽薹时采收为宜，此时的原料粗纤维少；过老者，其组织木质化或糠心，不堪食用。马铃薯、藕富含淀粉，则以地上茎开始枯萎时采收为宜，这时淀粉含量高。

叶菜类与大部分果实类不同，一般要在生长期采收，此时粗纤维少、品质好。对于某些果菜类如进行酱腌的黄瓜，则要求选择以幼嫩的乳黄瓜或小黄瓜进行采摘。

3. 原料的新鲜度

原料越新鲜，加工的品质越好，损耗率也越低。果品蔬菜多属易腐产品，因此，从采收到加工应尽量缩短时间。大部分果蔬原料贮存期短、易破损、易被微生物感染，在采收、运输过程中，易造成机械损伤。因此加工需及时，否则会造成原料严重腐烂，大量损耗，影响企业的经济效益。

应采取一切措施缩短从采收到加工的时间，如玉米、豌豆、青刀豆及叶菜类最好立即进行预冷处理；蘑菇等食用菌要用腌渍保藏；桃子、李子、番茄、苹果等最好用冷藏库贮存。在采收、运输过程中也要注意放置机械损伤、日晒、雨淋及冻伤等，以保证原料的新鲜度。

【思考题】

1. 简述果蔬加工产品分为哪些种类。
2. 简述果蔬成熟度与加工的关系。
3. 简述原料的新鲜度与加工的关系。

# 第二章　果蔬速冻

【学习指导】

本章应重点掌握速冻对果蔬的影响机理，了解冷冻引起果蔬发生的物理和化学变化，了解解冻对速冻果蔬品质的影响，掌握速冻生产的一般工艺。

果蔬速冻就是将经过处理的果蔬原料用快速冷冻的方法使水分变成固态冰晶结构，并在低温条件下（通常－20～－18℃）保存。果蔬速冻有利于抑制果蔬内部的理化变化和微生物的破坏作用，从而使产品得以较长期保藏。它比其他加工方法更能保持新鲜果蔬原有的色泽、风味和营养价值，是现代先进的加工方法。在商品供应上一般以速冻蔬菜为主。

## 第一节　速冻对果蔬的影响

### 一、冷冻中物理变化对果蔬的影响

冷冻处理过程可以导致细胞膜发生变化，使增大透性，降低膨压，由此增加了细胞膜和细胞壁对水分和离子的通透性。

冷冻期间，细胞间隙的水分比细胞原生质体中的水分先结冰，原生质体内的冰点下降，处在过冷却状态。过冷却的水比细胞间隙冰晶的蒸气压高，因而细胞内水分向细胞间隙转移，只是细胞间隙的冰结晶不断长大。果蔬组织的冰点及冻结过程由其细胞内的可溶性固形物决定。

植物组织中冰晶的增长可导致细胞壁、胞间层和原生质体等的不可逆变化和损害，特别在缓冻情况下，可造成细胞壁破裂，组织结构崩解。

在速冻情况下，在显微镜下观察番茄薄壁细胞组织，发现细胞内外和细胞壁中存在的冰晶体都是非常细小的，细胞间隙没有扩大，原生质紧贴着细胞壁阻止水分外移，这种微小的冰晶体对组织结构的影响是很小的。在比较快的解冻过程中观察到对原生质的损伤也是微小的，质体保存的比较完整，液泡膜有时未受到损害。保持细胞液的结构完整对维持细胞内静压是非常重要的，可以防止流汁和组织软化。

果蔬速冻保藏的目的是尽可能地保持其新鲜特性，但在冻结和解冻期间常常组织萎蔫，产品的质地和外观与加工前的状态有差异。组织的崩解、软化、流汁等的程度因产品的种类和状况而有所不同，如食用大黄，其肉质组织中的细胞虽有坚硬的细胞壁，但冷冻时在组织中形成冰晶体，使细胞发生胞壁分离，靠近冰晶体的许多细胞被扭曲和溃碎，使细胞内容物流入细胞间隙，解冻后汁液流失。

冷冻的组织细胞失去水分，解冻后不能恢复其膨胀度和原始体积，细胞间隙增大，细胞之间的接触部分减少。冷冻材料未经切面检查时，可以看到每个细胞周围有3/4以上的部分与其他细胞接触，而冻结过的细胞与其他细胞接触的部位减少到1/4。

由于果蔬在冻结以后都要进行内外包装以后才进行冻藏，因此冻藏期间的干缩现象不像冻藏肉胴体那样严重。

## 二、冷冻中化学变化对果蔬的影响

果蔬原料的降温、冻结、冷冻贮存和解冻期间都可能发生色泽、风味、质地等变化，因而影响了产品的质量。

在冻结和贮存期间，果蔬组织中会积累羰基化合物和乙醇等，产生挥发性异味。原料中含类脂物较多的，由于氧化作用也会产生异味。据报道，豌豆、四季豆和甜玉米在冷冻贮存中，类脂化合物中的游离脂肪酸等都有显著的增加。

退绿和褐变是果蔬冬藏期间发生的色泽变化。叶绿素转化为脱镁叶绿素，使果蔬由绿色变为灰绿色，影响了产品的外观品质，降低了商品价值。酚类物质在酶的作用下发生氧化，使果蔬褐变，如苹果、梨中的绿原酸、儿茶酸等是多酚氧化酶的主要成分。这种褐变反应迅速，变色快。

冻藏及解冻后果品软化的原因之一是由于果胶酶存在使果胶水解，原果胶变成可溶性果胶，组织结构分离。

冷冻产品的色泽风味变化很多是酶参与的，酶的活性在低温时仍能保持，只不过反应速率大大降低而已。而在过冷状态下，其酶活性常常被激发。

果蔬在冷冻贮存中，低温对营养成分有保护作用。但由于原料在冷冻前的一系列处理，使原料暴露在空气中的面积大大增加，维生素C因氧化而减少。这些化学变化在冻藏中继续进行，只是进行的缓慢而已。如蔬菜保存在－12.2℃下，维生素C迅速减少；保持在－18℃时，损失就小得多。维生素$B_1$是热敏感的，在冻藏中损失很少。维生素$B_2$在冷冻前的处理中有降低，但是在冻藏中损失不多。

## 三、冷冻对果蔬中酶活性的影响

冷冻产品的色泽、风味变化很多是在酶的作用下进行的。酶的活性受温度影响很大，同时也受pH和基质影响。酶的活性在高温93℃左右被破坏，而温度降至－73℃还有部分活性存在，食品冷冻对酶的活性只是起到抑制作用，使其活性降低，温度越低，时间越长，酶蛋白失活程度越重。酶活性虽然在冷冻冷藏中显著下降，但是并不说明酶完全失活，在长期冷藏中，酶的作用仍可使果蔬变质。当果蔬解冻后，随着温度的升高，仍保持活性的酶将重新活跃起来，加速果蔬的变质。因此，速冻果蔬在解冻后应迅速食用和使用。

研究表明，酶在过冷状况下，其活性常被激发。因此，在速冻以前常采用一些辅助措施破坏或抑制酶的活性，例如冷冻以前采用的烫漂处理、浸渍液中添加抗坏血酸或柠檬酸以及前处理中采用硫处理等。

果蔬原料中加入糖浆对冷冻产品的风味、色泽也有良好的保护作用。糖浆涂布在果蔬表面既能阻止其与空气接触机会，减少氧化机会，也有利于保护果蔬中挥发性酯类香气的散失，对酸性果实可增加其甜味。冷冻加工中常将抗坏血酸和柠檬酸溶于糖浆中以提高其保护效果。

## 四、冷冻对微生物的影响

果蔬速冻保藏中主要涉及的微生物有细菌、霉菌和酵母菌。根据微生物对温度的耐受程度，将其划分为四类（表3-2-1），即嗜冷菌、适冷菌、嗜温菌和嗜热菌。微生物的生长、繁殖活动有一定的适宜温度范围，超过或低于这一最适温度，微生物的生长活动就受到抑制甚至致死，其机理为冷冻低温使微生物细胞原生质蛋白质变性，使微生物细胞大量脱水，使微生物细胞受到冰晶体的机械损伤而死亡。大多数微生物在低于0℃的温度下，其生长活动可被抑制。有些酵母菌和霉菌，比细菌的耐低温能力强，有些能在-9.5℃被冻结的基质中生活，而微生物的孢子比营养细胞有更强的忍受低温的能力，常常能免于冷冻伤害。果蔬在冷冻之前容易遭受微生物的污染，并且时间拖得越久，感染越重。有时原料经热汤后冷却不彻底，即进行包装冷冻，由于包装材料阻碍热的传导而导致冷却缓慢，尤其是包装中心的温度下降很慢，在冷冻期间仍有微生物造成的破坏发生。因此，最好在原料冷却到接近冰点后再进行包装冷冻，或者将果蔬冻结后再进行包装。

表3-2-1　根据生长温度分类微生物

| 生长温度 | 嗜冷菌 | 适冷菌 | 嗜温菌 | 嗜热菌 |
|---|---|---|---|---|
| 最低温度/℃ | <0~5 | <0~5 | 10 | 40 |
| 最适温度/℃ | 12~18 | 20~30 | 30~40 | 55~65 |
| 最高温度/℃ | 20 | 35 | 45 | >80 |

冷冻可以使很多微生物致死，但不是使所有的微生物都致死。有些微生物在冷冻食品中能生存数年之久，例如一些引起食物中毒的微生物，如能产生毒素的肉毒杆菌和葡萄球菌仍能生存。据报道，在-16℃下肉毒杆菌能存活12个月之久，其毒素可保持14个月，在-79℃下其毒素仍可保持2个月。冷冻果蔬一旦解冻，在适宜的温湿度下，残存微生物的活动便加剧，造成果蔬腐烂变质，因此果蔬解冻后应尽快食用。

# 第二节　果蔬速冻工艺

近些年，我国的果蔬速冻工艺技术有了许多重大发展。首先是速冻果蔬的包装形式由整体的大包装转向经过加工鲜切处理的小包装；其次是冻结方式开始广泛使用以空气为介质的吹风式冻结装置、管架冻结装置、可连续生产的冻结装置、流态化冻结装置等，使冻结的温度更加均匀，生产效益更高；第三是作为冷源的制冷装置也有新的突破，如利用液态氮、液态二氧化碳等直接喷洒冻结，使冻结的温度显著降低，冻结速度大幅度提高，使速冻果蔬的质量全面提升。在速冻设备方面，我国已开发出螺旋式速冻机、流态化速冻机等设备，满足了国内速冻行业的部分需求。

## 一、速冻果蔬生产工艺

1. 工艺流程

原料选择→采收运输→整理（清洗、挑选、整理、切分）→烫漂或浸渍→冷却→沥水→装盘（或直接进入传送网带）→预冷→速冻→包装→冻藏→运输、销售

2. 操作要点

（1）原料选择　要求原料品种优良，成熟度适当，规格整齐，无农药和微生物污染等。原料品质是决定速冻果蔬品质的重要因素，因此要注意选择适宜速冻加工的品种。水果、蔬菜的品种不同，对冷冻的承受能力也有差别。一般含水分和纤维多的品种，对冷冻的适应能力较差，而含水分少、淀粉多的品种，对冷冻的适应能力较强。

（2）采收运输　采收原料要细致，避免机械伤。蔬菜采收后应立即运往加工地点，在运输中要避免剧烈颠簸，防日晒雨淋。

（3）原料整理　蔬菜原料应当当日采摘当日加工，必要时可采用冷藏保鲜，但时间不宜过长，以免鲜度减退或变质。为避免微生物污染，应加速处理，并在各个环节多加注意。原料应充分清洗干净，加工所用的冷却水要经过消毒（可用紫外灯），工作人员、工具、设备、场所清洁卫生的标准要求要高，加工车间要加以隔离。速冻果蔬属于方便食品，加工过程中并没有充分保证的灭菌措施，因此微生物的检测指标要求较严格。挑选原料时应剔除病虫害、机械伤、成熟度过高或过低的原料。有些品种需要去皮、去核、去筋等及适当切分（有些品种也可以整个加工）。为防止原料在去皮或切分后变色，可用清水浸泡或浸泡在含0.2%亚硫酸氢钠、1%食盐、0.5%的柠檬酸溶液中。速冻后会减弱果蔬的脆性，可以将原料浸入0.5%～1%的碳酸钙（或氯化钙）溶液中，浸泡10～20min，以增加其硬度和脆性。有些蔬菜如椰菜花、西蓝花、菜豆、豆角等，要在2%～3%的盐水中浸泡15～30min，以驱出内部的小虫，浸泡后应再漂洗。盐水与原料的质量比不低于2∶1，浸泡时随时调整盐水浓度，若浓度太低，则幼虫不能被驱逐出来；若浓度太高，虫会被腌死。

（4）烫漂　一般应用于速冻蔬菜，主要目的是钝化酶的活性。常用的热烫方法有沸水法和蒸汽法两种，温度为95～100℃，热烫过程中要保持水温稳定。为加强护色效果，沸水热烫还可加入0.2%的碳酸氢钠（绿色蔬菜如青豆荚）或0.1%柠檬酸（浅色蔬菜如马铃薯）等。热烫时间可根据果蔬种类、形状、大小等而定，以钝化酶的活性为目的，

尽量缩短时间（通常为 2 ~ 5min，也有的只有几秒）。原料热烫后应迅速冷却，一般有水冷和空气冷却，可以用浸泡、喷淋、吹风等方式。最好能冷却至 5 ~ 10℃，最高不超过 20℃。经过烫漂和冷却的原料带有水分，可采用振动筛或离心机脱水，沥干水分，以免产品在冻结时黏结。

（5）浸渍糖液　考虑到热烫对速冻水果品质的影响，可采用浸渍糖液，并结合添加柠檬酸、维生素 C 或异维生素 C 的方法，以抑制酶活性，防止产品变色和氧化；也可以采用拌干糖粉的办法，不同品种水果的加糖量不同，一般控制在 30% ~50%，柠檬酸为 0.3% ~0.5%，维生素 C 或异维生素 C 为 0.1% 左右。

（6）预冷与速冻　经过前处理的原料，可预冷至 0℃，这样有利于加快冻结。许多速冻装置设有预冷设施，或者在进入速冻前先在其他冷库预冷，然后陆续进入冻结。冻结速度往往由于果蔬品种、块形大小、堆料厚度、入冻时品温、冻结温度等不同而有差异，故必须在工艺条件上及工序安排上考虑紧凑配合。经过前处理的果蔬应尽快冻结，速冻温度在 -35 ~ -30℃，风速应保持在 3 ~ 5m/s，这样才能保证冻结以最短的时间（<30min）通过最大冰晶生成区，使冻品的中心温度尽快达到 -18 ~ -15℃。只有这样才能使 90% 以上的水分在原来位置上结成细小冰晶，均匀分布在细胞内，从而获得品质新鲜、营养和色泽保存良好的速冻果蔬。

（7）包装　冻结后的产品经包装后入库冻藏，为加快冻结速度，多数果蔬冻品采用先冻结后包装的方式。但有些产品如叶菜类为避免破碎可先包装后冻结。包装前，应按批次进行质量检查及微生物指标检测。为防止产品氧化褐变和干耗，在包装前对某些产品如蘑菇应镀冰衣，即将产品倒入水温低于 5℃ 的镀冰槽内，入水后迅速捞出，使产品外层镀包一层薄薄的冰衣。速冻果蔬的包装有大、中、小各种形式，包装材料有纸、玻璃纸、聚乙烯薄膜（或硬塑）及铝薄等。为避免产品干耗、氧化、污染而采用透气性能低的包装材料，还可以采用抽真空包装或抽气充氮包装，此外还应有外包装（大多用纸箱），每件重 10 ~ 15kg。包装大小可按消费需求而定，半成品或厨房用料的产品，可用大包装。家庭用及方便食品要用小包装（袋、小托盘、盒、杯等）。分装应保证在低温下进行。工序要安排紧凑，同时要求在最短的时间内完成，重新入库。一般冻品在 -4 ~ -2℃时，即会发生重结晶，所以应在 -5℃以下包装。

（8）冻藏　速冻果蔬的长期贮存，要求将贮存温度控制在 -18℃以下，冻藏过程应保持稳定的温度和相对湿度。若在冻藏过程中库温上下波动，会导致重结晶，增大冰晶体，这些大的冰晶体对果蔬组织细胞的机械损伤更大，解冻后产品的汁液流失增多，严重影响产品品质。并且不应与其他有异味的食品混藏，最好采用专库贮存。速冻果蔬产品的冻藏期一般可达 10 ~ 12 月，如贮存条件好则可达 2 年。

（9）运输销售　在运输时，要应用有制冷及保温装置的汽车、火车、船、集装箱等专用设施，运输时间长的要将温度控制在 -18℃以下，销售时也应有低温货架或货柜。整个商品的供应程序采用“冷冻链”系统，使冻藏、运输、销售及家庭贮存始终处于 -18℃以下，才能保证速冻果蔬品质。

## 二、速冻果蔬产品品质控制

速冻果蔬的产品品质是否良好，与加工过程的各个环节有直接关系，其主要影响因素有原料品质、速冻前的加工处理工艺、速冻过程中影响品质的各种因素及速冻后的冻藏、运输、销售及家庭贮存等环节的影响等。

（1）原料品质　一般原料的初始品质越好，新鲜度越高，其冻结加工后的产品品质也就越好。对于果蔬类食品，采摘期、采摘方式、虫害、农药及成熟度等是影响果蔬初始品质的主要因素。果蔬的收获时间过早或过晚、虫害和农药污染严重、采摘时造成机械损伤等都不利于冻结加工后的产品品质。

（2）加工处理　果蔬速冻加工处理包括原料挑选、整理、清洗、切分、漂烫、冷却、冻结等环节。对每一环节必须认真操作，任何操作不当都会影响冻结品质。例如，挑选、整理原料时，不能食用的部分是否剔除，大小是否均匀；清洗是否符合卫生标准；切分是否整齐；漂烫时间、温度是否达到要求；冷却温度的高低及冻结前需要包装的食品，其包装是否严密等。

酶活性对于果蔬类食品的冻结及冻藏品质的影响尤为重要，不经过漂烫直接进行冷冻不可能完全使其失活。为了使酶失活，对具体的果蔬品种应控制其相应的漂烫时间及温度。个别品种因工艺要求也可不经漂烫而直接冻结。由于国外消费者对头发、小金属片、小虫之类等杂质非常敏感，因此外商对速冻产品的杂质控制较严。预处理工序是操作人员与原料接触最频繁的环节，因此要求操作人员进入车间前要戴帽（罩住所有头发），穿好工作服，洗手消毒，并通过风淋，吹去附着在身上的毛发。产品中混进的小金属片可通过专用金属探测仪检测。车间可采用电子杀虫器驱虫。冻结速度是影响速冻果蔬品质的关键因素，冻结速度越快，产品品质越好。提高冻结速度的工艺措施：① 冻结前尽量降低初温和沥干水分；②尽量降低冻结温度和提高风速；③ 尽可能切分和减少堆放厚度；④ 采用单体冻结（ IQF）。

（3）包装　包装材料的选择，最重要的是尽量降低水蒸气和气体的透过性（水蒸气的透过性是由于冻结时，果蔬中的水分逸散到空气中而产生干耗；气体透过性是由于空气的接触而使产品氧化）；其次是在低温时，包装材料的物理耐冲击性要强。在低温时，包装材料变脆，易受物理冲击而破损，失去包装效果。另外，包装袋内部的空隙越大，果蔬的干耗就越高，氧化就越严重，所以，最好采用真空包装，使包装材料紧贴产品。如果是冻结前包装，则应留适量空隙，以防果蔬冻结后产品体积膨胀而胀破包装袋。

（4）冻藏的温度和时间　速冻果蔬的早期品质是优良的，但经过各个环节到达消费者手中，最终的产品品质会有差异。在冻藏中，产品品质会发生变化，其变化大小，主要取决于冻藏的温度和时间，冻藏温度越低，品质变化越小；在相同温度下，冻藏期越长，变化越大，品质越差。

通过大量试验及生产总结，速冻果蔬从生产、贮存至流通。其品质优劣，主要是由“早期质量”与“最终质量”来决定的。

早期质量得出一个称为“P. P. P”的概念，即原料（Product）、加工处理（ Processing）和包装（ Package），即早期质量是由原料鲜度、冻结前的预处理、速冻条件和包装等因素所决定。

最终质量则称为“T. T. T”，即温度（ Temperature）、时间（ Time）、容许限度（Tolerance），即速冻果蔬产品的早期质量虽好，但要经过各个流通环节才能到达消费者手中，最终质量还要取决于贮运温度与冻藏期的长短。

从以上两个概念可知，速冻与冻藏是获得贮存期长且品质优良的速冻商品的关键环节。任何一个环节出现问题都不会得到高品质产品。因此，采用优质的原料，科学的加工处理和贮存，良好的包装材料，才能获得优质的速冻果蔬产品。

HACCP（危害分析与关键控制点）是一个保证食品安全的预防性技术管理体系。它运用食品工艺学、微生物学、化学和物理学、质量控制和危险性评估等方面的原理和方法，对整个食品链，即原料的种植、收获、加工、流通和消费过程中实际存在和潜在的危害进行危险性评估，找出涉及最终产品品质的关键控制点，并采用相应的预防措施，在危害发生之前就控制它，从而使产品具有较高的安全性。因此，为保证速冻果蔬产品品质，最好能实施 HACCP 质量管理体系。

### 三、解冻对速冻果蔬品质的影响

解冻是速冻果蔬在食用前或进一步加工前的必经步骤。对于小包装的速冻蔬菜和水果，家庭中常用结合烹调和自然条件下融化两种典型的解冻方式。解冻过程对于加工原料来说，它不仅直接关系到解冻原料的组织结构，而且对加工后产品的品质和风味等都有直接影响。

解冻是指冻结时食品中形成的冰晶还原融化成水，所以可视为冻结的逆过程。一般解冻食品在 -5 ~ 0℃停留的时间越长，食品变色、产生异味的情况越严重，所以解冻时希望能快速通过此温度带。解冻终温由解冻食品的用途所决定，用作加工原料的冻品，半解冻至中心温度达 -5℃就可以了，以能用刀切割为准，此时汁液流失也少。一般解冻介质的温度不宜过高，以不超过 10 ~ 15℃为宜。通常低温缓慢解冻比高温快速解冻时汁液流失少，但蔬菜和调理冷冻食品的快速解冻比缓慢解冻要好。速冻蔬菜的食用方法与新鲜蔬菜基本相同，可根据蔬菜品种和食用习惯稍加解冻，即可下锅烹调。速冻水果一般解冻后即可食用，浆果类水果大多用于糕点、冰淇淋、果酱或蜜饯的生产，这些水果虽然经过冷冻加工，但其品质变化不大。

## 第三节　果蔬速冻生产实例

### 一、草莓

草莓浆果柔软多汁、味美爽口，适合速冻保鲜贮存。草莓速冻后，可以保持原有的色、香、味，既便于贮存，又便于外销。速冻草莓通常可贮存18个月，具有良好的市场前景。

1. 工艺流程

选料→清洗→装盒、加糖（草莓:糖=2:1）→速冻（-40~-30℃）→包装

2. 工艺要点

（1）原料的挑选、清洗　选择新鲜、果面红色或浅红色，果实整齐、成熟一致的草莓，剔除不合格的果实。然后倒入水槽中，用自来水缓缓冲洗，以除去果叶及泥沙等杂质。注意洗果时间不能太长，以15~20min为宜，防止变质变味。捞出后认真检查。

（2）装盒、加糖　清洗后的草莓迅速装入盒或桶中，并加入干糖（干糖中先加入适量的抗坏血酸，混合均匀），草莓与糖的比例为2:1。拌匀后送入速冻装置进行速冻。

（3）速冻、冷藏　将装盒加糖后的草莓，送入速冻间速冻，-40~-30℃条件下速冻20min，使中心温度下降到-18℃。草莓速冻多采用流态化冻结法，采用这种方法冻结的草莓应该立即装盒或者是包装。在-18℃冷藏库中保存。冷藏时要使用专用库，不能与肉、鱼或者有异味的蔬菜等食品共用一个冷库。

## 二、荔枝

荔枝原产于我国，是亚热带名贵水果，色美、味香、营养丰富，主要产地为广东、福建，荔枝采收的季节炎热，采后极易腐烂变质，是最难贮存的果品之一。目前荔枝主要采用15℃温度结合气调的中短期贮存、低温速冻后的长期贮存和速冻贮存为主要保存方式。

1. 工艺流程

原料→验收与挑选→清洗→护色→速冻→包装→检验

2. 工艺要点

（1）原料验收与挑选　选择供速冻加工的荔枝，成熟度八至九成时采收，果皮呈鲜红色或暗红色，果实饱满，果肉洁白，肉质致密，嫩脆，味甜微酸，香气浓郁。原料进厂后，应仔细挑选。剔除病虫害、腐烂、破裂、褐变、未熟、过熟以及直径大小不合格的果实。

（2）清洗、消毒　经验收符合规格及质量要求的果实，倒入流动水中洗去果皮黏附着的泥沙杂质等，再放入0.1%高锰酸钾溶液中浸泡3~5min，然后用流动水冲洗干净。

（3）护色　多采用硫处理护色，方法是用2%亚硫酸钠、1%柠檬酸和2%氯化钠溶液浸果2min后，进一步吹风降温，并使果皮干爽，而后立即速冻。

（4）速冻　荔枝在冷冻过程中，果实的组织结构会受到影响，荔枝细胞膜中的胶体溶液因不可逆的脱水而是其改变渗透性和弹性。解冻后失去坚实度，表现为泥软状态。还有的在冻结过程中失去水分，解冻后水分不能全部被吸收，致使果实失去新鲜多汁的风味。

（5）包装　包装必须在 -5℃下低温环境中进行，温度在 -4 ~ -1℃以上时，速冻荔枝会发生重结晶现象，极大地降低了速冻荔枝的品质。包装材料在包装前必须在 -10℃以下低温间预冷，内包装可用耐低压、透气性差、不透水、无异味、无毒性、厚度为 0.06 ~ 0.08mm 聚乙烯袋，有条件可采用真空包装。

外包装用瓦楞纸箱，每箱净重 10kg，纸箱外面必须涂油，内衬清洁蜡纸，外用胶带纸封口。

（6）检验　对每批次生产的速冻荔枝，需随机抽样检验，抽样数量按中华人民共和国国家标准进行，待检样品应随即抽取。检验包括感官检验、卫生检验及理化检验。

（7）冷藏　将检验符合质量标准的速冻荔枝迅速放入冷藏库中冷藏，冷藏温度 -20 ~ -18℃，温度波动范围应尽可能小，一般控制在 ±1℃内。速冻荔枝冷藏时应存入专用库。

## 三、花菜

白花菜属十字花科、甘蓝属，生物学名称为花柳菜，又称花菜或菜花。白花菜营养十分丰富，含有蛋白质、脂肪、碳水化合物、食物纤维、多种维生素和钙、磷、铁等矿物质。

1. 工艺流程

原料预处理 → 清洗 → 烫漂冷却 → 速冻 → 包装 → 成品冷藏

2. 工艺要点

（1）原料预处理　选择新鲜优质白花菜作原料。对原料要求外形完好，茁壮丰满，大小整齐，保持鲜菜本色，表面有蜡质光泽；菜的组织结构紧密，无破损，质地脆嫩，含纤维少、糖分多；蔬菜成熟度 70% ~ 90% 为佳，尽量缩短从收获到加工的时间，防止过熟变软；无病虫害及腐烂现象。严禁选用次菜加工。白花菜原料进厂首先经过品管部检验，检验达到标准方能投入生产。检验合格产品进行预处理，人工挑选出不合格产品，将合格产品集中进行清洗。

（2）清洗　清洗主要是除去原料表面附着的灰尘、泥沙、异物、微生物及部分残留农药，以保证产品的清洁卫生。

（3）烫漂冷却　烫漂冷却是速冻菜花生产的重要环节。烫漂目的：①破坏白花菜中过氧化酶的活性，防止在冻结、冷藏过程中产生黄色和出现异味，以保持白花菜的营养成分；②杀灭原料表面的微生物、虫卵；③减少农药残留；④除去细胞组织内部的空气和水分，使产品组织柔软，体积缩小，利于产品包装，提高成品品质。操作过程中烫漂时间及温度对产品品质有很大的影响。烫漂温度 95℃以上，时间 80 ~ 120s，烫漂后应迅速冷却，冷却至品温为 5 ~ 10℃，最好使用 5℃的冷却水，冷却要彻底。

（4）速冻　白花菜冻结温度在 -35℃以下，以保证冻品不结块，冻结良好。冻品中心温度在 -18℃以下。冻结中途不得频繁进出货，否则导致跑冷多，温度波动大，延长了冻结时间，造成慢冻，影响产品品质。

（5）包装　速冻后必须在低温（ -5℃）包装车间内装袋、称重，并通过金属检测器检查，然后封口、装箱等。装箱时，剔除破碎、变形、变色等不良品。装袋量要足，不得出现负误差。袋口须封紧，不能出现褶皱、歪斜、开口等现象。包装材料的选择：内包装必须是无毒、无味、耐低温、透气性低的0.06～0.08mm聚乙烯薄膜袋；外包装用双瓦楞纸箱，表面涂防潮油层，内衬一层清洁蜡纸。

（6）成品冷藏　速冻的白花菜必须在专用冷藏库内贮存，不能与其他蔬菜混存，以免引起污染，影响白花菜的风味和口感。冷藏温度和冻结温度基本保持恒定，温度的波动幅度为±1℃。如温度波动太大，会使白花菜细胞中原来快速冻结所形成的微小冰晶体，在温度上升时反复溶化而重结晶，破坏微小冰晶体的结构，慢慢形成大的冰晶体，造成产品品质下降。冷藏库的相对湿度控制在95%～100%之间，变动幅度在5%以内。

**【思考题】**

1. 冷冻过程可导致果蔬发生哪些物理变化？
2. 冷冻过程中果蔬会发生哪些化学变化？
3. 冷冻对果蔬中酶的活性有哪些影响？
4. 简述冷冻对微生物的影响。
5. 解冻对速冻果蔬品质有哪些影响？

# 第三章 果蔬干制

【学习指导】

本章应重点掌握果蔬干制的方法和操作要点。

## 第一节 果蔬干制概述

果蔬的干制在我国历史悠久，源远流长。古代人们利用日晒进行自然干制，大大延长了果蔬的保藏期。随着社会的进步，科技的发展，人工干制技术也有了较快发展。从技术、设备、工艺上都日趋完善。尽管如此，自然干制在某些产品上仍有用武之地，特别是我国地域广，经济发展不平衡，自然干制在近期仍占重要地位。如在甘肃、新疆，由于气候干燥，采用自然干制法加工葡萄干，不仅质量好，而且成本低。还有一些落后山区对野菜干制仍用自然干制法。

果蔬干制是指脱出一定水分，而将可溶性物质的浓度提高到微生物难以利用的程度，同时保持果蔬原来风味的果蔬加工方法。制品通常是果干或菜干，是一种既经济而又大众化的加工方法，其优点：

（1）干制设备可简可繁，简易的生产技术较易掌握，生产成本低，可就地取材，就地加工。

（2）干制品水分含量少，若有包装，则容易保存，且体积小、重量轻、携带方便，容易进行运输与贮存。

（3）由于干制技术的提高，干制的果蔬品质量显著改进，食用方便。

（4）可以调节果蔬生产淡旺季，有利于解决果蔬终年供应问题。

综上所述，干制果蔬品对勘测、航海、旅游、军需等方面都具有重要意义。

## 第二节 果蔬干制工艺

### 一、原料处理

要获得品质优良的干制品，减少原料消耗，降低生产成本，必须注意原料的选择和处理果蔬干制对原料的要求：果品干物质含量高，纤维素含量低，风味好，核小皮薄；

蔬菜原料要求肉质厚，组织致密，粗纤维少，新鲜饱满，色泽好，废弃部分少。

大部分果蔬均可进行干制，只有少数种类由于化学成分或组织结构的关系不适宜干制：如芦笋干制后会失去脆嫩品质；黄瓜干制后失去柔嫩松脆的质地；番茄除喷雾干燥法制造番茄粉外，因水分含量高，在加工过程中汁液损失较大，成品吸湿性又很强，容易变质，不宜用一般方法进行干制。

由于果蔬种类和品种繁多，在原料选择和处理有不同的要求，表3-3-1是对几种果蔬干制原料的要求和处理方法。

表3-3-1　不同果蔬干制原料的要求和处理方法

| 果蔬名称 | 原料要求 | 原料处理 | 适宜干制的品种 |
|---|---|---|---|
| 苹果 | 果型中等，肉质致密、皮薄，单宁含量少，干物质含量高，充分成熟 | 去皮、去籽巢，切分（片或丁），熏硫10～20min，漂烫2～4min，再熏硫3～5h | 金帅、国光、秦冠等 |
| 梨 | 肉质柔韧细嫩，细胞少，含糖量高，香气浓，果心小 | 切成两半，去籽巢，漂烫15～25min，在$SO_2$浓度为3%的熏室中熏3～5h | 巴梨、香梨、茄梨等 |
| 桃 | 果型大的离核种，含糖量高，纤维素少，肉质细密而少汁液，果肉金黄色具香气的为佳，以充分成熟为宜 | 切半，去核，在1.0%～2.5% NaOH热碱液中30～60s去皮，冲洗，烫漂5min，熏硫1h | 黄甘桃等 |
| 柿 | 果型大，圆形、无沟纹、肉质致密，含糖量高。核小或无核品种，充分成熟，色变红但肉坚实而不软时采收 | 脱涩，去皮，去粤片，最好切分为两半 | 牛心柿、尖柿、镜面柿等 |
| 枣 | 皮薄，肉质肥厚致密，含糖量高，核小 | 挑选分级，沸水烫漂5～10min | 金丝小枣、义乌大枣等 |
| 葡萄 | 皮薄，肉质柔软，含糖量在20%以上，无核，充分成熟 | 挑选，用1.5%～4% NaOH液处理1～5s，薄皮品种可用0.5% NaOH处理3～6s冲洗干净 | 无核葡萄、秋马奶子等 |
| 杏 | 果型大，颜色深浓，含糖量高水分少，纤维少，有香气、充分成熟 | 切半、去核，切面向上摆入盘中熏硫3～4h，有的在熏硫前用3%的盐水喷洒 | 铁叭哒、荥阳大梅等 |
| 甘蓝 | 结球大，紧密，皱叶，心部小，干物质含量不低于9%，糖分不少于4.5% | 除去外叶及短缩茎，切成宽3～5mm的细条。用0.2%亚硫酸盐溶液漂烫2～3min，沥干水分 | 大平头、尖头种皱叶甘蓝等 |
| 洋葱 | 中或大型鳞茎，结构紧密，颈部细小，肉色为均匀的日色或淡黄色青皮少或无，无心腐病及机械伤，辛辣味强，干物质不低于14% | 洗净，除去外部鳞片，切成厚3～5rnm的片块 | 南京黄皮、天津黄皮、南港白球等 |
| 马铃薯 | 块节大，圆形或椭圆形，表皮薄，芽眼浅而少，肉色白或淡黄色，干物质不低于21%，其中淀粉含量不超过18%，干制品复水率不低于3倍 | 清洗去皮，在80～100℃水中烫漂10～20min，呈片条或块状，用0.3%～1.0%亚硫酸盐溶液处理2～3min | 白玫瑰、青山、卵圆、爱尔兰等 |

续表

| 果蔬名称 | 原料要求 | 原料处理 | 适宜干制的品种 |
| --- | --- | --- | --- |
| 胡萝卜 | 中等大小，钝头，表面光滑，少须根，皮肉均呈橙红色，心髓部不明显，成熟充分而未木质化，胡萝卜素含量高，干物质含量不低于11%，糖分不低于4% | 剥去叶簇，洗净、去皮，切分为条、片、块，蒸汽热烫5~6min | 大将军、无敌、长橙等 |
| 番茄 | 用喷雾干燥法制粉果型大小无一定要求，以较大者为好果皮红色，果肉色深，肉质厚，种腔小，种子少，固形物含量在3%~4% | 洗净去皮或不去皮，切片厚5~7mm，熏硫20~30min或用亚硫酸盐处理 | 粉红甜肉、早雀钻、特罗皮克等 |
| 南瓜 | 老熟南瓜，表面光滑，皮较硬，肉质呈橘红色，固形物含量高 | 对切、去皮，去瓤和种子，切片或刨丝，烫漂10~25min，熏硫20~30min | 大磨盘、骆碗脖等 |
| 金针菜 | 花蕾大，黄色或橙黄色，待花蕾充分发育未开放时采摘，含糖量10%以上，含水量低 | 采摘后立即烫漂20~25min沥干水分，熏硫20~30min | 荆州花、茶子花、大乌嘴等 |
| 菜豆 | 长7cm以上，鲜嫩，青绿色肉质肥厚无荚，肉种子未形成或仅具雏形，干物质含量不低于85%，糖分不低于2% | 豆荚洗净、切成20~30mm的片段，除去不良部分，沸水烫漂5~10min，沥干水分 | 蓝湖、嫩绿、大型无筋等 |
| 食用菌 | 菇面直径为5cm以下，肉厚，白色不带韧性，菌伞边缘向内卷略具菌褶或不具菌褶 | 洗净、挑选分级，整理，用0.03%~0.05%的焦亚硫酸钠溶液处理，漂烫8~10min沥干水分 | 猴头、毛木耳、香菇等 |

## 二、干制方法

食品干制方法分为天然干燥法和自然干燥法两类。天然干燥法是利用太阳的辐射使食品中的水分蒸发出去，或者利用寒冷天气使食品中的水分冻结，再通过冻融循环而除去水分的干燥方法。人工干燥法则是利用特殊的装置调节干制工艺条件，使食品的水分脱除的干燥方法。人工干燥方法依热交换方式和水分除去方式不同，又可分成常压对流干燥法、真空干燥法、辐射干燥法和冷冻干燥法等。

### （一）自然干制

自然干制法包括晒干和风干等自然方法。

晒干是指直接利用太阳光的辐射能进行干燥的过程。风干是指利用湿物料的平衡水蒸气压与空气中的水蒸气压的压差进行脱水干燥的过程。晒干过程中通常包含风干作用。

晒干过程物料的温度低于或等于空气温度，炎热干燥和通风良好的气候环境条件适宜晒干。晒干和风干方法可用于固态食品物料的干燥（如果、蔬、鱼、肉），尤其适宜以湿润水分为主的物料的干燥（如粮谷类等）。

食品晒干可采用悬挂架式或用竹、木制成的晒盘、晒席作为干燥支撑物。物料不宜直接铺在场地上晾晒以保证食品卫生品质。晒干需要较多场地，场地宜选在向太阳，光照时间长，通风位置并远离家畜厩棚、垃圾堆和养蜂场，场地便于排水，防止灰尘及其他污染。

为加速并保证食品均匀干燥，晒干时应注意控制物料层厚度。物料层不宜过厚，并注意定期翻动物料。晒干时间随食品物料的种类和气候条件而异，一般 2 ~ 3d，长则 10 多天，甚至更长的时间。

**（二）人工干制**

人工干制方法是利用特殊的装置来调节干燥工艺条件，去除食品中水分的干燥方法。按其干燥原理、工艺、流程，大致分为空气对流干燥、接触干燥、冷冻干燥以及利用辐射能干燥。

## 第三节　干制果蔬生产实例

果蔬的原料种类繁多，干制的方法较多，干制产品的品质要求也不尽相同。果蔬干制品工艺流程可简单归纳为：原料的预处理→干制→包装前处理→包装→储运。果蔬干制的方法，因干燥时所使用的热量来源不同，可分为自然干制和人工干制两类。目前多采用人工干制。人工干制的方法很多，不同的果蔬根据其性质的不同采用各种不同的干制工艺。下面着重介绍各种适用于相应果蔬的干燥工艺。

### 一、苹果

苹果、梨、蓝莓、蘑菇这类果实有较高的水分含量，其干燥工艺采用渗透脱水。以苹果果实为例简要介绍脱水渗透干燥的工艺流程。

**（一）工艺流程**

原料选择→清洗→去皮→切片→护色→渗透脱水→干燥→回软→分级→包装→成品

**（二）工艺要点**

1. 原料选择

宜选用肉质致密，皮薄心小，单宁含量少，干物质含量高，酸甜度适中，充分成熟，果型中等的品种，以晚熟或中熟品种为宜，如金冠、小国光、大国光、金帅、红星等。

2. 去皮

采用手工、机械去皮或者碱液去皮。碱液去皮时，氢氧化钠的浓度为 8% ~ 12%，碱液的温度为 90 ~ 95℃，碱液处理 1 ~ 2min。

3. 切片

先将苹果对半剖开、去心后，横切成5~7mm的薄片。

4. 护色

将苹果薄片迅速浸入3%~5%的盐水或者0.2%~0.3%立即用亚硫酸钠溶液护色，防止氧化变色。然后用清水洗净，然后摊到竹筛上沥干水分。

5. 渗透脱水

将苹果置于50~70°Bx蔗糖溶液中，处理温度40~60℃，高渗透液持续用中速搅拌，以使高渗透液的浓度和温度在各处均匀一致。渗透液和果实的比例为8:1（质量比）。处理2~3h，使苹果的含水量下降到50%左右。

6. 干燥

将沥干水分的苹果片置于微波真空冷冻干燥机中进行干燥。切片产品水分质量分数控制在20%以下。

7. 回软

为使干制苹果各部分含水量均衡，质地呈适宜柔软状态，可在储藏室的密闭容器内堆放14~21d。

8. 分级

根据产品的质量分为优级、一级、二级等。

9. 包装

苹果干可用木箱、纸箱、塑料薄膜食品袋进行包装，谨防受潮。

## 二、葡萄干

对于生产大批量且对干燥产品含湿量要求不严格的产品，如葡萄干、柿饼、黄花菜等，可应用厢式或者隧道式干燥。

以葡萄干的厢式干燥和隧道式干燥介绍其工艺流程。

生产葡萄干的原料必须是成熟的果实，葡萄干内的含水量只有15%~25%，其果糖的含量高达60%，非常甜。葡萄干在我国已有悠久的历史，是畅销国内外的著名产品。其优点是质量大为减轻，体积显著减小，便于运输，可长期保存，食用方便，营养丰富，很受勘探、航海及旅游者的欢迎。

### （一）工艺流程

原料选择→洗果→干制→包装

### （二）操作要点

1. 原料选择

干制的葡萄鲜果，宜选择固形物含量高，风味色泽好，酶褐变不严重，成熟度适宜，果粒皮薄，肉质软，含糖量在20%以上的无核品种。

2. 洗涤去污

一般用1.5%~4.0%的氢氧化钠溶液洗涤，洗除果皮上所附着的蜡质、有害微生物，同时又可消毒，并使果皮出现细小的裂缝，以利于水分蒸发，促进干燥。

3. 干制

必须具有良好的加热保温、通风散水设备，同时还要有良好的卫生条件，这样可大大缩短干燥时间。

## 三、香菇

脱水果蔬作为一种新兴的食品种类越来越受到人们的青睐。在日本、美国、中国香港等国家和地区，此类食品已成为一种适应现在人快节奏、高频率生活方式的方便食品。采用冷冻干燥技术加工水果和蔬菜可以使果蔬长期保存和便于长途运输，并且具有很高的营养价值，复水性好的特点。近十年来，国内外市场上冻干脱水蔬菜的需求量逐年增加，而我国的冻干水果和蔬菜加工业也正是这种需求持续大幅增长的促动下得到迅猛的发展。

采用真空冷冻干燥技术加工香菇，克服了传统方法干制香菇存在的产品不卫生、不美观、营养物质损失严重的缺陷，能最好地保存香菇的色、香、味、形及营养成分，产品复水性好。

### （一）工艺流程

香菇原料→预处理→冻结升华→干燥解析→出机→包装→入库

### （二）工艺要点

1. 预处理

新鲜的香菇采摘后首先应按分级标准进行验收分级，然后进行防褐变处理，通常可以进行漂烫，或在柠檬酸或者亚硫酸钠稀溶液中浸泡 2min，然后沥干切片，厚度为 6～10mm。

2. 共晶点和共熔点的测定

在冻干之前，采用电阻测量装置测定香菇的共晶点和共熔点。开启前箱冷冻电磁阀，启动压缩机，香菇的温度下降，当温度降至 -22℃时，电阻突然增大，此时为共晶点温度，表示香菇水分几乎全部冻结为冰。然后给加热管通电，当温度上升至 -18℃左右，电阻值突然减小，此时为香菇的共熔点。

3. 冻结

冻结速度是一个重要的工艺参数，冻结速度不同会产生不同粒度的冰晶，而直接影响升华干燥速度和风味物质的保留。香菇平均冻结速度应为 1℃/min 左右，冻结时间约为 90min，冻结终了温度在 -30℃左右，确保无液体存在。否则，干燥过程会出现营养流失、体积缩小等不良现象。

4. 升华干燥

升华干燥时加热温度不能过快或者过量，否则香菇温度过高，超过共熔点，冰晶融化，会影响质量，一般控制香菇料温度在 -20～25℃，时间为 4～5h。

5. 解析干燥

升华干燥后，香菇中仍含有少部分的结合水，较牢固，必须提高温度才能达到产品所要求的水分。

6. 包装

因干香菇含水量极低，易吸潮，出机后应及时真空包装或者充氮气包装。

【思考题】

1. 果蔬干制对原料的要求有哪些？
2. 果蔬干制的优点是什么？
3. 简述果蔬干制的一般加工工艺流程。

# 第四章　果蔬糖制

【学习指导】

本章应重点掌握蜜饯生产中常用糖的种类、用法；掌握果蔬糖制的加工工艺和质量控制方法。

## 第一节　果蔬糖制概述

果蔬糖制是以果蔬为原料，经用糖或蜂蜜腌制的加工方法。果蔬糖制品主要指蜜饯类产品。

### 一、蜜饯品种

蜜饯的品种很多，可以大致分为以下几类：

（1）糖渍蜜饯类　原料经糖渍蜜制后，成品浸渍在一定浓度的糖液中，略有透明感，如：蜜金橘、糖桂花等。

（2）返砂类　原料经糖渍糖煮后，成品表面干燥，附有白色糖霜，如糖冬瓜条、金丝蜜枣、金橘饼等。

（3）果脯类　原料以糖渍糖制后，经过干燥，成品表面不黏不燥，有透明感，无糖霜析出，如杏脯、菠萝（片、块、芯）、姜糖片、木瓜（条、粒）等。

（4）凉果类　原料在糖渍或糖煮过程中，添加甜味剂、香料等，成品表面呈干态，具有浓郁香味，如丁香李雪花应子、八珍梅、梅味金橘等。

（5）甘草制品　原料采用果坯，配以糖、甘草和其他食品添加剂浸渍处理后，进行干燥，成品有甜、酸、咸等风味，如话梅、甘草榄、九制陈皮、话李。

（6）果糕　原料加工成酱状，经浓缩干燥，成品呈片、条、块等形状，如山楂糕、开胃金橘、果丹皮等。

也有人将原料经过处理，糖煮，干燥而成，色泽呈棕色、金黄色或琥珀色，鲜亮透明，表面干燥，稍有黏性，含水量在20%以下的糖制果蔬称为果脯，而将经蜜或糖煮不经干燥工序，表面湿润柔软，含水量在30%以下的糖制果蔬称为蜜饯。但近年来，这种产品只有一些前店后厂自产自销的商店生产，因为它不易贮存和运输。

## 二、蜜饯的营养价值

蜜饯中含糖量可达35%以上，而转化糖的含量可占总糖量的10%左右，从营养角度来看，它容易被人吸收利用。另外，还含有果酸、矿物质和维生素C，由此可见，蜜饯是营养价值较高的食品。虽然蜜饯浓缩了水果的养分，提供给消费者酸甜适口的怡人口感，但有些不耐热的营养成分会在加工过程中被破坏，且一些不合格产品中经常出现添加剂超标等问题，这些对健康不利，消费者在购买时应小心谨慎。

# 第二节　果蔬糖制加工的原辅料

## 一、原料

水果蜜饯原料为各类水果，包括仁果类、核果类、柑橘果类、热带亚热带果类、柿枣类、瓜果类、坚果类等；蔬菜蜜饯原料为各类蔬菜，包括根菜类、茎菜类、茄果类、瓜豆类、多年生菜类等；薯类蜜饯原料包括红薯、马铃薯、山药等。在选购原料时要注意选择大小和成熟度一致的新鲜原料，剔除霉烂变质、生虫的次品，按不同制品的要求，进行去皮、去核、切分等处理，以利于糖煮时糖的渗入。

## 二、糖

制作蜜饯所用的糖主要有以下几种，见表3－4－1。

表3－4－1　制作蜜饯用糖种类

| 糖种类 | 性　状 |
|---|---|
| 白砂糖 | 白砂糖中蔗糖含量在99%以上，为颗粒状晶体，根据晶粒大小可将白砂糖分为粗砂、中砂和细砂三种 |
| 饴糖 | 饴糖又称米稀或麦芽糖浆。可用高粱、米、大麦、粟、玉米等淀粉质的粮食为原料，经淀粉酶或大麦芽的作用，把淀粉水解为糊精、麦芽糖及少量葡萄糖。色泽淡黄而透明，能代替部分白砂糖使用，可起到防止晶析的作用。饴糖甜度为蔗糖的50%左右 |
| 淀粉糖浆 | 淀粉糖浆又称葡萄糖浆或化学稀，它是由淀粉加酸或加酶水解制成，其主要成分是葡萄糖、麦芽糖、高糖和糊精，甜度是蔗糖的50%～80%，也可起到防止晶析的作用 |
| 果葡糖浆 | 果葡糖浆是由植物淀粉经酶法水解和异构化制成的淀粉糖晶，甜度是蔗糖的80%～100%，是一种完全可以替代蔗糖的重要甜味剂。广泛应用在食品及饮料行业。果葡糖浆的甜度接近于同浓度的蔗糖，风味有点类似天然果汁，由于果糖的存在，具有清香、爽口的感觉。果葡糖浆在40℃以下时具有冷甜特性，甜度随温度的降低而升高。部分替代蔗糖时，由于果糖、葡萄糖与蔗糖甜味的协同增效，总甜度仍与同浓度的蔗糖相同 |

续表

| 糖种类 | 性　状 |
|---|---|
| 蜂蜜 | 蜂蜜主要成分是果糖和葡萄糖，两者占总量的66%～77%。甜度与蔗糖相近。蜂蜜中除了葡萄糖、果糖之外还含有各种维生素、矿物质和氨基酸。由于其价格昂贵，只在特种制品中使用 |

## 三、甜味剂

甜味剂是指能赋予食品甜味的非糖类食品添加剂，主要包括人工合成甜味剂、糖醇类甜味剂和非糖天然甜味剂三类。天然的糖醇类化合物其甜度与蔗糖差不多，热值较低，与葡萄糖有不同的代谢过程，主要品种有：山梨糖醇、甘露糖醇、麦芽糖醇、木糖醇等。但因其成本较人工合成甜味剂高，故常用于某些特殊功能产品的开发而较少在蜜饯生产中使用。非糖类甜味剂包括天然甜味剂和人工合成甜味剂，一般甜度很高，用量极少，热值很小，有些又不参与代谢过程，常称为非营养性或低热值甜味剂，是甜味剂的重要品种。天然甜味剂的主要产品有：甜菊糖、甘草、甘草酸二钠、甘草酸三钠（钾）、竹芋甜素等。人工合成甜味剂的主要产品有：糖精钠、环已基氨基磺酸钠（甜蜜素）、天冬氨酰苯丙氨酸甲酯（甜味素或阿斯巴甜）、乙酰磺胺酸钾（安赛蜜）、三氯蔗糖等。其中糖精（钠）和安赛蜜是蜜饯生产中最常用的甜味剂。

## 四、酸味剂

酸味剂分为有机酸和无机酸。食品中天然存在的酸主要是有机酸，如柠檬酸、酒石酸、苹果酸和乳酸等。目前作为酸味剂使用的主要也是这些有机酸。最近用发酵法或人工合成制取的延胡索酸、琥珀酸和葡萄糖酸－δ－内酯等也广泛用于食品调味。无机酸主要是磷酸，一般认为其风味不如有机酸好，应用较少。

柠檬酸是酸味剂中最温和、可口的，在食品工业中应用最广，需要量也最大。适量的柠檬酸可以促进糖的转化，在生产中按需要量添加。

## 五、二氧化硫

二氧化硫是在蜜饯生产工艺中采用熏硫黄或浸泡亚硫酸盐的手段，使蜜饯看上去色彩鲜艳。一般情况下，熏蒸使用在杏脯、苹果脯等蜜饯中。

## 六、防腐剂

虽然蜜饯食品由于其较高的含糖量能够抑制大多数微生物生长，但一些耐糖性微生物仍会生长繁殖导致产品腐败变质，且在产品包装流通等过程中也可能导致产品的再次污染。防腐剂能够抑制微生物的生长，蜜饯中常用的防腐剂包括苯甲酸钠、山梨酸钾等。

### 七、着色剂

着色剂是一类人工合成色素，主要用来增加产品的色彩，有一定的毒性。蜜饯中常用的着色剂包括苋菜红、胭脂红、赤藓红、新红、柠檬黄、日落黄、靛蓝、亮蓝等人工合成色素。

## 第三节　果蔬糖制工艺

### 一、蜜饯加工工艺流程

不同的蜜饯根据原料特点在个别步骤略有不同，但大体上遵循以下加工工艺流程：

原料选择→去皮→切分→硬化处理→漂洗→预煮→加糖→煮制→烘干→包装

### 二、工艺要点

1. 原料的选择、清洗、去皮和切分

要求原料含水量少，固形物含量高，肉质紧密，成熟度不宜过高，多在坚熟期采收。选择大小和成熟度一致的新鲜原料。

按不同制品的要求，进行去皮、去核、切分等处理，以利糖煮时糖的渗入。

2. 硬化处理

原料的硬化处理是为了提高果肉的硬度，增加耐煮性，防止软烂。常用的硬化剂有消石灰、氯化钙、明矾、亚硫酸氢钙、葡萄糖酸钙等稀溶液。其原理是上述物质中的金属离子能与果蔬中的果胶物质生成不溶性的果胶酸的盐类，使果肉组织致密坚实，耐煮制。

硬化剂使用时要防止过量而引起部分纤维素的钙化，导致制品质地粗糙。根据需要，在糖煮前应加以漂洗，除去剩余的硬化剂。

3. 硫化处理

为了使糖制品色泽明亮，常在糖煮之前进行硫处理，既可防止制品氧化变色，又能促进原料对糖液的渗透。方法是0.1%～0.2%的硫磺熏蒸处理或使用0.1%～0.15%的亚硫酸溶液浸泡处理数分钟即可。

经硫处理的原料，在糖煮前应充分漂洗脱硫，以除去剩余的亚硫酸溶液，防止过量引起金属的腐蚀。

4. 染色

某些蜜饯类和作为配色用的制品（如青红丝、红云片等），常需人工染色，以增进制品的感官品质。染色的方法是将原料浸于色素液中着色或将色素溶于稀糖液中，在糖煮同时完成染色。为增加染色效果，常用明矾作为媒染剂。

5. 果坯腌制

为避免新鲜原料的腐烂变质，常将新鲜原料腌渍为果坯保存，以延长其加工时间。腌渍程度以果实呈半透明为度，取出晒制成干坯或仍作水坯保存。原料经腌制后，所含成分会发生很大变化，所以只适用于少数蜜饯，如凉果。

果坯的腌制过程为腌渍、曝晒、回软和复晒。

6. 加糖煮制

加糖煮制是蜜饯加工的主要工序，其作用是使糖分更好地渗透到果实里。煮制时间的长短、加糖的浓度和次数应以果实的种类、品种的不同而异。煮制技术的好坏直接影响到产品的品质和产量。

煮制分常压煮制和真空煮制两种方法。常压煮制又有一次和多次煮成之分。

（1）一次煮成法　将处理过的原料入锅后经一次煮成成品。苹果脯、蜜枣、藕脯、糖姜片等均采用一次煮成法。煮制时，先配好40% ~50%的糖液于锅中，将处理好的果实倒入，加大火使糖液沸腾，果实水分逐渐排出，糖液浓度稀释，然后逐渐分次加入砂糖，使糖液浓度缓慢增高至65%以上为止。制冬瓜、番茄等蜜饯，煮制前须用石灰水进行硬化处理，石灰水的浓度为0.25% ~0.6%。分次加糖的目的是保持果实内外糖液浓度差异不至于过大，使糖分逐渐均匀渗透到果肉中，这样煮成之制品才显透明饱满。

一次煮成法虽然快速省工，但加热持续时间较长，若处理不当，果实易软烂，色香味及维生素损失较多，糖分渗入不易均衡，影响产品品质。

（2）多次煮成法　将预处理过的原料经过多次糖煮和浸渍后才成为产品。此法适用于果蔬组织柔软或含水量多易煮烂的原料，如桃、杏、梨等。将处理过的原料投入30% ~40%的沸糖液中，热烫2 ~5min煮至柔软后，连同糖液倒入缸中浸渍10h左右，使糖液缓慢渗入果肉中。再将糖液浓度提高到50% ~60%，沸煮几分钟至十几分钟，连同糖液进行第二次浸渍。如需要可将果实捞出烘烤除去部分水分后进行第三次煮制，直到果实透明。

这种方法的缺点是加工周期过长，为改变其缺点，又产生了速煮法和连续扩散法。不过二者仍属于多次煮成法。

（3）速煮法　此法是将果实在糖液中交替加热和冷却，使果实内部水蒸气产生的压力迅速消除，加速糖液渗透。操作时将原料放在稀糖液中热煮数分钟，随即捞出放入15℃左右的糖液中，然后提高糖液浓度重复此操作4 ~5次，即可完成煮制过程。

（4）连续扩散法　是用由淡到浓的几种糖液，对一组扩散器内的果实连续进行多次浸渍以逐渐提高糖浓度的方法。操作时先将果实密封在真空扩散器内，排除果肉组织内的空气，然后加入95℃的热糖液，待糖分扩散渗透后，将糖液顺序转入另一扩散器内，再在原来的扩散器内加入较高浓度的热糖液，如此连续进行几次，果实即可达到所要求的糖液浓度。由于此法采用真空处理，煮制效果较好，又因采用一组扩散器，操作能连续化。

（5）真空煮制法　其原理是利用在真空条件下，降低果实内部的压力，然后减压，借助放入空气时果实内外压力之差，促进糖液渗入果肉。这种煮制和渗糖方法所需温度低、渗糖快，能较好地保持果实的色香味和维生素 C 等。一般真空煮制时真空度控制在 83.5kPa 或更高些，温度为 55～70℃。

7. 烘烤与上糖衣

蜜饯制品需要在糖煮以后进行烘烤。将果实从浸渍的糖液中捞出，沥干糖液，铺散在竹篦或烘盘中，送入 50～60℃的烘房内烘干。烘房内温度不宜过高，以防止糖分结块或焦化。烘干后的果脯蜜饯应保持完整和饱满状态，不皱缩、不结晶、质地致密柔软，不粘手，水分 18%～20%。

如制糖衣果脯蜜饯，可在干燥后上一层糖衣。方法是用过饱和的糖液在蜜饯表面粘上一层透明态糖质薄膜。糖衣蜜饯保藏性强，可减少在保存期间吸湿、黏结等不良现象。上糖衣用的过饱和溶液，常以三份砂糖、一份淀粉糖浆和两份水配合而成，将混合浆液加热至 113～114.5℃，离火冷却到 93℃，即可使用。将欲上糖衣的蜜饯浸入以上糖液中约 1min，立即取出散置在筛面上，在温度 50℃下晾干，即能形成一层透明的糖质薄膜。若将干燥蜜饯浸于 1.5% 的果胶溶液中，取出后在温度 50℃下干燥 2h，则会形成一层透明的胶质薄膜。

8. 整理与包装

蜜饯在干燥过程中往往由于收缩而变形，甚至破裂，干燥后需加以整理（形），如蜜枣、橘饼等形体扁平的制品，在干燥后期需压扁，外观整齐一致，也便于包装。

蜜饯包装以防潮防霉为主。液态果脯以罐头食品包装为宜，经 20～25min 90℃杀菌即可。成品可溶性固形物含量应达 68%，糖分不低于 60%，亚硫酸残留量低于 0.1%。

对于不杀菌的蜜饯制品，其可溶性固形物应达 70%～75%，糖分不低于 65%，使用纸板箱包装也可以，真空或充气包装则会更加有利于制品保存和品质保持。

## 第四节　果蔬糖制加工实例

### 一、水果蜜饯

#### （一）蜜枣

1. 工艺流程

原料选择→分级→切缝→熏硫→糖煮→糖渍→烘烤→整形→回烤→包装

2. 工艺要点

（1）原料选择　选用果形大、果肉肥厚疏松、果核小、无虫蛀、无破损的枣。在果实由青变白时采收，过熟则制品色暗。

（2）切缝　按枣果大小分级分别加工。为使糖液易于渗入，在果面上切缝。切缝要透彻且整齐，不要重复。

（3）熏硫　切缝后的枣果装筐，入熏硫室（硫磺用量为果实重量的0.3%）熏30～40min。以青枣全部发黄、挤出的汁液为乳白色、枣果柔韧即可，也可用含二氧化硫0.3%～0.6%的亚硫酸溶液浸泡2～3h。

（4）糖煮、糖渍　配制浓度为50%的糖液35～40kg，与枣50～60kg同时下锅煮沸，加枣汤（上次浸枣剩余的糖液）2.5～3.5kg，煮沸3～4min后，再浇入50%的糖液2.5～3.5kg。如此反复3次后，开始加糖。第1～3次，每次加糖5kg和枣汤2kg，第4～5次，每次加糖7～8kg，第6次加糖约10kg。每次加糖（枣汤）均在沸腾时进行。最后一次加糖后，继续煮约20min，然后连同糖液倒入缸中浸渍，使枣充分吸收糖液。全部煮制时间为1.5～2h，浸渍48h后，取出沥干。

（5）烘烤　将枣捞出，沥干糖液，摊放于烘盘或竹帘上，送入烘房（60～70℃）烘烤或阳光下晒干，烘至枣韧性增强，不粘手，即可出烘房。此时枣脯含水量为20%～25%。

（6）整形、回烤　待果肉变软后整形，将枣捏成扁平状成为整齐的长椭圆形，再放到烘盘上继续干燥，在65℃温度下烘24h。

（7）包装　冷却后以塑料食品袋分级包装。最好用抽真空包装，保质期可达10个月。

**（二）苹果脯**

1. 工艺流程

原料选择→去皮→切分→去心→硫处理和硬化→糖煮→糖渍→烘干→整理包装

2. 工艺要点

（1）原料选择　选用果形圆整、果心小、肉质疏松和成熟度适宜的原料，如红玉、国光等。

（2）去皮　按损伤程度分级后，削去果皮，挖去损伤部位果肉。

（3）切分、去心　沿缝合线对半切开，挖去果心。

（4）硫处理与硬化　将果块放入0.1%氯化钙和0.2%～0.3%亚硫酸氢钠混合液中浸泡4～8h，固液比为（1.2～1.3）:1。浸泡时上压重物，防止原料上浮。浸后捞起，用清水漂洗2～3次，沥干水分。

（5）糖煮　40%的糖液25kg，加热煮沸，倒入果块30kg，旺火煮沸后添加上次浸渍后剩余糖液5kg，煮沸，如此重复3次，30～40min，以后每隔5min加糖一次。前两次分别加砂糖5kg，第3～4次加入5.5kg，第5次6kg，第6次7kg，各煮20min。加糖总量为果实重量的2/3。全部糖煮过程需要1～1.5h。果块透明即可出锅。

（6）糖渍　趁热起锅，将果块连同糖液倒入缸中浸渍24～28h。

（7）烘干　将果坯捞出，铺在竹帘或烘盘上，送入烘房，在50～60℃温度下烘烤36h。也可晒干。

（8）整理包装　烘干后用手捏成扁圆形，剔除黑点、斑疤等再包装。

## 二、蔬菜蜜饯

### （一）南瓜脯

1. 工艺流程

原料选择→去皮去籽瓤、切分→漂洗→糖渍→糖煮→烘烤→整理包装

2. 工艺要点

（1）原料选择　选用成熟而不过熟、无腐烂、无坏斑、无病害的南瓜。

（2）去皮去籽瓤、切分　对开切成2瓣，掏净籽瓤，切成约6mm厚的大片，再切成0.8～1cm宽的小片。

（3）烫漂　将瓜片投入沸水中，每次投入的瓜片不宜过多，以便投料后1～2min锅内水能重新沸腾，重新沸腾后约2min即可捞出瓜片，沥干。此步骤是使组织软化，便于渗糖。

（4）糖渍　将瓜片趁热投进30%～35%的糖液缸中冷渍12h后捞出。

（5）糖煮　然后将瓜片投入煮沸的糖液中煮制。每隔15min加糖1次，第1次加糖后，糖液浓度为38%；第2次45%；第3次52%。3次加糖后计算总用糖量，然后加进总用糖量0.8%的柠檬酸，继续煮至糖液浓度达58%～60%时出锅，出锅后瓜片再在糖液中浸泡24h。

（6）烘烤　然后将瓜片送入烘房烘制20～24h，中间翻动一次，温度控制在65～70℃。

（7）包装　烘干后用无毒玻璃纸包装后装箱。

### （二）糖姜片

1. 工艺流程

原料选择→去皮切片→煮制→糖渍→糖煮→干燥→撒糖粉→整理包装

2. 工艺要点

（1）原料选择　选用纤维尚未硬化，又具有生姜辛辣味的嫩姜。

（2）去皮切片　剥去薄皮，切成0.5cm厚薄片。

（3）煮制　洗净后放入沸水中煮至半熟，稍显透明状时取出，放进水中冷漂，捞出，沥干。

（4）糖渍、糖煮　装入陶瓷缸，按100kg生姜用白糖35kg分层糖渍24h后，把姜片连同糖液倒进铜锅内，再加白糖30kg，熬煮1h，然后把姜片和糖浆倒回缸中，冷却24h后，再把姜片和糖浆倒进锅中，加白糖30kg煮沸浓缩至糖浆可拉成丝状时捞出，沥去糖浆。

（5）干燥　自然晾干或烘干后放入木盆中。

（6）撒糖粉　另将10kg白砂糖烘干，碾碎成粉，拌进姜片中，用筛子筛去多余糖粉即成。

（7）包装　将烘干或晾干并撒糖粉的姜片用无毒玻璃纸包装后装箱。

【思考题】

1. 果蔬糖制对原材料和辅料有何要求?
2. 简述果蔬糖制的工艺流程和操作工艺。
3. 简述糖制时烧烤和上糖的工艺方法和注意事项。

# 第五章　蔬菜腌制

【学习指导】

了解腌制菜的分类和常用腌制方法；了解腌制菜的辅料的特性；掌握咸菜、泡菜和酱菜的加工工艺。

## 第一节　蔬菜腌制品概述

我国用食盐腌制蔬菜，历史悠久，早在2000多年前的周朝时期就有这方面的文字记载："中田有庐，疆场有瓜，是剥是菹，献于皇祖"（《诗小雅·信南山》）。这里"菹"指的就是腌菜。长期以来，经过劳动人民的不断改进，又出现了不少加工方法和品种繁多的腌渍蔬菜，可谓咸、酸、甜、辣，应有尽有，充分满足了不同口味人们的需要。我国蔬菜腌渍品在世界上享有盛誉，世界著名的三大名腌菜——榨菜、酱菜、泡酸菜均起源于我国，日本的酱菜、德国的酸菜也是由我国传入，榨菜乃是世界上的独特产品。我国各地都有驰名的蔬菜腌渍品，各具特色，如天津冬菜，扬州酱菜，重庆榨菜，四川芽菜、大头菜，广东酥姜，江浙糖醋菜，云南大头菜，贵州独山盐酸菜等。

### 一、蔬菜腌制品的分类

蔬菜因原料、辅料、工艺条件及工艺方法不同或不完全相同，生产出各种各样风味不同的产品，因此腌制品分类方法也各异。一般是按照生产工艺进行分类，所以在此仅介绍按生产工艺分类（表3－5－1）。

表3－5－1　　蔬菜腌制品分类

| 种类 | 产　品 |
|---|---|
| 盐渍菜类 | 盐渍黄瓜、盐渍白菜、榨菜、萝卜干、梅干菜 |
| 酱渍菜类 | 扬州酱瓜、北京八宝菜、天津什锦酱菜等 |
| 糖醋渍菜类 | 糖醋萝卜、糖醋大蒜 |
| 盐水渍菜类 | 四川泡菜、酸菜、酸黄瓜等 |
| 清水渍菜类 | 酸白菜等 |
| 菜酱类 | 辣椒酱、蒜蓉辣酱等 |

## 二、常用的腌制方法

蔬菜通常采用盐腌法，按照用盐方式不同，可分为干腌法、湿腌法和混合腌制法。湿腌法比干腌法腌制的产品含盐量较少而含水量多。

### （一）干腌法

干腌法是将食盐直接撒于食品原料表面，利用食盐产生的高渗透压使原料脱水，同时食盐化为盐水并渗透到食品组织内部，或者以重物压在食品顶部以加速盐水渗透并使其在原料内部分布均匀。

干腌法的特点：干腌法的优点是所用的设备简单，操作方便，用盐量较少，腌制品含水量低而利于贮存，同时蛋白质和浸出物等食品营养成分流失较别的方法少；其缺点是食盐撒布不均匀而影响食品内部盐分的均匀分布，其产品脱水量大、减重多。当盐卤不能浸没原料时，易引起蔬菜的长醭、生花和发霉等劣变。

干腌法的用盐量：干腌法的用盐量因食品原料和季节而异。干腌蔬菜时，用盐量一般为7%～10%，夏季为14%～15%；腌渍酸菜时，由于乳酸发酵产生乳酸，其用盐量控制在4%～6%。为了利于乳酸菌繁殖，需将蔬菜原料以干盐揉搓，然后装坛、捣实和封坛，防止因好气性微生物的繁殖造成的产品劣变。

### （二）湿腌法

湿腌法是将食品原料浸没在盛有一定浓度食盐溶液的容器中，利用溶液的扩散和渗透作用使食盐溶液均匀地渗入原料组织内部。当原料组织内外溶液浓度达到动态平衡时，即完成湿腌的过程。

湿腌法的特点：湿腌法的优点是食品原料完全浸没在浓度一致的盐溶液中，既能保证原料组织中盐分均匀分布，又能避免原料接触空气出现氧化变质现象；其缺点是用盐量多，易造成原料营养成分较多流失，并因制品含水量高，不利于贮存，此外，湿腌法需用容器设备多，工厂占地面积大。湿腌法采用的盐水浓度在不同的食品原料中是不一样的。蔬菜腌制时的盐水浓度一般为5%～15%，以10%～15%为宜。

### （三）混合腌制

混合腌制是采用干腌法和湿腌法相结合的一种腌制方法。湿腌法混合加工可增加贮存时的稳定性，防止产品过度脱水，避免营养物质过分损失。这种方法应用最为普遍。

# 第二节　蔬菜腌制品的原料与辅料

## 一、蔬菜腌制的主要原料

我国蔬菜资源十分丰富，蔬菜种类和品种繁多，但并不是所有蔬菜均适合制作腌制菜。制作腌制品以根菜类和茎菜类为主，还有部分叶菜类和果菜类。由于取用部位不同，差异很大，无法统一规格。但腌制用蔬菜必须新鲜健壮、无病虫害、肉质紧密而脆嫩，粗纤维少，在适当的发育程度时采收为宜。各种不同的蔬菜，其规格制品的质量必须充分考虑。

**（一）根菜类**

根菜类主要食用其各种形态肥大、肉质的根，此种蔬菜有十字花科的萝卜、根用芥菜（大头菜）、芜菁、辣根、伞形科的胡萝卜。萝卜品种有河南洛阳的露头青、湖北黄州萝卜、广州火车头萝卜、济南的算盘子、南京的皇城小萝卜、成都白玉春；成都大头菜、四川内江红缨子大头浆、浙江慈溪板叶大头菜、济南疙瘩菜、昆明油菜叶大头菜、湖北大花叶大头菜、浙江温州的盘菜、北京的光头蔓蔷等。

**（二）茎菜类**

茎菜类包括青菜头、莴苣、大蒜、生姜、北京紫叶莴苣等。青菜头的优良品种有涪丰14号、永安小叶、倍杂Ⅰ号等。还有上海大圆叶莴苣、川蛾眉姜、湖北来凤姜等。

**（三）叶菜类**

（1）白菜类　甘蓝类、普通白菜，如洋白菜（结球甘蓝）、花椰菜（菜花）、苤蓝（球茎甘蓝）等。

（2）雪里蕻　要求菜质新鲜，分枝多，色泽深绿，组织脆嫩，无病虫害，无黄叶老叶。

（3）紫苏　紫苏可食用部分为叶和微枝，紫苏叶是盐渍菜的原料之一。酱油渍紫苏叶是朝鲜族传统蔬菜制品。

**（四）瓜果菜类**

（1）菜瓜　绿熟期时采收。

（2）黄瓜　新鲜而脆嫩，乳熟期时采收。

（3）辣椒　根据采收成熟度的不同分青椒与红辣椒两档。青椒在绿热期时采收，红椒在完全着色时采收，采摘时带有果柄。

（4）苦瓜　优良品种有大顶苦瓜、滑身苦瓜、白苦瓜、槟城苦瓜、长绿苦瓜、江门苦瓜等。

（5）豇豆　根据其颜色分为青、白和红三种。

## 二、蔬菜腌制的辅料

蔬菜腌制需要添加各种辅料，以增进产品的色香味形，提高腌制的质量，所用辅料包括食盐、调味品、着色剂、香辛料、防腐剂等。

**（一）食盐**

食盐是蔬菜腌制的主要辅料之一。腌制用食盐要求质纯而少杂质，含氯化钠应在98%以上，无可见的外来杂物，颜色洁白、无苦涩味、无异味。

**（二）调味品**

蔬菜腌制使用的调味品有酱类、酱油类、食糖、食醋、味精等。

1. 豆酱

豆酱又称黄酱，是酱腌制菜生产的主要辅料。用蒸熟的黄豆掺和生面粉后制成豆曲，再将豆曲加盐水制成酱醅，经日晒而成。豆酱应具有红褐色或棕褐色，鲜艳有光泽：有酱香和酯香味，无其他不良气味，咸淡适口，味鲜而醇厚，无焦苦和酸味及其他异味；体态黏稠适度、不稀拉，无霉花和杂质。

2. 面酱

以小麦粉为主要原料，经制曲发酵配制而成，分为甜面酱、稀甜面酱两种。甜面酱是烹调与佐餐的调料，滋味鲜甜，是我国民间传统的调味料。

3. 酱油

酱油为我国传统调味品，以黄豆、豆饼、面粉、麸皮为主要原料。按发酵类型可分天然酿造和保温发酵两种，天然酿造酱油色泽红褐、酱香味浓、滋味鲜美，最适合酱菜使用。人工保温发酵酱油质次，一般不宜使用。酱油感官质量要求红褐色或棕褐色，鲜而有光泽、不发乌，酱香味和酯香味浓，无其他不良气味；咸甜适口，味鲜美而醇厚，无苦、涩、酸、霉等异味，体态澄清，浓度适当，无沉淀、霉衣浮膜。

4. 味精

味精是谷氨酸钠的商品名称。使用味精可增加产品的鲜味。味精在酸性介质中容易生成不溶性的谷氨酸，从而降低鲜味，故一般酸泡菜类中不使用，主要用于酱菜中。

5. 食醋

食醋是具有芳香的酸性调味料。著名的山西老陈醋、镇江米醋、保宁麸醋以及其他用传统工艺酿制的食醋，都适合用作酱腌菜和糖醋渍菜的调味料。要求呈琥珀色或红棕色，具有食醋特有的香气，无其他不良气味，酸味柔和，稍有甜味，不涩无异味，体态澄清，浓度适当，无悬浮物和沉淀物，无霉花浮膜等杂质。

6. 甜味料

生产上使用的甜味料除稀甜面酱外，尚有蔗糖、蛋白糖、安赛蜜等，主要用于干制酱菜和卤性酱菜，以增加甜味。

**（三）着色料**

蔬菜腌渍制品多数不用着色，但干制酱菜常使用着色料以增加色泽，同时改善酱菜的外观和风味。着色料主要有酱色、酱油、食醋、姜黄等。酱油、食醋及红糖等在增加制品风味的同时，也能改善制品的色泽。

**（四）防腐剂**

蔬菜湿制品在贮存时，为了延长贮存期限，有些制品常使用少量的防腐剂，以抑制细菌、酵母、霉菌等微生物的繁殖生长。但必须强调在使用前要严格遵守《食品添加剂使用标准》（GB2760—2011），限量使用。

1. 苯甲酸钠

苯甲酸钠为白色颗粒和结晶状粉末，易溶于水和酒精。它在酸性环境中防腐作用强、对广范围的微生物有效，尤其是对霉菌和酵母菌作用较强，但对产酸菌作用较弱。在酱菜中最大使用量为0.5g/kg。

2. 山梨酸钾

山梨酸钾是较好的防腐剂，为无色至白色的鳞片状或粉末状结晶，对霉菌、酵母菌及好气性细菌均有抑制作用，但对厌气性芽孢杆菌和嗜酸乳杆菌作用弱，最大使用量为0.5g/kg。

3. 脱氢醋酸钠

为白色或淡黄色，无臭，无味，易溶于水，难溶于乙醇等有机物，是一种安全性高、抗菌范围广、抗菌能力强的抗菌剂，抗菌效力受食品中酸碱度的影响小；且其抗菌能力优于苯甲酸钠、山梨酸钾、丙酸钙等，耐光、耐热性好。什锦酱菜中最大用量为0.8g/kg。

**（五）香辛料**

用于腌制的香辛料种类很多，有些蔬菜如洋葱、大蒜、辣椒、生姜、香芹等，本身就有香料的作用。专供香辛料应用的也都是植物组织的一部分干燥而成。

（1）赋香作用的香辛料主要有　甘椒、大茴香、月桂叶、老鼠瓜、小豆蔻、芹菜子、肉桂、丁香、香菜、小茴香、茴香、大蒜、姜、豆蔻皮、薄荷、肉豆蔻、洋葱、洋芫荽、迷迭香、鼠尾草、茵陈蒿、百里香、姜黄、香草等。

（2）矫味作用的香料主要有　甘椒、月桂叶、丁香、香菜子、茴香、大蒜、姜、豆蔻皮、肉豆蔻、洋葱、胡椒、迷迭香、鼠尾草、八角茴草、百里香等。

（3）辛辣作用的香辛料主要有　辣椒末、红椒、姜、豆蔻皮、芥菜子、肉豆蔻、洋葱、姜黄、花椒、山葵等。

（4）着色作用的香辛料主要有　胭脂木、红椒、姜、芥末、罂粟子（油）、番红花、姜黄等。

## 第三节　蔬菜腌制工艺

我国蔬菜腌制品种类多样，生产工艺更是各有千秋。以咸菜、泡菜、酱菜三种产量较大的腌制菜为例，说明基本的加工工艺流程。

### 一、咸菜加工工艺

咸菜是最常见的腌制品，种类繁多，各地每年均有大量加工，四季均可进行，以冬季为主，加工方式各有千秋。适用的蔬菜有芥菜、雪里蕻、白菜、萝卜、辣椒等，尤以前三种最常用。国内外知名的有榨菜、冬菜、芽菜、大头菜、梅干菜等。榨菜是以茎用芥菜为原料的腌制品，1898 年重庆涪陵邓炳臣用木榨法压去菜块水分腌制青菜头而得名。目前，我国出口的低盐榨菜，是四川坛装榨菜（高盐）经过脱盐、杀菌制成的新型方便食品，销往东南亚、美国、日本等地，年出口量达 2000t。冬菜，因在 10 月下旬到 11 月上旬腌制而得名，有四川冬菜和天津冬菜两种。四川冬菜，以芥菜（俗称青菜头）为原料，主产区在南充和资中；天津冬菜以大白菜为主要原料，工艺简单，色金黄，清香，风味独特，可以生吃。

### （一）工艺流程

原料处理→晾晒→盐渍→倒菜→渍制

### （二）工艺要点

（1）原料处理　腌制蔬菜于每年小雪前后采收，削去菜根，剔除边皮黄叶，备用。

（2）晾晒　经处理的菜在日光下晒1～2d，减少部分水分，并使菜质变软，便于操作。

（3）盐渍　将晾晒后的净菜依次排入缸（池）内，按每100kg净菜加食盐6～10kg。加盐量依保藏时间的长短和所需口味的咸淡而定。腌制按一层菜一层盐的方式，并层层搓揉或踩踏，进行腌制。

（4）倒菜　为了使食盐均匀地接触菜体，使上下菜渍均匀，并尽快散发腌制过程中产生的不良气味，刚开始腌制的3～5d，每天倒菜1～2次。

（5）渍制　经倒菜后进行封缸，进入渍制，冬季为1个月左右，以腌至菜梗或片块呈半透明而无白心为标准。成品色泽嫩黄，鲜脆爽口。一般可贮存3个月。

## 二、泡菜加工工艺

世界上喜食泡菜的人群非常庞大，且所喜风味差异很大，因此，泡菜种类也非常多，名称很杂。根据其风味特征大体上可分为三种：①保持原有风味之一般泡菜。②酸度较高者，通常称酸泡菜。③具有甜味或淡甜味的甜泡菜。可以用来腌制泡菜的蔬菜很多，如萝卜、白菜、葛芭、竹笋、黄瓜、茄子、甜椒及嫩姜等，不受时间季节限制。泡菜我国大部分地区都用较标准的容器泡菜坛（又名水上坛）制作泡菜，其特点是抗酸、抗碱、抗盐，能密封、隔离空气和自动排气，使坛内造成一种嫌氧状态，既有利于乳酸菌活动，又能防止外界杂菌侵入，能使泡菜长期保存。国外多用木桶，现多改用钢制容器。泡菜可直接食用，也可作配菜，还可经杀菌处理后长期保存。

### （一）工艺流程

原料处理→腌制→水洗→沥干→配料→装缸→成熟→制品

### （二）工艺要点

（1）原料处理　如原料体积过大，要进行切分。

（2）盐水配制　取硬度较高的水使用，可更好地保持脆度。也可适度加入保脆剂。盐水含盐6%～8%，另可加入2.5%白酒、2.5%黄酒、1%甜醪糟、2%红糖及3%干红辣椒，还可加入其他香料，以使制品具备更诱人的风味。

（3）入坛泡制　原料入坛泡制后，应注意坛口的密封性。

（4）泡菜成熟　20～25℃下2～3d即可完成供食用，冬天则需较长的时间。泡菜盐水可继续使用，且时间越长久、使用次数越多，泡菜品质越好。传说民间使用泡菜水有达数十年之久的，并用做女儿出嫁的嫁妆。

（5）泡菜的管理　要注意坛上水槽内水不能干枯，在发酵初期会有大量气体从坛内逸出，使坛内形成利于乳酸菌活动的厌氧条件。在泡菜成熟后，取食时期在卤水表面会生成白醭（俗称生花），这是因酒花酵母繁殖所致，此菌能分解乳酸，降低泡菜酸度，甚至导致腐败菌生长使泡菜败坏。处理办法是把菌醭捞出，加少量白酒或酒精，或切碎的洋葱或生姜片，将菜和盐水加满，密封几天，菌醭即可消失。

## 三、酱菜加工工艺

酱菜的种类很多，口味不一，但制造过程和操作方法基本一致。一般是取腌渍后的咸坯菜，去咸排卤后酱渍。酱渍包括用酱或酱油加工两种。用酱腌制者在腌制期间可耐久存；而用酱油者则快速易调味。我国各地方的名产酱菜多用甜酱腌制，而近年来罐装酱菜及一般酱菜多用酱油腌制。北方酱菜多用甜酱，成品略带甜味；南方酱菜多用豆酱，咸味略重。各地酱菜均有传统制品，北京“六必居”酱菜、扬州什锦酱菜等皆为名品。优良的酱菜除有所用酱料的色、香、味外，还应保持蔬菜固有的形态和品质。

酱菜的生产工艺分盐腌及酱渍两大工序。

### （一）工艺流程

原料处理→盐腌→清水浸泡脱盐→沥干→酱渍→成熟→制品

### （二）盐腌

原料经预处理之后进行盐腌处理。含水量较多的蔬菜直接用14%～16%干盐混合后腌制，称为干腌。含水量低的原料则用25%的盐水进行腌制，称为湿腌。盐腌时间17～20d不等，视原料而定。

### （三）酱渍

用于酱渍的盐腌菜坯需先进行脱盐处理，达到2%～2.5%为宜，一般为清水浸泡脱盐，沥干水后进行酱渍。酱渍方法有三个：其一是将菜坯直接浸没在酱缸内；其二是一层酱一层菜，层层相间进行酱渍；其三是部分蔬菜不经盐腌而直接进行酱渍，如草食蚕、嫩姜等。

一般酱的用量与菜坯相同，当然酱的比例越高越好，一般最少不低于3∶7，即酱为3、菜为7。通常酱渍是在常压下不断搅拌完成，但时间长，酱油耗量大。若采用真空－压缩速制酱菜新工艺，可缩短周期10倍以上。即在渗透缸内抽真空，随即吸入酱料，再加压注入净化空气，维持一定的压力和温度，短时间即可完成。

## 四、糖醋渍菜类加工工艺

糖醋菜是将选用的蔬菜原料先用稀盐水或清水进行一定时间的乳酸发酵，以利于排除原料中的不良风味，逐步提高食盐浓度浸渍及增强蔬菜组织的透性。大多数糖醋菜含醋酸1%以上，并与糖、香料配合调味，因此可以较长时间保存，如糖醋大蒜、糖醋酥姜等。

【思考题】

1. 腌制菜的分类和常用腌制方法有哪些?
2. 腌制菜的辅料有哪些? 它们各有何特性?
3. 简述咸菜、泡菜和酱菜的加工工艺。

# 第六章　其他果蔬制品

【学习指导】

掌握鲜切果蔬的加工工艺和质量控制方法；了解超微粉碎的原理、特点和一般加工工艺；了解气流膨化果蔬粉的加工工艺。

## 第一节　鲜切果蔬

### 一、鲜切果蔬加工概述

鲜切果蔬（fresh - cut fruits and vegetables）又称最少加工（minimally processed）处理果蔬、半成品加工（partially processed）果蔬、轻度加工（lightly processed）果蔬、预制（pre - prepared）果蔬等，它是指新鲜果蔬原料经过分级、整理、挑选、清洗、整修、去皮、切分、包装等一系列步骤，使产品保持生鲜状态，然后用塑料薄膜袋或以塑料托盘盛装外覆塑料薄膜包装，消费者购买这类产品后不需要前处理就可直接食用或烹饪的一种新式果蔬产品。其特点是自然、新鲜、卫生、方便、安全、环保等。

鲜切果蔬作为一种新兴食品工业产品，20 世纪 50 年代起源于美国，当时主要供应餐饮业，后来进入零售业，60 年代开始产业化生产，主要用于速食业。80 年代后，在加拿大、欧洲和日本等国家和地区也相继得到了迅速发展。从 90 年代起，在欧洲特别是法国和英国，切割果蔬市场迅速增大。在我国，鲜切果蔬的生产在 20 世纪末才真正起步，但加工规模较小，在广州、上海、北京等城市的一些超级市场上可以看到鲜切果蔬产品，也深受广大消费者的欢迎。目前，工业化生产的鲜切果蔬品种主要有甘蓝、胡萝卜、生菜、韭菜、芹菜、马铃薯、苹果、梨、桃、菠萝、草莓等。

### 二、鲜切果蔬加工工艺

#### （一）鲜切果蔬加工工艺流程

基本流程为：

原料来源及选择 → 田间处理 → 运输 → 分级、修整 → 清洗、冷却 → 去皮、切分 → 清洗、脱水 → 保鲜处理 → 包装 → 冷藏 → 销售

### （二）主要的单元操作

1. 原料来源及选择

鲜切果蔬的原料必须新鲜、饱满、健壮、无异味、无腐烂、成熟度适中、大小均匀。目前，用于鲜切果蔬加工的原料种类主要有胡萝卜、洋葱、甘蓝、马铃薯、芹菜、白菜、韭菜、生菜、苹果、菠萝、草莓、梨、桃等。不是所有品种都适合鲜切加工，只有选择色、香、味浓，易于清洗和去皮的优良品种才能产生出优质的鲜切产品。

鲜切果蔬原料的新鲜度、成熟度对加工产品品质和货架期非常重要。甜玉米、菜花等通常在生理发育早期采收。大蒜、马铃薯、冬瓜等适宜在发育晚期采收，越变型果实的采收成熟度决定加工品的货架期和食用品质。过早采收加工果实不能正常后熟，果实品质差；过晚采收果实极易软化，贮存性差。

2. 分级、修整

进厂的原料绝大部分含有杂质，且大小、成熟度有一定差别，果蔬原料分级的主要目的在于剔除不合乎加工的个体和利于以后各项工艺过程的顺利进行。最普遍的分离方式是手工对果蔬进行挑选和分级。按大小和成熟度分级，分级的同时剔除不符合要求的原料。但是，也有许多机械和电子挑选装置用来分离，色泽的不同可以用光电管探测，光线照射透过蛋品可探测血斑，通过不同大小的筛、孔或槽可以容易地按大小自动分离。

原料挑选后要经过适当的修整，如去皮、去根、除去不能食用部分等，将大部分绿叶和核心区的所有无用部分剔除。这种操作会对果蔬造成伤害，使用非常锋利的刀可以最大限度的减少这种伤害。

3. 清洗、冷却

清洗是清理并洗去污物和杂质，如枝条、果柄、沙粒、泥土、昆虫、残留的杀虫剂和化肥等。清洗水中应加入食品加工允许使用的杀菌剂，如氯气、次氯酸钙，可以达到较好的杀菌效果。清洗宜采用4℃的冷却水，同时冷却产品，充分排除田间热和采后损害刺激的呼吸热，将细胞的呼吸代谢及各种生理活动减到最低。

4. 去皮、切分

去皮方式依照原料种类和表皮结构而定，可以采用机械去皮、手工去皮、物理去皮或化学去皮。去皮时应注意：只要求去掉不可使用或影响制品品质的部分，不可过度，否则会增加原料的消耗，且产品质量低下。切分时可根据原料的特点和产品的规格，切成丁、块、片、条、丝等。切分大小是影响鲜切果蔬品质的重要因素之一，切分越细、切分面积越大，保存性越差。刀刃情况与所切果蔬的保存时间也有很大关系，采用锋利的刀具切分的果蔬保持时间长，钝刀造成的创伤面容易发生褐变。

5. 清洗、脱水

为了保证鲜切果蔬的洁净，切分后可再次清洗除去表面细胞汁液并减少微生物数量，防止氧化。清洗用水须符合饮用水标准并且温度最好低于5℃，也可采取专门的护色措施来防止褐变。如果切分前充分清洗并消毒处理，后续加工过程卫生条件控制好，切分后也可不清洗。切分清洗后的果蔬应立即进行脱水处理，否则比不洗的更易变坏或老化。通常使用离心机进行脱水，离心机转数与脱水时间要适宜。

6. 包装

良好的包装是鲜切果蔬必不可少的条件。包装本身可作为直接栅栏起阻隔作用，防止微生物侵染，同时调节果蔬微环境，控制湿度与气体成分。要选择厚度适宜的包装材料来控制合适的透气率或合适的真空度，以便保持最低限度的有氧呼吸并创造低 $O_2$ 高 $CO_2$ 环境，延长鲜切果蔬的货架期。工业上用的最多的包装薄膜是聚氯乙烯（PVC）、聚丙烯（PP）和聚乙烯（PE）。复合包装薄膜通常用乙烯－乙酸共聚物（EVA），可以满足不同的透气速率。

鲜切果蔬的包装方法主要有自发调节气体包装（MAP）、减压包装（MVP）、涂膜包装和活性包装（AP）。MAP 结合冷藏能显著延长贮存期，在实际生产中其应用具有一定的局限性。因为目前还没有找到足够透气性的包装材料，只能采用在包装材料上打孔的办法来控制适宜的气体指标。MVP 是目前比较常用的方法，可改善青椒、番茄切片等的微生物情况，提高杏和黄瓜的感官质量等。涂膜包装材料主要有多聚糖、蛋白质、纤维素衍生物，由于其方便、卫生、可食用等优点，近年来都被应用。AP 是指包含各种气体吸收剂和发散剂的包装，其作用机制在于它能影响产品呼吸活性、微生物活力及植物激素的作用浓度。

7. 冷藏及销售

鲜切果蔬经包装后应立即放入冷库中贮存，贮存时应单层摆放，否则产品中心温度不易冷却，放入纸箱中贮存更应注意。过低的温度容易造成鲜切果蔬的冷害，特别是不耐低温的热带、亚热带改善容易遭受冷害。一般的贮存适宜温度为4℃。鲜切果蔬产品从生产、运输、销售都需要在低温环境和条件下进行，这样才能有效保证产品质量和货架期。

### （三）质量控制

鲜切果蔬产品的货架期一般为 3～10d，有的长达 30d 甚至数月。产品贮存过程中的质量问题主要是微生物繁殖、褐变、异味、腐败、失水、组织结构软化等。为保证质量和获得足够的货架期，从原料、前处理、加工、包装到最后的配送，每一步都需要加以正确的考虑及进行正确的操作，可从以下方面加以控制。

选择优质的加工原料，采用适宜切割用途的水果、蔬菜品种及正确的栽培、采收和贮存条件。采用严格的卫生要求及执行良好操作规范（GMP），运用危害分析与关键控制点（HACCP）进行管理。果蔬处理时，注意切分的大小要适宜和刀刃的状况。清洗要彻底，控水方式适当，通常是用离心机脱水，但过分脱水容易使鲜切果蔬干燥枯萎，故离心脱水时间要适宜。使用优质的加工用水，为防止褐变或微生物污染，洗涤用水中可以添加适量的添加剂。使用正确的包装材料和包装方法，在包装时应进行包装适用性试验，以便确定合适的包装材料或真空度。食品生产链各环节要保持低温状态，实施冷链操作。

## 三、鲜切果蔬加工实例

### （一）鲜切马铃薯

马铃薯采收后贮存于 3～5℃冷库，选择大小一致、芽眼小、淀粉含量适中、含糖量少、无病虫害、未发芽或变绿的马铃薯鲜切加工。采用化学去皮、机械去皮或人工去皮，去皮后立即浸渍于清水或0.1%～0.2%的焦亚硫酸钠溶液中护色。用切割机切分成所需的形状，随即投入含有0.2%维生素C、0.1%柠檬酸、0.2%次氯酸钙的溶液中，浸泡15～20min进行护色处理。将护色后的原料捞起沥干溶液，立即用PA/PE复合袋抽真空包装，真空度为0.07MPa，然后送入预冷装置中预冷至3～5℃。预冷后的产品再用塑料箱包装，送到冷库冷藏或配送销售，温度仍控制在3～5℃。

#### （二）鲜切菠萝

选择成熟度八九成、新鲜、无病虫害、无机械损伤的菠萝，用清水吸取附着在果皮表面的泥沙和微生物等，按果实的大小进行分级处理。用机械去皮去芯，刀筒和筒口径要与菠萝大小相适应。用不锈钢刀去净残皮和果上斑点，然后用水冲洗干净。根据要求切分，把切分后的原料用含有40%～50%蔗糖、0.5%柠檬酸、0.1%山梨酸钾、0.1%氯化钙的糖液浸渍15～20min。捞起后用PE袋包装，按果肉与糖液之比为4:1的比例加入糖液，送至预冷装置预冷至5～6℃。产品装箱后在5～6℃的冷库中贮存或在5～6℃的环境下销售。

#### （三）鲜切胡萝卜

选择含水量低，新鲜采收或贮存期不超过2个月的原料，去除染病部位，冲洗干净。用金刚砂去皮机去皮后，放置在温度为5℃，含0.01%次氯酸钠的溶液中浸渍30～60s。切成3mm厚的胡萝卜条，用清水喷洗后离心脱水。用厚度0.04mm、30cm×26cm大小的定向拉伸打孔聚丙烯薄膜袋包装，每袋装1kg，打孔密度65个/$m^2$，孔径0.35mm。装袋后充入5% $O_2$、5% $CO_2$和90% $N_2$的混合气体，立即密封，于5℃温度下贮存。

#### （四）鲜切大白菜

选取新鲜采收或贮存不超过3个月的大白菜，除去不可食和受微生物污染的外叶。用旋转式切菜机切成5mm厚的菜条。置于温度5℃、含0.01%次氯酸钠的溶液中浸渍30s，捞出后离心脱水。采用30cm×28cm大小的打孔定向拉伸聚丙烯薄膜袋包装，每袋装1kg，孔密度为90个/$m^2$，孔径0.35mm。装袋后充入5% $O_2$、5% $CO_2$和90% $N_2$的混合气体，立即密封，在温度5℃下贮存。

## 第二节 超微果蔬粉

### 一、超微粉的定义

超微粉体加工技术是近几十年来开始发展的一项新兴技术。通过该技术，使得被加工的颗粒物细微化，从而使被加工物质的物理化学性能发生特殊变化。由于有了这些性能的特殊变化，超微粉体就具有了某些特殊的性能。超微粉体加工技术已被广泛地应用于化工、轻工、食品、冶金、电子、陶瓷、复合材料、核工业、生物医药及国防等领域。

超微粉体的概念和定义尚未有准确一致的表述，关于它的概念国内外仍有争议，国外对“超细”使用的词也不一致，有 ultra fine，super fine 和 very fine 等。有人定义粒径小于 100μm 的粉体为超细粉体，有人定义粒径小于 10μm 的粉体为超细粉体，也有人定义小于 1μm 的粉体为超细粉体。目前，国外定义较严格并被较多采用的是粒度小于 3μm 的粉体被称为超细粉体。我国对超细粉体的称谓不尽相同，名词使用也不一致，有人用“超细”，有人用“超微”，也有人用“超细微”。这些名词的来历都是从英文名称翻译而来的，由于英文名称本身不统一，在汉语中也很难对其词义进行严格区别。超细粉体通常又分为微米级、亚微米级及纳米级粉体。粒径大于 1μm 的粉体称为微米材料，粒径在 1 ~0. 1μm 之间的粉体称为亚微米材料，粒径处于 0. 001 ~0. 1μm （即1 ~100nm）的粉体称为纳米材料。

对于食物来说，粉碎物的粒度并不是越细越好，太细了，在人体中存留的时间很短，而且也没有相应食物的口感。一般情况下，食品微粒粒径大于 25μm，粉碎类型为微粉碎（ <100μm 或细粉碎 =0. 1 ~5nm），但由于不同的行业、产品对成品粒度要求不同，因此在加工时应根据物料特性及其用途不同来确定成品的粒度。

## 二、超微粉的特点与意义

将新鲜果蔬加工成果蔬粉，其水分含量低于 6%，能大大降低贮存、运输、包装等方面的费用。果蔬制粉对原料的要求不高，特别是对可食性的皮、核均可利用，拓宽了果蔬原料的应用范围。果蔬粉具有保存和食用方便、可调性强及营养丰富等特点，它保持了原有水果蔬菜的营养风味以及果蔬皮和核的营养成分，且无任何添加剂和色素，可作为各种食品加工的主料和配料；可提高产品的营养成分、改善产品的色泽和风味等，主要可用于面食制品、膨化食品、肉制品、固体饮料、乳制品、婴幼儿食品、调味品、糖果制品、焙烤制品、方便面等。

超微粉碎产品细度高达 2000 目，比表面积大、孔隙率高、包容性强，充分改善了其内在质量，自然风味得以进一步发挥，物料的溶解吸附性、消化吸收性及原料的利用率都得到大大提高。

超微果蔬粉具有如下意义：较大程度地保持了物料原有的生物活性和营养成分，并利于营养物质的消化吸收；使得食品有很好的固相性、分散性和溶解性，改善了食品的口感；由于空隙增加，微粉孔腔中容纳一定量的 $CO_2$ 和 $N_2$，可延长食品保鲜期；原来不能吸收或利用的原料得以重新利用，节约了资源，提高了资源利用率；可配制和加工成各种功能食品，丰富了食品品种。

## 三、超微果蔬粉加工工艺

果蔬粉的生产在我国刚刚起步，是果品蔬菜加工的一个很好的途径。传统工艺是果蔬原料先干燥脱水，再进一步粉碎；或先打浆，均匀后再进行喷雾干燥。

果蔬粉加工的一般工艺：

原料选择 → 清洗 → 预处理 → 压榨 → 打浆（护色） → 干燥 → 粉碎 → 包装 → 成品检验

1. 原料选择

应选择无病虫害的新鲜果蔬或果蔬加工产品的下脚料，并剔除腐烂变质部分。

2. 清洗

选好的原料先用1%的 NaCl 水溶液浸泡，再用旋转式洗涤机喷射洗涤干净。

3. 压榨

清洗后的原料在压力机或离心机中榨尽汁液，经消毒浓缩，用于生产果蔬汁饮料。

4. 打浆

采用切割式破碎设备或螺旋推进装置粉碎，制成浆状物，加工过程中可加0.02%的抗坏血酸进行护色。

5. 干燥

可采用不同形式的干燥方法，脱去水分。

6. 粉碎

干燥后的颗粒状物体放入粉碎机中粉碎成粉末。粒度在20目以下，可以根据要求进行超微粉碎。

7. 包装

按重量等级分批用复合塑料包装、密封。

# 第三节　气流膨化果蔬食品

## 一、气流膨化食品概述

气流膨化食品的代表是果蔬脆片，其生产技术20世纪80年代初期起源于中国台湾，其母体技术是真空干燥技术。80年代中期，台湾几家从事果蔬脆片研究的公司开始改进真空干燥技术，并应用到果蔬食品深加工上，形成独特的果蔬脆片生产技术——真空低温油炸技术。但是，随着食品加工技术的发展，非油炸果蔬膨化技术日益成熟，生产出来的果蔬产品绿色健康，越来越受消费者的欢迎。非油炸膨化果蔬被国际食品界誉为“二十一世纪食品”，是继传统果蔬干燥产品、真空冷冻干燥产品、真空低温油炸果蔬脆片之后的新一代果蔬干燥产品。其中以气流果蔬膨化技术最为成熟。

气流膨化技术又称低温真空膨化技术，膨化过程是通过原料组织在高温高压下瞬间泄压时内部产生的水蒸气剧烈膨胀来完成，干燥是膨化的原料在真空（膨化）状态下抽除水分的过程，与挤压膨化有很大区别，如表3-6-1所示。气流果蔬膨化产品具有以下特点：一是绿色天然：气流果蔬膨化产品一般都是直接进行烘干、膨化制成，在加工中不添加色素和其他添加剂等，纯净天然。二是品质优良：膨化果蔬产品有很好的酥脆性，口感好。三是营养丰富：气流果蔬膨化产品不经过破碎、榨汁、浓缩等工艺，保留并浓缩了鲜果的多种营养成分，如维生素、纤维素、矿物质等。经过干燥后的产品，不仅具备了果蔬固有的低热量、低脂肪特点，而且与果蔬汁、用果蔬汁制成的果蔬粉相比，能保留果蔬中更多的营养成分。四是食用方便：气流果蔬膨化产品可用来生产新型、天然的绿色膨化小食品，携带方便，易于食用。五是易于贮存：膨化果蔬产品的含水量一般在7%以下，不利于微生物生长繁殖，可以长期保存。另外，此产品克服了低温真空油炸果蔬产品仍含有少量油脂的缺点，不易引起油脂酸败等不良品质变化。

表3-6-1　挤压膨化与气流膨化的区别

| 项　目 | 气流膨化 | 挤压膨化 |
|---|---|---|
| 原料 | 主要为粒状原料，水分和脂肪含量高时，仍可进行生产 | 粒状、粉状原料均可，脂肪与水分含量高时，挤压加工和产品的膨化率会受到影响，一般不适合高脂肪原料加工 |
| 加工过程中的剪切力和摩擦力 | 无 | 有 |
| 加工过程中的混炼均质效果 | 无 | 有 |
| 热能来源 | 外部加热 | 外部加热和摩擦生热 |
| 压力的形成 | 气体膨胀，水分汽化所致 | 主要是螺杆与套筒间空间结构变化所致 |
| 产品外形 | 球形 | 可以是各种形状 |
| 使用范围 | 窄 | 广 |
| 产品风味和质构 | 调整范围小 | 调整范围大 |
| 膨化压力 | 小 | 大 |

## 二、气流膨化果蔬食品生产工艺

苹果在我国水果中占有重要地位，营养丰富，含有多种人体所需成分。以前的苹果脆片生产技术是利用真空油炸方法，将果蔬脱水膨化。在生产过程中产品虽经脱油，产品仍有10%～20%的含油率，口感有明显的油腻味，影响产品的风味和销售。应用气流膨化技术生产出的苹果脆片具有苹果的天然色泽、风味及脆片的酥脆性、不含色素、无防腐剂，是一种新型的高级休闲清淡营养食品。

### （一）工艺流程

原料选择→清洗→去皮、核→切分→热烫→干燥→膨化→老化→冷却→包装

工艺要点：

（1）原料　选用果形完整、果心小、果肉疏松、七八成熟的国光、红玉、倭锦等

品种。

（2）去皮核与切片　将清洗的苹果去皮、去核，沿径向切成厚5mm，厚度均匀的同心圆薄片。

（3）热烫　将果片放入温度为85℃的热水中热烫15min，热烫后果片应迅速冷却到20℃。

（4）干燥　将果片铺在烘盘上，送入干燥箱中干燥。温度控制在75℃，干燥到含水量为12%即可，此时果片表面干而不黏，有韧性。

（5）膨化、老化　将干果片放入膨化机内，打开蒸汽阀对果片加热至75℃，维持1h，使果片内外温度一致，组织变软，并有水分开始汽化。打开真空阀，使膨化室内形成真空，对果片进行脱水膨化，真空度为0.085MPa。直到果片水分在5%时，关闭真空阀及蒸汽阀。对果片进行老化处理，当温度降低到65℃时（大约为1h），脆片组织老化定型后，破除真空，取出物料。

（6）冷却、包装　将脆片倒在操作台上，对产品进行整形并挑出不合格的产品，待果片晾至室温后，称量、装袋，进行真空充氮包装。

**（二）产品质量标准**

1. 感官指标

（1）色泽　脆片内外淡黄色、色泽均匀一致；

（2）形态　同心圆片形基本完整，厚度大致均为一致，无明显变形，无肉眼可见外杂质，内部呈多孔状组织；

（3）口感　酸甜适中，具有苹果应有香味，无异味，酥脆可口。

2. 理化指标

水分5%～6%，总糖10.5%，酸（以苹果酸计）1.2%，砷（以砷计）≤0.5mg1kg，铅（以铅计）≤0.5mg/ mg。

3. 微生物指标

细菌总数≤1000 个/g，大肠菌群≤30 个/ 100g，致病菌不得检出。

**【思考题】**

1. 简述鲜切果蔬的加工工艺和质量控制方法。
2. 简述超微粉加工技术的特点和意义。
3. 何为气流膨化食品？它与挤压膨化有何区别？

## 参 考 文 献

［1］夏文水．食品工艺学．北京：中国轻工业出版社，2007

［2］叶兴乾．果品蔬菜加工工艺学．第三版．北京：中国农业出版社，2008

[3] 尹明安主编. 果品蔬菜加工工艺学. 北京: 化学工业出版社, 2010
[4] 曾名湧主编. 食品保藏原理与技术. 北京: 化学工业出版社, 2007
[5] 曾庆孝主编. 食品加工与保藏原理. 北京: 化学工业出版社, 2003
[6] 刘玉冬主编. 果脯蜜饯及果酱制作与实例. 北京: 化学工业出版社, 2008
[7] 陆兆新主编. 果蔬贮藏加工及质量管理技术. 北京: 中国轻工业出版社, 2004
[8] 马长伟主编. 食品工艺学导论. 北京: 中国农业大学出版社, 2002
[9] 孟宪军主编. 食品工艺学概念. 北京: 中国农业大学出版社, 2006
[10] 太田静田著. 吴光红, 涂梦溪译, 烟熏食品. 上海: 上海科学技术出版社, 1993
[11] 谭兴和主编. 新版酱腌泡菜与脱水菜配方. 北京: 中国轻工业出版社, 2004
[12] 王如福, 李汴生主编. 食品工艺学概论. 北京: 中国轻工业出版社, 2008

# 第四篇
## 肉制品和水产品加工工艺

# 第一章　肉制品概述

【学习指导】

本章应重点掌握各种肉制品的概念及分类，熟悉中西式肉制品、高低温肉制品，了解肉制品分类的依据。

## 一、肉制品的概念

肉制品是指用畜禽肉或其可食副产品为主要原料，添加或不添加辅料，经腌、腊、卤、酱、煮、蒸、熏、烤、烘焙、干燥、油炸、成型、发酵、调制等有关工艺加工而成的生或熟的肉类制品。主要包括：香肠、火腿、培根、酱卤肉、烧烤肉、肉干、肉脯、肉丸、调理肉串、肉饼、腌腊肉、水晶肉等。

## 二、肉制品的分类

根据肉制品的主要加工工艺特点，我国肉制品可分为以下九大类：腌腊肉制品、酱卤肉制品、熏烧焙烤肉制品、干肉制品、油炸肉制品、肠类肉制品、火腿肉制品、调理肉制品及其他类肉制品（见表4－1－1）。

表4－1－1　中国肉制品分类

| 类　别 | 产　　品 |
|---|---|
| 腌腊肉制品 | 咸肉类、腊肉类、腌制肉类 |
| 酱卤肉制品 | 酱卤肉类、糟肉类、白煮肉类、肉冻类 |
| 熏烧焙烤肉制品 | 熏烤肉类、烧烤肉类、焙烤肉类 |
| 干肉制品 | 肉干、肉松等 |
| 油炸肉制品 | 炸肉排、炸鸡翅、炸肉串、炸肉丸、炸乳鸽等 |
| 肠类肉制品 | 火腿肠类、熏煮香肠类、中式香肠类、发酵香肠类、调制香肠类、其他肠类（如台湾烤肠） |
| 火腿肉制品 | 中式火腿类、熏煮火腿类 |
| 调理肉制品 | 咖喱肉、各种肉丸、肉卷、肉糕、肉排、肉串等 |
| 其他类肉制品 | 上述未涵盖的肉制品 |

资料来源：《肉制品分类》（GB/T 26604—2011）

另外，根据加工温度不同，肉制品又可分为高温肉制品和低温肉制品。高温肉制品是指经过121℃高温蒸煮的包装肉制产品，其由于高温蒸煮而消毒彻底，在常温下有较长的保质期，一般为3~6个月或更长，但产品营养会产生一定损失。低温肉制品是相对于高温肉制品而言的，是指采用较低的杀菌温度进行巴氏杀菌的肉制品，即将肉制品中心温度达到68~72℃保持30min。由于其杀菌温度较低，保质期较短，所以要求冷链流通和销售。

根据历史渊源与加工工艺不同，肉制品可分为中式肉制品和西式肉制品，但两者之间尚无明确定义。

目前，中式肉制品是指通过传统的工艺，或酱或煮、或烘或烤等，通常再热加工时采用比较高的温度（95℃以上）。中式肉制品主要包括中式火腿、中式香肠、腌腊制品、酱卤制品、熏烧焙烤制品、干制肉制品、调理肉制品等。

而与此相比，所谓西式肉制品一般是指以欧美为代表生产的肉制品，工艺流程比较工业化，一般都经过原料肉解冻、初步整理、盐水注射、真空滚揉、腌制、入炉蒸煮、熏制、干燥等，再切块包装或整体包装、杀菌、外包装等工序。引入我国的主要品种有火腿类（如盐水火腿、熏制火腿）、灌肠类（如蒸煮肠、火腿肠）、发酵肠类（如萨拉米）等。西式肉制品的特点是工业化程度高、工艺标准化、产品标准化、可以大规模生产。

随着我国肉制品工业化的不断发展，我国传统肉制品也大量采用现代工业化，采用机械代替手工作坊，并不断结合西方工艺和风味，形成我国肉制品以中为主，中西结合的层次结构，提升我国肉制品发展水平。

**【思考题】**

1. 简述肉制品的概念。
2. 简述中式肉制品的概念。
3. 简述高低温肉制品的异同。
4. 根据肉制品加工工艺特点，我国肉制品可以分为几类？
5. 中西式肉制品有哪些异同？

# 第二章　中式肉制品加工工艺

【学习指导】

本章应重点掌握各种中式肉制品的概念，金华火腿传统和现代加工工艺，腌腊肉制品中咸肉和板鸭的加工、酱卤制品中酱牛肉和烧鸡的加工；熟悉各种中式肉制品加工的工艺流程和具体的操作要点；了解中式肉制品加工的配方和最终产品的质量标准。

## 第一节　火　腿

### 一、概述

火腿制品是指用大块肉为原料加工而成的肉制品，其可分为中式火腿和西式火腿两大类。此处仅介绍中式火腿，西式火腿在西式肉制品中进行阐述。

中式火腿是我国的传统名特产品，用猪的前、后腿为原料，经过修整、腌制、风干、成熟（发酵）等主要工艺而成的风味肉制品。因这种产品颜色鲜艳如火，故取名火腿。我国加工火腿已有1000多年的历史，主要分布于长江流域和云贵高原，火腿的加工制作虽因产地不同而异，但加工过程基本相同，主要为干腌火腿。我国著名的品种主要为浙江的金华火腿、云南的宣威火腿和江苏的如皋火腿等，其中以金华火腿最为有名。

火腿生产工艺基本相同，下面以金华火腿为例，介绍火腿加工工艺。

### 二、金华火腿

金华火腿是我国传统的腌腊精品，具有悠久的历史，其中唐朝开元年间陈藏器编撰的《本草拾遗》就早有记载，其以独特的工艺、严格的选料、制作的精细和其皮薄骨细、精多肥少、腿心饱满、形似竹叶等特征形成了誉满海内外的色、香、味、形“四绝”。火腿可于蒸制、烹调后直接食用，也可复制糕点、加工罐头或配味，独具一格。

金华火腿在原料选材上就有讲究，以金华猪或具有金华猪血统的杂交猪为原料加工而成，代表猪种为“两头乌”，具有皮薄、骨细、肉质好、肉间脂肪含量高等优良特性。

“金华”火腿择料腌制一般在农历立冬之后，气温要求低于10℃。腌制期一般在农历立冬至次年立春，其中立冬至冬至投料腌制成的火腿为早冬腿，冬至至立春投料腌制成的火腿为正冬腿。

**（一）传统加工工艺**

1. 工艺流程

选料→修整→腌制→浸腿→洗腿→晒腿→整形→发酵→推叠→成品

2. 工艺要点

金华火腿的传统加工工艺包括选料、整修、腌制、洗晒、整形、发酵、堆叠、分级等工序，历时7~10个月。

（1）选料　选用符合卫生要求的新鲜猪腿（以后腿为最佳），要求皮薄爪细、瘦多肥少、肌肉鲜红、无伤残和病灶。重量在5~7.5kg较为适宜，过小则肉质太嫩，腌制后失重过大，肉质干硬，过大则脂肪过多，腌制困难，风味不佳。

（2）修整　也称修坯，是指将选好的鲜腿修整成光洁的腿坯的过程。包括将鲜腿上的残毛、老皮、污血刮去，勾去蹄壳，削平耻骨，除去尾椎，把表面和边缘修割整齐，挤出血管中淤血，腿边修成弧形，使腿面平整，腿外观初步呈“竹叶形”。

（3）腌制　腌制前鲜腿应完全冷却至腌制温度左右。腌制的适宜温度为0~15℃，最佳腌制温度6℃，相对湿度70%~90%，腌制35d左右。腌制是金华火腿加工的重要环节，而加盐量及加盐操作则是关系火腿品质的关键因素。

以100kg鲜腿为例，用盐量8~10kg，一般分六、七次上盐。第一次上盐，称上小盐，在肉面上撒上一层薄盐，用盐量2kg左右。上盐后将火腿呈直角堆叠12~14层。第二次上盐，称上大盐，在第一次上盐的第2天。先翻腿，用手挤出淤血，再上盐。用盐量5kg左右。在肌肉最厚的部位加重敷盐。上盐后将腿整齐堆放。第三次在第7天上盐，按腿的大小和肉质软硬程度决定用盐量，一般为2kg左右，重点是肌肉较厚和骨质部位。第四次在第13天，通过翻倒调温，检查盐的溶化程度，如大部分已经溶化可以补盐，用量为1~1.5kg。在第25天和27天分别上盐，主要是对大型火腿及肌肉尚未腌透仍较松软的部位，适当补盐，用量为0.5~1kg。在腌制过程中，要注意撒盐均匀，堆放时皮面朝下，肉面朝上，最上一层皮面朝下。大约经过一个多月的时间，当肉的表面经常保持白色结晶的盐霜，肌肉坚硬，则说明已经腌好。

（4）浸腿　将腌好的火腿放在清水中浸泡，肉面向下，皮面朝上，全部浸没，层层堆放。水温10℃左右时，浸泡约10h，达到皮面浸软，肉面浸透。

（5）洗腿　浸泡后进行刷洗，用竹刷将脚爪、皮面、肉面等部位，顺纹轻轻刷洗、冲干净，除去过多的盐分和杂质，再放入清水中浸漂2h，直至洗净为止。

（6）晾腿　将漂洗干净的火腿用麻绳系牢，吊挂在晒腿架上，要求摆放均匀，光照充分，并预防雨淋或露水反潮。晒腿时间需5d左右，直至皮面黄亮、肉面铺油为止。在日晒过程中，腿面基本干燥变硬时，随之进行整形，使其外形美观。把火腿放在校形台上，绞直脚骨，锤平关节，捏拢小蹄，绞弯脚爪，捧拢腿心，使之呈丰满状。

（7）发酵　日晒之后，将火腿移入室内进行晾挂发酵。晾挂时，火腿要挂放整齐，腿间留有空隙，以利于通风。发酵室应防虫、防潮、隔热、通风干燥，保证发酵正常。发酵适宜温度为30℃左右，适宜湿度为60%～70%，发酵时间为6～8个月。通过晾挂，腿身干缩，腿骨外露，所以还要进行一次整形，使其成为完美的“竹叶形”。经过2～3个月的晾挂发酵后，皮面呈枯黄色，肉面油润。常见肌肉表面逐渐生成绿色霉菌，称为“油花”，属于正常现象，表明干燥适度，咸淡适中。

（8）堆叠　经过发酵修整后的火腿，根据发酵程度分批落架。除去霉污，并按照大小分别堆叠。堆叠时肉面向上，皮面向下，每隔5～7d翻堆一次，使之渗油均匀，并用食用油涂擦表面，保持火腿油亮和光泽。

（9）成品　经过半个月左右的堆叠后熟过程，即为成品。

### （二）新型加工工艺

金华火腿制作新工艺是指根据金华火腿加工原理，以其传统工艺为基础，利用现代化食品加工工艺，在保证产品质量的前提下，利用控温和控湿技术，使生产周期从10个月缩短为3个月，并能实现全年制作的适宜工业化生产的加工工艺。

1. 工艺流程

选料→修整→挂腿预冷→低温腌渍→浸洗→风干→整形→中温失水→高温催熟→堆叠

2. 工艺要点

其工艺基本与传统工艺类似，包括挂腿预冷、低温腌制、浸洗、风干整形、中温失水、高温催熟、堆叠后熟等。

（1）挂腿预冷　将5kg左右的检疫合格鲜腿，在冷藏条件下冷却至4～8℃。

（2）低温腌制　腌制室温度控制在6～10℃，湿度控制在70～90℃，腌制时间为20d。每100kg净腿加盐量冬季为6.5～7kg，春、秋季为7～8kg，夏季为8～8.5kg。翻堆加盐方法与传统工艺类类似，根据加工季节不同适当调整。

（3）浸洗　选腿在控温室进行，水温不要超过25℃。

（4）风干、整形　温度控制在15～20℃，湿度控制在70%以下。

（5）中温失水　在风干同样条件下，干燥失水20d。注意挂腿位置应定期交换，以保证失水均匀。

（6）高温催熟　催熟前一阶段温度控制在25～30℃，湿度控制在60%以下，时间20d，隔5d挂腿位置交换1次；催熟后一阶段温度控制在30～35℃，其他要求与前一阶段相同。

### （三）产品质量标准

金华火腿质量分类为特级、一级、二级，根据《地理标志产品　金华火腿》（GB/T 19088—2008）规定的质量指标如表4-2-1、表4-2-2所示。

表4-2-1 感官指标

| 项目 | 要求 | | |
|---|---|---|---|
| | 特级 | 一级 | 二级 |
| 香气 | 三签香 | 三签香 | 二签香，一签无异味 |
| 外观 | 腿心饱满，皮薄脚小，白蹄无毛，无红斑，无损伤，无虫蛀、鼠伤，无裂缝，小蹄至髋关节长度40cm以上，刀工光洁，皮面平整，印鉴标记明晰 | 腿心较饱满，皮薄脚小，无毛，无虫蛀、鼠伤，轻微红斑，轻微损伤，轻微裂缝，刀工光洁，皮面平整，印鉴标记明晰 | 腿心稍薄，但不露股骨头，腿脚稍粗，无毛，无虫蛀、鼠伤，刀工光洁，稍有红斑，稍有损伤，稍有裂缝，印鉴标记明晰 |
| 色泽 | 皮色黄亮，肉面光滑油润，肌肉切面呈深玫瑰色，脂肪切面白色或为红色，有光泽，蹄壳灰白色 | | |
| 组织状态 | 皮与肉不脱离，肌肉干燥致密，肉质细嫩，切面平整，有光泽 | | |
| 滋味 | 咸淡适中，口感鲜美，回味悠长 | | |
| 爪弯 | 蹄壳表面与脚骨直线的延长线呈直角或锐角 | | 呈直角或略大于直角 |

表4-2-2 理化指标

| 项目 | | 要求 | | |
|---|---|---|---|---|
| | | 特级 | 一级 | 二级 |
| 瘦肉比率/% | ≥ | 65 | 65 | 60 |
| 水分（以瘦肉计）/% | ≤ | 42 | 42 | 42 |
| 盐分（以瘦肉中的氯化钠计）/% | ≤ | 11 | 11 | 11 |
| 质量/（kg/只） | | 3.0~5.0 | 3.0~5.5 | 2.5~6.0 |
| 过氧化值（以脂肪计）/（g/100g） | ≤ | 0.25 | 0.25 | 0.25 |
| 酸价（以脂肪计）（KOH）/（mg/g） | ≤ | 4.0 | 4.0 | 4.0 |
| 三甲胺氮含量/（mg/100g） | ≤ | 2.5 | 2.5 | 2.5 |
| 铅（Pb）含量/（mg/kg） | ≤ | 0.2 | 0.2 | 0.2 |
| 无机砷含量/（mg/kg） | ≤ | 0.05 | 0.05 | 0.05 |
| 镉（Cd）含量/（mg/kg） | ≤ | 0.1 | 0.1 | 0.1 |
| 总汞（以Hg计）含量/（mg/kg） | ≤ | 0.05 | 0.05 | 0.05 |
| 亚硝酸盐残留量 | | 按GB 2760—2011的规定执行 | | |

# 第二节 中式香肠

## 一、概述

肠类肉制品是以畜禽肉或其可食副产品为主要原料，经腌制（或不腌制）、绞切、斩拌、乳化，添加相关辅料后，充填入肠衣（或模具中）成型，再经烘烤、蒸煮、烟熏、发酵、干晾等工艺制成的肉制品。主要分为中式香肠类、火腿肠类、熏煮香肠类、发酵香肠类、调制香肠类等，这里仅介绍中式香肠，其他肠制品在西式肉制品中介绍。

## 二、中式香肠

中式香肠俗称腊肠，是指以肉类为原料，经切块、绞碎，配以辅料腌制，灌入肠衣经过成熟干制成的生干肠制品，是我国传统腌腊肉制品的一类。传统生产在冬季气温较低时进行，现在已实现全年工业化生产。中式香肠根据地域一般分为广东腊肠、四川腊肠、北京香肠、哈尔滨风干肠等，根据包装物不同，可分为腊肠、腊香肚等。各种腊肠除了用料略有分别外，制法是大致相同的。

### （一）工艺流程

选料→切丁→配料→灌制→漂洗→日晒或烘烤→成熟→成品

### （二）工艺要点

（1）原材料的选择　猪肉：以新鲜猪后腿瘦肉为主，夹心肉次之（冷冻肉不用），肉膘以背膘为主，腿膘次之。

（2）切丁　剥皮剔骨，除去结缔组织，各切成小于1$cm^3$的肉丁，分开放置，硬膘用温开水洗去浮油后沥干待用。

（3）配料　将按瘦肉、肥膘7∶3比例的肉丁放容器中，另将其余配料用少量50℃左右温开水溶化，加入肉馅中充分搅拌均匀，使肥、瘦肉丁均匀分开，不出现黏结现象，静置片刻即可用以灌肠。

以广式香肠为例（100kg），瘦肉70kg、肥膘30kg、60度大曲酒2.5～3kg、硝酸钠50g、白酱油2.5～3kg、精盐2kg、白砂糖6～7kg、味精0.2kg，清水按肉量的15%～20%加入。

（4）灌制　将上述配制好的肉馅用灌肠机灌入肠内，每灌到12～15cm时，即可用麻绳结扎，待肠衣全灌满后，用细针戳洞，以便于水分和空气外泄。

（5）漂洗　灌好结扎后的湿肠，放入温水中漂洗几次，洗去肠衣表面附着的浮油、盐汁等污物。

（6）日晒、烘烤　水洗后的香肠分别挂在竹竿上，放到日光下晒2～3d。工厂生产的香肠应进入烘房烘烤，温度在50～60℃（用炭火为佳），每烘烤6h左右，应上下进行调头换尾，以使烘烤均匀，烘烤48h后，香肠色泽红白分明，鲜明光亮，没有发白现象，烘制完成。

（7）成熟　日晒或烘烤后的香肠，放到通风良好的场所凉挂成熟，穿挂好后凉挂30d左右，此时为最佳食用时期。成品率约为60%。规格为每节长13.5cm，直径1.8~2.1cm，色泽鲜明，瘦肉呈鲜红色或枣红色，肥膘呈乳白色，肠体干爽结实，有弹性，指压无明显凹痕，咸度适中，无肉腥味，略有甜香味。

（8）成品　成熟后的肠体在10℃下可保藏4个月。

**（三）产品质量标准**

产品质量应符合《中式香肠》（GB/T 23493—2009）的要求，具体如表4-2-3和表4-2-4所示。

表4-2-3　感官要求

| 项　目 | 要　求 |
| --- | --- |
| 色　泽 | 瘦肉呈红色、枣红色，脂肪呈乳白色，外表有光泽 |
| 香　气 | 腊香味纯正浓郁，具有中式香肠（腊肠）固有的风味 |
| 滋　味 | 滋味鲜美，咸甜适中 |
| 形　态 | 外形完整，均匀，表面干爽呈现收缩后的自然皱纹 |

表4-2-4　理化指标

| 项　目 | | 要求 | | |
| --- | --- | --- | --- | --- |
| | | 特级 | 优级 | 普通级 |
| 水分/（g/100g） | ≤ | 25 | 30 | 38 |
| 氯化物（以NaCl计）含量/（g/100g） | ≤ | 8 | 8 | 8 |
| 蛋白质含量/（g/100g） | ≥ | 22 | 18 | 14 |
| 脂肪含量/（g/100g） | ≤ | 35 | 45 | 55 |
| 总糖（以葡萄糖计）含量/（g/100g） | ≤ | 22 | 22 | 22 |
| 过氧化值（以脂肪计）/（g/100g） | ≤ | 按GB2730—2005的规定执行 | | |
| 亚硝酸钠（以$NaNO_2$计）含量/（mg/kg） | ≤ | 按GB2730—2005的规定执行 | | |

# 第三节　腌腊肉制品

## 一、概述

腌腊肉制品是指以畜禽肉或其可食副产品为原料，添加或不添加辅料，经原料整理、腌制或酱渍、清洗造型、晾晒风干（或不晾硒）或烘烤干燥（或不烘烤）等工序加工而成的一类生肉制品。

腌腊制品的显著特点主要如下：①在较为简单的条件下也可制作，易于加工生产；②不同产品具有消费者喜爱的传统腌腊味和独特风味；③在其加工中一般都经干燥脱水，因此重量轻，易于运输；④可贮性佳，即使在非制冷条件下也能较长期贮存，有的产品货架寿命可长达6~8个月。

腌腊肉制品通常可分为4类：①咸肉类，如咸猪肉等；②腊肉类，如腊猪肉、板鸭、腊兔等腊肉类；③酱肉类，如清酱肉、酱鸭等；④风干肉类，如风鹅、风干肉等。

## 二、咸肉类

咸肉又称腌肉，是指原料经过腌制加工而成的生肉类制品，食用前需熟化。主要特点是成品肥肉呈白色，瘦肉呈玫瑰红或红色，具有独特的腌制滋味，味稍咸。咸肉在冬季生产，耐久存贮，常年应市。主要品种有咸猪肉、咸牛肉、咸羊肉、咸水鸭、腌鸡等。咸肉特点是盐分高，不经过干燥脱水和烘熏过程，腌制是主要加工步骤。

以咸猪肉为例，介绍其生产工艺。

### （一）工艺流程

选料 → 整修 → 盐制 → 成品

### （二）工艺要点

1. 选料

咸肉原料分为带骨和不带骨两种。带骨加工的咸肉，按原料肉的部位不同，分别连片、小块、蹄腿取料。连片指去头、尾和腿后的片体；小块指每块2.5kg左右长方形肉块；腿脚指带爪的猪腿。

2. 整修

整理剔除碎肉、污血、淋巴、碎油等。为使食盐渗透，必须在肉块上每隔2~6cm划一刀，深度一般为肉质的1/3。刀口大小、深浅多少，根据气温和肌肉厚薄而定。如气温在15℃以上时，刀口大些、多些，以加快腌制速度，15℃以下时则可小些、少些。60kg以下的猪，也可分成前夹、中片、后座整体腌制。

3. 盐制

猪肉100kg，用盐量4~16kg。操作方法：一般分3次擦盐，第一次为初盐，第二次为大盐，第三次为覆盐。初盐即在原料肉的表面，均匀地敷上一层盐。次日接着上大盐，擦盐要均匀，在刀口处塞进适量新盐，并整齐地堆叠成垛。经4~5d翻倒，上下层调换位置，并补撒适量的新盐。覆盐7d左右后，应及时翻堆，继续敷少量食盐。3次擦盐25d左右即为成品。

4. 成品

咸肉可堆放在零下5℃冷库保藏，也可浸没在24~25°Bé的盐水中，若出现盐水混浊和异味时，说明盐卤变质，必须将盐卤重新煮沸后再用。

**（三）产品质量要求**

加工后的咸肉，要求外观清洁，刀工整齐，肌肉坚实，青面无黏液，切面的色泽鲜红，肥膘稍有黄色。若肉色发暗，脂肪发红的，即为腐败现象。

## 三、腊肉类

腊肉是指肉经腌制后再经过烘烤（或日光下曝晒）的过程所制成的加工品。腊肉的防腐能力强，能延长保存时间，并增添特有的风味，这是与咸肉的主要区别。产品特点：刀口整齐，不带碎肉。外表有光泽，肥肉金黄，瘦肉深红，香味浓郁。

腊肉品种很好，按产地可分为广东腊肉、湖北腊肉、四川腊肉、云南腊肉等，按原料可分为腊猪肉、腊牛肉、腊羊肉、腊禽等。制作工艺大体相同，略有差异，主要分为备料、腌渍、熏制、包装四个步骤。以广式腊肉和南京板鸭为例，介绍其生产工艺。

**（一）广式腊肉**

1. 工艺流程

选料→整理→配料→腌制→烘烤→成品

2. 工艺要点

（1）选料　选用卫检合格、皮薄肉嫩的鲜肋条猪肉。

（2）整理　剔去肋骨、奶脯、碎肉，然后切成长33～38cm、宽1.5～2cm的肉条，在肉条上端刺一小孔，以备穿绳悬挂。

（3）配料　主料：猪肉100kg；辅料：细盐3kg，白糖4kg，红酱油3kg，白酒2kg，大茴香200g，桂皮200g，花椒200g，硝酸钠25g。

（4）腌制　将切好的肉条用40～45℃温水浸泡，冲淡浮油、污物，沥干水分放入大容器内。将盐、糖、酱油、白酒等辅料按比例混合，与肉条拌和均匀，在大缸中腌制。每隔2h，上下翻动一次，使其腌制均匀。经8～10h，即可腌好。

（5）烘烤　将腌好的肉条取出后，在穿孔处结绳，依次挂在竹竿上，保持3～4cm距离，放入烘烤房进行烘烤。烘房温度保持45～50℃，并掌握先高温而后逐渐降低。烘烤时应每隔几小时，进行上下内外调换位置，使之烘烤均匀。经3d左右时间的烘烤，成为腊肉制品，成品率为72%～75%。若不用烘房烘烤，也可放在日光下曝晒，一直晒到表面流油时为止。

（6）成品　烘好的腊肉冷却后，从竹竿上取下，另用麻绳将腊肉串起捆成小扎，每扎约2.5kg。然后悬挂在木架上，置于于燥通风处贮存。

**（二）板鸭**

板鸭是以鸭子为原料的腌腊食品。全国有四大品牌板鸭分别是江苏南京板鸭、福建建瓯板鸭、江西南安板鸭、四川建昌板鸭，以南京板鸭最为有名。南京板鸭是用盐卤腌制风干而成，分腊板鸭和春板鸭两种。因其肉质细嫩紧密，像一块板似的，故名板鸭。

板鸭从加工工艺来说也归类于腊肉类，但由于其历史悠久，远近闻名，故在此着重介绍一下。

1. 工艺流程

选鸭→屠宰→干腌→卤制→叠胚→晾胚→成品

2. 工艺要点

（1）选鸭　选择在1.5kg以上的当年生鸭，宰杀前要经过育肥，以稻谷育肥为佳，育肥后鸭皮呈白色，肌肉充实而细嫩，脂肪熔点高。

（2）屠宰　宰前断食18～20h，充分饮水，并进行宰前检验。电麻法将活鸭致晕，采用颈部宰杀或口腔宰杀法放血。刺杀的刀口以1cm为宜，如过小则放血不净，过大则因伤口浸血使宰后颈部变红。宰杀后放入60～64℃的热水中，进行烫毛，接着拔大毛、去小毛。将毛除净后，齐肩膀处切去两翅，再沿膝关节割下两脚。在右翅下开一道5～8cm的月牙形口，摘除内脏。除内脏后，再用冷水浸泡，清洗，最后将鸭仰放，用手紧压胸部，把胸部的前三叉骨压扁，使胴体呈现正规的长方形，既保持外形美观又便于腌制。

（3）干腌　按鸭重的6.25%称取食盐。将盐的3/4从颈部切口中装入，在工作台上反复翻揉，务必使盐均匀地粘满腹腔各部。其1/4的盐擦于体外，应以胸肌、小腿肌和口腔为主。擦盐后依次码在缸中，经盐渍12h后取出，提起后翅，撑开肛门，使腔中盐水全部流出，这称为抠卤。然后再叠于缸中，经8h左右进行第二次抠卤。

（4）卤制　第二次扣卤后，用预先处理过的老卤，从肋部切口灌满后再依次浸入卤缸中。所浸数量不宜太多，以免腌制不均。码好后，用竹扦制的棚形盖盖上，并压上石头，使鸭全部浸于卤中。复腌的时间按季节而定，平均复腌20～24h。

盐卤的配制分为新卤和老卤：

①新卤：将除去内脏后浸泡鸭用的血水，加入精盐38%，煮沸，使盐全部溶解成饱和盐水。除去上浮的泡沫污物，待澄清后取清液倒入缸中，另加生姜片0.02%、整粒茴香0.01%、整根葱0.03%，冷却后即成新卤。

②老卤：由于老卤中含有一定量的萃取物质和蛋白质的中间分解物（如氨基酸等），故由老卤制成的板鸭，风味比新卤好。卤水经复腌后即有血水流出，致成浅红色，易引起腐败发臭，故每经复腌3～4次后，则需烧卤一次。烧卤一方面是灭菌，另一方面是将其中的可溶性蛋白质加热凝固后除去。

待鸭子复腌到标准时间后，工作人员依次取掉鸭铊和鸭盖，将复腌好的鸭子从老卤汤里捞出，四只一组分挂于老卤槽上方的鸭钩上，晾置30min左右，不再向下滴水时。将鸭子送入冷风间进行叠坯工序。

（5）叠坯　叠坯是在冷风间里进行的，是板鸭制作过程中最重要的一个环节。叠坯时，将冷风间的温度调整在－4℃左右，再将复腌后的鸭子送进冷风间，采用撒一层盐，码一层鸭子的办法交替进行，这样连续码数层。叠坯用普通的精盐就可以了。每一层撒盐的厚度8cm左右，码鸭子时将鸭子腹部朝上，放平放正了，头尾相对地码放，码放完成后在上面再盖上一层15cm的精盐。这样就形成了一个立体的鸭垛，利用盐的压力，让鸭子自行叠压，自然形成板块状。同时通过精盐的覆盖，可以将复腌后鸭子体内的水分扒掉，达到入味的效果。叠坯的时间大概需要18d。

叠坯完成后，将鸭子从光鸭垛上拿下，拿鸭时要轻轻地将鸭上面的精盐抖下来，留着下次叠坯时继续用。拿下光鸭后需送进清洗车间进行再次清洗，这次的清洗是要将光鸭身上的精盐洗掉，然后挂在清洗池上方，沥干水分。

（6）晾坯　鸭子经过沥水后进入晾挂车间进行晾挂，这个过程称作晾坯。这是生产板鸭最后一道工序，也是比较关键的一道工序，晾挂是在常温下进行的，晾挂车间要保持通风、干燥。晾挂车间的晾挂架分上下两层，每层固定三根粗细相当的横木，并在每根横木上等距离地钉上钢针。晾挂时，将鸭子两个一组分挂在钢针上。板鸭在常温下晾挂21d，当体表发白、光滑无皱纹、肌肉收缩发硬、胸骨突起时就可以了。接下来就可以包装了。

（7）成品　南京板鸭经晾坯后进行包装。南京板鸭的包装采用的是无菌真空包装，包装后投放市场销售。在0～9℃环境中，南京板鸭的保质期为6个月，宜低温避光贮存。

3. 产品质量指标

具体技术指标见《板鸭》（NY/T 628—2002）要求。

## 四、酱肉类

酱肉是指肉经食盐、酱料（甜酱或酱油）腌制、酱渍后，再经脱水（风干、晒干、烘干或熏干等）加工而成的生肉类制品，食用前需经熟化加工。代表产品有北京清酱肉、广东酱封肉等。以北京清酱肉为例，介绍其生产工艺。

### （一）产品配方

猪肉50kg，细盐2.5～4kg，硝酸钠25g，花椒50g，大料50g，小茴香50g，甘草（用细布过滤）50g，酱油适量。

### （二）工艺流程

选料→腌制→酱制→煮制→成品

### （三）工艺要点

1. 选料

清酱肉要选用薄皮猪的后臀尖部位，要35～40mm厚的带肥膘肉，割去碎头，旋成椭圆形，不要碰破骨膜，每块3.5kg左右。

2. 腌制

将细盐1.5～2.5kg加硝酸钠，分7次撒在肉坯上（每天1次），挤出血水，共腌7～10d，每隔12h倒翻、摊晾各1次，然后从边沿穿绳，风干1d。

3. 酱制

将腌好的肉坯加其余全部调料放入大缸内酱制8d，每天倒缸1次，然后捞出，挂在通风处晾干，到第二年2月（100d左右）放入净缸或密封室内存放。

4. 煮制

到霜降前后，将肉坯取出，用清水浸泡1d，用碱水刷洗干净，开水下锅，以适当火候煮制 1h 左右，即为成品。

**（四）产品质量标准**

具有独特的酱香味，肉色棕红。产品色泽酱红，肉丝分明，入口酥松，清香鲜美，利口不腻，肥肉薄片，晶莹透明，瘦肉片则不柴不散，风味独特。

## 五、风干肉类

风干肉是肉经腌制、洗晒、晾挂、干燥等工艺加工而成的生肉类制品，食用前需熟化加工。常见产品有风鹅、风鸡等。

风鹅，又称咸鹅、香鹅，是指鹅经屠宰后取出内脏，但不去毛，经腌制风干而制成的一种特殊腌腊鹅制品。产品特点：腊香味浓，但干、咸、硬，风鹅中含有大量的氨基酸和不饱和脂肪酸，具有高蛋白、低脂肪、味道鲜美、口感香嫩、回味悠长的特点，是一种风味和营养俱佳的美食。原产地区有南京高淳县、扬州仪征等地区。

**（一）风鹅传统生产工艺**

1. 工艺流程

选鹅→屠宰→腌制→风干→成品

2. 工艺要点

（1）选鹅　制作风鹅选用健康无病、羽毛绚丽、雄壮健美的鹅，其中以公鹅或野鹅最佳。

（2）屠宰　宰杀放血采用口腔刺杀法，尽量放尽血液。去内脏在颈基部、嗉囊正中轻轻划开皮肤（不能伤及肉），取出嗉囊、气管和食管，在肛门处旋割开口，剥离直肠。取出包括肺的全部内脏。再用刀轻轻将皮、肉分开，以暴露出胸脯肉、腿肉和翅膀肉为度，而颈端、翅端、尾端和腿端的皮肉应相连，不能撕破。

（3）腌制　把辅料粉碎混匀，涂抹在鹅体腔、口腔、创口和暴露的肌肉表面。然后平放在案板上或倒挂腌制 3～4d，不能堆叠，以便保护羽毛。

腌制料：去脏鹅 100kg，盐 5～6kg，白糖 1～1.5kg，花椒 0.1～0.2kg，五香粉 0.1kg，硝酸钠 50g。

（4）风干　用麻绳穿鼻，挂于阴凉干燥处，经风干半个月左右即为成品。

**（二）风鹅工业化生产工艺**

1. 工艺流程

选鹅→屠宰→腌制→风干→预煮→煮制→灭菌→成品

2. 工艺要点

（1）选鹅　将活鹅经宰杀、退毛、净膛、漂洗得到光鹅。

（2）腌制　将清洗干净后的光鹅，用含盐和亚硝酸盐配制而成的卤液进行注射或直接腌制；将注射后的光鹅放置在温度为 10～20℃、含盐 14% 的卤液中进行腌制，腌制时间为 18～36h。

(3) 风干　腌制后的光鹅放置在温度<18℃、相对湿度<75%的风干车间内风干，时间为3~5d。

(4) 预煮　将风干后的鹅置于温度为80~90℃的水池中5~8min出水后，将鹅表面小毛镊除，用水清洗干净放在固定的架子上。

(5) 煮制　将已上架的鹅通过蒸煮生产线送至温度为95~102℃的已配制好的卤液中蒸煮，时间为45~120min。

(6) 灭菌　将煮制后的成熟鹅从架子上取下，进行冷却真空包装，微波杀菌或高温杀菌，再冷却。

(7) 成品　将冷却后的风鹅进行外包装密封、称重、打印生产日期，送至温度为-10℃以下的冷库内进行贮存。

# 第四节　酱卤制品

## 一、概述

酱卤类肉制品是以各种肉为原料，添加调味料和香辛料，以水为介质，加热煮制而成的熟肉类制品，是我国比较传统的肉制品，其关键加工环节为调味和煮制。传统工艺加工的酱卤肉制品出品率不高，一般为50%~60%，从而导致产品的成本很高。现代酱卤制品大多融入西式肉制品，即注射工艺、滚揉工艺。

酱卤肉制品的肉块一般较大，通过注射，可以加快食盐、亚硝酸钠、白糖、葡萄糖、复合磷酸盐等的扩散，加速盐溶蛋白（肌原纤维蛋白）的提取，提高产品保水性，增加产品的出品率。另外，注入一些肉蛋白以外的其他动植物蛋白，如大豆分离蛋白、花生蛋白、奶蛋白、酪蛋白等可以提高产品的营养价值，同时改善产品的嫩度。

滚揉又称按摩，是通过翻滚、碰撞、挤压、摩擦来完成的。滚揉后，原组织结构受破坏，部分纤维断裂，肌肉松弛，质地柔软，有利于盐水的渗透和盐溶蛋白的析出，在肉的表面形成网状结构，且在煮制过程中盐溶蛋白会遇热变性，发生凝固，从而起到保持内部水分不流失的作用。

酱卤肉制品依据加工过程中所用的配料和操作条件的不同，一般将其分为3种：白煮肉类、酱卤肉类和糟肉类。

## 二、白煮肉类

白煮肉类是原料肉经（未经）腌制后，在水（盐水）中煮制而成的一类熟肉类制品。最大限度地保持原料肉固有的色泽和风味是其主要特点，一般在食用时才调味。其代表品种有盐水鸭、白切鸡、白切猪肚、白切肉。

白斩鸡又称白切鸡、白灼鸡，是一种在岭南地区和长江流域常见的以鸡做原料的菜式。这种菜式，越往南越普及和流行。南方比北方讲究吃白斩鸡，有两个主要的原因。一是吃白斩鸡注重“皮滑肉嫩”。北方气温比南方低，鸡的饲养生长期比南方要长，鸡的肉质不如南方鸡细嫩，用白斩的方法加工烹制，吃起来口感不好。二是白斩鸡是凉菜，食用时的环境温度与食用效果有很大的关系。食用白斩鸡的环境温度，以 23～30℃ 最为宜。

**（一）工艺流程**

选料→备料→焯制→热烫→冷浸→切盘→调料→成品

**（二）工艺要点**

1. 选料

制作白斩鸡要选用生长期短的肥嫩母鸡，体重以 1.25kg 左右为宜。若在食用前能以芳香性食料（如花生枯饼）混合其他饲料笼养 15～30d 则更理想。

2. 备料

宰杀时要将血放尽，否则肉质发红并有血腥味。除毛浸烫的水温和时间要适度，烫松毛孔即可，浸烫过头或不够都易伤鸡皮。毛除尽后在肛门处扩孔掏出内脏，扭折脚骨将鸡爪插入孔内。另取瓷调羹一把，将瓷羹小头从嗉囊（俗名食袋）取出孔插入腹腔。洗净滤干血水备用。

把鸡爪塞入肛门开孔内和在取嗉囊处插入瓷羹，其目的是防止孔洞闭塞，以形成取嗉囊—腹腔—肛门孔的通道，以利浸烫时水的环流，使内外加热均匀，减少浸烫时间。

3. 焯制

把鸡在沸水中略焯紧缩，以清除血水和异味。焯的时间以 1min 左右为宜。焯过鸡的水倒掉不用。

4. 热烫

把至少相当于鸡体积 3～4 倍量（从理论上讲，水量越多越好）的清水烧沸，下鸡后猛火烧至复滚，迅即控火保持水面冒鱼眼小泡不大开，8～12min 即熟（鸡肉已熟而鸡腿骨内还带红色为最好）。烫时可把鸡稍作翻动，使之受热均匀。鸡烫熟后捞起吹凉，浸烫水凉置备用。

5. 冷浸

把凉透的鸡复浸入凉透的浸烫水中，一般浸 30min 左右。冷浸的目的是使鸡肉变得更细嫩鲜美。

6. 切盘

冷浸后捞起滤干水，在表面刷上一层极薄的熟花生油，可使鸡皮光滑晶莹，又可减少在食用前水分的挥发，保持细嫩。白斩鸡同样对刀功有严格要求，要利刀快斩，下刀的先后和斩件的大小均要讲究。斩好按鸡的原形拼装入盘。如用殷红饯果和翠绿香菜叶进行装饰点缀，更可赏心悦目。

7. 调料

中国菜重调料，有如中国气功重“精、气、神”，这是一种特有的文化现象，调料并不在多，加上一点，便生奇味。调料是菜肴的一个重要组成部分。

白斩鸡的调料很多，难以统计，一般有油质和水质两种，味道有咸、酸、甜、辣，采用的原料有姜、沙姜、葱、韭、蒜、香菜、辣椒、酸柑、盐、糖、味精、生抽、醋、花生油、芝麻油、山茶油等。

从白斩鸡的淡雅风味来看，不宜选用过于浓烈的调味料，以免冲淡和掩盖白斩鸡本来的清香和鲜味，选用姜、葱、盐、味精调熟花生油较为合适。

## 三、酱卤肉类

酱卤肉类是指在水中加食盐或酱油等调味料和香辛料一起煮制而成的一类熟肉类制品。色泽鲜艳、味美、肉嫩是其主要特点。产品的色泽和风味主要由调味料和香辛料决定。酱卤肉类主要有酱牛肉、卤鸭、卤肉、烧鸡等。

以酱牛肉和烧鸡为例，介绍酱卤肉类生产工艺。

### （一）酱牛肉生产工艺

1. 工艺流程

解冻→修整→盐水注射→真空滚揉→煮制→包装→二次杀菌→成品

2. 工艺要点

（1）解冻　原料肉须放在干净卫生的解冻池中解冻，牛肉应完全浸没在流动的清水中，水温控制在1～5℃，室温控制在15℃以下，解冻视气温的情况，必须完全的解冻，要求肉中心无冻块和硬块。

（2）修整　剔除筋膜、腱、软骨、淋巴、淤血、脂肪、污物等，把原料肉修割成0.5 kg左右的肉块，再用清水冲洗表面的血污，沥干水分后备用。

（3）盐水注射　盐水注射机在使用前用清水冲洗干净，如长期未用应采取相应的消毒，调整压力和链条转速，保证注射率达到30%。也可采用2次注射，注射后立即清洗盐水注射机，以避免盐水堵塞针头。

注射液配制：将亚硝酸钠用水化开，磷酸盐用温水溶解，加入规定量的水中，然后将白糖、蛋白、食盐、味精、卡拉胶、淀粉等辅料加入其中，搅拌溶解均匀。

配方：冰水80 kg，三聚磷酸钠3 kg，味精300g，异抗坏血酸400g，白糖4 kg，亚硝酸钠30g，精盐5 kg，卡拉胶600g，分离蛋白3 kg，葡萄糖1 kg，变性淀粉3 kg。

（4）真空滚揉　滚揉桶内装入注射好的牛肉，注意装的量不要过大，最好装桶容量的2/3。滚揉方式为：工作20min，休息10min，滚揉总时间8h。滚揉好的牛肉放在0～4℃的冷藏库中放置8～12h。

（5）煮制　采用夹层锅煮制，这样煮的时候不会糊锅。将水加热，先将红曲米水溶，再加入葱段、姜片、大料包，再把盐、糖、酱油放入锅中。大火煮开水，把腌好的牛肉块放入锅中煮，保持沸腾状态30min，改为小火煮制40min，再保持水温90℃，焖制时间100min。注意在煮制过程中不断捞取表面的浮膜和血污。

煮制液的配方：牛肉50 kg、精盐1 kg、葱段500g、大茴100g、砂仁100g、草果100g、陈皮150g、白糖150g、桂皮250g、花椒50g、红曲米600g、酱油3 kg。

（6）包装　撇去表面的脂肪和异物，在通风处晾干，时间 2h 左右。使肉块的中心温度达到常温即可。之后用高阻隔袋进行真空包装。

（7）杀菌　在 90～100℃温度下蒸煮杀菌 20min，杀菌后冷藏放置。

3. 产品质量标准

酱牛肉目前仍无国家标准，具体质量指标可参照《酱牛肉通用技术条件》（DB 37/T 1098—2008）。

**（二）烧鸡生产工艺**

烧鸡是一大类禽类酱卤制品，品种众多，风味各异。生产工艺各有不同，有的煮制之前油炸，有的煮制之后熏制。以江苏古沛郭家烧鸡、安徽符离集烧鸡、河南道口烧鸡、山东德州扒鸡最为著名。

以符离集烧鸡为例，介绍烧鸡加工工艺。

1. 工艺流程

选鸡 → 屠宰 → 造型 → 炸鸡 → 煮制 → 包装 → 二次杀菌 → 成品

2. 工艺要点

符离集烧鸡制作方法十分讲究，从选鸡到捞鸡需经 12 道工序：

（1）选鸡　选用半年至两年之间，重量为 1kg 以上的毛鸡。

（2）屠宰　活鸡进厂需停食饮水 6h，采用电麻致晕，颈部宰杀法放血。水温 65℃左右，泡烫约 3min；烫鸡是给鸡脱毛前的一道重要工序。然后进行煺毛、开膛、去内脏等工序。

（3）造型　将鸡胸前的左翅膀从放血刀口穿入鸡嘴内，并拉出和鸡脖子打一个扣，别好。再将两鸡腿交叉别入鸡膛内。要求别好的鸡呈椭圆形。

（4）炸鸡　整型好的鸡在油炸前要先涂上一层浓度为 20% 的饴糖。完全上好饴糖后，进入油炸车间。炸鸡的油温一般控制在 160～180℃、2～3min，待烧鸡表皮呈金黄色即可。

（5）煮鸡　用陈年老汤煮鸡，先高温卤煮，后小火回酥，以求肉烂而丝连；煮制 1～2h。

配料：活鸡 10 只，桂皮 10g，白糖 15g，陈皮 10g，八角 10g，辛荑 2g，小茴香 2g，精盐 150g，姜 20g，饴糖 200g，肉蔻 3g，山柰片 3g，砂仁 2g，丁香 3g，白芷 5g，草果 3g，花椒 5g，芝麻油 1500g。

（6）包装　卤制好的烧鸡捞时要小心细致，防止破碎，沥干卤汁后，进行风冷或自然冷却。冷却充分后进行真空包装。

（7）二次杀菌　包装后产品可进行巴氏二次灭菌或高压灭菌，以延长保质期，前者适于冷链销售，后者可在常温下贮存和销售。

（8）成品　烧鸡的存放仓库要保持整齐清洁，通风干燥，一般在 18～20℃。存放的时候要与底面隔开，避免受潮。

3. 产品质量标准

依据《地理标志产品 符离集烧鸡》（GB/T 20558—2006），产品质量标准具体见表

4-2-5 至表 4-2-7。

表 4-2-5 感官要求

| 项目 | 要 求 |
| --- | --- |
| 色泽 | 呈枣红色或金黄色 |
| 滋味与气味 | 咸淡适中，滋味鲜美，柔嫩滑爽，具有符离集烧鸡固有的滋味与气味 |
| 组织及形态 | 整鸡呈椭圆形，造型美观、丰满，表面干净 |

表 4-2-6 理化指标

| 项 目 | | 指标 |
| --- | --- | --- |
| 固形物含量/% | ≥ | 88 |
| 无机砷含量/（mg/kg） | ≤ | 0.05 |
| 铅（Pb）含量/（mg/kg） | ≤ | 0.5 |
| 镉（Cd）含量/（mg/kg） | ≤ | 0.1 |
| 总汞（以 Hg 计）含量/（mg/kg） | ≤ | 0.05 |
| 亚硝酸盐 | | 按 GB 2760—2011 执行 |

表 4-2-7 微生物指标

| 项目 | | 指标 |
| --- | --- | --- |
| 菌落总数/（cfu/g） | ≤ | 30000 |
| 大肠菌群/（MPN/100g） | ≤ | 90 |
| 致病菌（沙门菌、金黄色葡萄球菌、志贺菌） | | 不得检出 |

**【思考题】**

1. 金华火腿传统和现代加工工艺有哪些异同？
2. 简述腌腊肉制品的特点及分类。
3. 简述板鸭的加工工艺。
4. 风鹅传统生产工艺及工业化生产工艺的不同之处有哪些？
5. 何为酱卤制品？包括哪几种？
6. 酱牛肉加工工艺中真空滚揉的作用是什么？

# 第三章　西式肉制品加工工艺

【学习指导】

本章应重点掌握西式肉制品的分类及特点，各种西式火腿、西式香肠、培根的加工工艺；熟悉西式肉制品加工的工艺流程和操作要点；了解西式肉制加工的配料。

## 第一节　西式肉制品的分类和特点

### 一、西式肉制品的分类

西式肉制品起源于欧洲，在北美及其他西方国家广为流行，以欧美为代表的肉制品。通常根据原辅料及加工工艺，主要可分为西式火腿、西式香肠和培根三大类。

根据加工熟制温度，又可分为低温肉制品和高温肉制品。高温肉制品一般指高温高压加工的肉制品，加热杀菌温度在115℃以上。高温肉制品伴有过熟味，失去固有的风味，但保质期可长达4个月以上；低温肉制品是中心温度达75～85℃的肉制品。肉蛋白质适度变性，基本保持原有弹性，在品质上明显优于高温肉制品，但货架期短，不便长途运输和保存。低温肉制品已风靡欧美市场，成为世界性产品。

### 二、西式肉制品的特点

西式肉制品是在1840年鸦片战争后传入中国的，至今已有160年的历史，被中国人最先接受的是香肠制品，然后是带骨的熟火腿和肉卷等产品。西式肉制品在我国发展很快，到目前已有60多种。据2012年数据显示，目前肉制品的年产量已发展到1000多万t。从20世纪80年代开始，全国肉类企业从德国、法国、意大利、日本等国引进香肠和火腿加工设备，使我国肉制品品种的结构发生了根本变化，西式肉制品的产量迅速增加，并涌现出了一些大型熟肉制品的加工企业，促进了我国肉制品加工业的进步和发展。

但我国畜产品加工业一直存在“初加工、低档次产品多，深加工、高档优质产品少”的不合理现象。在美国《肉类与家禽》杂志公布的全球肉类工业50强中，没有一家中国企业。亚洲的日本和泰国分别有6家和1家企业进入，其余全部为欧美国家，其中美国有24家。发达国家畜产品转化为肉制品的比例一般为30%～40%，有的国家高达

70%，而我国的加工率仅15%左右。同时还存在加工出品率低、产品质量差，品质达不到国际先进水平，加工原料的综合利用率低，产前、产中、产后整个产业链缺乏科学的管理体系及肉制品安全等问题。因此，我国与西方肉制品加工在科学研究、工艺技术、机械设备、生产规模、管理、产品质量安全等方面还存在着较大的差距。

西式肉制品有如下特点：

（1）从畜禽养殖、屠宰，到加工、销售建立了严格的管理体系，确保了质量安全。

（2）产品鲜嫩、口感细腻、风味各具特色，营养丰富、易于消化吸收。

（3）肉制品研究科研水平高，科研成果转化率一般为60%～80%（我国为30%～40%），新工艺技术应用广泛。

（4）企业规模大，工业化程度高，品种多，HACCP、GMP管理和ISO认证广为采用，生产规范，产品质量稳定。

## 第二节　西式火腿

### 一、火腿的分类

西式火腿（western pork ham）一般由猪肉加工而成，因与我国传统火腿的形状、加工工艺、风味等不同，习惯上称其为西式火腿，包括带骨火腿（regular ham）、去骨火腿（boneless boiled ham）、盐水火腿、压制火腿、灌肠火腿等。西式火腿中除带骨火腿，在食用前需熟制外，其他种类的火腿均为可直接食用的熟制品。

### 二、西式火腿生产工艺

西式火腿（蒸煮火腿或熟火腿）是欧美各国人民最喜爱的肉制品之一，也是西式肉制品中具有代表性的产品之一。西式火腿一般采用猪肉加工而成，有时会辅以牛肉、鸡肉等，大多数是去骨（或同时去皮）的熟制品。经过原料肉的选择和整形、腌制、嫩化、滚揉、充填或装模、烟熏蒸煮及冷却包装等工艺，经检验合格后而最终制成的肉制品。

1. 原料肉的选择及修整

在西式火腿的加工中，原料肉的选择是非常严格和重要的。原料肉必须严格符合卫生检验要求，不存在任何隐患，原料要求以瘦肉为主，无碎骨和皮下脂肪；原料肉的选择，原则上仅选用猪的臀腿肉和背腰肉，而猪前腿肉品质稍差；若选用热鲜肉作为原料，需要将原料充分冷却，直至其中心温度为0～4℃；若选用冷冻肉，宜在0～4℃的冷库环境下进行解冻。欧洲要求原料肉的pH在5.8～6.3，质软、渗水、pH低的PSE肉、干硬的DFD肉等均不能作为原料肉，德国则以瘦肉率为等级选择原料肉。

选择原料肉后即进行原料肉的修整。首先，剔除内层的筋、腱、大血管、淋巴结等以及外层的皮下脂肪和淤血斑，不允许存在杂质和碎骨。筋、腱等结缔组织属于非全价蛋白，其往往会导致火腿保水性差、坚硬，食用后难于消化。其次，根据产品的规格和品种，还得对原料肉进行分切、称重，以便精确控制盐水注射量或腌制用盐量。分切整理时，应按照肌纤维方向对原料肉进行分切，且尽量保证肌肉块的完整性，以利于盐水注射和避免盐水大量外流，缩短腌制或滚揉时间。原料选择和修整时，要求操作间温度保持在10℃左右，环境卫生、整洁。

2. 腌制

腌制一般有干腌法、湿腌法和注射法，目前常用的为干腌法或肌肉注射法。腌制剂的成分一般是食盐、硝酸盐或亚硝酸盐（如亚硝酸钠）、大豆分离蛋白、维生素C等；根据不同的产品、不同的工艺，有些加入发色助剂（如异抗坏血酸钠、柠檬酸、抗坏血酸、烟酰胺）和品质改良剂，有些还会添加一些香辛料、调味料等。

干腌法是将腌制剂拌于原料肉中或涂抹于原料肉上，在低温环境中腌制，腌制途中需要定时翻倒和涂抹腌制剂。此种方法简便，但腌制不均匀，只适合于小块肉的腌制。

湿腌法即是将整理完的原料肉浸于已配制好的腌制液中，在0～4℃的条件下，根据不同重量的原料肉腌制不同时间（一般是2d/kg），腌制过程中定时翻倒，以使腌制均匀。湿腌法腌制均匀，产品质地柔软、嫩而多汁，但蛋白质等营养物浸出物损失较大。

注射法是利用盐水注射机将配制好的腌制液均匀注射到已修整的组织中，从而达到腌制的目的。注射用的腌制液，主要成分是食盐、亚硝酸盐、糖类、柠檬酸、抗坏血酸钠、烟酰胺、磷酸盐等。腌制液的配制一般采用0～4℃的软化水充分溶解并过滤腌制液应根据注射量来调制，调制后采用多针头盐水注射器均匀注入肌肉中。注射量为肉重的20%～30%，盐水温度为8～10℃。注射法缩短了腌制时间，提高了腌制质量，增加了产品的得率，改善了产品质量。

3. 嫩化及滚揉

盐水注射的肉需进行嫩化处理。嫩化是利用嫩化机在肉上切割开许多15mm左右深的刀痕。肉内部的筋腱组织被切开，肉的表面积增加。

盐水注射剂工作过程也能作用于肌肉于肌肉组织，从而起到嫩化作用。只有用注射法注射过的大块肉才要嫩化，湿腌的小块肉无需嫩化。

滚揉分为连续式滚揉和间歇式滚揉。连续式即连续滚揉4h，然后在5℃以下冷库腌制12h。间歇式滚揉即滚揉20min，间歇40min，滚揉处理总时间16h，滚揉时间5h，滚揉温度要求在8℃以下。

所用设备有真空滚揉机和开放式滚揉机。真空滚揉可使肉得到均匀的机械处理，从而避免了由于死角而使肉的温度升高。同时可以破坏肉块表面微小的气泡，避免了加工过程中因空气膨胀而破坏产品结构，真空法还有助消除氧化的影响，改善肉的外观颜色。

4. 装模成型

除卷火腿及生熏火腿外，压制火腿（包括盐水火腿）和肠型火腿的成型一般采用圆形、方形或椭圆形的铝合金包装容器、模具和肠衣。处理后的肉料应迅速装入垫有一层白布（便于脱模）的模具中，抽真空加盖，避免肉料内有气泡，产品切片时出现气孔现象，同时也避免了常温下蛋白质因温度升高而黏度降低，影响肉块间黏着力。肠型火腿则是通过充填机，将肉料灌入肠衣中，然后拉紧、打扣、结扎，有时借助于收缩网袋施加一定压力，使产品组织严密。装模后即可进行烟熏、蒸煮。

5. 烟熏及蒸煮

根据工艺要求，可对肉料进行烟熏处理。烟熏在专门的烟熏柜或烟熏室中进行，处理时既可直接烟熏，也可用烟熏液调味，或采用烟熏液加热使其挥发，包附在制品上。经前处理的制品首先在50℃左右的温度下进行干燥，干燥时间根据肉块大小而定，然后在60℃左右的温度下进行热熏处理，促进熏烟渗入（肠型火腿的包装材料则需要具有一定的透气性，如动物肠衣、纤维肠衣或胶原肠衣）。除生熏类火腿外，其他火腿制品（经过烟熏或不经过烟熏）都必须蒸煮熟化，进而杀灭微生物，同时赋予肉制品特有的风味、口感，方便于保存、运输和食用。

蒸煮又称熟制，在蒸煮锅（槽）内进行，加热蒸煮的方式一般有水煮和蒸汽加热两种方式。常温条件下贮存销售的火腿，包装必须具有良好的密封性，包装材料必须有良好的耐热性，需经过121℃高温灭菌处理；而一般大多数火腿为保证火腿的颜色、组织形态、风味和切片性能，火腿的熟制和热杀菌过程，往往采用巴氏杀菌法，即为低温制品。即火腿中心温度达68～72℃即可。温度过高往往导致蛋白质变性收缩剧烈，老化、失水严重，鲜嫩度遭到较大程度的破坏，产品的出品率降低。因此，在保证产品安全、有效杀灭有害微生物的前提下，按标准是煮制水温不低于70～75℃，蒸制温度不低于80℃，产品中心温度需保持65℃以上30min，或最终温度达到72℃、甚至82℃。生产操作中，常采用“变动式”加热方法与“Δt式加热”协同处理。“变动式”即先采用90～100℃的温度煮制30min，然后再降温至70～75℃，并恒温至终点；“Δt式”即差温温度调节法，调节加热温度使与制品中心温度始终保持一种固定差值的方法。研究证实，在Δt调节为5～25℃时，产品蒸煮损失可最大限度降低，显著地改善了产品的品质，最终获得较高的经济效益。

6. 冷却

蒸煮后的火腿理论上应立即进行冷却，以防止模具内部产生大量水蒸气而导致出品率降低。但仍然建议采用缓慢冷却法进行冷却处理，以保证肉块间良好的黏着性。现在大多采用二段式冷却法，即首先在操作间采用符合卫生要求的冷却水冲淋或浸浴30～50min，然后转至冷库中，使得产品中心温度降至0～4℃。采用水浴蒸煮法加热的产品，应采用流动水冷却，冷却到产品中心温度40℃以下即可；采用蒸汽加热的产品，采用喷淋冷却水冷却，水温要求10～12℃，冷却至产品中心温度为27℃左右。产品冷却至所需温度后，即可送入冷却间继续冷却。

7. 脱模及包装

采用模具生产的火腿制品，冷却后即可脱模和包装。包装车间要求严格的卫生环境、防止微生物污染，对工作人员及器具严格消毒，温度应控制在0～4℃，不允许存在较大的温度波动。包装可根据产品特点和市场需求进行，并根据产品确定贮存与运输方式。

## 三、整熏西式火腿生产工艺

整熏西式火腿选用整块腿肉制作，属于西餐中的高级菜肴，有带皮、带骨或不带骨、不带皮等不同品种。整熏火腿的加工工艺与中式发酵火腿不同，有其独特之处。

## （一）带骨生熏腿

带骨火腿属于生熏火腿类，所以又称生火腿，在欧洲比较普遍。由带骨的猪后腿加工而成，是西式火腿类中最具有代表性的产品之一。这类产品一般不进行长时间成熟，腌制时间短，但需进行干燥和烟熏处理。成品外形像乐器琵琶，与金华火腿相似；外表肉色呈咖啡色，内部淡红色，皮金黄色；成品为半干制品，肉质略带轻度烟熏味，清香爽口。

1. 原料选择及处理

选用猪前腿或后腿，而带皮骨的制品一般选用后腿。首先将合格的坯料进行修整、排血，除去坯料中的残血，以增强肉的防腐性，提高肉的黏结性，改善肉的色泽和风味。排血法一般是取肉重0.2%～0.3%硝石和3.5%～5%精盐混合均匀，先取一半硝盐均匀涂擦于腿肉表面，肉面朝上逐层堆叠于略微倾斜的操作上，最后一层肉面朝下，上面压以重物，以利于残余血的排净；转至0～4℃冷库中，待第二天将剩余的硝盐再涂擦一遍，倒置堆叠，再放置1d即可。

2. 腌制

按配方将糖、精盐、硝石、调味料等料配成腌料，采用干腌、湿腌或注射等方法腌制肉坯。整熏火腿的几种主要腌制方法：

（1）干腌法　腌制料涂抹在肉的表面，利用肉所含的水分将腌制料溶解而发挥作用。按原料质量计，一般食盐3%～6%，硝酸钾0.2%～0.25%，亚硝酸钠0.03%，砂糖1%～3%，调味料0.3%～1.0%。腌制时将腌制料分1～3次涂抹于肉上，堆放于4℃左右的腌制室内压紧，但高度不超过1m，期间3～5d倒一次垛，以腌制均匀。腌制时间随肉块大小和腌制温度及配料比例不同而已。一般小型火腿腌5～7d，5kg以上较大火腿需20d左右，10kg需40d左右。

（2）湿腌法　湿腌法即盐水腌制法，在容器内将肉浸泡在预先配制好的食盐溶液中，并通过扩散和水分转移，腌制液进入肉的内部，均匀地分散。腌制时间基本与干腌法相近，主要取决于盐溶液的浓度和腌制温度。

腌制液为：100kg水中加入食盐15～20kg，硝石0.1～0.5kg，亚硝酸0.05～0.08kg，香料0.3～1.0kg，砂糖2～7kg。此外，还可加入多聚磷酸盐、抗坏血酸钠。有时，为制作上等品，在腌制时可适量加入葡萄酒、白兰地、威士忌等。

将洗净去血的肉块堆叠在容器内，并将预冷至2～3℃的腌制液，按肉质量的1/2量加入，使肉完全浸泡在腌制液中，在温度为2～3℃的腌制间中腌制。一般腌制5d左右，腌制时间较长，需5～7d翻一次，保证腌制均匀。为防止腿坯上浮，可加压重物。

（3）注射腌制法　这种腌制方法在西式带骨火腿中应用十分广泛。注射盐水是用盐水泵通过注射针头把盐水强行注入肌肉内，注射的部位一般是5个均匀分布的位置，各位置注射一针。肌肉厚实的部位，可适当增加注射点，以防止中心部位腌不透。有滚揉时，腌制时间可缩短至12～24h。

3. 浸泡

干腌或湿腌结束后，取出肉坯浸泡于水中，从而清除附着在肉块表面及肉中过量的盐分，浸泡水约为10倍肉量的10℃洁净冷水，浸泡时间按肉块计算，为1～2h/kg。浸泡有两个作用：一是使腿内温度升高，肉质软化，便于清洗和修割；二是漂去表面盐分，以免熏制后出现“白花”盐霜，有助于增加产品外形美观。

4. 整理

完成了上述各项工序处理的腿坯，需再次修割、整形，使腿面呈光滑的椭圆球面。在脚圈上方刺一小洞，穿上棉绳，吊挂在晾架上，再一次刮去皮上的水分和油污，晾干10h左右。晾干期间有血水流出，可用布吸干。

5. 熏制

熏制前应先干燥，使肉面有光泽，利于烟气渗入，且促进火腿呈色。根据产品要求，采用冷熏、温熏或热熏等方法进行熏制处理。此工序在干燥室进行，温度保持为50～60℃，处理20min左右，或在30℃温度下缓慢干燥2～4h至表面呈红褐色，然后进行熏制。带骨火腿一般采用冷熏法，温度30～33℃，熏1～2d。熏后不需煮制，直接置于阴凉处，充分冷却后包装。

6. 冷却包装

充分冷却后的制品先用洁净布擦净表面，再用玻璃纸或塑料薄膜真空包装，也可以将火腿切片，采用薄膜真空包装，以方便运输销售。运输销售过程中应保持在0～4℃以下温度中，安全期为一周，最长可保存20d。

### （二）去骨火腿

去骨火腿是用猪后大腿经整形、腌制、去骨、包扎成型后，再经烟熏、水煮、冷却等工艺而成，又称去骨成卷火腿、去骨熟火腿。具有肉质鲜嫩的特点，但保藏期较短。

1. 原料选择、整形、腌制及烟熏

生产去骨火腿的选料、整形、腌制浸水与带骨火腿基本相同。与带骨火腿比较，其腌制时的食盐用量稍减，砂糖用量稍增为宜。去骨一般是在浸水后进行，去骨时，去除两个腰椎，剔除腿骨时，将刀插入腿骨上下两侧，割成隧道状。去骨时应尽量减少对肉组织的损伤。有时去骨可选择在去血前进行，可缩短腌制时间，但肉的结着力往往较差。去骨后，用棉布将去骨整形后的肉块卷紧，包裹成圆筒状后用绳扎紧卷成圆筒形，但大型的原料一定要扎成枕状；也可用金属模具进行整形、加盖压紧，而后进行烟熏。

2. 煮制、冷却及贮存

与带骨整熏火腿不同的是，去骨火腿需进行煮制。煮制的作用是杀菌和熟化，赋予产品适宜的硬度和弹性，同时减弱浓烈的烟熏味。水煮温度为75℃左右，必须使制品中心温度达到72℃，保持30min。煮后略加整形，捆扎圆腿要解开重新捆紧，模型火腿要重新拧紧模盖，使产品组织密实，提高其切片性。煮后火腿先用冷水初步降温后，再挂入冷库冷却，以便保存。

## 四、盐水火腿生产工艺

盐水火腿是以猪精肉为主要加工原料，经过严格的工艺，制成的一种西式定型包装熟肉制品。盐水火腿属于高水分低温肉制品，产品特性主要取决于嫩化工艺所赋予的高保水性，因而加工出品率高，产品纹理清晰、口感鲜嫩多汁。盐水火腿作为西式肉制品中的主要代表之一，已成为目前国内开发的主要西式产品。

## （一）工艺流程

原料肉的选择、整理→盐水配制→注射→嫩化、滚揉→充填灌装→蒸煮与冷却→脱模包装

## （二）工艺要点

1. 原料肉的选择、整理

选择适宜的原料肉是保证盐水火腿质量的首要因素。对于高档产品应以100%猪后腿肉为原料，而一般则以新鲜的腿肉、肩肉、脊肉等为原料。原料肉的肌肉有光泽、纹理细腻、肉质柔软。pH在5.8~6.4最为适宜，原料肉pH太低，会造成原料对后一环节结着力不强，使产品表面或断面太湿，影响火腿的发色和风味，并且影响出品率。

原料肉处理的主要目的是保证每块肉都达到均衡一致的结合力，即使小块肉也能很好的黏结在一起。选好的原料肉排血后，冷却至0℃左右进行修整，再去除皮、骨、结缔组织膜、脂肪和筋腱，使其成为纯精肉。处理时应注意，尽可能少地破坏肌肉的纤维组织，刀痕不能划得太大、太深，并尽量保持肌肉的自然生长块型。分割修整后，原料肉必须称重，以确定盐水注射量。

2. 盐水配制

注射腌制所用的盐水，主要组成成分包括食盐、亚硝酸钠、糖、磷酸盐、抗坏血酸钠及防腐剂、香辛料、调味料等。盐水配制的3个要点：一是根据产品类型及出品率要求，准确计算盐水中各添加剂量；二是保证各添加剂充分溶于水中；三是控制盐水于较低温度。

配制盐水应按需配制，现用现配。配制方法一般是首先将不溶性香辛料熬煮后过滤，取其香料水，冷却至2℃左右，溶入复合磷酸盐，再依次加入糖、食盐、卡拉胶、植物蛋白、亚硝酸钠、抗坏血酸钠等。产品生产过程中的配方计算是一个关键的技术过程，盐水的组成和注射量是相互关联的两个因素。在一定量的肉块中注入不同浓度和不同注射量的盐水，所得制品的产率和制品中各种添加剂的浓度不同。

3. 注射

配制的盐水应及时注入肉块中，注射2~3次，直至全部盐水注射到肉块中。注射压力大小根据肉块的大小调节，保证盐水充分进入肉块。盐水注射机的针头保持锋利、卫生，否则易撕裂肉块表面、污染肉块，使肉块变色，影响注射效果，降低贮存性。

4. 嫩化、滚揉

注射后嫩化是出品率高于130%的产品必不可少的工序。通过嫩化肉纤维被切断，使得肌肉纤维充分涨润，增加盐溶蛋白的萃取和软化肉块，嫩化过程大大提高肉的保水性，并使盐水分布更加均匀，成品切片性和出品率都有较大提高。嫩化要注意切碎不要过度，溢出的盐水要一起加入到滚揉工序中，以保证整个配料的稳定性。

滚揉温度一般在4℃左右，滚揉时肉块温度不应超过8℃，温度较高时会减缓提取肉蛋白的效率，导致肉块间黏附力差及促进微生物生长于繁殖。滚揉的同时可添加一定量

的大豆分离蛋白、淀粉、调味料，有时还添加10%左右经腌制斩拌的肉糜，以提高黏结性和出品率。

5. 充填

腌制后肉块可采用肠衣、收缩膜或金属容器、模具充填灌装。如果选用肠衣灌装，应采用易剥纤维肠衣。但选用真空收缩膜对保证产品质量更为有益，在蒸煮、冷却及贮存阶段，收缩膜紧贴于肉上，产生的机械压力有助于防止水分析出或胶质分离，也可有效预防再污染、延长保存期，并且袋上可直接印制产品说明和商标，减少二次包装，节省包装材料，易于产品贮存运输。方、圆火腿要装模，模盖带弹簧，装好后加盖压紧。充填、装模要求紧实，排出空气。

6. 蒸煮、冷却

金属模具火腿多用水煮加热，充入肠衣内的火腿多在全自动烟熏室内完成熟制。充填后的盐水火腿，除使用纤维素肠衣包装的产品可进行烟熏外，其他产品均无法直接烟熏。如需要生产烟熏制品，可选择配料中添加1%～4%的烟熏液。一般单件产品每千克约需煮制1h，加热至中心温度68～72℃，维持30min即可。

盐水火腿蒸煮后应尽快进行冷却，使中心温度迅速越过30～40℃这一微生物具极强生长势能的温度限，直至降至27℃以下，以保证产品可贮性。如果蒸煮器无自动冷淋系统，应立即移入淋浴室，最好是采用间歇式淋浴法，以10℃左右冷水冲淋。当产品中心温度降至27℃后，则停止淋浴，间隔一段时间，使表面水分蒸发后再移入冷却室。产品在冷室内应放置12h以上，冷却至中心温度2℃，以便使肉蛋白质与残余水分达到最佳结合状态，再脱模进行包装。

## 五、其他压制火腿生产工艺

除盐水火腿外，一般压制火腿也称压缩火腿，与盐水火腿无本质区别。不同之处在于一般压制火腿，利用黏结性强的肉绞成的肉馅，与小肉块搅拌后充填、压实。不采用盐水注射法，而常采用干腌法，且不限于猪腿肉、猪肩肉，其他部位肉及牛、羊、兔、鱼等肉均可作为原料。

### （一）压制火腿工艺要点

1. 原料肉的处理

在低温（0℃）下，将排血处理后的原料肉的骨、筋、皮等剔除，切成3～5cm见方的肉块。采用干腌法加入2%～3%的混合盐，0～4℃的低温下腌制2～3d。脂肪添加量为20%左右，脂肪切成1～2cm见方小块，用之前需沸水处理，冷却沥干后备用，可不添加脂肪。

2. 拌和

按配方将原料肉及调味料、香辛料等辅料（分离蛋白、淀粉等），一起放入混合机中，搅拌10～20min，使之混合均匀，可选择性地添加冰水。几种压缩火腿原辅料配比见表4-3-1。

表4-3-1　几种压制火腿原辅料配比　单位：kg

| 肉料种类及辅料 | 配方 | | | |
|---|---|---|---|---|
| | 1 | 2 | 3 | 4 |
| 猪肉 | 40 | 40 | 30 | 20 |
| 猪肥肉 | 20 | 25 | 25 | 20 |
| 牛精肉 | | 10 | 10 | |
| 马肉 | 20 | 20 | 20 | 10 |
| 羊肉 | 20 | | 10 | 50 |
| 兔肉 | | 5 | 5 | |
| 白胡椒 | 0.3 | 0.3 | 0.3 | 0.2 |
| 小豆蔻 | 0.1 | 0.1 | | |
| 肉豆蔻 | 0.1 | | | |
| 百味胡椒 | | | 0.1 | 0.02 |
| 鼠尾草 | | | 0.05 | |
| 麝香草 | | | 0.05 | |
| 洋葱 | 0.1 | 0.2 | 0.1 | |
| 生姜 | | | 0.1 | |
| 大蒜 | | | 0.01 | |
| 化学调味料 | 0.3~0.5 | 0.3 | 0.3 | |

3. 充填

混合均匀后的肉料应立即填充于人工肠衣或玻璃纸中，放置于方形或其他形状的、具有弹簧盖子的金属容器中，并施压成型；也可将填充后的肉料（肠坯）放入有弹性的网袋内施压。

4. 烟熏

透气包装制品，可采用50~60℃的热熏法熏制2~4h；不透气包装制品，需在配料时加烟熏液。

5. 蒸煮、冷却及包装

烟熏后的制品直接在烟熏室内进行蒸汽蒸制，产品中心温度需达到75~82℃，维持20min。模压及未烟熏制品可置于煮槽内煮制，煮制温度恒定于75℃，一般煮制2~3h，中心温度达到68~72℃后，维持30min。

烟熏处理后，立即用冷水将制品温度降至室温以下，解除网袋或模具，沥干水分，转置于0~4℃低温室中进一步冷却，充分冷却后，即可包装销售。

**（二）压缩方腿**

1. 原辅料

猪肉15kg，猪肥肉15kg，牛肉5kg，鸡肉10kg，兔肉5kg，食盐2.4kg，抗坏血酸钠

0.05kg，葡萄糖0.25kg，亚硝酸钠5.0kg，磷酸盐0.1kg，胡椒0.1kg，肉豆蔻0.03kg，小豆蔻0.02kg，卡拉胶0.3kg，玉米淀粉4kg，冰水20kg。

2. 工艺要点

原料肉处理后切成4～5cm见方的肉块，添加食盐、亚硝酸钠、糖和抗坏血酸钠拌均匀，在-2℃环境中腌制48h，加入其余辅料搅拌均匀，而后装模、蒸煮、冷却。

**（三）鱼肉压缩火腿**

1. 原辅料

鱼肉70kg，猪侧腹肉3kg，猪瘦肉15kg，猪肥膘肉10kg，食盐1.8kg，亚硝酸盐0.01kg，抗坏血酸钠0.05kg，白砂糖2.5kg，白胡椒0.1kg，生姜汁1.5kg，淀粉5kg，黄酒5kg。

2. 工艺要点

原料整理、修割，切成1～1.5cm见方的肉丁，而后进行腌制，腌制肉经斩拌，搅拌混合后灌入塑料肠衣，85～90℃，煮制35min至1h，再经冷水冷却。

## 六、灌肠火腿生产工艺

灌肠火腿与压制火腿的不同点是：用肉馅和碎肉块混合搅拌并加辅料制馅，肉块与肉馅的比例依品种而异。此外，原料腌制后经绞制或斩拌，采用肠衣灌制。

**（一）半干型和混合型灌肠火腿**

1. 半干型灌肠火腿

半干型灌肠火腿的原料一般为猪颈部肉、肩部肉及背部脂肪。瘦肉与脂肪的比例是7∶3或1∶1；瘦肉切成长3cm、宽2cm、厚1cm的肉块，再加0.01%亚硝酸钠、0.1%硝石、3%精盐进行混合，然后转入0～4℃冷库中隔夜腌制。待背部脂肪在冷却变硬后，以孔径1mm的绞肉机绞碎，然后放入热水中（瞬间）以溶去软脂肪，立即取出以冷水冲洗，沥水后放入冷库进行冷却。这样处理后，可以避免制品在干燥后软脂肪不会漏出，但会损失约为10%的脂肪。

将30%～40%腌制后的瘦肉，以3mm孔径绞肉机绞碎，与其余的瘦肉块一起放入搅拌机中，加入漂烫过的脂肪，再按肉量加入0.4%胡椒、0.3%生蒜、1%优质酱油等调料，充分混合搅拌后加入0.1%罗望子胶，以促进黏结作用。

灌制后即可进行吊挂，小型肠衣制品可直接吊挂，大型肠衣制品须用细绳捆扎后吊挂。稍微干燥后，首先采用干锯末进行冷熏，温度范围为10～15℃，时间为10h左右。熏后用75℃热水煮制40min，再用洁净的流水冷却30min，最后吊挂在通风良好处进行干燥。根据干燥程度（干燥1～2d、1周、2周以上）可分几种类型，半干燥型灌肠火腿属于干燥1周左右的类型。

当制品需要长时间保藏时，可用山梨酸的丙二醇溶液涂抹于制品表面，待表面溶液干燥后，选择非透气性薄膜进行真空包装，80℃下杀菌30min，然后冷藏，以防止发霉。

2. 混合型灌肠火腿

混合型火腿是日本开发的一种具有特色的肉制品，其原料可选用生产高档火腿和培根时的碎猪肉，而且还可以用牛肉、仔牛肉、马肉、山羊肉、兔肉和鸡肉。

混合型灌肠火腿一般采用20%～40%的小肉块（包括内脏），充分混入60%～80%斩拌的肉糜，经灌制等工序制成。混合型灌肠火腿属于压制火腿与灌肠中间类型产品。

各种肉料的配比：猪上等肉30%、猪下等肉20%、马下等肉20%、羊下等肉20%、猪脂肪10%；各种配料配比：白胡椒0.25%、百味胡椒0.05%、姜0.07%、洋葱0.10%、芫荽0.05%，或肉豆蔻仁0.05%、调味料0.30%、玉米淀粉5.00%、冰水10.00%。

先将原料切成小块，按压制火腿原料的腌制方法腌制，在0～4℃下腌制2～3d；待肉料充分呈色后用绞肉机绞成肉馅，再用斩拌机斩拌，斩拌同时加入调味料、香辛料等，边斩拌边加冰水，直至黏性出现为止。再将火腿原料肉（猪上等肉）按压制火腿工艺切成小块，充分搅拌加入3%肉量的混合盐，转入0～4℃低温室中腌制2～3d，肉块充分呈色后，用混合机将腌制后的小肉块与斩拌的肉糜充分混匀。混匀后的馅料充填于天然肠衣或人造纤维素肠衣。

充填后吊于烟熏架移入烟熏室，在50℃左右干燥30～60min，使肠衣干燥，表面形成孔洞，利于烟熏成分渗入。干燥后，60℃左右烟熏2～3h，然后75℃水煮，达中心温度65℃，保持30min后冷水冷却。

**（二）新英格兰式灌肠火腿**

这种火腿在新英格兰地方经常制作，因而得名。使用原料主要是猪瘦肉和牛瘦肉。配料比例以总配料100计，其中猪瘦肉85%、牛瘦肉15%；若全部使用猪肉，配合比例为猪瘦肉70%、猪腿肉30%。

先将牛肉用绞肉机绞成肉馅，绞肉机孔径约为2.8mm。肉料放入斩拌机中后，加调味料和约为肉重5%的冷水，边加水、边斩拌，时间约为3min；选择19mm孔径的绞肉机，对猪瘦肉进行粗绞，再于搅拌机中与绞碎的牛肉馅搅拌混合；将混合均匀后的肉料，灌入小牛盲肠肠衣中，长度一般为30～40cm，周围用绳捆扎6～8圈，以防熏烟和蒸煮时肠衣破裂。如果全部选用猪肉，则将牛肉改为猪腿肉，其他方法相同。

灌制后转入50℃的熏烟室中，首先干燥30～40min，使肠衣表面干燥，然后在55～60℃温度下烟熏5h左右。熏烟后转置于75℃热水中煮制3h，再送入0～4℃的冷却室，用压榨器轻轻压榨，以便压出制品中的水分；若不使用压榨器，可把火腿摆放在平台上，一层火腿上放一块木板，最上层木板上放重石压住。

**（三）法兰克福灌肠火腿**

以牛肉、猪肩肉、猪脂肪、调味料、肠衣（较粗的羊肠衣，较细的牛、猪肠衣）等为原辅料。加工时去除牛、猪肉筋腱，切成栗子大小的肉块，分别放入绞肉机中绞成肉糜，然后按比例将猪、牛肉一同翻到搅拌机中搅拌，充分混合，同时加入冰水、调味料；搅拌好的肉放于冷库中，24h以后再进行灌肠；灌好的香肠进行烟熏，开始的温度用45℃烟熏1.5h，然后60℃熏1h，熏制后在70℃的热水中煮10min，出品率80%～90%。

**（四）新泽西灌肠火腿**

此种灌肠火腿原产于美国新泽西州，原料多选择瘦肉。原辅料配比为：猪腿肉35%、猪背肉50%、牛肩肉15%（瘦肉可以为剔除下来的碎肉）、食盐2.5%、硝石0.15%、砂糖0.5%、红辣椒0.1%、椒盐饼干粉2.0%。

首先将牛肉用绞肉机绞碎，孔径约为2.8mm。猪肉置于操作台上，加上各种调味料、香辛料、填充剂等，约5min后进行切割，边切割边混合，然后全部转入粗绞肉机中进行绞制；绞后的肉平铺于平底容器中，要求厚度不超过20cm，最后转入0~4℃冷库中低温腌制。腌制好的肉料即可灌入布袋或膀胱肠衣中，要求灌装尽量紧实，质量约为2.5kg/个。灌装时注意肉馅不能黏附于表面，否则，烟熏后会影响制品的外观。

灌装后转入10℃的干燥室中，在通风情况下干燥10d左右，再进行低温烟熏，烟熏温度为10~15℃，时间为4h左右。烟熏后冷藏3d左右即可进入市场销售。

## 七、鸡肉火腿生产工艺

鸡肉火腿基本工艺与加工猪肉压制火腿基本一样。首先将鸡肉的筋腱剔除，切成小块，加入混合盐充分搅拌，混合盐配比为：精盐100、硝石2.6、亚硝酸盐0.3，每10kg鸡肉添加300g混合盐，0~4℃低温室中腌制24~48h。取5%~10%腌制后的鸡肉，用绞肉机绞成制成黏结肉；然后将黏结肉与肉块、调味料、香辛料、淀粉等在混合机加以混合；之后各道工序同猪肉压制火腿。

## 八、西式肉火腿出现的问题及原因

### （一）产品热加工后发散、肉质变硬

（1）原料肉使用时，pH降低，要求pH在5.8~6.4。

（2）添加的混合盐中的食盐过少，盐溶蛋白质提取不足。

（3）由于盐水注入量少，滚揉的时间不够，滚揉的温度高，导致细菌增殖，pH降低。

（4）蒸煮是产品质量出现问题的一个不可忽视的环节。一般有蒸煮温度过高（80℃以上）、产品中心温度高、蒸煮时间过长等原因。

### （二）产品表面、切面太湿及切面渗水

（1）选择原料肉的pH太低，导致肉的持水性低。

（2）食盐及多聚磷酸盐加入量不足，盐溶蛋白质提取少，而造成产品保水性能差。

（3）盐水注入量过多，滚揉的时间不足或滚揉温度高。

（4）蒸煮方面，加热温度不够，贮存温度过高等引起产品外表水分多。

### （三）产品表面或断面存在有大量的空洞

（1）原料肉污染细菌严重，产生了大量的气体。

（2）滚揉温度高，以及加热不够等都会导致气体出现，形成气孔，冷却后形成空洞。

（3）盐水注入量过多，滚揉机转速快或滚揉前后没有抽真空。

（4）热加工的蒸煮温度不够，中心温度低，加入的砂糖量过多，pH、$A_w$（水分活性）高，造成细菌产气而产生气孔。

### （四）产品成熟后的出品率低

（1）所选择的原料中pH低的PSE肉较多。

（2）盐水注射量不够及滚揉加工时间短，从而影响产品的保水能力。

（3）蒸煮时加热升温速度太快。

**（五）产品发色不均匀**

（1）原料肉中存有大量的 DFD 肉及病畜肉。

（2）腌制剂未拌均匀。

（3）生产配制的盐水不新鲜，同时注射盐水不均匀。滚揉温度低，发色反应迟缓。

（4）由于生产加工中所使用的 PSE 肉，造成原料肉的 pH 降低。

**（六）产品加工后，制品表面发生变色**

（1）使用的原料肉中 DFD 肉量多，pH 在 6.4 以上，其次由于屠宰、剔骨不卫生造成细菌污染。

（2）所使用的包装材料未按规定进行保管，细菌污染严重。

（3）产品在热加工及后期工序没有达到工艺标准。例如，加热温度低、中心温度低，细菌没有被完全抑制，而保温库的温度及湿度高，在包装过程中对湿度控制不严格等因素都会导致产品表面变色。

**（七）产品加工后的风味、香味等不足**

原料肉的 pH 低，使用大量的 PSE 肉，注入的盐水量不足，工艺配方的各种辅料比例不合理，滚揉时间过短。此外，蒸煮温度高等也会造成产品风味，香味不足。

**（八）蒸煮引起产品过度收缩**

（1）过量的添加脂肪（溶解比例高）。

（2）软脂肪（疏松结缔组织）斩拌过度。

（3）冰屑添加量过多，从而引起水分超标，使肉糜的持水性下降。

（4）在加工过程中，添加的 PSE 肉过多而造成产品收缩。

（5）在加工过程中，加工工艺配方的不合理，主要指混合盐的成分配比不合适。

**（九）蒸煮后的西式盐水火腿变软**

（1）在选肉、修整过程中，未按操作要求执行，遗留下来的结缔组织、脂肪、软脂肪、筋膜、韧带过多。

（2）蒸煮后的产品冷却不彻底造成的产品变软。

**（十）蒸煮后的西式盐水火腿切片时，组织切面易碎，无弹性**

（1）选择的原料肉的质量差。

（2）其次盐溶蛋白质提取的量不足。

（3）压制火腿蒸煮前的压盖紧度不够。

（4）配料标准不合理（卡拉胶、磷酸盐等）。

**（十一）西式火腿表面及两端有脂肪析出**

（1）配方不科学，脂肪含量偏高。

（2）腌制加工肉温太高，使脂肪的乳化能力降低。

（3）蒸煮温度过高，使脂肪融化析出。

（4）保油性添加剂（ 分离蛋白、酪朊酸钠等）漏加或偏低。

# 第三节 西式香肠

## 一、香肠的分类

西式香肠是以鲜（冻）畜、禽、鱼肉为原料，经腌制（或不经腌制）、绞碎或绞碎后斩拌使肉成为块状、丁状或肉糜状态，再配以其他调味料、香辛料等辅料，经搅拌后，填充于天然肠衣或人造肠衣中，经烘烤、熟制和烟熏、冷却或发酵等工序而制成的灌肠制品。灌肠最早起源于公元前15世纪的古代巴比伦和中国，是最老的成形食品之一。西式香肠制品的种类繁多，据报道法国有1500多个品种，我国各地生产的香肠品种至少也有数百种。香肠分类方法很多：

（1）按原料肉切碎的程度，可分为绞肉型和肉糜型肠；

（2）按原料肉腌制程度，可分为鲜肉型和腌肉型肠；

（3）按制品加热程度，可分为生肠和熟肠；

（4）按熏烟程度，可分为烟熏和不烟熏肠；

（5）按发酵程度，可分为发酵和不发酵肠；

（6）按添加填充料，可分为纯肉和非纯肉肠；

（7）按所用原料肉，可分为猪肉肠、牛肉肠、兔肉肠、混合肉肠等。

至今世界各国还没有统一的分类方法，其中美国的分类比较具有代表性，它将香肠制品分为生鲜香肠、生熏肠、熟熏肠和熟制香肠、干和半干香肠（发酵香肠）五大类。

## 二、西式香肠生产工艺

### （一）西式熏煮类香肠工艺

西式熏煮类香肠是世界上产量最大、品种最多的一类，在欧美一些国家占总数的30%～50%。有的产品烟熏在蒸煮后进行。有些产品不经烟熏，仅进行蒸煮，又称熟香肠。这类产品大多属于乳化性香肠。

1. 工艺流程

原料肉的选择及整理→腌制→绞肉→斩拌→搅拌→充填→熏烤→煮制→冷却→成品

2. 工艺要点

（1）原料、辅料和水的选择

①原料：生产香肠使用的原料范围很广，包括猪肉、牛肉、羊肉、兔肉、马肉、禽肉、鱼肉等，以及它们的内脏、脂肪、舌头、血液等均可作为香肠的原料。原料肉经修整，剔去碎骨、污物、筋、腱及结缔组织，然后按肌肉组织的自然块形分开，并切成长条或肉块备用。

内脏、血、肝等副产品比肉易腐败，在下屠宰生产线后，立即用冷水冲洗干净，尽快冷却，猪肚和牛胃（前胃）仔细去除内容物，洗净胃黏膜；食道上的黏膜尽快除净后，用冷水冲淋干净。

用于加工香肠的血，在肉畜屠宰收集和贮存阶段，需要保持良好的卫生条件；而受污染的血微生物含量较高，加工的产品贮存短、味差。现在一般采用血液采集装置收集鲜血。这种方法是用消过毒的空心刀刺入被宰杀的牛或猪咽喉主动脉内，血液流出通过与之相连接的橡皮管进入收集桶，装置具真空抽吸作用，此法放血时间短，放血完全，收集的血的污染少。收集血时往往添加柠檬酸钠等抗凝剂，以防血液凝集。收集的血应及时冷却备用。

②辅料：辅料是指为改善香肠制品的色香味及组织形态，增加营养和延长保存期，而添加到香肠中的调味料、香辛料、填充料、着色剂、抗氧化剂等。

③水：水是蒸煮香肠加工中必不可少的添加成分，水的添加比例和水质对保证产品质量至关重要。水的添加量往往取决于原料中的瘦肉所占比例。蒸煮香肠配方中瘦肉量可因不同产品类型及原料肉结合水的能力而异，但至少要30%，最高可达50%。

在实际生产中，一般是通过产品蛋白质总量来计算水的添加量，添加标准是蛋白质∶水＝1∶4，蛋白质含量越高，添加的水越多。例如，某一类型的蒸煮香肠产品常规成分值为：水分62.2%、脂肪23.2%、矿物质1.8%、蛋白质12.8%，则添加水量为：产品含水量－（产品蛋白含量×4）＝62.2－（12.8×4）＝11%，加工时即以11%作为水的标准添加量。

添加的水应是卫生纯净的饮用水。含菌量高的水会影响产品的卫生质量及可贮性；而使用漂白粉较多的消毒灭菌水，由于氯的含量较高，往往会抑制蒸煮香肠加工中肉的发色，从而严重影响到产品的感官色泽，尤其是小香肠，肠馅极易出现褐色斑点。

（2）绞肉、斩拌、制馅　将修割并切成块的瘦肉与腌制盐混合，腌制后或不经腌制直接经绞肉机绞碎，即可进入斩拌机斩拌，制作肉馅。根据不同的产品有直接斩拌法、腌制后斩拌、一次斩拌法、依次斩拌法、肥瘦肉分离斩拌法、细斩肉糜加入肉块法等多种方法。可将这几种方法相结合，具体应用于不同香肠产品加工时的肉馅制作。绞肉或斩拌肉在搅拌机内搅拌，使瘦肉和肥肉颗粒均匀分散，同时也有助于盐溶蛋白的提取和脂肪颗粒的包裹，并通过添加所需的辅料获得理想质地和均匀一致的成分。

斩拌时间不宜过长，一般以10～20min为宜。斩拌温度最高不宜超过10℃，斩拌温度过高往往会发生“跑油”现象，斩拌过程中加入冰水或冰屑，斩拌的投料顺序为：牛肉→猪肉（先瘦肉后肥肉）→其他肉类→冰水→调料等。

（3）充填灌装　肉馅通过灌装机充填入天然肠衣（猪肠衣、牛小肠衣、羊肠衣）或人工肠衣；小香肠则是用20～30mm的羊肠衣、人工羊肠衣；粗型和特大型产品可用牛肠衣或粗口径人工肠衣填充灌装。在填充灌装时，肉馅充入肠衣时的压力对成品切片性和结实程度影响较大，粗型蒸煮香肠必须有填充管接头，并尽可能机械扭结，小香肠可人工进行扭结。

（4）熏烤　填充结扎后香肠进入熏烤室进行熏制。在此阶段热、湿及熏烟成分起到干燥、发色、微生物等综合作用。其中热、熏对香肠特有外观、香气和味道的形成和改善的作用尤为重要。熏烤控制的关键条件是温度、相对湿度、熏烟浓度和气流速度。熏烤后的产品嫩脆可口、表面光泽均衡稳定、外形美观漂亮。

对于小香肠，可先采用接近60℃的温度快速脱水和发色，然后烟熏，小香肠可选用三角形挂杆悬挂后放置于熏烤架上，可使香肠与挂杆接触面最小，最大程度地减小烟熏不全的面积；对于粗型香肠，若是应用可控型熏制蒸煮设备，则可先采用较高湿度发色，通常是此阶段调控的温度越高，相对湿度也应越高，以减少熏烤失重；发色后立即快速干燥和熏制。

高浓度、快速烟熏熏制的香肠，外部烟熏度高，产品中心烟熏香味不足；采用干熏法熏烤的香肠失重大，产品色泽稳定性差；相对湿度60%～80%的湿熏法，可有效防止失重，保证色泽稳定性，但应注意水汽易在肠体表面凝集成水滴，影响烟熏效果。在生产上可以根据产品类型来选用不同的熏烤方法，现已有可满足不同需要的熏烤设备供选择使用，其中可使生产较为合理化的通用型设备是集干燥、发色、烟熏、蒸煮和冷却为一体的熏烤蒸煮炉。

(5) 蒸煮　烘烤熏制后的灌肠应立即蒸煮，不宜搁置太久，否则容易酸败变质。蒸煮香肠的蒸煮方法有饱和蒸汽蒸制和热水煮制。无论采取何种方法，均需蒸煮至中心温度达72～75℃，以使香肠在达到所需感官和食用特性的同时，除了细菌的芽孢不能杀死外，足以杀灭致病菌和腐败菌。对此，适宜的杀菌设备和香肠中心温度的准确测定尤为重要。

(6) 冷却　大多数蒸煮香肠蒸煮后立即冷却，但少数产品在蒸煮后还需要微烟熏以增加风味，冷却方法可用淋浴或冷水浸泡。蒸煮后及时冷却对抑菌防腐十分重要，另外还可以避免肠体表面过度干燥，有效防止肠衣紧绷状态时皱纹的产生。间隙式冷水淋浴可加速香肠的凉透同时又节约用水，香肠在冷水中慢慢收缩，肠馅和肠衣紧密贴在一起，如果在冷水中放置太久，将使用天然肠衣灌装的产品色泽减退，而且使调味料香味减弱。此外，成品香肠还会因表面水分活度值的提高而利于微生物的繁殖，影响产品的贮存性。若香肠冷却后仍有皱纹，可将香肠放入热水中短暂浸渍，即可消除。

香肠中心温度冷却低于28℃后，产品应在-1～5℃的冷库内避光贮存，相对湿度以75%左右为佳。

**(二) 熏煮香肠类制品**

1. 法兰克福香肠

(1) 原辅料

①原料(kg)：猪肉55，精选牛肉15，猪脂肪30。

②辅料(kg)：大豆分离蛋白2～4，玉米淀粉8，冰水45～50，亚硝酸钠0.01，异抗坏血酸钠0.06，复合磷酸盐0.4，食盐2.8～3.0，白糖1.6，味精0.2，白胡椒粉0.12，辣椒粉0.3，芫荽粉0.08，猪肉香精0.12，红曲红色素0.085。

(2) 工艺要点

①原料肉的处理：原料肉解冻后，经修整处理去除筋、腱、碎骨与污物，用切肉机切成5～7cm宽的长条以备绞制。

②绞肉：充分冷却的原料肉(0～2℃)通过3mm筛孔直径的绞肉机绞碎。

③斩拌：加入斩拌机中斩拌，首先用低速斩拌，当肉显示黏性时，加入总量2/3的

冰屑和辅料快速斩拌至肉馅温度 4~6℃，再加入剩余的冰屑，快速斩拌至肉馅终温低于 14℃。

④灌肠及扭结：充入肠衣（20~22mm 羊肠衣），根据产品要求打结。

⑤蒸煮及烟熏：打结后均匀地挂在烟熏架车上，注意肠体之间不要粘连，推入烟熏炉，45℃干燥 10~15min（相对湿度 95%）、55℃干燥 5~10min、58℃熏制 10min（相对湿度 30%）、68℃熏煮 10min（相对湿度 40%）、82℃（相对湿度 100%）熟制到制品中心温度大于 76℃即为成品。

⑥喷淋：迅速用冷水喷淋 5~10min。

⑦冷却：室温下冷却 20~30min，置于 0~4℃冷却间冷却 3h 以上，至产品中心温度低于 4℃，然后进行包装、入库。

2. 大众烤肠

（1）原辅料

①原料（kg）：猪肉 80，猪脂肪 20。

②辅料（kg）：大豆分离蛋白 2，卡拉胶 0. 5，淀粉 10~14，冰水 50~55，亚硝酸钠 0. 01，异抗坏血酸钠 0. 08，复合磷酸盐 0. 45，食盐 3. 2，白糖 0. 8，味精 0. 26，白胡椒粉 0. 25，肉豆蔻粉 0. 08，姜粉 0. 18，猪肉香精 0. 15，红曲红色素 0. 1。

（2）工艺要点

①原料肉的处理：原料肉、肥膘出库解冻，解冻后修整处理去除筋、腱、碎骨与污物。

②绞肉：清洗好的原料肉、肥膘分别放在绞肉机中经过 20mm、10mm 的孔板进行绞制。

③搅拌：按照配方，先加入食盐搅拌 3~5min，再加入大豆分离蛋白及部分冰水搅拌 10~15min，最后加入香辛料及冰水搅拌 25~30min。整个过程温度要求控制在 15℃以下。

④灌肠及扭结：采用泡制好的天然肠衣进行灌制、扭结。

⑤烟熏蒸煮：将灌制好的香肠均匀地挂在烟熏架车上，注意肠体之间不要粘连，放入烟熏炉，首先在 60~65℃条件下，先热风干燥 30~40min，烟熏 30~40min，然后在 80~85℃下，蒸煮至中心温度为 78℃以上。

⑥喷淋冷却：喷淋烤肠 5~10min 使其快速冷却，冷却后进行包装。

3. 肝泥肉肠

（1）原辅料

①原料：猪肝 20kg，碎牛肉 5kg，脊膘 2. 5kg，槽头肉 17. 5kg，肉汤 5kg。

②辅料（kg/kg 肉料）：腌制剂（100kg 食盐中含有 0. 4~0. 5kg），亚硝酸钠 0. 018，异抗坏血酸钠 0. 001，葡萄糖 0. 006，白胡椒 0. 002，芥末 0. 006，阿月浑子 0. 012，洋葱（预煮）0. 03，众香果 0. 003，肉豆蔻 0. 0003，姜 0. 0005，红辣椒 0. 02，增味剂 0. 003，复合磷酸盐 0. 003，脱脂乳粉 0. 015。

（2）工艺要点　仔细除去肝上的苦胆，剔除大的胆管；鲜肝首先投入斩拌机，斩至气泡产生，表明肝蛋白已具有良好的黏结作用；然后加入瘦肉和调味料、乳粉，肉斩至

16mm；加入预烫煮的肥肉和其他辅料继续斩拌混合，馅料灌入猪肠衣，采用蒸汽蒸至中心温度66℃，冷水冷却至4℃。

**（三）生鲜类香肠工艺**

生鲜香肠即将生鲜肉和脂肪用食盐和香料混合，然后填充于动物小肠的肠衣中。较高品质的生鲜香肠主要由瘦肉和脂肪组成，有些也会采用一些非肉类填充剂。香肠加工时不需热处理，一般食用前可按照自身要求进行烘烤、蒸煮、煎炸或其他热处理。

生鲜香肠的原料可来自不同种类的动物（猪、牛、鸡、鱼等），肉的品种和瘦肉与脂肪比例可根据传统或喜好而定。多数生鲜香肠的原料处理方式为剔除骨头、腱和结缔组织；只能添加固体脂肪（猪背脂或牛脂肪），且脂肪含量一般不超过25%，以免在后期油炸或等热处理时，体积过度收缩。传统配方中，由于不要求成品呈红色，生鲜香肠不使用腌渍用盐，采用食用盐（10~15g/kg）即可；生鲜香肠常用香辛料为辣椒、豆蔻香料、茴香等，有时也可添加大蒜、洋葱、姜。

生鲜香肠的制作：将瘦肉和脂肪切成小块，然后再与食盐、香辛料和其他非肉类成分混合，在刀盘孔径4~6mm的绞肉机将混合料绞碎；绞碎之后将混合肉料填充到可食性的小口径或中口径的天然肠衣中，通过扭结的方式分成所需大小的香肠；不需蒸煮等处理，直接转入冷库。

**（四）生鲜类香肠制品**

1. 猪肉生香肠

（1）原辅料

①原料：猪肉。

②辅料：香辛料配合比例（每100kg猪肉）：食盐1.8~2.0kg，胡椒350g，鼠尾草150g，肉豆蔻（干皮）50g，砂糖400g。

（2）工艺要点

将猪肉绞成5mm大小，放入斩拌机，加入香辛料斩拌2min，然后根据肉的状态加水，再加入脂肪丁后斩拌约1min。拌好的肉馅通过灌肠机灌入肠衣，肠衣使用不到32mm的猪肠，结扎长度10cm左右，然后冷冻。冷冻可在-30℃的速冻库中，短期贮存温度为-3.5~5.5℃。

2. 生香肠

生香肠原料多以牛肉、猪肉及带红色的内脏为主，然后添加马铃薯、玉米面、面包粉、饼干粉加以混合成。加工方法基本与猪肉生香肠相同。

①原料：猪肉50kg，牛头肉25kg，牛胃壁25kg，小麦粉7kg。

②辅料（调味、香辛料配合比例）：食盐2.5kg，白胡椒0.5kg，肉豆蔻（干皮）0.063kg，鼠尾草0.25。

其他生鲜香肠还有：德国小香肠（bratwurst）、隆格尼萨香肠（longaniza）、梅尔盖兹香肠（merguez）、早餐香肠（breakfast sausage）等。

**（五）烟熏生香肠**

这类香肠与生香肠相似，不同点是原料大多采用腌制工序，经绞肉、斩拌或不斩拌，灌制后经过烟熏处理但不进行熟制加工，需冷藏。消费者在食用前要进行熟制处理。如起源于原捷克斯洛伐克的生鲜熏基尔巴萨肠是一种浓调味料的香肠，是由粗绞的猪肉和牛肉或羊肉制作的，并经烟熏但不熟制。其他的还有熏制农家风味肠、默特肠、意大利肠等。

**（六）发酵香肠工艺**

发酵香肠是指在自然或人工控制条件下，利用微生物发酵作用，产生具有特殊风味、色泽和质地，使肉制品的 pH 降低，并经低温脱水使 *Aw* 下降，且具有较长保存期的肉制品。因此，准确地讲应称其为发酵干香肠制品。发酵香肠的种类很多，可以根据肉馅的形态、发酵方法、发酵酸度、香肠水分含量等进行分类。按照产品在加工过程中失去水分的多少，将其分为干香肠、半干香肠和不干香肠等，其相应的加工过程中的失重分别为 30% 以上、10% ~30% 和 10% 以下。这种分类方法虽然不很科学，但却被业内人士和消费者普遍接受。

发酵香肠是以猪肉或猪牛肉混合为主要原料，经绞碎或粗斩成颗粒，添加食盐、（亚）硝酸盐、糖等辅料，填充入可食性肠衣内，再经烟熏、干燥和长期发酵等工艺而成。发酵香肠通常属于耐贮性生食类香肠制品，在加工工序中需经过发色工艺，在常温下可长期贮存。

1. 工艺流程

原料肉→绞碎→斩拌→接种霉菌或酵母菌→灌肠→发酵→成熟干燥→成品

2. 工艺要点

（1）原料肉　原料肉一般需经过预冷却或部分冻结（ -4 ~0℃），脂肪则应处于冻结状态（ -8℃），以避免水的结合和脂肪的融化。

微生物的发酵作用，在香肠发酵过程中扮演着重要的角色，可将其分为益生菌和不利菌。原料肉在严格的卫生条件下预处理是保证产品质量的首要要求。加工车间、器具和设备需定时消毒杀菌，不能用木制器具，也不能使用在卫生条件差的条件下屠宰分割、初始菌含量高的肉作为原料。

原料肉一般需经过预冷却或部分冻结（ -4 ~0℃）。肥肉直接影响香肠的发酵和干燥过程，从而对产品结实性和味道产生决定性影响。脂肪的分解在肉畜屠宰后不久即开始，最好是热剔骨分割后立即将肥肉于 0℃ 下迅速冷透，这样可以大大延缓此后脂肪分解，并可使其含水量降低 3% ~4%，冷透后切为小薄块至于盘内，呈薄层于 -30℃ 下速冻，速冻可使肥肉中形成的冰晶极小，不会损害脂肪细胞，冻结时间为 2 ~3d，然后用于制馅。

（2）绞肉与斩拌　为保证质量，要求绞碎、斩拌肠馅温度控制在 -2 ~0℃，有的还将肉馅于 0 ~5℃ 下腌制 3d 再充填以改善产品风味。斩拌时首先将精瘦肉和脂肪倒入斩拌机中，稍加混匀，然后将食盐、腌制剂、发酵剂和其他的辅料均匀地倒入斩拌机中斩拌均匀。肉馅在灌制前应尽可能除净其中的氧气，因为氧的存在会对产品最终的色泽和风味不利，这可以通过使用真空搅拌机实现。斩拌时间取决于产品的类型，一般肉馅中脂肪的颗粒直径为 1 ~2mm 或 2 ~4mm。生产上应用的乳酸菌发酵剂多为冻干菌，使用时通常将发酵剂在室温下活化 18 ~24h，接种量一般为 $10^6$ ~$10^7$ cfu/g。

（3）灌肠　发酵香肠的充填时要求肉馅温度控制在0～1℃，不应超过2℃。灌制时要求充填均匀肠坯松紧适度。为了避免气泡的混入，最好利用真空灌肠机灌制。

肠衣须具透气性，天然、人工均可，如纤维肠衣、胶原蛋白肠衣、布织肠衣等。肠衣的类型对霉菌发酵香肠的品质有重要的影响。利用天然肠衣灌制的发酵香肠具有较大的菌落并有助于酵母菌的生长，成熟的更为均匀且风味较好。无论选用何种肠衣，其必须具有允许水分通透的能力，并在干燥过程中随肠馅的收缩而收缩。德国用牛直肠加工高档发酵香肠，意大利萨拉米多用马小肠，法国90%的发酵香肠均是用天然肠衣生产。对肠衣直径的要求因产品而异，如在德国35mm肠衣最常使用，切片产品多用65～90mm肠衣，霉菌发酵型以35～40mm肠衣为宜，细径肠衣利于表面霉菌发酵物渗入肠体内部以形成特有的风味。

（4）接种霉菌或酵母菌　肠衣外表面霉菌或酵母菌的生长不仅对于干香肠的食用品质具有非常重要的作用，而且能抑制其他杂菌的生长，预防光和氧对产品的不利影响，并代谢产生过氧化氢酶。

生产中常用的霉菌有纳地青霉和产黄青霉，常用的酵母有汉逊氏德巴利酵母和法马塔假丝酵母。商业上应用的霉菌和酵母发酵剂多为冻干菌种，使用时，将酵母和霉菌的冻干菌用水制成发酵剂菌液，然后将香肠浸入菌液中即可。但必须注意配制接种菌液的容器应当是无菌的，以免二次污染。

（5）发酵　发酵温度以产品类型不同而有所不同。通常对于要求pH迅速降低的产品，所采用的发酵温度较高。据认为，发酵温度每升高5℃，乳酸生成的速率将提高一倍。但提高发酵温度也会带来致病菌，特别是金黄色葡萄球菌生长的危险。发酵温度对于发酵中产物的组成（乳酸和醋酸的相对比例）也有影响，较高的发酵温度有利于乳酸的形成。当然，发酵温度越高，发酵时间也越短。一般涂抹型香肠的发酵温度为22～30℃，发酵时间最长为48h；半干香肠的发酵温度为30～37℃，发酵时间为14～72h；干发酵香肠的发酵温度为15～27℃，发酵时间为24～72h。意大利和匈牙利的发酵香肠多采用持续15℃的较长时间发酵法加工。

在发酵过程中，乳酸菌发酵碳水化合物形成乳酸，使香肠的最终pH降低到4.5～5.5，这一较低的pH使得肉中的盐溶性蛋白质变性，形成具有切片性的凝胶结构。较低的pH与由添加的食盐和干燥过程降低的水分活度共同作用，保证了产品的稳定性和安全性。

发酵间的湿度控制要做到既能保证香肠缓慢稳定地干燥，又能避免香肠表面形成一层干的硬壳，对于接种霉菌和酵母菌的香肠还要预防表面霉菌和酵母菌的过度生长。高温短时发酵时，相对湿度应控制在98%，较低温度发酵时，相对湿度应低于香肠内部湿度5%～10%。发酵结束时，香肠的酸度因产品而异。对于半干香肠，其pH应低于5.0，美国生产的半干香肠的pH更低，德国生产的干香肠的pH为5.0～5.5。

（6）干燥与成熟　干燥的程度是影响产品的物理化学性质、食用品质和贮存稳定性的主要因素。在香肠干燥过程中，控制香肠表面水分的蒸发速度，水分从香肠表面蒸发的速率，使其与水分从香肠内部向表面转移的速率相等。在半干香肠中，干燥损失少于其失重的20%，干燥温度为37～66℃。温度高，干燥时间短，温度低时，可能需要几天的干燥时间。高温干燥可以一次完成，也可以逐渐降低湿度分段完成。

干香肠的干燥温度较低，一般为12～15℃，干燥时间主要取决于香肠的直径。商业上应用的干燥程序按照以下模式：

①16℃，相对湿度88%～90%（24h）→24～26℃，相对湿度75%～80%（48h）→12～15℃，相对湿度70%～75%（17d）→成品。

②25℃，相对湿度85%（36～48h）→16～18℃，相对湿度77%（48～72h）→9～12℃，相对湿度75%（25～40d）→成品。

许多类型的半干香肠和干香肠在干燥的同时进行烟熏，烟熏的目的主要是使香肠表面进一步干燥并沉积一些具有抗菌作用的酚类、羰基化合物和低级酸等物质等，抑制表面霉菌的生长，同时提高香肠的适口性。烟熏工序多在发酵后期进行，并要求烟熏应适当控制于以不影响香肠中益生菌生长为宜。对于半干香肠，特别是接种霉菌和酵母的干香肠，在干燥过程中会发生许多复杂的化学变化，也就是成熟。在某些情况下，干燥过程是在一个较短的时间内完成的，而成熟则一直持续到消费为止，通过成熟形成发酵香肠的特有风味。

完成成熟和干燥后的干香肠其水分含量一般在35%左右或更低，水分活性较低，能有效地抑制大多数有害微生物和腐败菌的生长。

（7）包装　为了便于运输和贮存，保持产品的颜色和避免脂肪氧化，成熟以后的香肠通常要进行包装。真空包装是最常用的包装方法。不足之处是真空包装后由于产品中的水分会向表面扩散，打开包装后，导致表面霉菌和酵母菌快速生长。

**（七）灌肠生产中常见的质量问题**

1. 熏制灌肠制品的外表颜色不均匀和发黑

由于烟熏浓度和熏制温度不均匀，烟熏后成品的外表颜色就不均匀，裸露部分的颜色趋于正常，而互相接近或紧靠部分的颜色则呈灰白、棕黄，即出现所谓的“阴阳面”。为使外表色泽均匀一致，在挂肠烟熏时，肠与肠之间应留有一定空隙，一般距离3cm左右为宜。此外，还要注意烟熏室内火堆的均匀，以保证熏烟浓度基本一致。灌肠熏制后颜色发黑，多是由于熏烟材料中含有较多的松木等油性木柴，燃烧时树脂剧烈燃烧产生的大量黑色烟尘，这些黑色烟尘黏附于肠体表面造成。因此，熏烟材料宜采用硬杂木。

2. 灌肠爆裂

爆裂原因一般是：肠衣质量不好；肉馅充填过紧；煮制时温度掌握不当；烘烤、熏烟温度过高；原料不新鲜或肉馅变质等。

3. 红肠发“渣”

红肠用手捏时弹性不足，切开后，内容物松散发“渣”，主要原因为脂肪加入过多、加水量过多、腌制期过长等。

4. 红肠有酸味或臭味

主要是由于原料不新鲜或在高温下堆积过厚，腌制、斩拌温度过高，烘烤时炉温过低，烘烤时间过长，使产品变质而产生酸臭味。

5. 肠身松软无弹性

（1）煮得不熟　这种肠于不仅肠身松软无弹力，在气温高时还会产酸、产气、发胖，不能食用。

（2）肠馅黏结性差　当腌制不透时，蛋白质的肌球蛋白没有全部从凝胶状态转化为黏着力强的溶胶状态，影响了肉馅的吸水能力；当机械斩拌不充分时，肌球蛋白的释放不完全；当盐腌或操作过程中温度较高时，会使蛋白质变性，破坏蛋白质的胶体状态，影响肉馅的保水能力，造成游离水外流。

# 第四节　培　　根

## 一、培根的种类及规格

培根（Bacon）又称腌肉，其原意是烟熏肋条肉（即方肉）或烟熏咸背脊肉。根据原料部位分为：大培根（也称丹麦式培根，成品规格为 7 ~ 10kg）、排培根（成品规格：带皮 2 ~ 4kg，去皮 2 ~ 2.5kg）、奶培根（成品规格，带皮 2 ~ 4kg，去皮 2 ~ 4kg）、颊肉培根、肩肉培根、侧培根、通脊培根等。此外还有熏猪舌、熏牛舌等；另外还有猪心、猪肠、猪脾等烟熏制品。其中大培根、排培根、奶培根为主要的 3 种培根，为半成品，食用前需熟制。

培根除带有适口的咸味外，还具有浓郁的烟熏香味。外皮油润呈金黄色，皮质坚硬，用手指弹有轻度的啵啵声，瘦肉呈深棕色，切开后肉色鲜艳。

## 二、西式培根生产工艺

### （一）工艺流程

原料选择 → 整形 → 腌制 → 浸泡、清洗 → 剔骨修割 → 二次整形 → 熏制 → 成品

### （二）工艺要点

1. 原料选择

选料是应选经兽医卫生部门检验合格的中等肥度猪，经屠宰后吊挂预冷。大培根坯料取自整片带皮猪的胴体中段，即前端从第三肋条骨处斩断，后端从腰脊椎之间斩断，去骨、割除奶脯肉。排培根和奶培根各有带皮和去皮两种。前端从白条肉的第五肋骨处斩断，后端从后两节脊椎骨处斩断，去掉奶脯，再沿背脊 13 ~ 14cm 处分为两段，上段为排培根，下段为奶培根的坯料。

2. 整形

修整坯料，使四边基本各成直线，并去掉腰肌和横膈膜。

3. 腌制

腌制分干腌、湿腌两步。腌制室温度维持在 0 ~ 4℃。食盐（内含 1% 硝酸钠）撒在

肉坯表面，用手揉搓均匀，大培根肉坯用盐约为200g，排培根和奶培根约为100g；堆叠后腌制20~24h；再用16~17°Bé的食盐液浸泡干腌后的肉坯，盐液用量约为肉质量的1/3；湿腌时间与肉块厚薄和温度有关，一般为2周左右；湿腌期间需要翻缸3~4次，目的是改变肉块受压部位，并松动肉组织，以加快腌制液的渗透和肌肉发色，使咸度均匀。

4. 浸泡、清洗

将腌制好的肉坯用25℃左右清水浸泡30~60min，目的使肉片温度升高，表面油污溶解，便于清洗和修刮，使肉质软化从而更易剔骨和整形；经过浸泡，使咸度降低，避免烟熏干燥后表面出现白色“盐花”，影响外观。

5. 剔骨修割

培根的剔骨要求很高，只允许用刀尖划破骨表面的骨膜，然后用手将骨轻轻取出，刀尖不得刺破肌肉（否则生水进入导致肉坯不耐保藏），刮尽残毛和皮上的油腻。而经过初步整形的坯肉，在腌制过程中，由于堆压使肉坯的形状改变，故要再次整形。

6. 二次整形

把不成直线部分的边肉修理整齐，使肉的四边成直线，至此便可穿绳、吊挂、沥水6~8h即可进行烟熏；在挂架时，不可左右靠得太近，以免影响烟熏上色。

7. 熏制

选用硬质木预热烟熏室，待室内平均温度升至所需烟熏温度后，加入木屑，挂进肉坯；烟熏室温度一般保持在60~70℃，烟熏时间8h左右；烟熏结束后自然冷却后即为成品。

8. 包装贮存

宜用白蜡纸盒薄尼龙袋包装。若不包装，吊挂和平摊存放，一般可保存1~2月。

## 三、其他培根类制品

1. 牛肉培根

（1）原辅料

①原料：牛腰窝肉。

②辅料：腌制液配方（以100kg原料计）：食盐2.5kg、白糖0.8kg、磷酸盐0.4kg、卡拉胶0.3kg、味精0.2kg、亚硝酸钠0.1kg、异抗坏血酸钠0.08kg、红曲液0.1kg、冰水22kg。

（2）工艺要点

牛腰窝需剔除表面的筋、腱、污血等。若为冻肉，则需先解冻后使用。腌制液两面注射，先将一面铺在注射机传送带上注射，然后翻过来再注射一遍，注射率达到22%。在0~4℃条件下，采取间歇式滚揉法，工作20min，静置20min，总工作时间24h。然后装模具，塑料薄膜平铺于模具，肉块平整置于模具内，肉块之间没有空隙，盖好，扎孔排除肉内空气，抽真空，挂架在85℃±3℃蒸煮，至中心温度74~76℃。将蒸煮后的牛肉培根半成品冷却揭膜后，置于烟熏箱中进行烟熏，温度63~64℃烟熏40min。烟熏后推入0～4℃冷却间冷却。按要求称重，真空包装，入冷藏库（0～4℃）。

2. 熏猪排

以猪的大排骨为原料，带骨带皮经整形、腌制、烟熏而成，食用时需切成块。

3. 熏猪舌

以整只猪舌为原料，经整形、腌制、烟熏而成。制品色泽红褐、肉质红润、无油烟味。成品属于半成品，得率在64%左右，属于高档产品。

**【思考题】**

1. 简述西式肉制品的分类及特点。
2. 简述西式火腿加工中腌制的方法。
3. 简述整熏火腿几种主要腌制方法的异同。
4. 简述西式火腿出现的问题及原因。
5. 按照不同的分类方法，香肠可分为哪几类?
6. 灌肠生产中常见的质量问题有哪些?

# 第四章　水产品加工工艺

【学习指导】

本章应重点掌握水产腌制品、水产品干制品、水产速冻品、鱼糜及鱼糜制品的加工工艺主要流程及即食水产品预煮速冻工艺，了解水产品腌制的主要方法、水产干制品的加工方法、水产速冻品的分类及主要特点、鱼糜及鱼糜制品加工过程中的工艺要求。

## 第一节　水产腌制品

### 一、水产品腌制方法

1. 干盐渍法

干盐渍法又称干腌法，即利用鱼体中渗出的水分和干盐（结晶状态的食盐）形成食盐溶液而进行盐渍的方法。该方法是将食盐在容器中均匀地撒于各层被腌制的鱼体之间进行盐渍。在食盐的渗透压及吸湿性的条件下，食盐首先吸收鱼体的水分再溶于水中，于是就形成了食盐溶液，此溶液在生产上称为自然盐水（又称鱼卤）。

2. 盐水盐渍法

盐水盐渍法又称湿腌法，即将鱼体浸入食盐水中进行腌制。通常在坛、桶等容器中将食盐配成溶液，再将鱼体放入浸腌其中。相对于干盐渍法中的“自然盐水”，此时食盐溶解于水得到的盐溶液在生产上称为“人工盐水”。

该方法将鱼体浸没于盐水中，食盐均匀浸入鱼体的同时，使鱼体避免了与空气接触，防止了脂肪的氧化，避免了“油烧”现象的产生。这种方法适用于多脂鱼和大型鱼类。应注意的是，在盐渍过程中，盐水渗透速度较快，易出现盐溶液被稀释的问题，需要及时补充盐量。故该法耗盐量大，对腌制容器要求也较高。

3. 混合盐渍法

该法将干盐渍法和盐水盐渍法相结合，即将敷有干盐的鱼体排列在底部盛有人工盐水的坛或桶等容器中，以层盐层鱼的方式叠堆放好，在最上层再撒上一层盐，盖上盖板再压上重石进行腌制，以防止鱼体在盐渍时盐液浓度被稀释。采用这种方法，可以迅速形成盐水，食盐的渗透均一，能很好地抑制鱼体的脂肪氧化，制品的外观也较好。

4. 低温盐渍法

(1) 冷却盐渍法　是利用碎冰或制冷设备将温度控制在 0～5℃的盐渍方法。冷却盐渍法的用盐量应按照加冰量的多少而定，因为冰融化时会稀释盐水的浓度，在确定用盐量时，必须将冰融化为水的因素考虑在内。容器下部所用的冰、盐量占总量的 15%～20%，中部占 30%～40%，上部占 40%～45%。此种盐渍方法的目的是在盐渍过程中阻止鱼肉组织中的自溶作用和细菌作用过程的进行，以保证鱼品的质量。

(2) 冷冻盐渍法　将鱼体冷冻后进行盐渍。一般在操作技术上都是将经过冷冻的鱼体，再放上食盐逐层置于容器中，进行干盐法的盐渍过程。冷冻盐渍法在鱼体冻结情况下盐渍，随着鱼体解冻盐分逐渐渗入。冷冻盐渍的目的是为了防止在盐渍过程中鱼肉深处发生变质，因为大型而肥壮的鱼体，其盐渍过程很慢。所以冷冻盐渍法只适用于制造熏制或干制的半成品，或用于盐渍大型而肥壮的贵重鱼品。

## 二、主要水产腌制品生产工艺

水产品腌制基本工艺流程：

原料筛选 → 清洗、整理 → 擦盐、塞盐 → 入池 → 封盐、压石 → 成熟 → 出料 → 成品

根据不同的腌制方法，具体工艺有所改进，以下是利用水产品不同腌制方法生产实例。

1. 咸带鱼

原料筛选 → 清洗、整理 → 擦盐、塞盐 → 入池 → 封盐、压石 → 成熟 → 出料 → 出卤 → 成品

捕获后的新鲜带鱼，经筛选选择腹部未破裂者，用海水冲洗附着的泥沙等杂物，先在清洁的腌鱼池底部撒布约 2cm 厚的食盐，然后将鱼体整理，用盐擦敷鱼体外部并将食盐塞入腮盖，排列于池中。排列时鱼头紧靠池壁，鱼腹向上鱼背向下，倾斜安放于池底，依此层铺层叠至池口为止。在最上层的鱼体上面撒食盐，使其盖没鱼体，覆以木板等物，上压石块，至 3d 后卤汁渗出上升至池面，约 2 周时间即可完成。

2. 海蜇

分割（海蜇头与伞体）→ 清洗、整理 → 头矾 → 去红衣、沥水 → 二矾 → 沥卤 → 三矾 → 提干 → 成品

海蜇是用鲜海蜇加工制成的。鲜海蜇分为半球状钟形伞体和口腕（头）两部分，一般是将这两部分分开加工，加工后，伞体部分称海蜇皮，口腕部分称海蜇头。通过盐矾加工后，海蜇含水的凝胶状组织转变成具有弹性的松脆结构。其中，明矾能降低海蜇产品的 pH，起着消毒剂与收敛（硬化）剂的作用，使海蜇中的蛋白质沉积并保持一种紧密

结构；食盐则可辅助减少水分，降低其水分活度，使产品具有耐藏性。加工海蜇总的原则是矾的使用量逐步由多到少，盐的用量逐步由少到多。先用明矾和食盐混合液进行盐渍，迅速脱去一部分水分，然后用矾或盐矾反复盐渍，使海蜇继续均匀脱水，同时使蛋白质等有机质凝固。加工海蜇时原料应来源于无明显污染的海域，不得有腐败变质或被污染的现象。加工中所用食盐、明矾等食品添加剂的品种及用量应符合国家有关的规定。整个加工过程分为头矾、二矾、三矾和提干等步骤进行。

（1）头矾海蜇皮　头矾海蜇皮是在海上捕获时加工的。海蜇捕获后，沿海蜇伞体腹面将颈部与头部割下，在割颈时，落刀要平，以保持蜇皮厚度一致，割去颈根肉，削去红墩，刮去血衣膜和背面黏液。血衣膜与黏液要去除干净，否则色黄，影响外观，处理干净后放入舱内的盐矾液中，至浸满为止。盐矾液用海水溶解食盐，使之达到16°Bé，并溶入约0.6%的明矾。经头矾处理过的蜇体质量减轻50%～60%。

（2）二矾海蜇皮　削去红衣，注意不能撕裂海蜇皮。经1～2h沥去海蜇皮中的水分后，按每50kg加盐矾混合剂12%～15%（盐50kg、矾1.5～2kg）的比例下池进行腌制。经7d左右，从头矾海蜇皮加工成二矾海蜇皮的得率约为35%。

（3）三矾海蜇皮　将二矾海蜇皮置于篓中沥卤1h后，按每50kg加盐矾混合剂12%～15%（盐50kg，矾0.75kg）的比例置于桶中腌制约半个月，其得率为二矾海蜇皮的55%～60%。此时的制品应体质坚韧、色白亮或带浅黄。

（4）提干　将三矾海蜇皮从大桶中移至篓中，平摊沥卤，提干一周后（其间翻动2～3次）即为“三矾提干海蟹皮”，其得率为三矾海蜇皮的65%～68%。

腌海蜇的关键在于明矾的用量，用量太少，不能达到迅速脱水和收敛作用，并与蛋白质组成松软的易溶性化合物，不能使海蜇的沉积蛋白保持一种既有韧性又松脆的结构，成品肉薄，不脆口，成品率低；用量太多，由于只在海蜇体表过速收敛、凝固缩成硬壳，影响离子继续向组织中渗透，妨碍海蜇体内层继续脱水和凝固，因此，成品缺乏弹性，食之涩口，贮存期短。此外，还易出现“酥矾”现象，即制品极易被拎碎、扯碎。

3. 盐渍淡水鱼

原料→剖割→去内脏→清洗、整理→盐渍→出卤→干燥→成品

青鱼、草鱼和鲤鱼均属淡水鱼类，形体较大，产量很高。在长成后捕捞季节，除鲜销外，部分施行盐渍后作为盐干品的原料。原料运到加工厂后，用3%的盐水洗除表面附着的黏液，用刀自胸起至臀止的肉面上纵划切成两条，以便于盐分的渗透，除去全部内脏及鱼鳃，如用作干制品的原料，即制成半成品者，最多用相当于原料20%～25%的盐量撒于腹腔、肉面及鳃盖切口等处；用力敷擦盐分，再将鱼体肉面并合好，于表面敷盐后，背部斜向下面整齐排列于大缸或大桶中，依照普通盐渍法装满至桶口为止，撒盐加压。即用石压三四日后再加重压10d左右，待盐渍过程完毕时即行取出，于原卤中或浓厚盐水中洗涤一次，沥水后悬空吊晒或风干。

# 第二节 水产干制品

## 一、水产干制品加工方法

1. 天然干燥法

天然干燥法又称日光干燥法，即利用太阳辐射和风力对水产品进行干燥的一种方法。在干燥过程中，太阳辐射促使水产品的水分蒸发，又有风力把水产品周围的水蒸气不断带走，最终达到干燥的目的。天然干制的特点是方法简单、操作简便、生产费用低，节省能耗，能就地加工。但天然干制法干燥缓慢，存在很多难以控制的因素（如温度、风速），难以制成品质优良的产品；需要有大面积晒场和大量劳动力，劳动生产率极低；容易遭受灰尘、杂质、昆虫等污染和鸟类、啮类动物等的侵袭，既不卫生，又有损耗。

2. 人工干燥法

（1）鼓风干燥法　鼓风干燥法分为热风干燥法和冷风干燥法。均是利用流动循环的空气带走原料表面的湿空气层而达到干燥的目的。热风循环可以提高原料的温度，促进水分蒸发，但是容易对原料品质造成不良影响。冷风干燥避免了这一过程，将温度控制在15～30℃，此温度段不易造成脂肪氧化和美拉德反应引起的褐变，适用于高值鱼类的干燥，产品的色泽良好。

（2）真空冷冻干燥法　真空冷冻干燥法又称升华干燥，原料冻结后置于真空状态下，使冰直接升华为水蒸气而逸出，达到干燥的目的。真空冷冻干燥因干燥温度低，对水产品的组织结构和营养成分破坏较少，复水性和色泽香味良好。但设备费用较贵，干燥周期长，以使产品成本较高，多用于虾类等经济价值高而个体形态较小的制品。

（3）辐射干燥　辐射干燥法是利用电磁波作为热源使食品脱水的方法。根据使用电磁波的频率，辐射干燥法可分为红外线干燥和微波干燥两种方法。

①红外线干燥法是利用红外线作为热源，直接照射到水产品原料上，使其温度升高，引起水分蒸发而得到干燥的方法。红外线干燥法干燥速率快，干燥时间仅为热风干燥的10%～20%；由于食品表层和内部同时吸收红外线，因而干燥较均匀，品质较好。

②微波干燥是将微波直接与原料接触，将高频电磁波转化为热能的过程。微波一方面能转化为原料升温的热能而对原料加热，又能与原料中的生物活性成分或微生物等相互作用，使其活性受到抑制。

## 二、主要水产干制品生产工艺

水产干制品的种类很多，大致可分为生干品、煮干品、盐干品和调味干制品四大类。

1. 生干品

生干品是指原料不经盐渍、调味或煮熟处理而直接干燥的制品。生干品的原料不宜采用大型的，大多是体型小、肉质薄、易于迅速干燥的水产品，如墨鱼、鱿鱼、鱼卵、鱼肚（鱼胶）、小杂鱼虾、紫菜、海带等。

生干品的主要优点是：①在良好的干燥条件下，原料组成、结构的性质变化较少，因此复水性好。②原料组织中的水溶性营养物质流失少，基本上能保持原有品种的良好风味，并有较好的色泽。

生干品的主要缺点是：①原料没有经过盐渍、预煮等预处理，其水分含量较高，鱼体微生物和组织中酶类仍有活性。②某些水产品在干燥过程中常引起色泽、风味的变化。

例如，真空冷冻干鱼片生产工艺：

挑选→沥水→装盘→冻结、干燥→检验→回软→压块→后干燥→成品

选取鲜度较好的新鲜鱼类，去鳞、去鳍、去内脏，切除肋刺后，清洗沥水，注意沥水时间不宜太长，以防鱼片鲜度降低。装盘后，在 $-25$℃速冻 1～2 h，待鱼片中水分冻硬后，迅速将其堆入干燥室，进行干燥。干燥后，待鱼片吸收一定量水分，使其手捏不碎，表面不发黏，进行压块，二次干燥，去除回软水分，包装。

海带生产工艺：

海带收割→晒菜→理菜→分级→复晒→包装→成品

（1）海带收割　成熟时要据天气情况及时收割。收割时必须在海区荡洗一次，去除杂质，洗净后运至晒场或腌制场所，要尽量避免在运输或放置地再黏附泥沙。

（2）晒菜　收割后应尽量争取当天晒干，晒场要选择石地、水泥地、石砾地，晒场条件差的地区可进行搭架晒、铺晒或挂晒。晒时叶体不重叠，及时翻晒，使之干燥均匀。

（3）理菜　必须在叶体回软后进行，这样易于清除杂质，避免叶体折断破碎。除杂时把海带逐叶平放在木板或石板上，手持棕丝或刷子将叶体刷擦干净。

（4）分等级　按国家等级规格质量标准进行分等级。要随理随分，同级每 10～12 棵在海带基部扎成一小捆，以便复晒。

2. 煮干品

煮干品是以新鲜原料经煮熟后进行干燥的制品。制品具有较好的味道、色泽，食用方便，能较长时间地贮存，如鱼干、虾皮、虾米、海参干、鱼翅等。

煮干品的特点是：①原料在煮熟过程中脱去一部分水分，从而降低原料中的水分含量，也就是减少了水产品在干燥过程中所需蒸发的水分，大大缩短制品的干燥时间，提高干燥设备的利用率，也节省了人工和燃料。同时由于加热的灭菌作用，使制品在干燥过程中不易腐败变质。②由于煮熟加热作用对鲜水产品各种酶类的破坏，可以阻止或减少干燥过程中的自溶作用和制品保藏中某些色泽、气味上的变化。③由于加热，可使肌肉蛋白质凝固和组织收缩。④制品质量较好，贮存时间长，食用方便，其中不少是经济价值高的制品。⑤原料经水煮后，部分可溶性物质溶解到煮汤中，影响制品的风味和成品率。⑥干燥后的成品复水性差，组织坚韧，不易咀嚼。⑦煮过的鱼虾，皮层和肌肉组织容易崩溃，在干燥过程中容易引起断头、破腹或破碎，故水煮时应按不同品种，掌握水煮的温度、时间，既要煮透，又不可过熟。

例如，干贝加工工艺：

煮熟、去壳 → 摘贝柱 → 盐水炊煮 → 晒干 → 成品

①去壳：将鲜活贝表面的泥沙等污物用海水洗刷干净，用圆头刀插入壳缝，贴住壳壁的一边，把贝柱的一端切下，去掉一面壳，摘下内脏和外套膜（即贝边），留作副产品处理。再用刀沿另一面壳的内壁将贝柱完整地切下来。②洗涤：将贝柱用清洁的海水洗净，沥干水分进行水煮。③水煮：用海水煮不需加盐，用淡水煮可加盐3%，原料与水的比例为1∶4。先把水烧开，再将洗净的贝柱盛在竹筐中放入锅内，进行转动，使之受热均匀。当沸腾时，除去浮沫，2min后即将筐端出（煮久易碎），用海水或3%的盐水洗去污沫，沥水后出晒。④出晒：将煮好洗净的原料放在竹筐中架晒，或在洁净的席子上摊晒，贝柱不要相互叠压或紧靠，每日轻轻翻动2次，中午前后须移至阴凉通风处，以免烈日晒裂。晒至全干后入库，半个月左右再出风一次即可包装。出成率一般为鲜贝的3%左右。

3. 盐干品

盐干品是经过盐渍和漂洗后干燥的制品。一般用于不宜进行生干和煮干的大、中型鱼类的加工和来不及进行煮干的小杂鱼加工。主要的制品有鱼鲞、鳗鲞和盐干小杂鱼。盐干品加工把腌制和干制结合起来，利用食盐和干燥的防腐作用以防止制品在加工贮存中腐败变质，可以在鱼货来不及处理或者阴雨天无法干燥的情况下，先行腌渍保藏等待天晴时进行晒干。优点是加工操作比较简便，适合于高温和阴雨季节的加工，制品的保藏期限较长。缺点是不经漂淡处理的制品味道太咸，而漂淡干燥品的肉质干硬，复水性差，缺乏风味，容易油哈，但一般原料新鲜、用盐量少、腌渍时间短、及时出池漂淡干燥的制品还是比较好的。

盐干鱼生产工艺：

挑选 → 剖割 → 去内脏和鳃 → 清洗 → 盐渍 → 脱盐 → 干燥 → 成品

4. 调味干制品

调味干制品是指原料经调味料拌和或浸渍后干燥的制品，也可以是先将原料干燥至半干后浸调味料再干燥的制品。

调味干制品的原料一般可用中上层鱼类、海产软体动物或鲜销不太受欢迎的低值鱼类，如鳖鱼、小杂鱼、马面鱼等。这种加工方法对充分利用水生资源具有一定积极意义。调味干制品有一定的保藏性能，产品大部分可直接使用，携带方便，是一种价廉物美、营养丰富、口感良好的产品。

例如，鱿鱼丝加工工艺：

原料 → 解冻 → 三去 → 清洗 → 剖片 → 蒸煮 → 冷却 → 调味 → 复水 → 烘烤 → 拉丝 → 调味 → 渗透 → 烘干 → 成品

除去不新鲜的原料，对冷冻原料则是先放入水池解冻，时间控制在2h以内，去头和内脏，小心墨囊中墨汁的流出，先用清水洗去鱼体上附着的污物，然后脱皮。脱皮的方法主要有两种：一种是机器脱皮，把胴体推入脱皮机的转动刀口即可撕下外面的皮层；另一种

是蛋白酶脱皮，将鱿鱼胴体放入酶液中处理一定时间，取出后用手工脱皮。在接近沸腾的夹层锅中放入鱿鱼胴体蒸煮。取出蒸煮后的鱿胴体，用常温下的自来水浇淋降温，然后再放入滚筒式的冰水槽内冷却，温度在10℃左右。用清水洗去附着的碎皮和碎软骨等。用食盐、糖、味精和一系列添加剂配制好调味液，将胴体放入充分搅拌，然后于冷却室放置一夜，让调味液充分渗入到胴体内。将调味后的胴体平摊在金属网片上，然后放入烘车一层层的搁架上烘干。烘干过程分两个阶段进行：第一阶段先在35℃的烘干房中放置7~8h，第二阶段则在30℃中放置12h，此时鱿鱼片的含水量为45%~50%。让其在-18℃的冷冻室冷藏一夜，平衡水分。取出冻鱿鱼在室温下解冻，然后，将鱿鱼片放入温水箱中，将鱿鱼片水分恢复到规定的范围内并调整pH至中性，然后取出沥水，再进行焙烤，温度控制在90~120℃，时间为4~8min，此时鱿鱼片的含水量大约在30%。进行压片，将烤干后的鱿鱼片送入上下两个滚筒之间进行滚压，通过滚压，把较硬的鱿鱼片轧松，然后由拉丝机拉丝。将鱿鱼丝放入调味转筒中，加入糖、淀粉等调味料，充分搅拌调匀后，放入盘内，加盖，送入到渗透室内渗透，一般放置一夜，让调味料充分渗透。渗透完后再进行干燥，采用隧道式蒸汽烘干法，将鱿鱼丝放入烘干机的自动输送带上，控制一定的温度烘10min左右即可，此时产品的水分含量在22%~28%之间。将鱿鱼丝放入小塑料盘中，放入干燥剂，再放入塑料袋内封口包装，最后放入纸箱，标出品名、规格、出厂编号、生产企业等。

# 第三节　水产速冻品

## 一、水产速冻品的特点

水产品速冻技术是将新鲜的水产品原料与配料经过加工后，利用速冻装置使其在-30℃及以下进行快速冻结，使产品中心温度在20~30min内从-1℃降至-5℃，然后再降到-18℃，并经包装后在-18℃及以下的条件进行冻藏和流通。

速冻水产品的特点是：①能最大限度地保持水产品原有的新鲜度，体现为“色、香、味、形、劲”俱佳，而且解冻后汁液流失少。②贮存期长。因为速冻制品的温度已降低到-18℃，并且在-18℃以下冻藏，食品内的微生物已经完全停止生长繁殖，酶的活性已经严重收到抑制，水产品品内的生物化学反应速度明显减弱以致基本停止，从而达到长期贮存保鲜的目的。③速冻水产品卫生、运输方便，食用方便省时。

## 二、速冻虾及虾制品生产工艺

1. 速冻虾的工艺

原料虾保鲜→冲洗→分类挑选→分等级规格→洗涤→控水→称重→摆盘→冻前检验→入库速冻→制作冰被（分两次灌水）→脱盘→镀冰衣→包装前测温→包装→检验→冷藏

2. 虾仁、虾球的工艺

原料虾保鲜→冲洗→分类挑选→剥皮→去肠腺→控水→称重→摆盘→灌水（冰水）→翻盘控水→冻前半成品检验→入库速冻→制作冰被（分两次灌水）→脱盘（淋水法）→镀冰衣→包装前测温→包装→检验→冷藏

3. 工艺要点

（1）带头虾加工　将按规格选出的带头虾原料仔细洗净，要保证末遍水的清洁，避免混浊，防止“红底虾”和“混底虾”的出现。要轻淘轻洗，不得损伤虾体。洗后的虾放入漏水的容器中、控水5min，以待称重。

（2）去头虾加工

①掐头：洗涤干净的原料虾去头时，分别用两手的拇指和食指捏住对虾的头胸部和腹部，向相反的方向扯离。用力要适度，严防虾头带出鳃肉，更不要带掉腹部的第一节虾壳。

②洗涤：以洗至鳃肉带白色为佳，不得附有任何杂质。洗涤时采用圆形小筐，以使左右旋转，得以充分洗涤，水洗槽采用“常流水三连桶”排列，水中要用机制冰，降温至0～5℃。

③挑选分级：按去头虾规格标准进行挑选分级，不得混等串级，工作台上不应过多积压，气温高时应加冰降温。分级后的虾，再度清洗一次，放入洁净的筛盘内控水5min，以待称重。

（3）虾仁加工

①凡不能达到出口去头虾标准的原料虾，均可作冻虾仁原料。加工虾仁首先剥掉外壳，除去肠腺。去除肠腺时，左手持虾仁，使其背部向上，右手持尖刀，沿背部中线浅割一道小口，然后用尖刀将露出的肠腺挑除。

②将去掉肠腺的虾仁在冰水中洗净，再按虾仁规格要求分级。

③分级后的虾仁再经清洗一次，放入筛盘内控水10min后称重。

（4）虾仁加工　凡新鲜度达到要求，而虾体残缺不全的均可作冻虾球原料。加工时首先去掉外壳和肠腺，去掉泥沙和品质不良的肉，形状不限，但不得少于两节腹部，在冰水中清洗干净，放入筛盘内控水10min，即可称重。

（5）摆盘　不同虾产品摆盘方式略有不同：

①带头对虾：直身顺摆、层层排列，头向外，尾交叉，下层背斜向上。要求表面平整美观，不过密或过稀。

②去头对虾：横摆，每454g在30只以内的分层摆，虾颈向外，尾交叉，下层背斜向下，上层背斜向上；31～40只的只摆上、下层，上、下两层各摆三层。下层摆法：先靠盘的一边同时摆两排，尾相交叉，第三排的尾搭在中间一排的颈部。上层摆法：先摆盘的一边摆一排，颈部向外，然后同时摆第二排和第三排、尾交叉，第二排的颈部压在第一排的尾部上；41只以上的不排列，只要摊平即可。

③虾仁：横摆，虾体平铺略带弯形，每454g在30只以内的分层摆；31～40只的只摆上、下两层；41只以上的不排列，只要装的平坦即可。

④虾球：不分只数，不排列，按要求装小盘或小盒，使其平整。

（6）冷冻　对虾的冷冻时间越短越好，一般要求在12h以下。当虾体的中心温度达

到 -18℃时，即可出速冻间脱盘。

（7）托盘、镀冰衣

①经过冻结后出速冻间的虾块，应及时脱盘。脱盘方法以淋水法为宜，不应采取过水脱法，操作时间不宜过长，水温不要过高（一般不超过 20℃为好），以防冰被融化；磕盘时要轻磕轻放，避免损伤冰被和铁盘。

②包装前的冰块，必须加镀冰衣，加镀冰衣要在低温库内操作，一般是随同脱盘工作同时进行。加镀冰衣的方法，以过水法为最佳，水温应是 0～4℃，浸水时间 3～5s。镀冰衣后的冰块，中心温度回升不得超过 3℃，用水要清洁卫生，以提高冰衣的透明度。

（8）包装及冷藏　包装最好在 0～10℃的库房中进行并及时存入冷藏库内。冷藏库一般保持在 -20℃以下。冻对虾库存有效期为 4 个月。

## 第四节　即食水产品

预煮速冻食品是通过温和的热处理后进行冷冻。基于食品的充分煮食然后在控制冰点以上（0～3℃）的低温下快速冷却和保藏，随后在消费之前充分加热的餐饮体系。预煮或温和热处理是预煮速冻加工的重要步骤，其要求巴氏杀菌产品紧接包装盒冷却。该技术的开发着眼于预煮食品、半成品食品和方便食品。其使用非完全使污染的微生物失活技术，在保藏过程中产品的安全性取决于在特定的时期采用恰当的冷藏贮存，这样可以抑制任何会危及食品安全的有害微生物的生长。为了确保消费者的安全，冷藏贮存时期一般限制在 5d 之内。

工艺流程：

原料前处理 → 预煮 → 冷却 → 冷藏 → 配送 → 二次加热 → 成品

原材料通常在 65～95℃之间预煮。煮后的产品迅速冷却到 0～3℃，最好是在离开蒸煮器 30min 达到此温度。但是欧洲各国对冷却所需时间规定有所差异，例如，比利时和荷兰协定冷却应在热处理后立刻进行，而芬兰和法国允许在热处理后 120min 内产品温度降至 10℃。丹麦允许在 180min 内将温度由 65℃降至 10℃，在挪威，要求 240min 内温度由 60℃降至 7℃。最新的方法是用射频加热处理在真空包装沙门鱼和鳕鱼进行快速巴氏杀菌。研究结果表明 1～2min 的加热时间可能将温度升至 75℃，产品的货架期可在 4℃下超过 10d。包装是构成预煮速冻加工所必需的部分，软包装常用于预煮速冻食品。在完成加工后，在消费者食用前，进行二次加热即可。

新鲜白鲳鱼预煮速冻工艺流程：

新鲜白鲳鱼 → 去头和内脏 → 浸泡 100g/L 的 NaCl 溶液 1h → 沥干 → 蒸煮 15min → 15min 冷却到 2℃ → 聚乙烯包装 → 3℃保藏

虾预煮速冻工艺流程：

新鲜虾 → 去皮和抽静脉 → 浸泡 100g/L 的 NaCl 溶液 1h → 沥干 → 浸泡于 5% 的 TTP → 沥干 →

蒸煮 15min → 15min 冷却到 2℃ → 聚乙烯包装 → 3℃保藏

去皮和抽去背部的静脉的虾在 10% 的盐水中浸渍 1h，干燥，然后用 5% 的三聚磷酸盐（TTP）处理 5min。盐渍样品在开放蒸汽中暴露 15min，然后快速冷却到（3 ±0.5)℃，聚乙烯树脂包装，在此温度贮存。通过微生物和感官的评价，该产品货架期达到 25d。

# 第五节　鱼糜及鱼糜制品

鱼糜制品是以鱼肉为主要原料，将鱼肉绞碎，经加盐擂溃，成为黏稠的鱼浆（鱼糜），再经调味混匀，做成一定形状后，进行水煮、油炸、焙烤、烘干等加热或干燥处理而制成的具有一定弹性的水产食品。主要品种有鱼丸、虾饼、鱼糕、鱼香肠、鱼卷、模拟虾蟹肉、鱼面等。一些以碎鱼肉为原料，不经擂溃或加热，也不具弹性的制品，如鱼肉汉堡包、生鱼面、虾片等也被视为广义的鱼糜制品。

## 一、冷冻鱼糜生产工艺

1. 工艺流程

原料前处理 → 清洗 → 采肉 → 漂洗 → 脱水 → 精滤 → 搅拌 → 称量 → 包装 → 冻结 → 成品

2. 工艺要求

（1）原料预处理　鱼种和鲜度不同会影响原料的耐冻性。在生产冷冻鱼糜时，决定产品质量最重要的因素就是原料的鲜度，最好采用处于僵硬期或僵硬前的鱼作为原料，原料鱼收购后，应及时用冰水浸渍冷却。

（2）清洗　将原料冲洗干净，分等级、分类。人工或机械除鳞、去头、去内脏，再洗涤，除去污物。对个体大的原料，采用去头、开二片或开三片后再洗涤。除尽腹腔内壁黑膜，避免夹带到产品中引起色泽下降及夹杂物增加。

（3）采肉　采肉方法以采肉效率高的大型滚筒式采肉机为主。采肉程度则根据产品等级适当调整，在采肉机进行采肉时勿使鱼体过分挤搓（加鱼过多）。沙丁鱼、鲐鱼等红肉鱼的采肉可用水压式采肉法。

（4）漂洗　漂洗是生产冷冻鱼糜的特殊工艺技术，也是生产优质冷冻鱼糜必不可少的技术手段。它对提高冷冻鱼糜的质量及其保藏性能，扩大生产冷冻鱼糜适用原料鱼种，都起到了很重要的作用。漂洗可以除去鱼肉中的有色物质、气味、脂肪、残余的皮及内脏碎屑、血液、水溶性蛋白质、无机盐类等物。用漂洗后的鱼肉制成的鱼糜制品，如鱼糕、鱼圆，弹性增强，白度也提高。但鱼肉经过漂洗后，损耗也很大，一般有 20% ~ 30% 的漂洗流失。漂洗的方法有清水漂洗和碱盐水漂洗两类。碱盐水漂洗适用于青皮红肉鱼类的沙丁鱼、鲐鱼。白色鱼类为原料时主要采用清水漂洗法。清水漂洗法在鱼肉中加入 3 倍量左右冷却水（10℃以下为宜），慢速搅拌 2 ~ 5min，静置沉析，倾去表层漂洗液，再加水漂洗、搅拌、静置、倾析，如此反复2~3次。漂洗用水量的多少，影响到漂洗鱼肉的质量，适当增加水量，能提高产品质量，但损耗增大。工业上常采用回转筛预脱水后再经螺旋压榨脱水机脱水的方法，使鱼肉的水分含量控制在80%左右。

（5）精滤　精滤的目的是除去残留在鱼肉中的黑膜、鱼皮、筋、小骨刺、鳞等夹杂物，以提高产品质量。过滤后的脱水鱼肉，应尽可能保持在10℃以下。

（6）搅拌　脱水后的鱼肉使用冷却式搅拌混合机或高速斩拌机，将鱼肉和添加剂混合均匀。对无盐鱼糜而言，用搅拌混合机混合时需要15min左右，用高速混合机需8min左右，而高速斩拌机3min左右即可。加盐鱼糜则使用斩拌机，混合5~8min。

（7）包装　混合后的鱼糜由双螺旋式充填机装入0.05mm厚的有色聚乙烯袋成型，每袋装10kg。包装后由传送带通过金属检测器检查，确保产品中无金属杂物混入。

（8）冻结和贮存　鱼糜应尽早送去冻结。通常使用平板冻结机，冻结温度为-35℃，时间为3~4h，使鱼糜的中心温度降至-20℃。然后转入-18℃的冷库贮存。冷冻鱼糜要贮存一年以上时，冷藏温度至少应在-20℃以下，尽可能采用-25℃。

## 二、鱼糜制品生产工艺

### （一）鱼糜制品加工的辅料和添加剂

鱼糜制品生产上常用的辅料及添加剂主要有淀粉、植物蛋白、油脂、蛋清、明胶、糖类、多磷酸盐、调味料等。

### （二）鱼糜制品生产工艺

1. 工艺流程

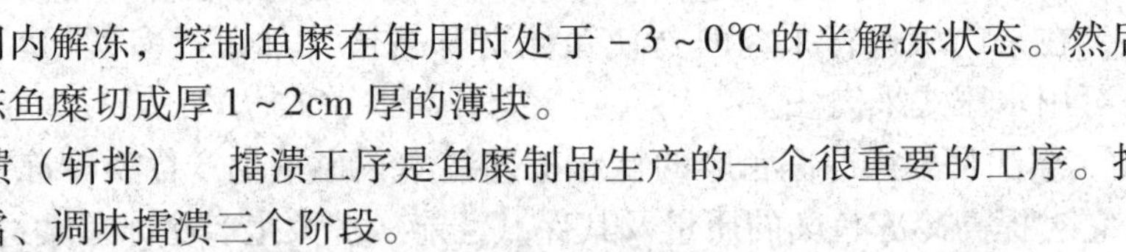


2. 工艺要求

（1）解冻　在以冷冻鱼糜作原料生产制品时，应预先将冷冻鱼糜从冷库中取出，码放在原料车间内解冻，控制鱼糜在使用时处于-3~0℃的半解冻状态。然后人工或用切块机将半解冻鱼糜切成厚1~2cm厚的薄块。

（2）擂溃（斩拌）　擂溃工序是鱼糜制品生产的一个很重要的工序。擂溃一般可分为空擂、盐擂、调味擂溃三个阶段。

①空擂：将绞碎的鱼肉放入擂溃机内擂溃，进一步破坏鱼肉组织。空擂的时间可以根据各厂家及原料的情况来定，一般原料为冷冻鱼糜，空擂时间可以长一点，鱼肉的温度必须上升到0℃以上，否则加盐会使鱼肉进一步冻结，影响擂溃质量。

②盐擂：空擂后的鱼肉要加鱼肉量1%~3%的食盐继续擂溃，此时鱼肉逐步变得黏稠，鱼肉中的盐溶性蛋白质渐渐溶出，这一工序称为盐擂。对鱼糜制品的弹性形成来说，此工序是关键的工序，擂溃时间一般为20~30min。加食盐是为了盐溶性蛋白溶解，摩

擦、气温等因素会使鱼肉的温度升高、蛋白质变性导致弹性减弱，所以为防止鱼肉温度上升，常可以使用带冷却装置的擂溃机及控温室内进行擂溃等。

③调味擂溃：砂糖、调味料、防腐剂、淀粉等辅料醉在盐擂后加入。辅料的使用方法与生产厂家、产品等有关，从某种程度上讲，通过这个工序的调味还可给产品带来独特的风味。一般防腐剂等用量很少的添加物要事先溶于水中再加，这样容易使之分布均匀。像淀粉一类容易飞扬的辅料最好也预先与水混合后加入，但加水后容易分解生成酸性物质的葡萄糖酸内酯，能促进盐擂鱼肉凝胶化的溴化钾、氯化钾等弹性增强剂应该在最后加入，蛋清也可以最后加入。

（3）成型　擂溃结束后，鱼肉呈黏稠的糊状，利用其黏结性、可塑性，制成各种不同的形状。最初成型加工主要依靠人工，后来逐渐开发了各类成型设备代替人工，大大提高了劳动生产率，降低了工人的劳动强度，如鱼圆成型机、鱼糕成型机、天妇罗万能成型机、鱼卷成型帆、鱼香肠充填结扎机等。成型时必须注意不能有空气混入，一旦有残留空气，就会引起加热时破裂、变形，降低制品的商品价值，同时也是内部腐败的原因。

擂溃结束后的鱼糜长时间放置于室温下，会逐渐失去黏稠性而发生不可逆的凝胶化。鱼糜一旦凝胶化后就不能再成型，即使再去擂溃也不会产生黏稠的鱼糜，产品的弹性也将显著下降。因此，擂溃结束后的鱼糜应尽快成型。虽然不同的鱼种，其凝胶化速度有差别，但一般温度越高，凝胶化越快。所以，擂溃后的鱼糜需要放置时应尽可能保存在低温条件下。

（4）加热　加热和擂溃一样，是鱼糜制品生产过程中的重要环节。通过加热凝胶化的鱼糜成为有弹性的不溶性凝胶，即制品，同时杀灭混入其中的细菌，既达到了食用卫生目的，也延长了制品保藏期。鱼糜制品的加热方法很多，应用最广泛的基本方法有蒸、烤、煮、炸四种，此外，还有少量使用的远红外加热、微波加热等。

①蒸煮：模拟蟹肉及多数板鱼糕都采用蒸煮加热。小规模蒸煮方法有直接置于炉火加热的蒸锅中和置于通入蒸汽的蒸箱中加热的方式。近年来，广泛使用自动蒸机和置于输送带上移入蒸汽室内进行连续蒸煮加热。

②焙烤：烤鱼卷、烤鱼糕均用焙烤方式加热。烤鱼糕是一道使得蒸煮过的鱼糕表面带有焙烤色的工序。以前是用炭火烤，目前使用电炉或燃气炉，制品置于炉上方的输送带上加热焙烤。焙烤制品因水分蒸发而味道变浓厚，同时产生焙烤制品的芳香气味及有利于贮存。缺点是热传导效率差，容易烤焦，有的制品不适合采用焙烤加热。

③水煮：鱼圆、鱼肉香肠等产品采用水煮。水煮加热时热传导快，温度易于控制。但是对于没有经过包装的品种，具有呈味成分易于溶出、吸水变软的缺点。

④油炸：油炸是用油代替水的加热方法。常用的油有大豆油、菜油、花生油，有的地区也用猪油。当油温达 160～200℃时，为了防止制品表面焦糊，加热时间必须短，因此要求制品的个体形状要小，或是制成扁平状产品。对于体积大的制品要采用油炸，宜首先用水煮或蒸煮的方法加热后，再用短时间油炸上色加热的方式。

（5）冷却　加热结束的制品应尽可能快速冷却。对于鱼香肠一类需长时间常温保藏的包装制品而言，应置于冷水中冷却。对于一般的鱼糜制品，可以采用逆风冷却。但这种冷却方法冷却速度慢，有细菌二次污染的危险。近年来，采用空调辅助冷却、冷风快速冷却的方法逐渐增多。有条件的工厂可采用除菌空气进行冷却。

【思考题】

1. 水产品加工技术主要包括哪几个方面?
2. 简述冷冻保藏水产品时采用快速深度冻结的意义。
3. 简述鱼糜及鱼糜制品加工过程中的工艺要求。
4. 简述水产干制品加工方法的分类及每种加工方法的优缺点。
5. 水产品腌制加工的原理及主要工艺流程有哪些?
6. 设计一种即食水产品预煮速冻的加工工艺,并简述其技术要点和产品的优点。

## 参考文献


[1] 周光宏. 肉品加工学 [M]. 北京:中国农业出版社,2009
[2] 乔晓玲. 肉类制品精深加工实用技术与质量管理. 北京:中国纺织出版社,2009
[3] 孔保华,韩建春. 肉品科学与技术. 北京:中国轻工业出版社,2011
[4] 蔡惠平,陈黎敏. 肉制品包装. 北京:化学工业出版社,2004
[5] 朱维军等. 肉品加工技术. 北京:高等教育出版社,2007
[6] 李秀娟等. 食品加工技术. 北京:化学工业出版社,2008
[7] 浮吟梅,吴晓彤. 肉制品加工技术. 北京:化学工业出版社,2008
[8] 周光宏,张兰威,李洪军,马美湖等. 畜产食品加工学. 北京:中国农业大学出版社,2002
[9] [美] A. M. Pearson, T. A. Gillett 等,张才林等译. 肉制品加工技术. 北京:中国轻工业出版社,2004
[10] 张柏林,裴家伟,于宏伟等. 畜产品加工学. 北京:化学工业出版社,2008
[11] 周映霞等. 我国肉类加工的现状与研究 [J]. 肉类研究. 2009 (02): 3-6.
[12] 彭增起等. 肉制品配方原理与技术. 北京:化学工业出版社,2007
[13] 宾冬梅. 西式肉制品及加工新技术浅述 [J]. 畜禽业. 2002 (11): 44-45.
[14] 竺尚武等. 火腿加工原理与技术. 北京:中国轻工业出版社,2009
[15] 刘丽莉,夏延斌,杨协立. 发酵西式火腿的研制 [J]. 肉类工业,2004 (01): 13-15.
[16] 黄德智. 新版肉制品配方. 北京:中国轻工业出版社,2002
[17] 王卫等. 现代肉制品加工实用技术手册. 北京:科技文献出版社,2002
[18] 顾恩特尔. 海因茨,彼得·雷辛吉著. 刘洪霞等译. 中小规模肉类加工企业生产技术手册. 北京:中国农业出版社,2009

# 第五篇 粮谷食品加工工艺

第一章　米、面制品
第二章　膨化食品
第三章　焙烤食品

粮谷食品是食品中最重要的部分，粮谷食品主要是植物性食品，它与动物性食品一起几乎构成了人类的全部食品，在我国的饮食结构中，粮谷食品占主导地位。谷类主要指：稻米、小麦、玉米、大麦、燕麦、黑麦、粟（su）、黍（shu）、高粱、薏苡（yiyi）等禾本科植物的种子，其中粟、黍、薏苡等被称为杂谷（millet）。习惯上双子叶植物的豆类和荞麦（蓼科植物）也算作谷类。农作物中谷物种植面积占世界总耕地面积70%以上。世界各国饮食习惯差异较大，但绝大多数地区人们的主食还是以小麦和大米为主原料。我国稻谷、小麦生产量已占世界第一位，其中稻谷占世界总产量的30%左右。以大米为主食的国家有：中国、日本和东南亚一带的国家，约占世界54%的人口。在全球谷物生产中，小麦面积约2.26亿 $hm^2$，约占世界谷物总量的32%。从各大洲的分布看，小麦生产相对集中，主要在亚洲，面积约占世界小麦面积的45%，其次是欧洲，占25%，美洲占15%，非洲、大洋洲和南美洲各占5%左右。小麦消费范围较广，除亚洲有部分外，欧洲、美洲、澳洲的很多国家，都是以小麦为主食，约占世界人口的35.5%。

粮谷类食物具有以下特征：

①营养丰富：提供热量的主要来源；也是蛋白质的供给源（谷类也含有适量的蛋白质）；还含有除三大营养素之外的许多维生素、矿物质和功能性生物活性物质成分。

②常食不厌、供应充足：谷类无论从味道、食用形态，还是从营养成分来看，都适宜作主食，而且三餐不厌。主食的另一条件是生产效率高，谷类显然满足这些条件。

③成本较低、便于流通：无论从贮存、包装，还是从运输、贸易上讲，谷物比其他食品群都有着方便、易行的优势。

④可以转化为动物性食品：谷类是优质配合饲料的重要成分，因此，畜、禽甚至水产品的生产都离不开谷类原料。

# 第一章　米、面制品

【学习指导】

本章重点掌握挂面、方便面、通心粉的加工工艺，了解加工过程中质量控制方法；了解米制方便食品的分类，掌握方便米饭的加工工艺。

## 第一节　面 条 制 品

面条是工业化生产的传统食品，种类很多，主要有挂面和方便面两大类。

### 一、挂面生产工艺

挂面是由湿面条挂在面杆上干燥而得名，又称卷面、筒子面等。挂面是我国目前生产量最大、销售范围最广的面食品种。挂面的花色品种很多，一般按面条的宽度或按使用的面粉等级或添加的辅料来命名。目前，已形成主食型、风味型、营养型、保健型等同时发展，并注意色彩变化的格局。

**（一）原料和辅料**

1. 面粉

挂面生产用粉的湿面筋含量不宜低于26%，最好采用面条专用粉，并经“伏仓”处理（指新磨小麦粉在粉仓中存放一段时间）。我国现行面条专用粉行业标准中的主要理化指标如表5－1－1所示。

表5－1－1　面条用小麦粉主要指标

| 项　目 | 精制级 | 普通级 |
|---|---|---|
| 湿面筋含量/% | ≥28 | ≥26 |
| 粉质曲线稳定时间/min | ≤4.0 | ≤3.0 |
| 降落数值/min | ≥200 | |
| 灰分/% | ≤14.5 | |

资料来源：《面条用小麦粉》（SB/T10137—1993）。

2. 水

我国对制面水质尚未作统一规定，一般应使用硬度小于10度的饮用水。

3. 面质改良剂

面质改良剂主要有食盐、增稠剂（如羧甲基纤维素钠、瓜尔胶、魔芋精粉、变性淀粉）、氧化剂（如偶氮甲酰胺、维生素 C）、乳化剂（如单甘酯、蔗糖酯、硬脂酰乳酸钠）和谷朊粉等，应根据需要添加。生产鲜销的湿切面，可添加食碱。

**（二）工艺流程**

原辅料预处理→和面→熟化→压片→切条→湿切面→干燥→切断→计量→包装→检验→成品挂面

（1）和面　又称合面、揉面、打粉、搅拌。虽然叫法不同，但意义相同。和面操作要求“四定”，即：面粉、食盐、回机面头和其他辅料要按比例定量添加；加水量应根据面粉的湿面筋含量确定，一般为25%～32%，面团含水量不低于31%；加水温度宜控制在30℃左右；和面时间15min，冬季宜长，夏季较短。和面结束时，面团呈松散的小颗粒状，手握可成团，轻轻揉搓能松散复原，且断面有层次感。和面设备以卧式直线搅拌器和卧式曲线搅拌器效果较好。近年来，国外已出现先进的真空和面机，但价格昂贵。

（2）熟化　是进一步改善面团的加工性能，提高产品质量的重要环节之一。所谓熟化即自然成熟的意思，也就是借助时间的推移来改善原料、半成品或者成品品质的过程。面团的熟化过程为：将和面后的面团（松散的小颗粒状）放入一个低速搅拌的容器中，在低温、低速搅拌下完成熟化，熟化是和面过程的延续。工业上采用圆盘式熟化机或卧式单轴熟化机对面团进行熟化、贮料和分料，时间一般为10～15min，要求面团的温度、水分不能与和面后相差过大。

（3）压片　是将和面熟化后的面团通过多道滚压使之形成符合要求的面片。一般采用复合压延和异径辊轧的方式进行，影响压片的主要因素是压延比和压延速率。

（4）压延比　是指轧延前后面片厚度之差与轧延前面片厚度的百分比。较理想的压延比依次为50%、40%、30%、25%、15%和10%。

$$压延比=（轧前面片厚-轧后面片厚）/轧前面片厚\times100\%$$

（5）压延道数　是在整个压延设备中所配置的轧辊对数。压延道数与压延比有密切关系，当压延前后片厚度一定，压延道数少，则压延比大；压延道数多，则压延比小。轧延道数以6～8道为好。

（6）压延速率　面团压延过程中，面带的线速度称为压延速率。轧辊的转速过高，面片被拉伸速度过快，易破坏已形成的面筋网络，且光洁度差。转速低，面片紧密光滑，但影响产量。一般面片的线速度在20～35m/min。压延速率受两方面的影响，一是每对辊的转速大小，二是各道轧辊的压延比匹配。如果各道辊的转速或压延比匹配不合理，则在生产中会出现两道轧辊间面带被拉断或积料现象，影响连续化生产的进行。各道轧辊的配备方法是：首先确定末道轧辊的转速和压延比，然后根据物料平衡的原则依次调节前道轧辊的转速和压延比。

切条成型由面刀完成，面刀的加工精度和安装使用往往与面条出现毛刺、疙瘩、扭曲、并条及宽、厚不一致等缺陷有关。面刀有整体式和组合式，形状多为方形，基本规格分为1.0、1.5、2.0、3.0、6.0 mm 五种。目前，国内已开发出圆形或椭圆形面刀，解决了条型单一的问题。面刀下方设有切断刀，作用是将湿面条横向切断，其转速可以根据每杆湿挂面的长度调节。

挂面干燥是整个生产线中投资最多、技术性最强的工序，与产品质量和生产成本有极为重要的关系。生产中发生的酥面、潮面、酸面等现象，都是由于干燥设备和技术不合理造成的，因此必须予以高度的重视。现行挂面干燥工艺一般分为三类，即：

（1）高温快速干燥法　这种方法是我国的传统工艺，最高干燥温度为50℃左右，距离为25～30m，时间为2～2.5h。具有投资小、干燥快等优点。缺点是温湿度难以控制、产品质量不稳定、容易产生酥面等，已逐渐被其他方法取代。

（2）低温慢速干燥法　是20世纪80年代从日本引进的挂面烘干法，最高干燥温度不超过35℃，距离为400m左右，时间长达7～8h。此法的特点是模仿自然干燥，生产稳定，产品质量可靠。不足之处是投资大、干燥成本高、维修麻烦等，仅适于一些大中型厂使用。

（3）中温中速干燥法　针对高温快速法和低温慢速法的优点和不足，我国于20世纪80～90年代研究成功了中温中速干燥法。这种方法具有投资较少、耗能低、生产效率高、产品质量好的特点，已在国内推广。中温中速法的技术参数如表5－1－2所示。

表5－1－2　中温中速法干燥技术参数

| 干燥阶段 | 温度/℃ | 湿度/% | 风速/（m/s） | 占总干燥时间/h |
|---|---|---|---|---|
| 预干燥 | 25～35 | 80～85 | 1.0～1.2 | 15～20 |
| 主干燥 | 35～45 | 75～80 | 1.5～1.8 | 40～60 |
| 完成干燥 | 20～25 | 55～65 | 0.8～0.1 | 20～25 |

中温中速法适于多排直行和单排回行烘干房使用，前者运行长度宜在40～50 m，后者回行长度宜在200 m左右，烘干时间均大约4 h。

切断一般采用圆盘式切面机和往复式切刀。前者传动系统简单，生产效率高，但整齐度较差，断损较多；后者整齐度好、断损少、效率稍低、传动装置较复杂。

计量、包装：传统的圆筒形纸包装仍广泛采用人工，这种方法较难实现机械化。新型的塑料密封包装已实现自动计量包装，主要在引进设备的厂家中使用，是今后发展的方向。

面头处理：湿面头应即时回入和面机或熟化机中。干面头可采用浸泡或粉碎法处理，然后返回和面机。半干面头一般采用浸泡法，或晾干后与干面头一起粉碎。浸泡法效果好，采用较广泛，但易发酸变质。粉碎法要求面头粉细度与面粉相同，且回机量不超过15%。少数厂家采用打浆机，使干面头受到粉碎和浸泡双重作用，效果很好，且较卫生。

**（三）酥面产生的原因**

酥面是挂面出现的明显断裂和龟裂裂纹。一般酥面脆而易断，弹性差，外观毛糙呈灰白色，折断时断面为锯齿形，水煮时即断成小块。一般分为两种：干酥面，水分在10%～11%或更低时，产生酥条现象；潮酥面，即挂面外干内湿。

面粉质量“先天不足”，面筋质含量过低或使用虫蚀、霉变、冻伤的小麦粉或未后熟的面粉，这类原料容易产生酥面。和面、熟化和轧片时未按工艺要求，急于求成，未做到“四定”，即定量、定水、定时、定温；使面团吃水不足，面片厚薄不匀，水分渗透不匀，熟化程度不够，都容易产生酥面。在烘房升温阶段，挂面内部水分向表面扩散转移和表面水分的蒸发是同时进行的，但两者速率不同。表层水分首先汽化并收缩，收缩程度以长度方向最大，宽度方向其次，厚度方向最小。由于内外及各个方向上的收缩不同，将会产生一种应力，使挂面组织的机械强度减小。这种收缩会使挂面中的毛细管直径变小，特别是当升温过快，表层水分下降较多时，毛细管收缩较快。毛细管直径变小，障碍了内部水分的外移和蒸发，这样使内外扩散的水分呈不平衡状态，从而产生不均匀的收缩，导致挂面产生裂纹和酥条现象。

**（四）预防产生酥面的措施**

（1）合理安排和掌握烘房各区段的温度、相对湿度、干燥介质流动的方向、速度和排湿量，使挂面内部水分的外移速率和表层水分的蒸发速率趋于一致。

（2）采用间歇烘干的方法，即在烘干过程中，适当安排一个或两个不失水的缓苏段。挂面缓苏段的水分基本不蒸发，而内部水分却在湿度梯度的作用下，向外扩散转移，水分重新分配，既能防止挂面表面硬结，又有利于阶段干燥，可有效地防止酥面产生。

（3）加入某些添加剂，改善挂面的烘干特性，加速挂面内部水分的外移或减慢表面水分的蒸发，减少或防止酥面的产生。例如，在复合压延时，在两面带之间均匀加入少量淀粉，可提高挂面内部水分外移速率；在和面时加入适量食盐，以增强挂面强度，改变吸湿特性，能使挂面表面边界内的水分蒸气压下降，从而降低表面水分的蒸发速率。

（4）挂面的冷却速度不宜太快，刚出炉的挂面温度不能太高，一般以接近室温为宜，避免热面遇冷风而造成酥面。因此，在冷却前采用一段时间的缓苏和适当延长低温冷却时间是防止产生酥面的有效措施之一。

## 二、方便面生产工艺

方便面又称速食面、即席面，是指以小麦粉、荞麦粉、玉米粉、绿豆粉、米粉等为主要原料，添加食盐或食品添加剂，加适量水调制、压延、成型、汽蒸后，经油炸或干燥处理，达到一定熟度的方便食品。根据生产工艺的不同分为油炸方便面和非油炸方便面。油炸方便面是指经食用油脂煎炸、脱水的方便面（简称油炸面）；非油炸方便面是指经速冻、微波、真空和热风等方法干燥的方便面（简称非油炸面）。按包装方式可分为袋装、杯装和碗装三种。我国以袋装为主。袋装成本低，易于贮存和运输，食用时需另备餐具，因而其方便性不如碗装、杯装的产品。碗装和杯装方便面由于本身有餐具，具有更好的方便性，而且这类产品一般都有两包以上的汤料，营养丰富。但由于包装容器较贵，造成产品的成本较高，包装材料的回收率低，会造成环境污染。按产品风味分若干种，如中国风味的酱油炒面、葱油虾味面和日本风味的咖喱面、盐味面等。

**（一）各类方便面的生产工艺**

油炸方便面由于干燥速度快，淀粉 $\alpha$-化程度高，面条膨松、有微孔，复水性好，口感好，因此在国内外市场颇受欢迎，由于含油量高，具有宜人的油炸香味。由于产品含有20% ~24%的油脂，成本高。另外，尽管使用饱和脂肪酸含量较高的棕榈油，但经一段时期贮存，仍然会产生氧化酸败现象，产生油腻味，使产品口感和滋味明显下降，所以油炸方便面贮存期较短。非油炸方便面（热风干燥方便面）是将蒸煮糊化的湿面条在70 ~90℃下进行脱水干燥的，由于不使用油脂，因而造价低，不易氧化酸败，保存时间长。由于干燥温度低，因而干燥时间长，糊化度低（α－化 >80%），面条内部多孔性差，食用时复水时间长，方便性较差。

各类型的方便面工艺流程如图5－1－1和图5－1－2所示：

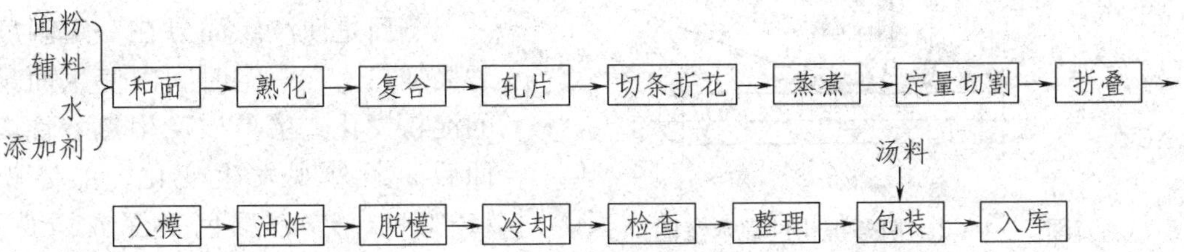


**图5－1－1　油炸方便面工艺流程**

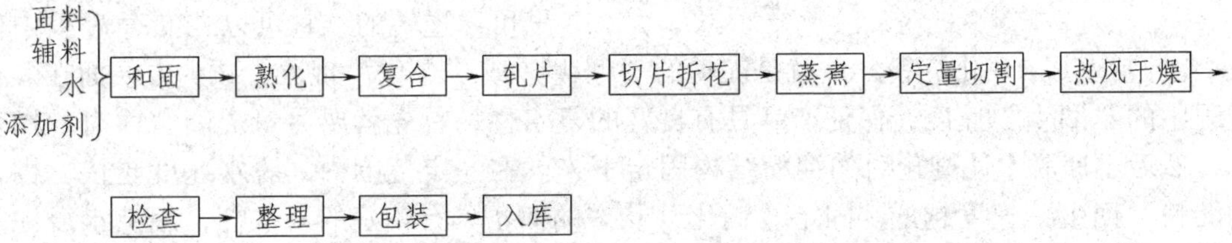


**图5－1－2　热风干燥方便面工艺流程**

方便面生产工艺的前半部分基本上与挂面生产相同，面粉、辅料及各种添加剂经加水和面、熟化、轧片、切条后所得的湿面条，在生产方便面时通常需要折花成波纹面，然后经蒸煮、定量切割后，用油炸或热风干燥方式脱水、经冷却包装后即成制品。本节主要介绍不同于挂面加工的一些工序。

**（二）方便面的主要工艺流程说明**

1. 切条折花

折花的作用是折花成型的波纹，其波峰竖起、彼此紧靠，形状美观；条状波纹之间的空隙大，使面条脱水及成熟速度快，不易黏结；油炸固化后面块结构结实，在贮存和运输中不易破裂；食用时复水速度快。面条的波纹形成通常是由波纹成型机来完成的，如图5－1－3所示。

切条折花成型设备主要是由面刀、导箱、压力门和变速网带所组成，导箱前壁用铰链装着可活动的压力门，在压力门上装有钩子可以悬挂螺帽，以螺帽的多少和大小来调节压力门的大小，也可在压力门上焊接一根螺杆，上加螺帽，以螺帽的进退来调节压力的大小。导箱下部是变速网带，其速度可调。当切成条的面条进入导箱后，与导箱的前

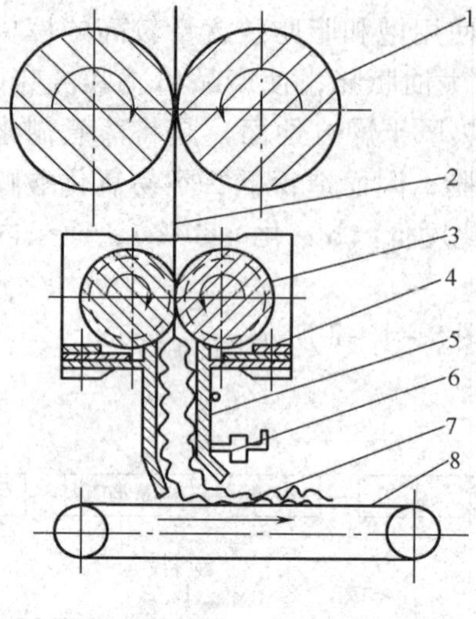


图5-1-3 切条折花过程示意图

1—末道轧辊 2—面带 3—面刀 4—铜梳
5—成型导箱 6—调整压力的重锤
7—已成波纹的面块 8—可调速的不锈钢丝成型网带

后壁发生碰撞，所遇到的抵抗阻力使面条卷曲起来，同时，由于变速网带的速度大大低于未折花面条的速度，限制了面条的伸展，于是在导箱这一区域，形成了一个阻碍面条质点作直线运动的阻力面，迫使面条发生弯曲，折叠成为细小波浪形花纹，连续移动变速网带，即可连续形成花纹。

2. 蒸面工序

蒸面是使波纹面层在一定温度下适当加热，在一定时间内使生面条中的淀粉糊化，蛋白质产生热变性。蒸面后面条外观发生变化，如体膨胀110%～130%；颜色变深成微黄色，表面产生光泽；黏弹性增强。所谓淀粉糊化，是把$\beta$-化状态的淀粉变成$\alpha$-化状态的淀粉。糊化后的淀粉是可以逆转的，它可以在储存过程中使$\alpha$-化淀粉变成$\beta$-化淀粉，这就是淀粉的"回生"或"老化"现象。减少方便面在贮存过程中的"回生"速度，保证产品具有良好的复水性，首先就要尽量提高蒸面时的糊化率，然后迅速脱水使糊化后的淀粉结构固定下来。在一定范围内，脱水速度越快，糊化的淀粉"回生"速度越低。固定"糊化"状态的面条具有较好的复水性，用沸水浸泡一段时间，能够恢复到原来蒸熟时的状态，即可食用。蒸面工序要求尽量提高产品的糊化度，油炸方便面要求$\alpha$-化度>85%，非油炸方便面要求$\alpha$-化>80%。

3. 定量切断

定量切断工艺的作用有四个方面，首先将从蒸面机出来的波纹面连续切断以便包装，并以面块长度定量，这样可将复杂的质量定量系统变成长度定量系统，有利于设备的简化。然后将面块折叠为两层，最后分排输出。定量切断的工艺要求是定量基本准确，折叠整齐，进入热风干燥机或自动油炸机时落盒基本准确。

4. 脱水干燥

干燥的目的是除去水分，固定组织和形状，便于保存。对于方便面来说干燥的首要作用是通过快速脱水，固定$\alpha$-化淀粉结构，防止面条回生，有利于提高其复水性。蒸熟的面条若不迅速脱水干燥，让其逐渐冷却，会产生"回生"现象。面条"回生"后，食用时不易复水，失去了"方便"意义。方便面干燥与挂面干燥的主要区别是它们的干燥机理不同。方便面经过蒸面后面条中的淀粉已糊化，蛋白质已变性，为使方便面能够有很好的复水性和良好的口感，应尽快固定面条的$\alpha$-化度，所以方便面在干燥时的干燥参数与挂面干燥时的参数不同，方便面的干燥温度高、干燥时间短，而挂面的干燥温度低、干燥时间长。

油炸干燥就是把定量切断的面块放入自动油炸机的链盒中，使之连续通过高温的油槽，面块被高温的油包围起来，本身温度迅速上升，其中所含水分迅速汽化。原来在面条中存在的水迅速逸出，使面条中形成了多孔性结构，同时也进一步增加了面条中淀粉的糊化率。另外，由于油炸的快速干燥，固定了蒸熟后淀粉的糊化状态，大大降低了方便面在贮运期间的老化速度，在面块浸泡时，热水很容易进入这些微孔，所以油炸方便面的复水性能好。油炸方便面的水分含量低，有利于贮存。

油炸的工艺要求是：油炸均匀、色泽一致、面块不焦不枯，含油少、复水性良好，其他指标符合有关质量标准。

热风干燥是生产非油炸方便面的干燥方法。由于方便面已经过90℃以上的高温糊化，其中所含淀粉已大部分糊化，由蛋白质所组成的面筋已变性凝固，组织结构已基本固定，面条已是一种凝胶体，具有良好的烹调性能，蒸过的面条不像挂面那样产生“酥面”现象，因而不必采用“保湿干燥”，能够在较高温度、较低湿度下在较短时间内进行烘干。热风干燥的工艺要求干燥介质的温度尽可能高一些，干燥时间尽可能短一些。干燥后的方便面要求水分含量<12.0%。

5. 冷却工序

油炸方便面经过油炸后有较高的温度，输送至冷却机时，温度一般在80~100℃。热风干操方便面从干燥机出来的面条达到冷却机时，其温度在50~60℃，这些面块若不冷却直接包装会导致面块及汤料不耐贮存，若冷却达不到预定的标准，也会使包装内产生水汽而造成吸湿发霉，因而对产品进行冷却是必要的。冷却方法有自然冷却和强制冷却。自然冷却就是利用面块温度高于室温的特点，把被冷却的面块放在室内，使周围空气吸收其热量，借助时间的推移而缓缓地进行冷却。这种冷却方法不适用于连续生产。

强制冷却的原理与自然冷却的原理一样，是利用被冷却物体与冷却介质的温差制冷。但具体方法不同，强制冷却是借助于鼓风机，促使空气加强流动，使被冷却物体通过冷却隧道，在冷风的作用下，迅速降温散热。冷却工艺的要求是冷却后的面块温度接近室温或高于室温5℃左右。

## 第二节 通 心 粉

通心粉又称通心面，在国外已是极普通的面制品之一，我国上海、广州、天津等地也有少量生产。通心粉的种类很多，一般都是选用淀粉质丰富的粮食经粉碎、胶化、加味、挤压、烘干而制成各种各样口感良好、风味独特的面类食品。通心粉分长通心粉和短通心粉两大类。长通心粉分空心和实心两种，断面圆形，空心外径4mm、内径2mm，实心的2mm，长度为220~250mm。原料多用小麦粉，用玉米粉和大米粉时需经预糊化工序。短通心粉是在生产长粉的设备上改变模头和切刀速度而制成的异形产品，其中有：短面管，长20~30 mm，外表光或压有条纹，中空成直管或弯管状；螺壳粉，外观极似扇形贝壳并有条纹；桂花粉，压成桂花形状，直径10mm左右，厚度0.8~2mm，环状粉，外形圆环状或车轮形，也可做成各种数字模样。这类产品可以做汤煮着吃，也可以调味炒吃。此外还有油炸食品，它与短通心粉制造类似，只是在淀粉中加入一些鲜汁调味和面，经通心粉机挤压成型，然后干燥、过油炸成香酥可口的食品。

## 一、原料的选择和要求

生产通心粉对原料有特殊要求，欧洲通常都选用杜伦小麦作原料，其颗粒较硬，适宜磨制成粗颗粒，蛋白质含量为14%，麦胚乳中含类胡萝卜素高，而脂肪氧化酶的活性较低。粉粒粗细对通心粉制品的色泽及品质有很大的影响，一般要求控制在150~500μm之间，粒度小于350μm的粉更容易加工成品质优良的通心粉。在允许的范围内，粒度尽可能小一些，这样便于和面时均匀吸水，形成紧密而均匀的面团，对提高制品品质至关重要。没有杜伦小麦时，则应采用硬质的一级精白粉，最好使用高筋面粉。

和面时水温控制在32~35℃，面粉与水按重量100∶28配比。辅料一般用鲜蛋或蛋粉，每50kg面粉配蛋粉1.7kg或鲜蛋10kg，生产螺壳粉时，每50kg面粉配蛋粉1.3kg或鲜蛋7.5kg。

## 二、通心面生产工艺

面粉在一次搅拌机（双轴）中加水混合5~10min，湿面粉进入二次搅拌机（单轴）混合7~8min。经混合好的湿面粉由垂直螺旋输送器送入通心粉挤压机内，挤压机的缸壁是双层的，夹腔内通水冷却。在缸套出口端装有成型模，湿面粉从模孔挤出并被旋转切刀切成湿通心粉，一般挤压机的压力控制在2.9~9.8MPa为宜。挤压制成的产品自动落入预干燥机，经预干机预干燥后自动落入远红外线烘干机，经干燥后，自动落入冷却装置，冷却后即为成品。

# 第三节　米制方便食品

以大米为主料的方便食品有方便米饭、方便米粉、方便米粥、膨化米制品及米制小食品等，方便米饭是工业化食品中研究历史最长、较为成功的大米食品，是经热水浸泡或短时间加热后便可食用的米制品，其主要品种有α-化米饭、罐头米饭、蒸煮袋米饭、杯装米饭、速冻米饭等。

方便米饭是随着世界经济的发展，人们生活节奏的加快而产生的，早在20世纪70年代初便出现在发达国家市场上，消费量连年递增，经久不衰。方便米饭品种繁多，我国市场上已相继推出五香牛肉饭、咖喱鸡肉饭、香菇鸡丝饭、鱼香肉丝饭及速冻米饭等。方便米饭品种多，生产工艺也各异。目前，市场上主要以软罐头米饭为主，它不仅能很好地保留米饭原有的营养成分和风味，而且便于食用和保存，深受消费者的欢迎。

## 一、罐头米饭生产工艺

罐头米饭是将一定量的大米与水置于罐头容器中，蒸煮后进行抽气，卷边封盖，加热杀菌，即为罐头米饭。罐头米饭是加工米饭中最早问世的产品，第二次世界大战期间，国外已将其作为军用食品，20世纪70年代开始在市场上销售，我国于20世纪60年代前后开始进行小批量的生产。罐头米饭含水量约60%，常温下可以贮存5年，在开水中加热或汽蒸5～15min即可食用。罐头米饭大致可分为白米饭罐头和菜饭混装米饭罐头，也可根据包装类型的不同分为金属罐罐头米饭（即通常说的罐头米饭）、软罐头米饭和无菌包装米饭。

**（一）工艺流程**

1. 金属罐罐头米饭（即罐头米饭）生产工艺流程

大米淘洗→水浸泡1h→沥干→加热水（1:1）蒸饭（40min）→拌匀→装罐→排气→杀菌→冷却→成品

2. 一般菜饭罐头的工艺流程

只是在一般米饭罐头工艺流程的拌匀工序中加入预制副食，其他的工艺相同。这种米饭的风味很好，深受消费者喜爱。

大米淘洗→水浸泡1h→沥干→加热水（1:1）蒸饭（40min）→拌匀（↑配菜、调味品）→装罐→排气→杀菌→冷却→成品

3. 经预处理后的米饭罐头工艺流程

大米淘洗→浸泡→沥干→高温预处理→加热水蒸饭→拌匀→装罐→排气→杀菌（15min－60min－10min/121℃）→冷却→成品

4. 软罐头米饭生产工艺流程

大米淘洗→浸泡→预煮→拌匀（↓配菜、调味品）→装袋密封→装盘蒸煮杀菌→蒸煮袋表面擦干→装箱入库

5. 无菌包装米饭生产工艺流程

无菌包装米饭与软罐头米饭的生产只是在包装上有所不同，其他则完全相同。大米被煮成米饭后，于无菌室内进行包装、密封即成为无菌包装米饭。

大米淘洗→浸泡→预煮→拌匀→无菌包装→成品

**（二）工艺流程说明**

浸泡用水为酸性，可以使米粒的白度增加。浸泡后用油乳化液漂洗可以减少米粒相互黏结，米黏结主要是米同水一起加热成米饭时，淀粉溶出造成的，抵抗这种作用使用

乳化剂三梨聚糖油酸单酯是非常有效，黄油和氢化植物油也有类似的作用。加乳化剂还可以防止米饭的回生，抵抗回生（抗老化）作用的乳化剂主要有单甘酯。对淀粉进行交联改性也可以提高米粒的耐热性和耐酸性，从而提高米饭罐头的稳定性。

1. 罐头米饭（金属罐罐头米饭）主要工艺流程说明

（1）淘洗　将清选后的原料在淘洗机中用水淘洗，将附着在大米表面的霉菌等微生物和其他附着物淘洗除去。

（2）浸泡　浸泡是大米吸水并使自身体积膨胀的过程。淀粉全部糊化时，水分必须在30%以上。如果大米吸水不足，水分低于30%，则蒸煮过程中大米蒸不透，影响米饭质量。因此，浸泡的目的是使大米充分吸收水分，为淀粉糊化创造必要条件。

大米浸泡可分为常温浸泡和高温浸泡两种方法。浸泡方式分为间歇式和连续式。

①常温浸泡：常温浸泡时，可以将大米倒入容器或水槽中，浸泡后随即捞起，将温米堆起，进行焖米，使水分逐渐向大米内部渗透，被子粒吸收；也可以将大米置于池槽内浸泡一定时间，然后进行蒸煮。

②高温浸泡：高温浸泡是预先将水加热到80～90℃，然后放入大米进行浸泡。浸泡过程中水温保持在70℃，浸泡20min左右，可避免大米发酵带来的不利影响。

（3）加热水蒸饭　利用各种热源对大米进行加热处理，使其在水和热的作用下，吸收一定量的水分，可溶性营养成分向内部转移，并使大米淀粉产生凝胶化（糊化）。蒸煮大米可使淀粉$\alpha$-化，从而使大米熟化。蒸煮时间和加水量对成品质量有很大影响。每一个品种的大米都有最佳蒸煮时间和加水比例。增加加水比例有利于提高米粒的熟透速率。缩短蒸煮时间，尤其是在开始蒸煮的10min左右，会明显影响米粒熟透速率。

一般蒸煮只要求米饭基本熟透即可，若蒸煮过度、时间过长、米粒膨大、弯曲甚至表面开裂，会降低质量和出品率。淀粉糊化度的大小反映米饭成熟度的高低，它对成品品质和口感以及能否符合商品标准等都有较大的影响。糊化度大于85%时，米饭即可视为已成熟。经过浸泡后的米粒沥干水分，用蒸汽蒸熟、糊化成为$\alpha$-化米板，将$\alpha$-化米饭再次浸泡后蒸煮，可使米饭含水量达61.4%，糊化度达89.5%。

（4）杀菌　米饭中残留着相当数量的微生物，由于方便米饭中有些动、植物食品原料（即套餐化），因此要达到长期保存的目的，除经过密封包装阻止外界微生物的继续污染外，还必须经过严格的杀菌处理。要求在对每一个具体食品品种、规格制定出一个合理的杀菌条件时，既要保证杀死抗热力最强、危害性最大的微生物，同时还要最大限度地保留食品的色、香、味和营养物质。因此，必须找出不同产品的杀菌对象和一个可靠的最低热力强度。嗜温厌氧芽孢杆菌中的芽孢梭状杆菌和肉毒梭状杆菌可作为罐头米饭的杀菌对象菌。方便米饭属于低酸性食品，应按照高温杀菌公式进行。

罐头米饭食品在杀菌前，加入富含植物杀菌素的蔬菜或调料，如葱、辣椒、蒜、胡萝卜、大黄、芥末可以抑制食品中微生物的生长繁殖，从而缩短杀菌时间。某些高等植物的汁液和它分泌出的挥发性物质对微生物具有抑制或杀菌作用，这类物质称为植物杀菌素。某些植物的成分是在加热之后才具有杀菌作用。另外，罐头米饭中若添加蔬菜、调味品等副食，则需要在拌匀步骤中加入，由此可能会引起杀菌公式的改变。

2. 加工过程中的注意事项

①蒸饭时先加总水量的70%～80%，剩余部分在蒸后混合拌匀时加入，米饭拌匀后再装罐；

②如果加入含水量大的副食品种，应先进行炒制后再加入；

③为了防止米饭黏结，可加适量的油脂、乳化剂等；

④原料米品种质量是影响米饭质量的因素。

3. 软罐头（蒸煮袋）米饭工艺流程说明

生产软罐头米饭时，先将炊煮的米饭或一定量的大米与水或半生半熟的米饭，充填密封在蒸煮袋内，再进行高温杀菌。向蒸煮袋内定量充填一定量的大米与水，在静置状态下加压加热杀菌，因袋内上下层米水比例差别显著，将导致大米食感不匀。实际生产中，往往是将半生半熟的米饭直接充填密封在蒸煮袋内。

（1）预煮　预煮是将大米预先煮成半生半熟的米饭。经过预煮，能克服蒸煮袋内上、下层米水比例差别显著这一弊端，避免产品复原后出现软硬不匀、夹生等现象。预煮时间一般为25min左右，米粒松软即可。

（2）装袋密封　按规定的包装质量，使用全自动充填密封包装机，将拌匀后的原料逐一装袋、密封。该包装机可自动完成供袋、开口、充料、加水、挤压脱气、加热密封、冷却等一系列工作。

包装材料应选择耐热、耐油、耐酸、耐腐蚀，热封合性、气密性俱佳，化学性能稳定的塑料复合薄膜，目前常采用的是聚酯-聚丙烯复合薄膜、聚酯-铝箔复合薄膜。

蒸煮袋密封要在较高温度（130～230℃）下进行，压力是0.3MPa，时间0.3s以上；密封部位不要沾染污物，以免裂口，影响产品外观；蒸煮袋不仅需要密封，同时应尽可能减少袋中残存的空气。如果袋中残存的空气量过多，不仅在高压杀菌时袋子会胀破，而且内装物容易变质，杀菌时传热效率低，同时会延长杀菌冷却时间，食用加热时会引起破袋。此外，还需要注意充填物要均匀，特别是在装入配菜时，要根据其性质采取相应的措施。

对于黏度低的汁液与酱状食品，为防止其从喷嘴上滴下，需要增减流动速度。固形物和液体混合充填时，如果固形物密度大，可先将其放入袋内，然后充填液汁，同时要注意防止粘在固形物旁的油和汁液弄脏密封面。固形物大小若在15mm以下，可与液汁同时充填。此外，应掌握好食品的温度，一般在40～50℃时进行充填为好。

（3）装盘　将袋装的半成品人工装入长方形蒸煮盘内，均匀排列，每个蒸煮盘可以装60袋。然后将蒸煮盘装入专用的手推车，每车装10～11个蒸煮盘。

（4）蒸煮杀菌　软罐头方便米饭可采用蒸煮杀菌。将从自动充填密封包装机出来的半成品小袋装入蒸煮盘内，排列均匀，然后把蒸煮盘装入专用的蒸煮推车中，再将蒸煮推车送入加压加热杀菌装置进行蒸煮杀菌，以使淀粉全部糊化。同时达到高温杀菌的目的。蒸煮杀菌时温度一般为105～135℃，时间为35min。使用的高压杀菌釜能在1min内快速升温或冷却，温度、压力和时间可自动调节、自动记录，加热均匀，杀菌可靠。

蒸煮时米饭水分含量在60%～65%时米饭粒较完整，不糊烂，贮存期较稳定，不易回生。水分含量低于60%时饭粒僵硬易回生，水分含量高于65%时，饭粒糊烂不堪，商品价值明显降低。蒸煮过程中蒸煮袋有时会胀破，其原因一是袋中空气太多，蒸煮时随温度升高而膨胀；原因二是蒸煮时物料升温升压，当外界压力降至常压时造成内外压力差。为了防止蒸煮袋胀破，应使袋中残留空气量不超过5mg。此外也可采用反压杀菌工艺。

（5）蒸煮袋表面脱水　经高温蒸煮杀菌后取出的软包装袋表面附着水分，如不除去可能造成装箱困难。蒸煮袋表面脱水装置的主要工作构件为特殊海绵制成的一对轧辊，进袋、出袋使用输送带。如要求蒸煮袋表面完全干燥，可以用小型热风机吹拂。

**（三）常见质量问题及解决方法**

主食罐头米饭的主要化学成分是淀粉，生产罐头米饭的主要目的之一是将淀粉糊化，并使之以糊化淀粉的形式长期地、稳定地保存下来。大米淀粉很容易加工成糊化淀粉，但是在贮存阶段，相当大的一部分糊化淀粉将重新析出，形成不被淀粉酶所作用的$\beta$-化淀粉，即出现米饭的返生（或称为回生），这也正是罐头米饭生产中最常见的质量问题。有效地阻止糊化后的淀粉$\beta$-化，是罐头米饭生产中的技术关键。

1. 影响罐头米饭返生的主要因素

（1）含水量　淀粉含水量超过60%或低于16%时，淀粉不易返生；当含水量在16%~60%之间时，则比较易于返生。

（2）温度　温度超过60℃或低于-20℃时淀粉不易返生。当温度在2~4℃时，最易返生。

（3）淀粉的种类　支链淀粉不易返生，直链淀粉易于返生。

2. 防止罐头米饭返生的措施

根据影响罐头米饭返生的因素，防止或延缓米饭回生，主要是设法阻止或避免淀粉间羟基的缔合，另外还要注重加工工艺。

（1）大米的选择　选择含支链淀粉多的米品种为原料，会取得较好的加工效果。但要根据生产的实际情况来决定选择含支链淀粉多的大米，还是选择普通的大米。

（2）大米的浸泡　米饭的返生，总是从米粒的中心先开始产生硬心，而后才是整个米粒返生。这主要是由于米粒的中心基本上由淀粉组成，而且糊化程度较低。因此，应改进加工工艺，使所加介质能有效地进入米组织的各个角落里去。采用传统的碱水浸泡工艺，可使米粒，特别是米粒中心充分地吸水，以便在受热的过程中，提高介质的热传导性，使热能迅速地传导，提高米粒的整体糊化程度。

（3）高温处理　浸泡后的大米，已基本上吸水充分，并有一定的膨胀度，这时进行高温处理，会使米粒里的水分迅速蒸发，留下均匀的空隙，便于在以后的蒸煮过程中，较高温度的水分能充塞于因干燥而留下的空隙中。这样有利于消除米粒中心与表面形成的温差，使米粒整体的温度迅速提高，米粒中心的淀粉与米粒表面的淀粉同时糊化，提高淀粉的糊化程度。同时，高温条件下，可使部分淀粉糊化。

（4）加水量的选择　淀粉在其含水量为40%~60%时比较容易返生，加工过程中，应避开这个水分区间。试验结果表明，当含水量在65%左右时，饭粒完整，有弹性，软硬较适度。当含水量超过75%时，则米饭过于软烂，并且在杀菌后呈现整体软硬不均现象。当含水量在65%以下时，米饭整体结构良好，易于形成饭粒完整的疏松体系，但这个含水量与易于返生的水分区间接近，生产上不易控制。因此，水分含量以68%~70%为宜。

（5）适当的添加剂　淀粉的返生，主要是淀粉分子在糊化过程中保留下来的分子聚合点在以后的冷却过程中，由于分子动能降低，以这些原有的聚合点为起点，相邻分子间的氢键结合又逐步恢复，也就是淀粉分子又自动排列成序。糖、糖醇、油脂、乳化剂和其他有助于形成络合物的物质，在米饭膨润时，充塞于淀粉分子之间形成膜壁，可起到阻止羟基缔合的作用。因此，利用添加剂来阻止羟基的缔合，是行之有效的。在不影响风味的情况下，最大限度地使用油脂和蔗糖，会收到良好的效果。

（6）加快工艺流程　根据淀粉的特性，60℃以下才开始返生。因此，应尽量缩短工序间的放置时间，特别是封口至杀菌的停留时间。实验表明，当封口至杀菌的停留时间超过 1h 时，成品的品质明显差于封口后直接杀菌者。

## 二、米粉生产工艺

米粉是以大米为原料制成的条状、丝状米制品，是一种经济、方便、可口的食品，只要经过简单的煮沸或煸炒，加上调料即可食用。米粉质地柔韧、富有弹性、水煮不糊、干炒不易断，食用爽口、易消化，既可作主食，也可作小吃，深受消费者欢迎，在我国南方及东南亚一带有很大的消费市场。米粉的名称和种类十分繁杂，仅我国大陆地区约有米粉名称近百个。这些名称地域性强，命名规则各异，缺乏一定的规范性。米粉根据成型工艺分为切粉（切条成型）和榨粉（挤压成型）两种，所有米粉最终都可归结于这两种米粉。

### （一）米粉的种类

目前尚无米粉国家标准，根据米粉的加工和食用方式，可分为湿米粉、干米粉、速冻米粉和方便米粉。方便米粉又可分为方便米线、方便卷粉、保鲜方便米粉。

湿米粉是以大米为原料，经磨浆、糊化、成型、冷却等生产工序加工，并未经干燥的米粉，按产品外形可将湿米粉分为扁粉和圆粉，如桂林米粉、常德米粉、过桥米线、米面、沙河粉等。

干米粉是加工后的湿米粉，经脱水干燥能长期保存的米粉。食用时需用开水煮熟，如直条米粉、米排粉等。

速冻米粉是加工后的湿米粉，在 -30℃快速冷冻，然后在 0℃以下长期保存的米粉，如速冻调理米粉。

方便米粉又称即食米粉，是加工后的湿米粉，经脱水干燥后（或不脱水保鲜包装）能够长期保存，且食用时用热水冲泡 3～5min 能够马上食用的米粉；根据形状可分为方便米线（米粉）和方便卷粉（河粉）。

### （二）米粉的生产工艺流程

挤压成形和切条成形两种米粉生产的工艺流程如下：

**图 5－1－4　挤压成型米粉的工艺流程**

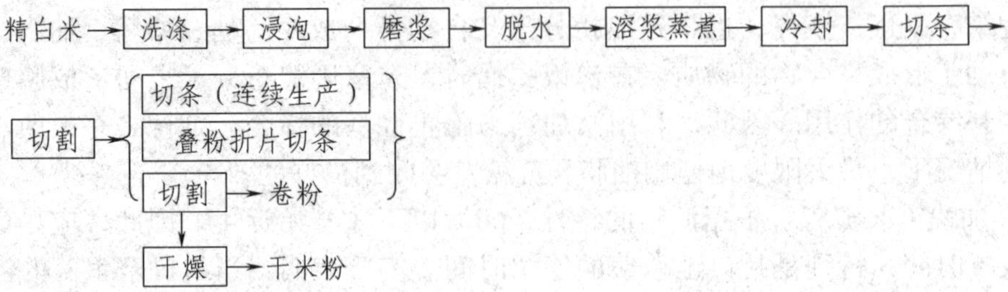


工艺要点：

原料应选择精白米，不能选用糙米。糙米外层含有较高的油脂和蛋白质，这些成分对淀粉凝胶不利。

洗涤的目的是除去表面的杂物和糖分，洗涤至洗涤水澄清不浑浊。

洗净的大米用足量的水浸泡 1～4 h，水分达 35%～40%，使米粒胚乳结构疏松便于磨浆。温度较高时，为防止大米酸败，应每小时换水。

磨浆时，浆液的浓度应控制在相对密度为 1.208～1.261，粒度控制在全部通过 CB42 绢筛，水分 50%～60%。

磨好的浆可以直接倾倒在蒸粉机的帆布带上，形成一定厚度的均匀薄层，以利于蒸粉时受热糊化均匀。米浆层厚度一般控制在 0.8～1.2mm，蒸粉时间与粉层厚度有关，多为 60s，如粉层较薄，40s 也能使米粉充分 α－化。

经过蒸煮后的粉皮，糊化度可达 75%～80%，具有较高的的强度和韧性，经适当冷却后，可送入挤压成型机或切条机进行成型操作。通常为保证切条能顺利进行，还需将粉皮进行预干燥，目的是适当降低粉皮的水分，初步固定米粉的 α－化结构，进一步使粉皮定型。预干燥的工艺条件为热风温度 70～80℃，干燥时间为 15～20min，水分含量为 16%～20%。

经预干燥的粉皮具有良好的韧性，可以根据需要切成 8～10 mm 宽的扁长条，得湿切粉。挤压成型是将粉皮经一带有若干圆形模孔的模头挤压成直径为 0.8～2.5 mm 的圆长条。挤压成型后通常还需复蒸，使糊化度达到 90%～95%，以进一步提高米粉的黏着力。复蒸可用蒸汽蒸煮，时间为 10～15min。

制成干米粉，需将成形的米粉进行干燥，使其含水量降至 13% 左右。此过程干燥速度非常重要。一般将干燥室内温度控制在比环境温度高 10～15℃，例如气温为 25℃时，干燥温度可以采用 35～40℃。无论挤压成型或切条成型的米粉，采用低温长时间的干燥工艺对保证制品质量有利。

在米粉加工中，为改善米粉制品的品质和加工特性，可以适量添加食用油脂，用量为原料大米的 1% 左右，可以增加制品的表面润滑性，便于松散，减少相互粘连的现象，同时赋予制品油脂风味。食用油以花生油为好。

## 【思考题】

1. 面条用小麦粉的技术要求有哪些？
2. 挂面生产的辅料有哪些？它们在挂面加工中起什么作用？
3. 简述挂面的加工工艺。
4. 断头面的处理方法有哪些？
5. 简述方便面的加工工艺。
6. 通心粉加工对原料有何要求？简述通心面的加工工艺。
7. 简述罐头米饭加工工艺。
8. 米粉加工对原料有何要求？简述米粉生产工艺。

# 第二章　膨化食品

【学习指导】

本章重点掌握挤压技术的特点和膨化原理，掌握挤压谷物食品的加工工艺，了解工艺条件对挤压膨化产品质量的影响；了解组织化植物蛋白的加工工艺。

膨化食品（puffing food）是近年来世界上发展起来的一种新型食品，国外又称挤压食品、喷爆食品、轻便食品等。我国在标准《膨化食品》（GB/T 22699—2008）中明确将膨化食品定义为以谷类、薯类、豆类、果蔬类或坚果类等主要原料，采用膨化工艺制成的组织疏松或松脆的食品，同时将膨化食品分为烘烤型、油炸型、直接挤压型、花色型和其他型（采用微波、气流或真空等方式膨化制成的膨化食品）五类。

## 第一节　膨化食品概述

### 一、膨化食品的概念

广义上的膨化食品是指利用油炸、挤压、沙炒、焙烤、微波等技术作为熟化工艺，在熟化工艺前后，体积有明显增加现象的食品。膨化是利用相变和气体的热压效应原理，使被加工物料内部的液体迅速升温汽化、增压膨胀，并依靠气体的膨胀力，带动组分中高分子物质的结构变性，从而使之成为具有网状组织结构特征、定型的多孔状物质的过程。膨化食品是指以膨化工艺过程生产的食品。

### 二、膨化食品的分类

膨化食品品种繁多，外形精巧，营养丰富，酥脆香美，其种类有各种分类方法。

**（一）按膨化加工的工艺条件分类**

膨化可分为两类：一类是利用高温，如油炸、热空气、微波膨化等；另一类是利用温度和压力的共同作用，如挤压膨化、低温真空油炸等。

1. 利用高温的膨化

（1）高温膨化（High - temperature Puffing）　是一种现代化的机械挤压成型技术与

比较古老的油炸膨化、沙炒膨化等处理工艺结合起来从而生产膨化食品的一种技术。其中，微波膨化、焙烤膨化等新型膨化技术也应属于这一范畴。

（2）油炸膨化（Frying Puffing） 是利用油脂类物质作为热交换介质，使被炸食品中的淀粉糊化、蛋白质变性以及水分变成蒸汽从而使食品熟化并使其体积增大。油炸膨化的油温一般在160～180℃，最高不超过200℃。

（3）热空气膨化（Hot－air Puffing） 包括气流膨化、焙烤膨化、沙炒膨化，是利用空气作为热交换介质，使被加热的食品淀粉糊化、蛋白质变性以及水分变成蒸汽，从而使食品熟化并使其体积增大。

（4）微波膨化（Microwave Puffing） 是利用微波被食品原料中易极化的水分子吸收后发热的特性，使食品中淀粉糊化、蛋白质变性以及水分变成蒸汽，从而使食品熟化并使其体积增大。

2. 利用温度和压力的共同作用的膨化

（1）低温真空油炸膨化（Low－temperature Vacuum Frying Puffing） 是指负压条件下，食品在油中脱水干燥。若在真空度2.67kPa、油温100℃进行油炸，这时所产生的水蒸气温度为60℃。若油炸时油温采用80～120℃，则原料中水分可充分蒸发；水分蒸发时使体积显著膨胀。采用真空油炸所制得的产品有显著的膨化效果，而且油炸时间相对缩短。

（2）挤压膨化（Extrusion Puffing） 一般食品物料在压力作用下，定向地通过一个模板，连续成型地制成食品，称为“挤压”。挤压食品有膨化和非膨化两种。非膨化挤压食品不在本书的探讨之列。

**（二）按膨化加工的工艺过程分类**

1. 直接膨化法

直接膨化法又称一次膨化法，是指把原料放入加工设备（目前主要是膨化设备）中，通过加热、加压再降温减压而使原料膨化。

2. 间接膨化法

间接膨化法又称二次膨化法，就是先用一定的工艺方法制成半熟的食品毛坯，再把这种坯料通过微波、焙烤、油炸、炒制等方法进行第二次加工，得到的酥脆的膨化食品。

**（三）按原料分类**

（1）淀粉类膨化食品 如玉米、大米、小米等原料生产的膨化食品。

（2）蛋白质类膨化食品 如大豆及其制品等原料生产的膨化食品。

（3）混合原料膨化食品 虾片、鱼片等原料生产的膨化食品。

**（四）按生产的食品性状分类**

（1）小吃及休闲食品类 可直接食用的非主食膨化食品。

（2）快餐汤料类 需加水后食用的膨化食品。

**（五）按产品的风味、形状分类**

按产品的风味、形状分类可分为成千上万种。例如，从风味上分，可分为甜味、咸味、辣味、怪味、海鲜味、咖喱味、鸡味、牛肉味等膨化食品；从形状上分可分为条形、圆形、饼形、环形、不规则形等膨化食品。

# 第二节　早餐谷物食品

## 一、早餐谷物食品生产工艺

理论上，任何食物都可以作为早餐，但是传统习惯上早晨是消费谷物的时间。早餐谷物食品是市场十分流行的食品，在商业上所占比重很大。从表5－2－1中可以看出，15%的食品是直接由挤压加工制得。若考虑到表中另两类占比例最多的食品——薄片状或喷射爆熟状谷物食品是通过挤压成型（通常是挤压蒸煮）来完成的，则可在某种程度上说早餐谷物中有一半以上产品是与挤压技术相关。

表5－2－1　早餐谷物产品分类

| 产品种类 | 所占试产比例/% |
| --- | --- |
| 薄片状产品（包括挤压成型） | 35 |
| 喷射爆熟状产品（包括挤压成型） | 26 |
| 直接挤压产品 | 15 |
| 整粒谷物产品 | 8 |
| 普通谷物产品 | 7 |
| 其他类型产品 | 9 |

### （一）挤压技术生产早餐谷物食品

用挤压技术生产早餐谷物食品，使原料配方更为广泛，可以使用单一的或混合的原料，可添加营养强化剂、蛋白质或膳食纤维等。产品可以是直接膨化的或不膨化的。用挤压机生产的不膨化产品，经制成直径为5～8mm的小丸后再轧片、烘烤即可食用。

1. 双螺杆挤压机生产早餐谷物食品的工艺流程

水（加入混合后）；抽真空（自挤压、蒸煮、成型）

原料→混合→挤压、蒸煮、成型→造粒→轧片→烘烤→冷却→包装

2. 工艺说明

谷物原料经磨粉、混合后送入蒸煮挤压机，在挤压机的物料入口部位加水，使物料的总含水量在30%左右。物料在挤压机中被充分糊化。为了使产品在通过模头时不发生膨化，在离挤压机模头适当位置的机筒上有一开孔与真空系统联结。处于挤压机中高温高湿并经糊化的食品被螺杆输送到机管真空部位时，因闪蒸效果而使物料部分脱水，温度迅速下降到该操作压力下的水蒸气饱和温度，物料经模具时因压力较低，故不会膨化。

### （二）非膨化挤压食品生产工艺及产品膨化

此类食品一般采用两台挤压机串联进行加工。第一台挤压机起蒸煮物料的作用，称

为蒸煮挤压机（也可采用其他蒸煮设备）；第二台挤压机起成型的作用，称为成型挤压机。产品如要膨化，则可在干燥之后通过油炸和烘烤来实现。

1. 工艺流程

水
↓
原料→混合→蒸煮挤压→切割→成型挤压→切割→预干燥→包装→油炸或烘烤→调味→包装

2. 工艺说明

原料一般为面粉或大米粉，还可添加玉米淀粉、盐、糖、大豆粉等。各种组分的原料应充分混合后送入蒸煮挤压机，在挤压机的物料入口处加足量水，以调到总水分含量为30%左右。物料在蒸煮挤压机中被完全糊化，然后通过模头并被快速旋转到切刀切成不规则的薄片，经成型挤压机挤压成组织紧密、具有特定形状的非膨化食品。干燥之前进行预干燥的目的是防止产品互相粘连。干燥后包装即为成品。若要使产品膨化，可经160℃烘烤或180～200℃油炸，喷涂调味后即可包装。

## 二、典型早餐谷物食品生产实例

### （一）片状早餐谷物制品

1. 工艺流程

片状早餐谷物制品典型工艺流程见图5-2-1：

2. 说明

（1）原料筛选和混合　谷物产品的各种配料都必须经过某种振动或螺旋筛选机正确地进行测定和计量，筛选机能分离出任何大小的配料颗粒或异物，以防混入混合料并进入后道加工中。混合操作采用混合机或翻腾箱装置，使原料混合成为均匀的基础配料。它还可作贮存和供给翻腾的容器，这些装置的尺寸必须满足后道设备的需要。

（2）蒸煮

①预蒸煮：预蒸煮的主要功能是在物料进入蒸煮挤压机前，先用液体、浆料和蒸汽适当地进行混合。具体时间取决于使用的特定配方。加水必须在预处理器的初段，通过喷嘴以提高水或溶液添加剂溅散的比表面积，从而提高它们的扩散速率。然后，蒸汽喷入预处理器内。干颗粒从最初接触水到与喷入蒸汽接触之间的时间可以很短，但由于是动态环境，混合将是充分的。

②蒸煮挤压：挤压机的前段是作为喂料段移送预处理物料进入挤压段，然后将物料加工均匀。在这阶段，通过减小螺旋间距和剪切节流件后提供流动阻力，促进物料压缩。物料输送经过位于套筒内的螺旋叶片和叶形剪切节流件后进一步受到压缩、混合和加热。湿物料温度在最后2～5s内快速升高。

物料在挤压套筒内的总时间为35～40s。大多数热能从机械能转化而来，机械能通过筒内挤压与螺旋相互作用部分转化为热能。不足的热能可通过直接喷射蒸汽到挤压套筒内或在套筒外壁的夹套内通入循环热流体来补充。薄片产品在出口处的水分含量为20%～30%。

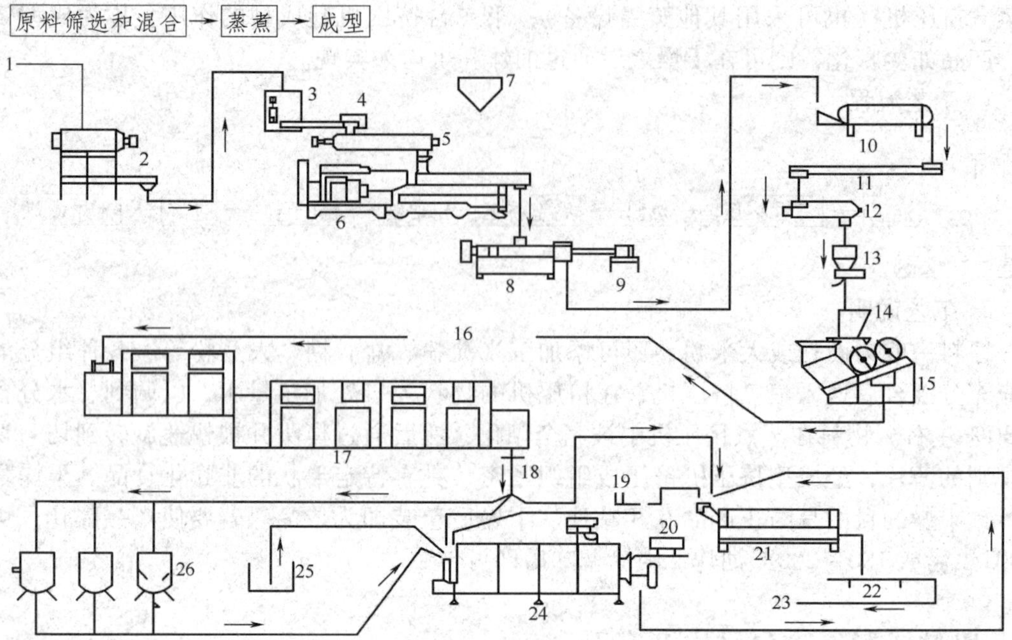


**图5-2-1 薄片早餐谷物制品的典型工艺流程**

1—原料 2—混合装置 3—圆形仓式卸料器 4—喂料器 5—预处理器 6—双螺杆挤压机 7—液体灌 8—成型挤压机 9—刀头 10—冷却滚筒 11—调质螺旋 12—小球压碎机 13—金属检测器 14—粒筛喂料器 15—薄片轧辊 16—薄片到干燥器/烘干机 17—干燥器/烘干机 18—粗筛 19—干添加物喂料器 20—维生素添加装置 21—冷却滚筒 22—检验带 23—包装 24—涂层干燥滚筒 25—糖/调味料添加装置 26—活动储存罐

(3) 成型 挤压成型一般紧接于挤压蒸煮之后，由同一挤压机内分成独立的加热和冷却段来完成这两个阶段。为了达到具有良好、单独的加热和冷却段，常采用更长的套筒（L/D为24:1左右），这两区段由一个排气口相隔开，在排气口处由于水蒸气蒸发冷却作用从而能迅速降低产品的温度。两个目的：①蒸煮反应在达到所希望的最终温度上骤冷；②减少了成型段中的冷却负荷。双螺杆挤压机特别适用于排气和分段。虽然适应性更广的双螺杆挤压机具有优越而有效的热传递特性，但其成型功能则略逊于单螺杆挤压机。

在成型操作时，成型挤压机重新压缩已经蒸煮过的热而湿的挤压物，控制挤压物温度将物料在挤压机中逐渐折叠或揉捏压缩成为密实的挤压物，最后通过模具形成具有波纹珠泡的小球，再经辊轧制成高质量的早餐谷物薄片。在对较均匀的挤压产品进行压片时，可仿制自然的谷物外观。为了增加与辊子表面的摩擦，干燥后的物料应当在压片前稍微润湿一下其表面。

片状谷物食品生产机械的"心脏"是压片辊，压片辊是由一对平行反向旋转的水平圆筒体组成，其中间安装间隙很小。从上面喂进的产品颗粒进入此间隙即被辊子表面的摩擦力作用而破碎（图5-2-2）。为了能压片，产品颗粒必须要有一定的流动性，可从辊子咬合处流出而不致形成一种连续的片状。产品颗粒和辊子间的摩擦系数必须要足够大，以便使颗粒能通过咬合处，硬而干的产品表面会使颗粒浮在咬合处的上方而不被咬入。辊子表面不必太光滑，通常要有一定毛糙度以便顺利咬住产品颗粒。

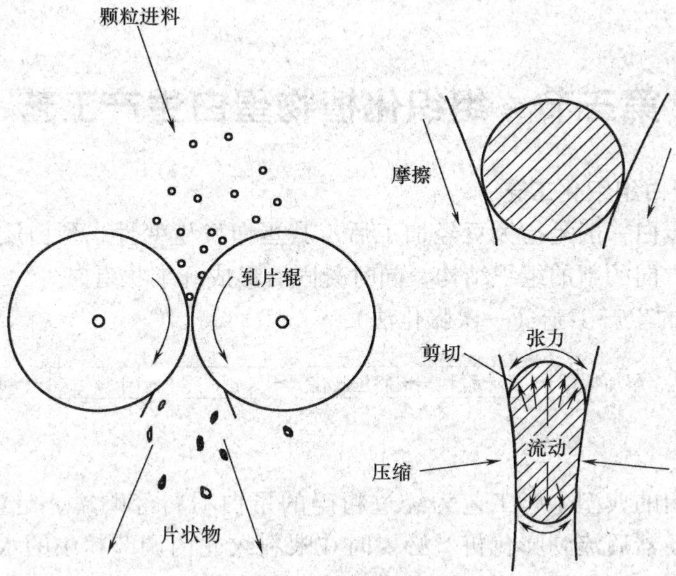


图5-2-2 轧片机工作原理

### （二）挤压膨化的早餐谷物

直接挤压膨化早餐谷物制品的典型生产工艺流程如图5-2-3所示。其中经高温糊化的、以谷类为主的物料从挤压机模孔中出来，进入常压下使物料中的水分迅速汽化而产生膨化。挤压膨化谷物产品一般要求采用具有较长停留时间的挤压机，并利用除了机械能以外的其他形式能量进行补充加热。在任何一种情况下用于正确膨化的最终温度应当在150~200℃的范围内，并且含水量应低于20%。

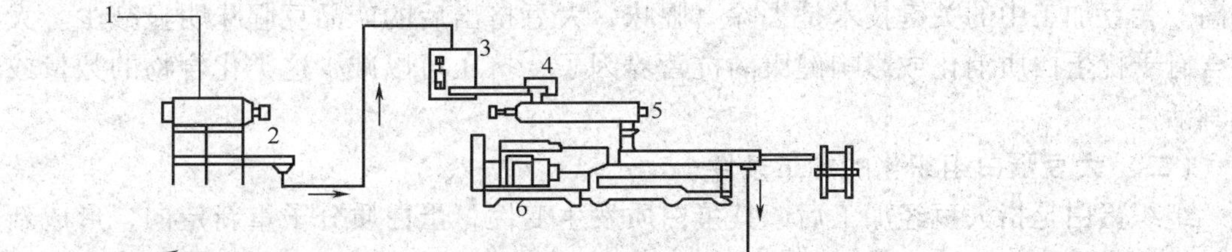


图5-2-3 直接膨化早餐谷物制品的典型工艺流程

1—原料 2—混合装置 3—圆形仓式卸料器 4—喂料器 5—预处理器 6—双螺杆挤压机 7—干燥器/烘干机 8—粗筛 9—干添加物喂料器 10—冷却滚筒 11—检验带 12—包装 13—维生素添加装置 14—涂层干燥滚筒 15—糖/调味料添加装置 16—活动储存罐

# 第三节　组织化植物蛋白生产工艺

**（一）大豆蛋白组织化工艺**

组织化植物蛋白一般是指大豆经加工后，其蛋白发生变性，蛋白质分子重新排列定向，形成具有同方向的新的组织结构，同时凝固后形成纤维状蛋白。

1. 组织蛋白的生产工艺（一次膨化法）

原料（粉、碱、盐、添加物）→ 加水搅和 → 挤压膨化 → 切割成型 → 干燥冷却 → 拌香着色（添加剂）→ 成品包装

大豆组织蛋白的典型生产工艺为经过粉碎的蛋白粉料经贮罐、定量绞龙、封闭阀、由压缩机送入集粉器后流到膨化机。必要时在喂料纹龙内调节粉中的水分，以适应膨化机进料要求，加水应视机型与原料不同而有所改变。

2. 二次膨化工艺

所谓二次膨化工艺，是将预处理好的大豆蛋白粉，经过第一级膨化后，立即排除水分然后进入二次膨化机采取高温、快速膨化。这样的产品从口感与营养价值上更近似于肉制品。因此，广泛用于仿肉制品的生产。但相应地也带来动力消耗大，操作要求高等问题。

3. 大豆蛋白的产品质量标准

大豆中蛋白质含量约为40%，脂肪含量约为20%，碳水化合物含量约为25%，纤维素及灰分含量等约占5%，水分及其他成分约占10%，淀粉含量很少，蛋白质营养价值较高。大豆加工中的关键技术是去除豆腥味，大豆挤出后的产品豆腥味明显减少。大豆中含有干扰蛋白质消化或影响健康的抗营养因子，挤压可以减少这类化合物的数量或降低其活性。

**（二）大豆蛋白组织化的加工条件**

组织蛋白是指大豆经加工后，其蛋白质发生变性，蛋白质分子重新定向，形成新的组织结构。

1. 水分含量

在脱脂大豆的组织化挤出过程中，原料中的添加水量对挤压过程起着重要作用。水一方面对物料的流变与输送起着塑化作用；另一方面水与蛋白质分子的相互作用，导致蛋白质分子主键构片段的运动性增强。随着含水率的增加，物料的流动性增加，黏度明显下降，物料受剪切作用减弱，在机头处建立的压力也较小，相应影响到产品的成形与组织化。原料最佳含水率在30%～45%。

2. 机筒温度

物料在挤出过程中的热量变化反映在机筒加热、螺杆剪切所产生的热量、物料物理化学变化所吸收的热量上，在挤出过程中，三者处于平衡。在不同的挤出阶段，大豆蛋白的组织化需要不同的机筒温度分布。

3. 蛋白质

（1）蛋白质含量对挤出物的影响　全脂大豆粉含蛋白质约40%，脱脂大豆含蛋白质约50%，大豆分离蛋白含蛋白质约90%。同时在脱脂大豆粉中添加不同比例的大豆分离蛋白来调整挤压原料的蛋白质含量，随着蛋白质含量的提高，挤出物的组织化和纤维化程度提高，口感变好。

（2）蛋白质种类对挤出物的影响　大豆蛋白的主要成分是球蛋白，此球蛋白约占蛋白总量的90%，直接使用这种球状大豆蛋白的缺点是产品强度低，缺乏应有的组织化结构，感官质量很难达到要求。

经过组织化处理后，无定型的球蛋白充分伸展并在强剪切、高热、高压的作用下发生取向排列，形成了一种类似于动物肌蛋白特有的结构和纤维组织的物质，这种物质复水后即成为具有一定强度、弹性和质构的新型大豆蛋白制品。复水后具有一定的强度、弹性和咀嚼感。具有适当的膨化度，有利于吸水软化，提高蛋白质的消化吸收性和营养价值。

（3）蛋白质的变性对挤出物的影响　蛋白质的氮溶解指数可显著影响挤出物的性质，随着脱脂大豆粉烘烤时间的增加，蛋白质的变性程度增加，氮溶解指数减小，容重增加，持水性减少。挤压原料的氮溶解指数在降低到一定程度后，已无法再挤压成形和组织化。

（4）组织化对营养价值的影响　大豆蛋白在组织化的过程中都伴有不同程度的膨化，内部形成微孔气室，在加工过程中可以吸收水分和大量风味物质，便于调味增香处理。另一方面由于组织化过程的热和剪切作用，消除了大豆中的抗营养因子，提高了消化吸收率，所以组织化过程能使大豆蛋白的营养价值提高。

4. 油脂

为改善挤出产品的口感和风味，可在脱脂大豆粉中添加一定量的油脂，油脂对蛋白质的主要影响是乳化作用。

5. 豆腥味的去除

口感和风味是食品加工的重要参数，对于脱脂大豆蛋白的组织化来说，重要的指标是其内部是否形成了纤维结构，挤出产品的豆腥味是否已去除。通过挤压膨化法，可以使挥发性成分蒸发，驱除产品中的豆腥味物质。

6. 对产品的评价

挤压测定中的重要指标有感官特性、外观、风味、质构等，它们均是主观评定项目。

**【思考题】**

1. 膨化食品如何分类？挤压膨化技术的特点是什么？

2. 影响挤压膨化食品加工的工艺条件有哪些？这些条件如何对加工过程有何影响？

3. 组织化植物蛋白生产工艺？水分在组织化蛋白生产中起什么作用？

# 第三章　焙烤食品

**【学习指导】**

本章应重点掌握焙烤食品常用各原辅材料的加工性能与功用，熟悉面包生产工艺流程及配方，重点掌握面包、饼干及糕点加工技术关键：包括各原辅材料处理的原则与方法；面团调制（机理、影响因素及控制方法）；面团发酵（机理、影响因素及控制方法）；成型（各工序目的、控制措施）；烘烤（机理）；冷却与包装（目的、措施）。

## 第一节　焙烤食品概述

### 一、焙烤食品的概念

焙烤食品是指以小麦粉等各种粮谷及其半成品为基本原料，与油、糖等多种辅料相调配，经过发酵或直接高温烘焙、油炸等熟制加工成的可以直接食用的一大类固体食品。可归于《食品工业基本术语》（GB 15091—1995）中所列的烘焙食品（bakery）。烘焙（baking）指将食品原料或半成品进行烤制，使之脱水、熟化的过程。

饼干、面包、糕点等焙烤食品具有较高的营养价值，便于携带，应时适口，是人们生活中常食用的一类食品。这类食品有的历史久远，有的则是近几十年才出现的。在世界绝大多数国家中，无论是主食还是副食，焙烤食品都占有十分重要的位置。

### 二、焙烤食品的类别

焙烤食品所使用的基础原料非常广泛，包括小麦、玉米、各种米等粮谷类及豆类，辅料就更为丰富，有各种糖、油，尤其是馅料原料种类繁多，包括各种果蔬、畜禽及水产品等，已发展成为品种多样、丰富多彩的食品，故分类工作复杂而困难。通常可根据所使用的主要原料类别、制作方法、制品特性及产地等进行分类。

按生产工艺特点可分为：

（1）面包类　主食面包、点心面包、硬质面包等；

（2）饼干类　酥性饼干、苏打饼干、韧性饼干等；

（3）糕点类　蛋糕、月饼等。

本章介绍以小麦粉为主要原料，并已经实现工业化生产的面包、饼干和糕点等焙烤制品的加工原理及工艺要点。

# 第二节 面 包

## 一、面包加工工艺

面包是焙烤食品中历史最悠久、消费量最大、品种繁多的一大类，它是以小麦粉、酵母、盐和水为基本原料，添加适量糖、油脂、乳品、蛋及蛋品、果料及添加剂等，经面团调制、发酵、成型及烘烤等工序制成的组织蓬松的方便发酵面制品。发展到今天，生产面包有许多不同的方法。其特定的方法取决于许多因素，包括传统习惯、生产使用的能源价格与类型、面粉的类型、所要求的面包类型及从烘烤到食用之间的存放时间等。

面包加工包括和面（面团调制）、发酵和烘烤三个基本工序，面包加工方法大多以发酵方式进行分类。传统而经典的方法包括一次发酵法、二次发酵法。

一次发酵法又称直捏法（见图5－3－1）。该法将所有原辅料一次混合成成熟的面团，然后进行发酵（在发酵期间翻揉面团一次或数次），再将发酵好的面团分块、揉圆、成型、醒发，达到所要求的尺寸后进行烘烤。具体的操作过程因品种和原料而异，如标准一次发酵法、后加盐法等。

通常一次发酵法制成的面包具有良好的咀嚼感，风味好，但蜂窝壁厚，结构较粗糙，易老化。该工艺对时间相当敏感，大批量生产时，其敏感性可能会使生产过程难以处理，因为同一批面团先烤制的发酵很合适，而后烤制的容易发酵过度。此方法多用于花色面包、法式面包，以及油炸面包圈等产品。

规模加工面包常用二次发酵法，也称中种法、预发酵法或分醪法（图5－3－2），该

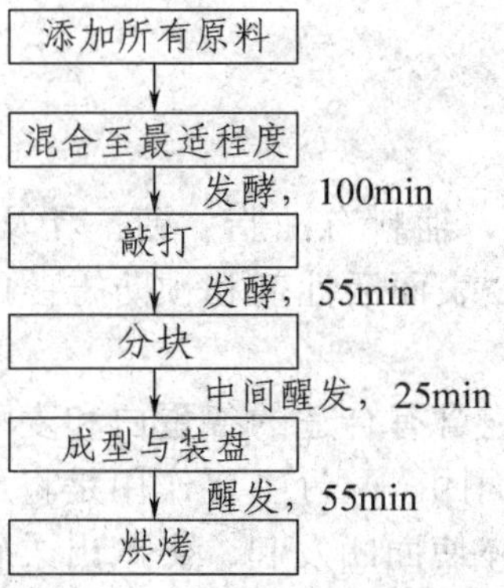


图5－3－1 一次发酵法面包烘焙工艺流程

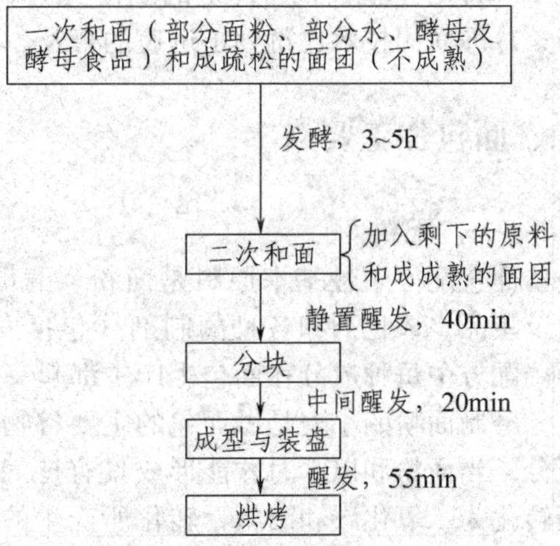


图5－3－2 二次发酵法面包烘焙工艺流程

方法几乎适用于所有的面包品种。它是先将部分面粉（30%～70%）、部分水和全部酵母调成的面团（酵头，sponge）在温度28～30℃下发酵3～5h，然后将其与剩下的配方原辅料混合，调制成成熟面团后，静置醒发30min，使面团松弛，再像直捏法那样分块、成型和醒发。中种法生产的面包柔软、蜂窝壁薄，面包体积大，老化速度慢，其最大的优点是不大受时间和其他条件的影响，缺点是生产所需时间较长。

三次发酵法是三次调粉、三次发酵，用酒花引子制面包时一般都采用三次发酵法。此外，利用乳酸菌、酸面团法等制作面包时，需要经三次、甚至五六次的面团调制与发酵，由于生产周期最长、效率低，面包酸度大，规模生产中较少使用。但此方法制出的面包不论外形、体积、内部结构都较好，且带有各自独特的香味而受到消费者的青睐。

液体发酵法、连续面包制造法及短时烘焙法等可看做是经典一次发酵法和二次发酵法的改进与发展。液体发酵法即先将酵母进行液体培养，制成液状发酵醪后再与面粉、砂糖、油脂等原料调制成面团进行一次发酵或二次发酵。连续面包制造法在某种意义上就是液体法。该法是在大量制作液体发酵醪的同时，通过热交换器和液体输送泵，连续不断地将一定温度的发酵成熟的液体发酵醪送至连续调粉机，与主要原料面粉捏和成面团，面团在较高的温度下长时间调制成熟后挤出进入分割、整形等工序。这种连续生产方法在欧美十分流行，用于制作主食白面包和掺有黑麦粉的黑面包。与其他方法相比，该法经济、节省人力和时间。

短时烘焙法在英国和澳大利亚已得到普及。在英国，Chorleywood法的使用约占80%，它是以机械作用为基础的新方法，又称机械面团起发法。该法是参照美国连续面团制造法，应用快速搅拌产生能量促进面团起发的原理设计出来的。该法在面团中加入大量酵母和氧化剂，通过强烈的机械搅拌，把调粉和发酵两个工序结合在一起，在调粉中完成发酵而无需再单独进行发酵。这种方法节省成本，所生产的面包也是符合质量要求。澳大利亚也采用短时法，但不同于Chorleywood法，它是一种使用较多化学膨松剂的不发酵法。

冷冻面团法是20世纪50年代以来发展起来的面包制作新方法，该法增加了面团冷冻工艺，将面包烘烤环节与面团制作过程分离出来，使面包做到随吃随烤，给消费者提供了“即烤”型面包，冷链的不断完善，特别是耐冻性面包酵母开发并投入商业化生产，冷冻面团技术也得到了迅速的普及。

## 二、面包加工要点

### （一）配料

面包配方中最基本原料是面粉、酵母、水和食盐，辅料有油脂、糖、乳及乳制品、蛋及蛋品、氧化剂和各种酶制剂（包括发芽谷物粉）、表面活性剂和预防霉菌的添加剂等。配方中每种成分在面包生产中都起一定作用。

磨制面粉的小麦是做面包的主要谷物，因为只有它含有合适的谷蛋白和麦醇溶蛋白组分，当面粉和以水时才能形成具有持气性的黏弹性面团。酵母主要作用是将可发酵的糖转化为二氧化碳和酒精，转化所产生的二氧化碳气体使面团发起，生产出柔软膨松的面包。此外，酵母对面团的流变学特性有显著作用，同时还可以赋予面包特殊的风味，增加面包的营养价值。酵母菌分鲜酵母和干酵母两类，若用干酵母替代配方中鲜酵母，则用量约为鲜酵母量的40%。水是一种增塑剂和溶剂，无水就无法形成面团。它可使面筋蛋白质吸水胀润形成面筋网络，构成制品的骨架；使淀粉吸水糊化，有利于人体消化吸收。还可作为传热介质和化学、生物反应的介质，以及发挥溶剂的作用；调节和控制面团的温度和软硬度；延长制品的货架期。食盐可以增强筋力，改善面包风味。

油脂是面包生产中的重要辅料，使面包瓤心的蜂窝结构更为均匀细密而且疏松，并使面包外皮光亮美观而增加食欲。还可延长面包保鲜期，增加面包体积。糖在面包加工中可供给酵母食料，改善发酵条件；并可调节面包风味，改良烘烤特性，使外皮色泽美观。乳及乳制品、蛋及蛋品是面包中常用的营养辅料，可补充植物蛋白质中所缺乏的营养物质，并可提高风味和改善色泽，并使面包瓤心组织细腻、柔软、疏松而富有弹性。

氧化剂诸如偶氮甲酰胺和过氧化钙等，能改善面团的筋力，使面包具有较好的体积和组织。正常小麦粉中，$\alpha$-淀粉酶含量很低，通常添加真菌$\alpha$-淀粉酶来改善面包组织。为促进酵母生长添加酵母的营养剂（铵盐）。添加表面活性剂可延缓面包老化，最常用的有$\alpha$-甘油一酸酯，一般用量为面粉重的0.5%。其他表面活性剂如硬脂酰乳酸钠（SSL）、羟乙基甘油一酸酯（EMG）等用作面团增强剂（Dough Strengtheners），有助于面团在生产实践中经受住机械作用，用量约为面粉重的0.5%。目前这些添加剂常以复配形式添加，方便使用。面包加工使用最普遍的霉菌抑制剂是丙酸及丙酸盐。

面包配方关系到产品的营养价值和工艺性能。在拟定面包配方时，各种原辅料都要有一定的比例，这些比例又因面包品种规格、各地区气候、农作物、饮食习惯等不同而有很大差异。这里选择具有代表性的各种面包的配方列于表5-3-1中，以供参考。

表5-3-1 各种面包的原辅料配方实例 单位：kg

| 品 种 | 全麦主食面包 | 甜味面包 | 咸味面包 | 奶味面包 | 蛋味面包 |
|---|---|---|---|---|---|
| 全麦面粉 | 100 | — | 60 | — | — |
| 面包粉 | — | 100 | 40 | 100 | 100 |
| 白砂糖 | 3 | 6 | 0.5 | 20 | 16 |
| 糖浆 | 2 | 12 | 3 | 4 | 8 |
| 酵母 | 0.6 | 0.8 | 1 | 2.2 | 2 |
| 食盐 | 1.5 | 1.2 | 2.5 | 0.6 | 0.4 |
| 全蛋 | 1 | 2 | — | 6 | 12 |
| 奶粉 | 1 | 1 | — | 8 | — |
| 植物油 | 0.5 | 0.5 | 1.5 | 2 | 2 |
| 起酥油 | 1 | 1 | 0.6 | 5 | 4 |

### （二）原辅料处理

在面包生产中，原辅料处理是一个重要工序。为了使原辅料符合工艺和产品质量要求，面包生产中除了使用合格的原辅料外，还必须对它们进行处理。原则上凡属于液体的原辅料，都要过滤后使用；凡属于粉质的原辅料，不需要加水溶解的都要过筛后使用。凡需溶解（或溶化）的固态原料，溶解所用水量均需从配料总水量中扣除。

1. 小麦面粉

制作面包通常需要选择面筋蛋白质含量高，工艺性能好的高筋粉。使用前必须过筛，以清除杂质、打碎团块，起到调节粉温作用，同时使面粉中混入一定量空气，有利于酵母生长繁殖。大型面包加工厂通常采用风送面粉，并在过筛装置中安装有磁铁以利除去金属杂质。

2. 酵母

应根据酵母种类，分别依照规定称量和处理，并测定其发酵力，根据发酵力大小、面粉面筋的性能和辅料的多少来确定酵母用量。发酵力强的酵母用量可减少一些；面粉筋力强及辅料多的，酵母用量要增加。

（1）压榨鲜酵母　是将很多单体酵母压缩成的块形物。每克压榨酵母约含有单体酵母50亿~100亿个。酵母一定要在适宜的温度和营养条件下生存繁殖。新鲜酵母在冷藏中处于休眠状态，因此，使用前需将其活化。将鲜酵母放在24~30℃（不超过30℃）温水中，加少量糖，最好在搅拌机中搅拌均匀，静置20~30min，当表面出现大量气泡时即可投入生产。不可将未经活化的酵母块直接加入干面粉中，更不可将酵母块放入浓的糖或盐溶液中。

（2）活性干酵母　由压榨鲜酵母在低温真空条件下脱水而制成的。此种干酵母处于休眠状态，使用前需要活化，具体方法是：1kg活性干酵母，500g砂糖，用7kg 27~30℃温水调成液状，发酵30~45min即可使用。

3. 水

面包生产用水应是透明、无色、无异味、符合饮用水卫生标准，中等硬度8~12度，pH略小于7.0。调制面包面团的用水量各不相同，主要根据原料的状况、产品的配方和季节而定。当使用面筋蛋白质含量高的面粉或增加乳粉的用量时应适当增加水的用量；反之，当糖、蛋、油脂的用量增加时或夏季空气湿度大时应适当减少用水量。注意，水质的软硬度、pH和温度对面包质量影响极大。

硬度过大或极软的水都不适于面包生产。硬度过大的水会增强面筋的韧性，延长发酵时间，使面包口感粗糙，此时可加入碳酸钠经沉淀降低硬度后使用；极软的水会使面团过于柔软、发黏，缩短发酵时间，使面包塌陷，对极软的水可添加微量的磷酸钙或硫酸钙以增加其硬度，或增加食盐用量也能达到良好效果。

面包酵母的最适pH为5.0~5.8，微酸性水质有助于面包发酵，但酸度不能过高，当pH过低时，可用碳酸钠中和。理想的水质pH应略小于7，发酵好的面团pH控制在5~6为宜。当水的pH高时，可用乳酸中和。

水温是控制面团温度的一个重要手段。发酵面团一般要求温度在28~30℃之间，这个温度不仅适于酵母的生长繁殖，而且也有利于面团中面筋的形成。为使面团达到适宜的温度，一般都利用水温来调节。例如，冬季室内温度约20℃，水温宜在30~40℃（不超过50℃）；夏季室内温度在30℃以上时，水的温度应控制在15℃为宜。

4. 食盐

须溶解成盐水经过滤后使用。若采用后盐法调粉时，精制盐直接与面团混合。

5. 几种辅料的处理

（1）油脂　液态油脂容易调匀可直接使用，而固态油脂须在30～40℃环境下自然融化成半固体或液状后使用，注意不宜直接在火上融化后马上使用，以防止油温过高而伤害面团中酶活力或烫熟面粉。

（2）砂糖和糖浆　砂糖需溶化成糖液，且糖液、糖浆均需过滤使用。如果用砂糖作面包表面塑面，一定要选用颗粒粗的白砂糖，在面包坯进烤炉前撒在面包坯表面上。面包生产用糖有蔗糖、饴糖、淀粉糖浆、果葡糖浆和蜂蜜等。使用量因品种而异，一般主食面包用糖量为4%～6%，甜面包15%～20%，特殊点心面包25%～30%。

（3）乳品　乳粉不可直接投入调粉机中，以免乳粉吸水结块而影响面团的均匀性。应用适量的水将乳粉调成乳状液使用。鲜牛乳或炼乳可直接加入搅拌机中调制面团，但所含的水分也应在配料总水量中扣除。

**（三）面团调制**

面团调制又称调粉、和面或搅拌等，即将处理好的原辅料按配方的用量，根据一定的投料顺序，调制成适合加工性能的面团。调粉是面包生产中不可缺少的一道工序，对于面包成品的质量以及出品率都有着密切关系。面团的形成并不是一个面粉与水的简单混合过程。

1. 面团形成的基本过程

面团的形成过程是发生许多物理化学变化的复杂过程，可以分成以下几个阶段：

（1）物料拌和阶段　搅拌初期，部分面粉中的蛋白质和淀粉开始吸水。其中面筋性蛋白质遇水，蛋白质分子表面的亲水基与水分子相互作用形成水化离子，此时，反应仅在蛋白质颗粒表面进行，是放热过程，吸水量较少，体积增加不大。这时尚有部分面粉粒子未接触水分，呈干粉状态，配料中其他成分也尚未拌和均匀。此阶段物料呈分散的非均态混合物。

（2）面团的形成　继续搅拌，水和其他物料分散渐趋均匀，干粉逐渐消失，面粉中蛋白质和淀粉进一步吸水胀润。水分子以渗透或扩散的方式进入蛋白质胶粒内部，由于胶粒内部有小分子可溶性物质存在，其溶解后浓度增加，形成足够的渗透压，于是水分子很快渗透到胶粒内部，吸水量增多，体积显著增大，面筋性蛋白质得到充分胀润；同时，在面筋蛋白的氨基酸中，约有1/10的含硫氨基酸（如胱氨酸、半胱氨酸等），它们在面筋结合上起着极为重要的作用，随着搅拌的进行，含硫氨基酸中的硫氢基被氧化而转变成二硫基（图5－3－3），即两个蛋白质分子的—SH基被氧化失去H，发生了—S—S—结合。这样，充分胀润的面筋性蛋白质，彼此结合起来，形成面筋网络，面粉中的淀粉和其他物料被粘在面筋网络中间，形成具有一定物理性质的面团。由于面团中游离水尚处于分布不均匀状态，面粉粒子吸水程度上也有差别，故整个面团外观上呈现软硬不一的状态。

在面团形成过程中，吸收到胶粒内的水分称为水化水或结合水；分布在胶粒表面的水称为附着水；充塞于面筋网络结构中，分布于胶粒之间的水称为游离水。面团形成过程就是逐渐由游离水变为水化水的过程。

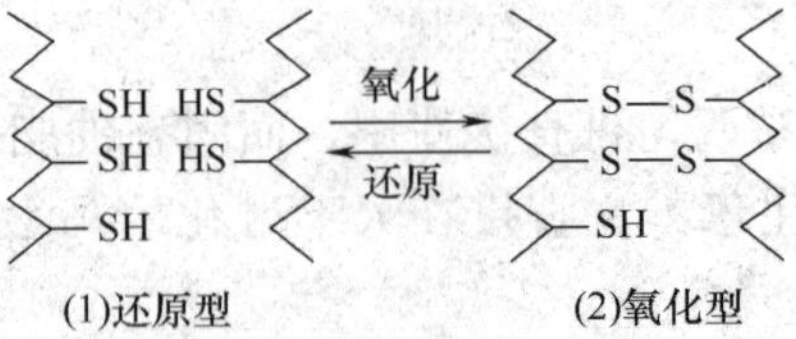


图5-3-3　面筋蛋白质分子间的硫氢基与二硫基转换

(3) 面团的成熟　上述初步形成的面团，在搅拌桨的搅拌下，使面团部分面筋网络与其他物料的结合程度差异减少，水分分布均匀，于是整个面团的调制成熟，面团达到工艺上所要求的软硬度、弹性和硬度，光滑而柔润。

(4) 面团的破坏　继续搅拌已成熟的面团，面团的面筋开始断裂（或弱化），面团的弹性和韧性减弱，面团的工艺性能变劣。这是由于一部分面筋蛋白质分子间的—S—S—结合转变为分子内的—S—S—结合，使分子间的结合程度削弱所引起的（见图5-3-4），搅拌过度，面筋的网络结构受机械损伤而破坏。因此，搅拌时间要掌握好。

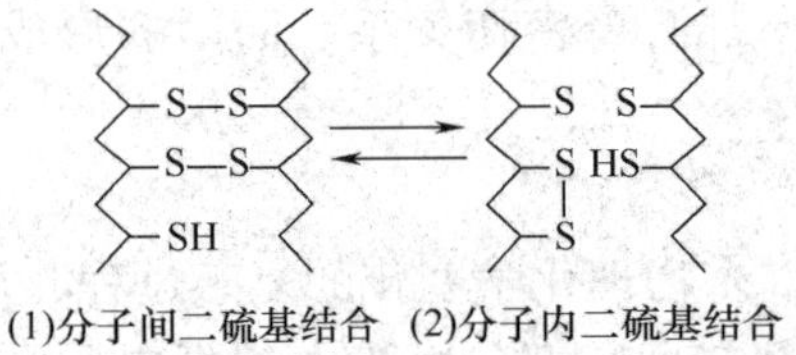


图5-3-4　二硫基由分子间结合转换成分子内结合

2. 影响面团形成的主要因素

(1) 面粉中蛋白质的质和量　面团在调制时，主要是两种面筋性蛋白质迅速吸水胀润，在适宜的条件下，面筋吸水量为干蛋白质的180%～200%，而淀粉吸水量在30℃时仅为30%。面筋蛋白质吸水胀润的结果在面团中形成坚实的面筋网，在网络中包括有此时胀润尚差的淀粉及其他非溶解性物质。此网络结构即所谓面团中的湿面筋，它形成面包制品的骨架。由于小麦粉中蛋白质的种类和比例不同，形成湿面筋种类和数量也各不相同。此外，受冻伤小麦加工的面粉，由于蛋白质受冻而降低吸水胀润的速度，使工艺性能变劣；受虫害小麦加工的面粉，由于蛋白质酶活性加强，调制面团时蛋白质被分解而降低了面团中面筋的生成量。

各种小麦粉因种类性状不同，以化学和物理形式结合的水量也不同。面团吸水量也随其中蛋白质种类和性质不同而异。面筋性蛋白质越多，灰分越少的小麦粉吸水量越大。

(2) 面团温度　温度是形成面团的主要条件之一，它与蛋白质的吸水关系很大。温度低，蛋白质吸水缓慢，面团形成的时间长；随温度升高，面筋蛋白质的吸水增大，其胀润作用也增强。当温度达30℃时，若加水充分，蛋白质吸水量可达150%～200%，面筋蛋白质胀润达到最大程度。此时淀粉吸水量达自身重量的30%。淀粉粒的吸水主要是吸附水，体积增加不大。当温度高达50℃时，淀粉便开始吸水膨胀，65℃时糊化。所以正常情况下调制面团时，其温度都达不到淀粉粒胀润和糊化温度，但却能使蛋白质充分胀润。

为防止面筋形成程度过大，面团弹性过强，若条件允许，可以采取对原材料和面团降温的措施。

（3）面粉粗细度　面粉颗粒的粗细度是衡量面粉质量的一个方面。在调制面团时，颗粒粗的面粉与水接触面小，水分的渗透速度降低。由于胀润的缓慢性，所以开始调制时会感到面团比较柔软，此时渗透到蛋白质胶粒内部的水化水比例小，而附着水和游离水较多。但在面团辊轧及成型过程中，其游离水和附着水继续渗透，蛋白质的这种持续胀润作用就会使面团变得干燥发硬，结合力差，难以辊轧和成型。实际生产中遇到这种情况，一般是在调制面团开始时，适当增加水量，让面团软些，或采用间歇调制面团的操作方法，以获得理想的面团。

（4）糖　糖在面团调制过程中起反水化作用，可调节面团的胀润度。由于糖的吸湿性，它不仅吸收蛋白质胶粒之间的游离水，同时会使胶粒外部浓度增加，对胶粒内部的水分子产生反渗透作用，从而降低蛋白质胶粒的胀润度，造成面筋形成程度降低，弹性减弱。加砂糖糖浆比加入等量的淀粉糖浆的作用来得强烈。此外，溶化的砂糖糖浆比糖粉的作用大，因为糖粉虽然在调粉时也逐渐吸水溶化，但此过程很缓慢且不完全。

（5）油脂　油脂具有疏水性。在面团调制过程中，油脂形成一层油膜包在面粉颗粒外面，使面粉中蛋白质难以充分吸水胀润，抑制了面筋的形成。并且使已经形成的面筋难以互相结合，从而降低面团弹性，提高可塑性。

3. 面包面团调制技术

面包面团调制与面团发酵是互相紧密联系的两道工序。一般是将处理好的原辅料，根据面团发酵方法确定投料顺序，调制成加工性能适宜的面团。为得到工艺性能较佳的面团，调制时应注意以下几点：

（1）调粉设备　面包面团搅拌过程中，必须使面团→伸展→折叠→卷起→压延→揉打，如此反复不断地进行，使原辅料充分揉匀并与空气接触，发生氧化，应尽量避免对面团有拉裂、切断、摩擦的动作。根据这样的要求，可设计和选择搅拌机械。调粉机有立式、卧式之分，卧式以曲臂直辊、三向直辊以及双桨卧式调粉机最适宜调制面包面团，它们有利于面筋的形成；立式以推动缸桶的立式调粉机（也称象鼻子调粉机）最适宜，其搅拌桨对面团具有翻揉功能。搅拌中为控制面团的温度，多采用夹层调粉缸，用水浴保温。此外，有条件可选用部分真空的调粉设备，使产品组织细软。

不论立式、卧式调粉机，调粉缸大小要适当，一般以面团体积占调粉缸容积的30%～65%为宜。调粉机速度可调：低速25～50r/min、中速50～80r/min、高速100～300r/min、超高速1000～3000r/min。调制面包面团一般采用低速和中速。

（2）投料次序　投料时设法避开糖、油脂不良的影响，让水直接与面粉接触，使蛋白质充分吸水形成面筋。尤其是油脂的影响，故一般是在面粉吸水成团后加入油脂。

（3）加水适量　面团加水量要根据面粉吸水能力和面粉中蛋白质含量而定。一般在面粉量的45%～55%的范围内（其中包括液体辅料）。加水量多会造成面团过软，给工艺操作带来困难；加水量过少，造成面团发硬，延迟发酵时间，并使制品内部组织粗糙。

（4）搅拌适度　搅拌不足，面筋没有充分形成，面团的工艺性能不良；搅拌过度，会破坏面团的工艺性能。

**（四）面团发酵**

1. 面团发酵的机理——气体的产生与存留

（1）气体的产生　面团发酵主要是利用酵母的生命活动产生的二氧化碳和其他物质，同时发生一系列复杂的变化，使面包蓬松富有弹性，并赋予制品特有的色、香、味、形。生产面包用的酵母是一种典型的兼性厌氧微生物，它在有氧和无氧条件下都能够存活。

面团发酵初期，酵母在养分和氧气供应充足的条件下，生命活动旺盛，进行着有氧呼吸，能迅速将糖分解成 $CO_2$ 和 $H_2O$，并放出一定的能量，即呼吸热，总的反应式如下：

$$C_6H_{12}O_6 \xrightarrow{\text{有氧呼吸}} 6CO_2 + 6H_2O + 2821.4\text{kJ}$$

呼吸热是酵母所需热能的主要来源。随着呼吸作用的进行，二氧化碳逐渐增多，面团的体积逐渐增大，面团中氧气逐渐稀薄，于是酵母由有氧呼吸逐渐转变为无氧呼吸——即酒精发酵，产生酒精和少部分能量，同时，也产生少量二氧化碳，这是使面团膨胀所需气体的另一来源。总反应式如下：

$$C_6H_{12}O_6 \xrightarrow{\text{酒精发酵}} 2C_2H_5OH + 2CO_2 + 100.5\text{kJ}$$

在整个发酵过程中，酵母代谢是一个复杂的生化反应过程。其糖代谢途径如图5－3－5所示。从理论上讲，在面团发酵过程中发生的有氧呼吸和酒精发酵是有严格区别的，但在实际生产中，这两个生化过程往往同时进行，即氧气充足时以有氧呼吸为主，当面团内氧气不足时则以发酵为主。在生产实践中，为了使面团充分发起，要有意识创造条件使酵母进行有氧呼吸，产生大量二氧化碳，如在发酵后期要进行多次揿粉，排除二氧化碳，增加氧气。但是也要适当创造缺氧条件，使之生成少量的乙醇、乳酸等，以提高面包特有的风味。注意，发酵过程中，酵母的生命活动除使面团蓬起以外，还影响面团的流变学特性。

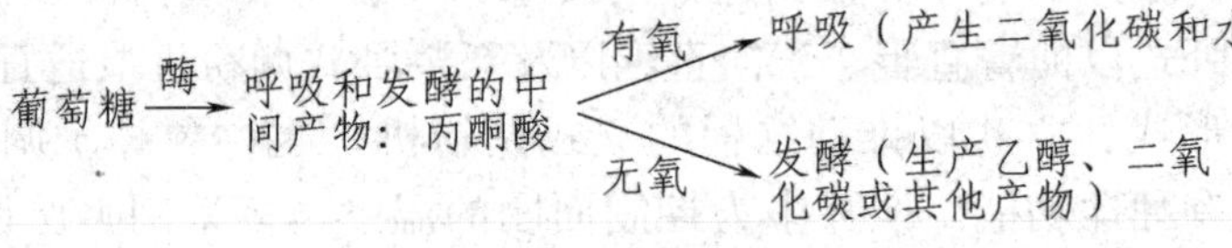


**图5－3－5　酵母糖代谢**

（2）气体的存留　气泡产生机制表明，在一个气泡内的压力（$p$）与该气泡的半径（$r$）和表面张力（$\gamma$）的关系为：$p = 2\gamma/r$。因此，在一个表面张力不变的面团系统中，如果 $r$ 趋于零，则产生新气泡所需的压力是无穷大的，即酵母在面团系统中不能产生新气泡。在调粉期间必定会将空气混入面团，从而使面团还未进行发酵时就有气泡存在。

在混合好的面包面团中，不溶水但高度水化的面筋蛋白质系统构成连续相，而淀粉和气泡则为非连续相，酵母的分布遍及液相，它发酵产生二氧化碳及其他物质。二氧化碳在液相中产生，并使水饱和。水一旦饱和，二氧化碳便进入面团预先就存在的空气泡中使气泡压力增大。由于面团具有黏滞流动性，所以可使气泡扩大以使压力平衡，从而使面团的总体积增大。正是由于包围气泡的液相饱和着二氧化碳，而且还由酵母不断产生，以使其饱和。故气体存留是一种简单的扩散作用。

2. 影响面团发酵的因素

(1) 糖类（碳水化合物） 在发酵过程中，酵母只能利用单糖、双糖等小分子糖类。一般情况下，面粉中的小分子糖含量很少。酵母发酵糖类主要来自两方面，一是面粉中淀粉水解，二是配方中添加的蔗糖、麦芽糖等。

在发酵过程中，淀粉在淀粉酶的作用下水解成麦芽糖：

$$\underset{\text{淀粉}}{(C_6H_{10}O_5)_n} + \underset{\text{水}}{nH_2O} \xrightarrow{\text{淀粉酶}} \underset{\text{麦芽糖}}{\frac{n}{2}(C_{12}H_{22}O_{11})}$$

酵母本身可分泌麦芽糖酶和蔗糖酶，使麦芽糖和蔗糖水解：

$$\underset{\text{麦芽糖}}{C_{12}H_{22}O_{11}} + H_2O \xrightarrow{\text{麦芽糖酶}} \underset{\text{葡萄糖}}{2C_6H_{12}O_6}$$

$$\underset{\text{蔗糖}}{C_{12}H_{22}O_{11}} + H_2O \xrightarrow{\text{蔗糖转化酶}} \underset{\text{葡萄糖}}{C_6H_{12}O_6} + \underset{\text{果糖}}{C_6H_{12}O_6}$$

在面团发酵中，各种糖被利用的顺序是不同的。当葡萄糖与果糖共存时，酵母首先利用葡萄糖，只有葡萄糖被大量消耗后，果糖才被利用。当葡萄糖、果糖、蔗糖三者共存时，葡萄糖先被利用，然后利用蔗糖转化生成的葡萄糖，这样，随发酵的进行，葡萄糖、蔗糖量降低，而果糖的浓度则有所增加。但随发酵的进行，最终果糖的含量也会减少。表 5－3－2 是在面团发酵过程中，两种糖浓度的消长情况：

麦芽糖与上述两种糖共存时，大约需 1 h 后才能被利用发酵。因此，可以说麦芽糖是发酵后期才起作用的糖。

面粉中不含乳糖，只有加入乳及乳制品时才含有乳糖。酵母不能分解乳糖，故发酵过程中，乳糖保持不变，但它对面包的着色起着良好的作用。只有在面团中含有乳酸菌引起乳酸发酵时，乳糖含量才有减少。

表 5－3－2 在不同发酵时间葡萄糖、果糖浓度的变化情况

| 发酵时间/min | 葡萄糖浓度/% | 果糖浓度/% |
|---|---|---|
| 1 | 0.28 | 0.29 |
| 2 | 0.44 | 0.46 |
| 60 | 0.35 | 0.45 |
| 75 | 0.29 | 0.40 |
| 90 | 0.22 | 0.38 |
| 120 | 0.06 | 0.26 |
| 135 | 0.00 | 0.00 |
| 165 | 0.00 | 0.00 |

（2）酵母　酵母发酵力对面团发酵有着很大的影响，它也是酵母质量的重要指标。在酵母用量相同情况下，用发酵力高的酵母发酵速度快，否则发酵速度慢。所以，一般要求鲜酵母发酵力在650mL以上，活性干酵母的发酵力在600mL以上。

在酵母发酵力相同的情况下，适当增加酵母的用量可以加快发酵速度，并且酵母用量与面粉质量有一定关系，用标准粉制造面包时，酵母用量在0.8%～1%，用精粉生产面包时，酵母用量在1%～2%。需注意一点：酵母用量并非越多越好，若酵母量太高，则酵母的繁殖率反而下降；只有酵母数量恰当时，其繁殖率才最高。

（3）水分　酵母的芽孢增长率，随面团中水分多少而异。在一定范围内，面团内含水量越多，酵母芽孢增殖越快，反之越慢。表5－3－3是面团中加入1%鲜酵母、2.5%糖（均以面粉量为基准），发酵4 h的结果。

**表5－3－3　面团加水量和酵母芽孢增长率关系**

| 调粉时的加水量（以面粉重为基准）/% | 酵母芽孢增长率/% |
|---|---|
| 50 | 8 |
| 100 | 32 |
| 200 | 43 |

正常情况下，含水量多的面团容易被二氧化碳气体所膨胀，从而加快了面团的发酵速度；含水量少的面团对气体的抵抗力较强，抑制了面团的发酵速度，所以面团适当调得软些，对发酵是有利的。

（4）温度　温度是酵母生命活动的重要因素。面包酵母的最适温度为25～28℃。如果发酵温度低于25℃，会影响发酵速度，而延长生产周期。如果提高温度，虽能缩短发酵时间，但温度过高会给杂菌生长创造有利条件，影响产品质量。例如，醋酸菌最适温度是35℃，乳酸菌最适温度是37℃，这两种菌生长繁殖会提高面包酸度，降低制品质量。考虑到面团发酵过程中，酵母菌代谢活动也会产生一定的热量而提高面团温度。因此，发酵温度应控制在25～28℃为宜，最高不超过35℃。

（5）酸度　面包的酸度是衡量面包成品质量优劣的一个重要指标，而面团pH与其持气性的关系见图5－3－6。

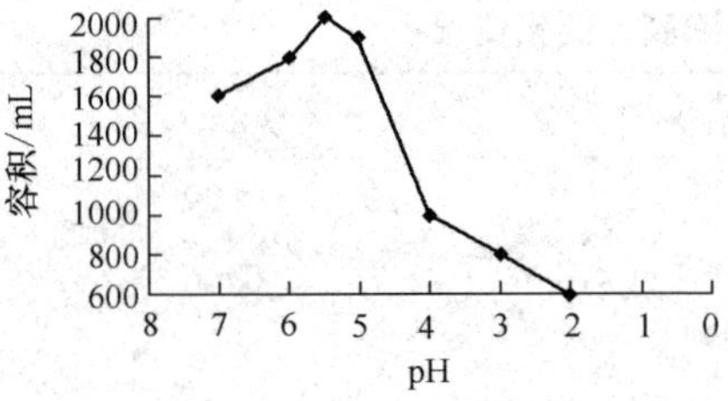


图5－3－6　面团pH与面团容积的关系

由图5－3－6可见，pH在小麦蛋白质等电点（5.5）附近时面包体积最大。当pH低于5时，其持气性显著恶化，面包体积变小。这是因为在强酸性环境中，盐基和羧基状态发生变化，不利于蛋白质分子互相结合形成面筋网络。所以，在面团发酵管理上，一定要控制面团的酸度，其pH不得低于5.0。

面团在发酵过程中酸度增高是由乳酸菌、醋酸菌及丁酸菌这些杂菌作用引起的，而它们主要混杂于鲜酵母中，故保持酵母的纯洁非常重要；另外，这些产酸菌主要是嗜温菌，故需严格控制面团发酵温度以防止产酸菌的生长和繁殖。

面团中酵母用量也影响面团酸度。实验证明，面团酸度随着酵母用量的增加而升高。还有作为酵母营养液而加入的氯化铵分解后，氨被酵母所利用，而残存的盐酸也提高面团的酸度。

（6）面粉　一方面，面包生产时要选择面筋含量高且筋力强的面粉，以形成持气性强的面筋网络，包裹发酵过程中产生的气体，使面团膨胀而形成海绵状结构。另一方面，还要考虑小麦粉 α-淀粉酶活力（沉降系数为 250～350s），以便将淀粉不断水解供酵母利用，保证面团正常发酵。通常，加工面粉厂家已经在制粉过程中进行了调节，通过添加真菌 α-淀粉酶来弥补上述不足，但其用量不能过多，否则面团变软、面包发黏。

除上述影响因素外，配方中油、糖、食盐等辅料与面团发酵也有密切的关系，尤其是生产高级面包时，由于加入的数量较多，必须十分注意，以免影响发酵速度。

3. 面团发酵技术

（1）控制温湿度　面团发酵时，主要控制温度、湿度，以利于酵母的正常生命活动。因为酵母的最适生长温度是 28～30℃，故发酵温度一般也控制在此温度范围；为防止面团表面水分蒸发结皮而影响发酵，需控制相对湿度在 80%～90%。

（2）翻揉（揿粉）　随着发酵进行，气体产生量增多，面团中的气泡越来越大，翻揉（揿粉）能将大气泡分成许多更小的气泡。虽有大量的二氧化碳释放到大气中去，但重要的是产生了新的小气泡。同时，可以补充新鲜空气，有利于有氧呼吸；另酵母细胞在面团中没有流动性，翻揉（揿粉）使酵母和可发酵物质再次接触，使各物料混合均匀，并使各部位温度一致。

翻揉（揿粉）的时间一般选择在面团总发酵时间的 60%～70% 或 2/3～3/4 时为宜。如总发酵时间为 2h，发酵进行至 1.5 h 翻揉为宜。总发酵时间为 3h，则发酵 2h 后翻揉为宜。

（3）发酵时间（发酵终点）　多数是凭经验确定的。一般是视面团起发到一定高度后，面团的表面向下塌陷时即表示发酵成熟。也有的将手插入面团的顶端，待手拔出后被压凹的面团不立即膨起，仅是坑的四周略微下落，则表示面团发酵成熟；如果立即弹回原形，则发酵不足；如果四周都塌下去，则发酵过度。还有用手将面团撕开，如果内部是丝瓜瓤子状，则说明面团已成熟。或用手握面团，如手感发硬、粘手表明面团嫩；如果手感柔软且不粘手是成熟适度；如果面团表面有裂纹或很多气孔，说明面团发酵过度了。

**（五）成型**

将发酵成熟的面团作成一定形状的面团坯称为成型。成型包括切块、称量、搓圆、静置、压片、整形、入模或装盘等工序。在成型期间，面团仍继续着发酵过程，因此操作室最好设置空调，控制温度在 25～28℃，相对湿度在 65%～70%。

（1）分块和称量　一般是在自动定量称量机上来完成的，按照成品的重量要求，将面团分块和称重，由于面包坯经过烘烤后有 7%～13% 重量损耗，故在分块称量时要把烘烤重量损耗考虑在内。同时，由于面团中的气体含量、相对密度和面筋的结合状态等都在发生变化，因此最初的面团和分块完成后时的面团的物理性质是有差异的，即应在尽量短的时间内完成分块工序。

（2）搓圆和静置　搓圆是使不规则的小面块搓成圆形，排出部分二氧化碳，使其结构均匀、结实，表面光滑。搓圆一般由搓圆机完成，我国常用伞形、锥形和圆桶形三种形式搓圆机。

静置又称中间醒发，目的是使面筋恢复弹性，使酵母适应新的环境恢复活力，使面包坯外形端正，表面光亮。中间醒发时间一般为12～18min、温度27～29℃、相对湿度75%，在中间醒发机中进行。中间醒发机有带式、箱式和盘式等几种。

（3）压片和整形　压片是把面团中原来的不均匀大气泡排除掉，使中间醒发时产生的新气体在面团中均匀分布，使面包内部组织均匀细腻。它是提高面包质量、改善面包纹理结构的重要手段。可采用擀面棒、手压和压片机完成压片工序，大型面包加工厂采用机械压片，中小型面包厂多采用手工与压片机结合的方法进行。

整形是把压片后的面团薄块做成产品所需要的形状，使面包外观一致、式样整齐。可分为手工和机械整形两种方式。我国大多数面包厂采用手工或半手工，半机械化整型方法。一般情况花色和特殊形状面包的制作多用手工成型。主食面包形状简单，产量大的品种多用机械成型。

（4）入模或装盘　即把整型后的面团装入烤盘或模具内，然后送去醒发室醒发。

面包坯在烤盘或模具中的摆放方法有许多种，无论何种方法都要注意面团之间的间距，以及烤盘和模具的预处理（刷油、预冷等）。装盘装模方法分为手工和机械两种。

**（六）醒发**

成型好的面包坯，要经过醒发才能烘烤。醒发目的是清除在成型中产生的内部应力，增强面筋的延伸性；使酵母进行最后一次发酵，使面坯膨胀到所要求的体积，以达到制品松软多孔的目的。

醒发时，一般控制温度在36～38℃，最高不超过40℃，温度过高，会使面包皮干燥，并且影响酵母的发酵作用；相对湿度在80%～90%，以85%为最佳，不能低于80%，湿度过低易使面包表皮过硬，面包坯不易膨起；时间在40～60min。醒发程度的判断一般也靠经验，当面包坯膨胀到原来体积的2～3倍即可。

入炉前在面包坯上刷一层蛋液或葡萄糖浆。这样烤出的面包表皮光亮，丰润美观。

**（七）面包的烘烤**

烘烤是保证面包质量的关键工序，俗语说："三分做、七分烤"，说明了烘烤的重要性。面包坯在烘烤过程中，受炉内高温作用由生变熟，并使组织膨松，富有弹性，表面呈金黄色，产生发酵制品特有香味。

面包烘烤是一个复杂的变化过程。在烤制过程中，随着温度的上升，发生的变化如表5－3－4所示。

**表5－3－4　　面包在烘烤中的变化**

| 名称 | 反　应 | 变化效果 |
| --- | --- | --- |
| 酵母 | 从发酵活动增强到酵母的死亡 | 生成大量气体，面包体积胀大 |
| 二氧化碳 | 受热发生膨胀 | 面包体积迅速增大而变成膨松状 |

续表

| 名称 | 反应 | 变化效果 |
|---|---|---|
| 淀粉 | 受热而糊化，由$\beta$-淀粉转变成$\alpha$-淀粉 | 一部分转化成糖被酵母利用，一部分转化成酒精，经加热汽化，有助于增大体积，并增加香味 |
| 面筋 | 受热而促使蛋白质变性 | 面筋网络组成面包的骨架，受热而使面包定型 |
| 糖 | 表面的糖受热而发生褐变反应 | 褐变反应使皮层上色 |
| 乙醇等物质 | 受热起化合作用 | 形成面包特有的风味成分 |

在入烤炉的开始几分钟，面团体积膨胀迅速，这被称为烤炉最佳期（oven-spring）。若干因素是形成烤炉最佳期的原因：气体受热，体积增大；由于温度上升，二氧化碳可溶性降低；由于温度升高（只要不是太高），酵母变得相当活跃；其他物质（例如酒精和水的混合物）的汽化。一般情况下，烤炉最佳期不超过10min。

烘烤中，热交换是辐射、传导及对流综合效应结果，面团非良导热体，面包坯各层温度水分变化是不同的（如图5-3-7）。

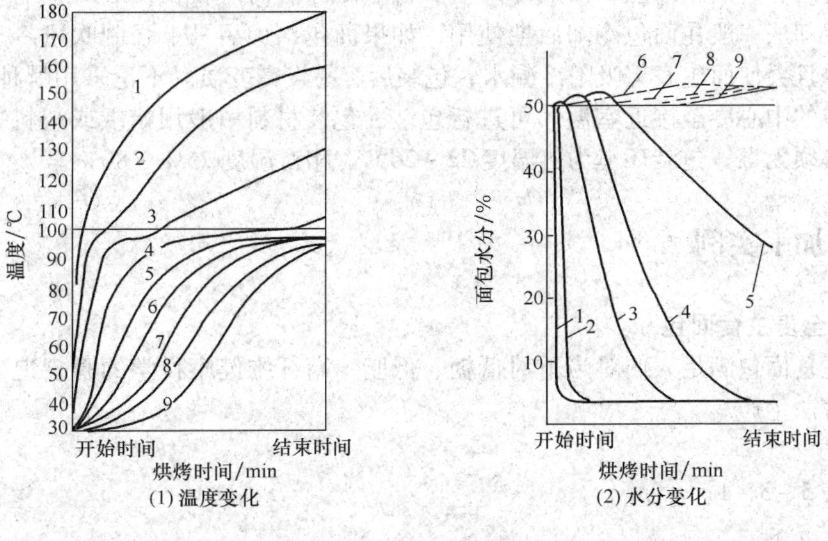


**图5-3-7 烘烤中面包坯各层温度及水分变化**

1—面包皮表面 2~4—距面包皮表面1/4、2/4、3/4的厚度 5—面包皮与瓤的分界层
6~8—由面包皮内层到面包瓤中心距离的1/4、2/4、3/4 9—面包瓤的中心点

如图5-3-7（1），可见面包皮温度很快超过100℃，面包皮与面包瓤分界层的温度在烘烤将近结束时达100℃，面包瓤中心部分温度最低。烘烤过程中，面包坯温度变化主要是由于面包瓤中心部分温度低而面包皮温度高形成的温度差而产生的。一方面受面包瓤内水分不断蒸发影响；另一方面受到面包表皮的形成与加厚的影响。

如图 5-3-7（2），入炉初期，由于“露滴”现象虽使面包表层水分有所增加，但表皮的水分降低很快，并与炉内湿度迅速达到平衡状态。烘烤中，原来水分均匀的面包坯发生水分重新再分配，面包瓤各层水分在烘烤时稍有所下降，随后比原来的水分增高，且增高幅度不同，为 1.5% ~2.5%，靠近表皮的面包瓤增加得多，而面包瓤中心部位则增加得少。这是由于面包坯水分在以气态方式向炉内扩散的同时，又以液态方式由表层向面包中心部位转移的结果。

烘烤速率实际上是由热量向面团内渗透的速度决定的，提高炉温可提供较大的温度梯度（ΔT），但仅能稍微加快烘烤速率。较高的炉温可在面包中产生较大的温、湿梯度，但不能有效地改变面包中心达到理想温度所需的时间。

面包全面发生褐变即为烘烤后期，这是因为褐变在脱水物中才能快速进行，主要是由美拉德反应引起，而焦糖化作用是次要的。

**（八）面包的冷却与包装**

经过烘烤的面包，要进行冷却与包装，才能作为成品出售。

刚出炉的面包温度很高，其中心温度约为 98℃，皮硬瓤软没有弹性、经不起压，如果立即进行包装，受到挤压，面包容易破碎或变形；并且，由于热蒸汽不易散发，遇冷产生的冷凝水便吸附在面包或包装纸上，给微生物的繁殖提供了条件，使面包容易霉坏变质，故面包必须进行冷却后才能包装。

冷却方法有自然冷却法和吹风冷却法。自然冷却法需时较长，对环境卫生条件要求高；吹风冷却法一般在面包冷却后期使用，如果面包出炉后马上强制吹风冷却，会使面包变形，并且会使面包底部吸附冷凝水，包装后容易发霉变质。不论采用哪种方法冷却，都要使面包的中心冷至接近室温才可进行包装。包装材料一般用蜡纸或塑料袋，要注意包装材料必须无毒。包装环境为：温度 22 ~26℃、相对湿度 75% ~80%。

## 三、面包加工实例

**（一）全麦主食面包**

全麦主食面包满足人们对当下对低糖、低脂、高纤维健康科学的膳食追求，一般采用二次发酵法生产。

1. 配方

参见表 5-3-1。

2. 工艺流程

参见图 5-3-2。

3. 操作要点

（1）按实际用量称量各原辅料，并进行一定处理。用适量打粉用水将酵母溶解，面粉需过筛，糖、盐必须用打粉水提前溶化，固体油脂需提前融化。

（2）将 70% 的面粉和其他材料全部加入立式打粉机中进行第一次面团调制，先低速搅拌约 4min，再高速约 2min 调至面团成熟，面团温度控制在 24℃。

（3）调好的面团进行第一次发酵，发酵条件为温度 27℃左右，相对湿度 70% ~

75%，发酵时间约为4.5h，发酵至成熟。

（4）将除油脂以外的所有原料同发酵结束的面团一起放入打粉机中，进行第二次面团调制。先低速3min、高速约6min，成团后将油脂加入，再低速3min、高速6min搅拌，调至面团成熟。

（5）和好的面团取出后在室温下醒发约20min。

（6）面团成型，定重量分割面团后搓圆，然后静置5～10min，再成型放入模型中。

（7）将已成型好的面包坯进行末次发酵，条件控制为温度38～40℃，相对湿度85%，时间约40min。

（8）然后烘烤，条件为温度220℃，时间约35min。

（9）成品自然冷却。

**（二）花式面包**

相对与主食面包而言，花式面包配料更丰富，可采用一次发酵法进行生产，下面以奶味面包为例进行说明。

1. 配方

参见表5－3－1中奶味面包。

2. 工艺流程

参见图5－3－1。

3. 工艺要点

（1）按实际用量称取各原辅料，并进行处理：取适量调粉用水将酵母溶解；人造黄油加热融化；并取适量调粉用水将糖、盐溶解，乳粉也需提前溶解。

（2）面团调制，将面粉、面团改良剂、大部分水在调粉机中预混，加入酵母液和已溶好的糖、盐水，乳粉液，低速搅拌5min成团后，加入油脂，先低速搅拌2min，再中速搅拌10min，直到面团成熟（若做果料面包，在面团调制后期加入果料）。

（3）和好的面团在温度27℃左右、相对湿度70%～75%下发酵约2h。

（4）面团成型到烘烤冷却与全麦主食面包基本相同，只是具体工艺条件根据面包坯大小外形相应调整。

# 第三节 饼　干

## 一、饼干加工工艺

饼干是以小麦粉、糖、油脂等为主要原料经面团调制、辊轧、成型、烘烤等工序制成的方便食品。口感酥松，营养丰富，水分含量少，体积轻，块形完整，便于包装和携带，且耐贮存。它已成为休闲、军需、旅行、野外作业、航海、登山等多方面的重要主食品。

饼干的品种很多，分类方法也有多种。在饼干生产制造工艺上，一般根据工艺的特性有两种分类方法，一种是以原料配比来分，另一种是以成型方法与油糖用量的范围来分，二者既有区别又有联系。初学者应注意将二者很好地结合起来，才能较透彻地理解各类饼干的生产工艺。

按照原料如砂糖、面粉、油脂等之间的数量比不同，饼干大体上可分为五大类（如表5－3－5）。原料配比与生产工艺是密切相关的，有时在配方中，主要原辅料配比不变情况下，又多使用了另外一些辅料如奶油、蛋品、乳粉等，这就有可能改变饼干的品种，并可能要求在生产工艺上有相应变化。

表5－3－5　按原料的配比分类

| 种类 | 油糖比 | 油糖与面粉比 | 品　种 |
|---|---|---|---|
| 粗饼干 | 0:10 | 1:5 | 硬饼干、发酵硬饼干等 |
| 韧性饼干 | 1:2.5 | 1:2.5 | 低档甜饼干如：动物、什锦、玩具饼干等 |
| 酥性饼干 | 1:2 | 1:2 | 一般甜饼干如：椰子、橘子、乳脂饼干等 |
| 甜酥性饼干 | 1:1.35 | 1:1.35 | 高档甜酥饼干如桃酥、椰蓉酥、奶油酥等 |
| 苏打饼干 | 10:3 | 1:5 | 中、高档苏打饼干 |

由于不同成型方法规定了油脂和砂糖的用量范围，故可根据饼干制坯时所采用成型机的种类进行饼干分类，人们可在其范围内发展新的花色品种，并选择合适的成型方法，具体数量可参考图5－3－8。

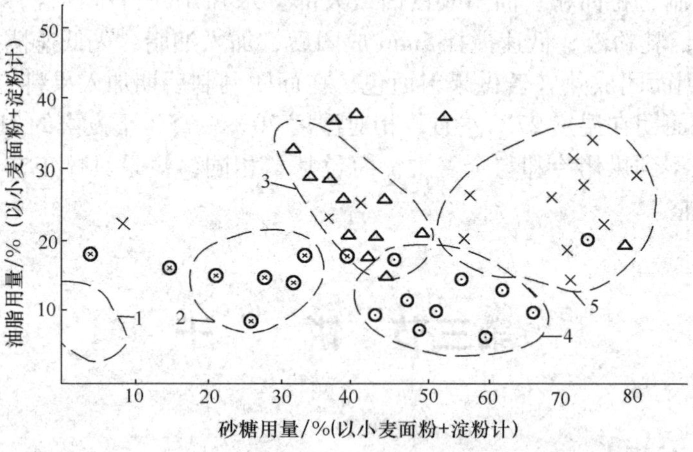


图5－3－8　不同成型方法的砂糖和油脂用量范围

1. ┈ 苏打饼干　2. ⊗ 冲印硬饼干　3. △ 熔印饼干　4. ⊙ 冲印酥性饼干　5. × 挤条饼干

图5－3－9到图5－3－11分别为韧性饼干、酥性饼干和苏打饼干的生产工艺流程。

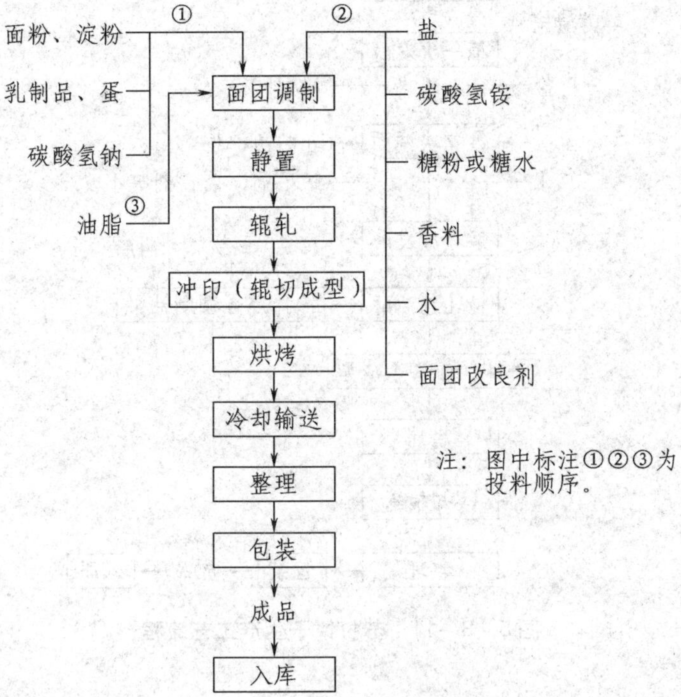


图5-3-9 韧性饼干工艺流程

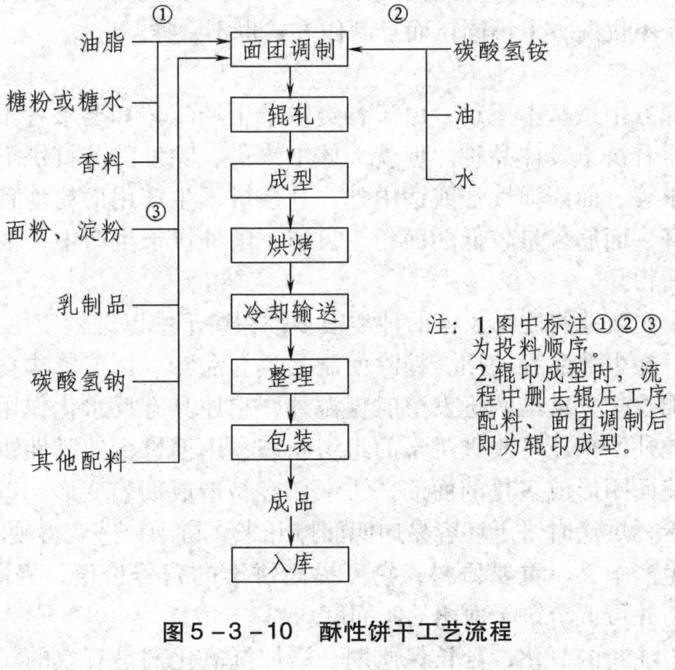


图5-3-10 酥性饼干工艺流程

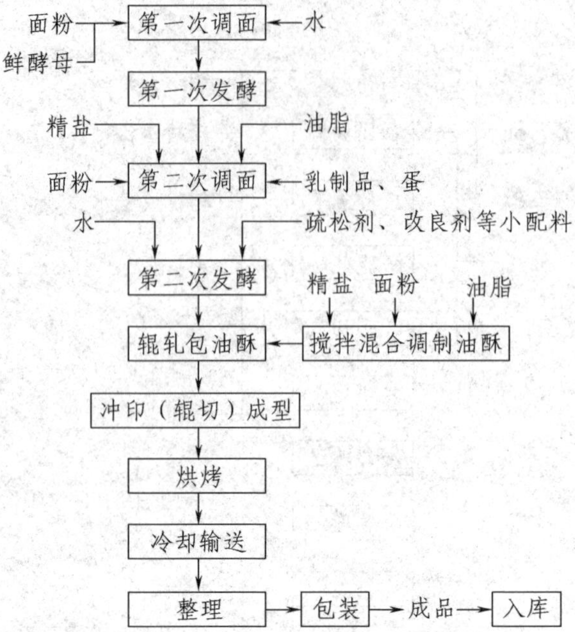


**图5-3-11 苏打饼干生产工艺流程**

## 二、饼干加工要点

饼干一般用软麦生产，其特点是配方中糖和起酥油含量高，含水分较低。饼干品种之间的差异很大，不仅配方上不同，而且制作方式也不一样。

**（一）配料**

面粉是饼干配方中最基本原料，由于各类饼干生产工艺和要求各不相同，因此，用什么样的面粉还得看饼干具体品种。但就大体上来讲，除发酵苏打饼干酵头用的面粉选用面筋含量高或中等、面筋弹性强或适中外，其余饼干生产用面粉均宜选用面筋弹性中等或弱、延伸性好、面筋含量较低的面粉。目前，国外饼干生产中，根据不同品种的需要，都有其专用面粉。

糖是甜饼干中主要原料之一。糖的种类很多，在饼干中以蔗糖使用最多，饴糖次之，葡萄糖浆、蜂蜜只在少数品种使用。糖除使制品具有甜味、调节咸味食品口味、改进饼干表面色泽和增加香味、供给酵母发酵时糖源外，它还具有反水化作用，可调节面团中面筋的胀润度。此外，糖还可改进饼干的组织状态，用糖过少的酥性饼干，常因反水化作用不充分，而使面团形成多量的面筋，饼干坯容易造成韧缩变形，口感僵硬；而用糖量过多的酥性饼干，烘烤时饼干坯容易向四面摊开来，饼干口感变得硬脆。

油脂是饼干生产中又一重要原料，它可提高饼干的营养价值，提高饼干酥性程度，改善饼干的风味，并可调节饼干面团的胀润度。

为阻止饼干中油脂的氧化，延长保质期，添加抗氧化剂是有效的。目前常用的有以下三类：①醇溶性，如：没食子酸丙酯（PG）、丁基羟基茴香醚（BHA）；②油溶性，如：二丁基羟基甲苯（BHT）；③水溶性，如：维生素C、维生素E等。

化学疏松剂主要应用于酥性、韧性和苏打饼干，生物疏松剂则适用于发酵的苏打饼干。饼干中常用的化学疏松剂有碳酸氢钠、碳酸氢铵等，一般习惯将二者配合使用，这样既有利于控制疏松程度，又不至于使饼干内残留过多的碱性物质。现又有将碳酸氢钠与有机酸和酸性盐类等配合成复合疏松剂使用，它具有分解完全、调节气体产生速度或气泡均匀的特点。韧性饼干面团中常用焦亚硫酸钠等带有$SO_2$基团的无机化合物作为面团改良剂，来调节面筋胀润度和控制面筋的弹性强度。考虑到$SO_2$的残留，发达国家有的尝试用蛋白酶和半胱氨酸来代替亚硫酸氢钠作面团改良剂。

大豆磷脂作为天然的乳化剂和抗氧化剂，主要应用于酥性饼干面团，也可应用于韧性面团。它有助于脂肪均匀混合，降低黏性，防止粘辊、粘帆布、粘印模等；还可增加饼干酥松度，增加色泽，延长产品保质期。

饼干中还常使用食用香精和食用色素，来调节饼干的风味和色泽，以增进食欲。表5-3-6是饼干基本配方实例。

表5-3-6　饼干的基本配方　单位：kg

| 原料 | 品种 | | | | |
|---|---|---|---|---|---|
| | 粗饼干 | 韧性饼干 | 酥性饼干（冲印） | 甜酥性饼干（辊印） | 苏打饼干 |
| 标准粉 | 100 | — | — | — | — | — |
| 富强粉 | — | 90 | 100 | 100 | 96 | 100 |
| 淀粉 | — | 10 | 6 | — | 4 | — |
| 油脂 | — | 10 | 15 | 40 | 30 | 16 |
| 磷脂 | — | 1 | 1 | — | — | — |
| 白砂糖 | 10~15 | 28 | 32 | 40 | 45 | — |
| 淀粉糖浆 | — | — | — | — | 6 | — |
| 全脂乳粉 | — | 4 | — | 8 | 4 | 2 |
| 鸡蛋 | — | — | 5 | 6 | 2 | 4 |
| 食盐 | 0.35 | — | 0.5 | — | 0.5 | 1 |
| 磷酸氢钠 | 0.7~0.8 | 0.7 | 0.5 | 0.4 | 0.2 | 0.5 |
| 鲜酵母 | 2 | — | — | — | — | 0.5 |
| 碳酸氢铵 | 0.5~0.6 | 0.4 | 0.2 | 0.2 | 0.1 | — |
| 饴糖 | — | 4 | 4 | 6 | — | — |
| 焦亚硫酸钠 | — | < 0.17 | — | — | — | — |
| 香料 | — | 适量 | 适量 | 适量 | 适量 | — |
| 香油 | — | — | — | — | 0.1（g） | — |
| 抗氧化剂 | — | — | — | — | 0.6（g） | 0.8（g） |
| 柠檬酸 | — | — | — | — | 1.6（g） | 1.6（g） |

配方中，有些饼干使用了抗氧化剂、增效剂等化学添加剂。这些添加剂必须按国家有关规定，严格控制用量。抗氧化剂用量应在油脂用量的0.01%以内，焦亚硫酸钠的用量（以$SO_2$计）按国家规定不得超过0.3g/kg。

**（二）原辅料预处理**

原辅料备齐之后，必须对各种原材料作适当的处理才能投入生产使用，这样有利于调粉和保证成品的质量。处理方法参见上节中的内容。

**（三）面团调制**

面团调制是饼干生产中非常重要的一道工序，面团调制得是否恰当，直接关系到成品的外形、花纹、酥松度、表面光滑程度以及内部结构等性能，也关系到调制后的面团能否顺利成型等问题。关于面团形成的基本原理及影响因素见上节中内容，下面简要介绍几种饼干面团的调制要点。

1. 韧性面团

韧性面团俗称“热粉”，这种面团要求具有较强的延伸性，适度的弹性，柔软而光润，并要有一定程度的可塑性。要得到理想的韧性面团，面团调制时要控制好以下两个阶段：第一阶段，是使面粉在适宜的条件下充分胀润；第二阶段，是要使已形成的面筋在机桨不断撕裂、切割和翻动下，逐渐超越其弹性限度而使弹性降低，面筋吸收的水分部分析出，因而，面团变得较为柔软，具有一定的可塑性。

2. 酥性面团

因其温度接近或略低于常温，比韧性面团温度低得多，因此常被称作“冷粉”。酥性面团要求具有较大程度的可塑性和有限的弹性，在操作中面皮具有足够结合力而不至断裂，不粘辊筒和模型，成型后的饼坯不收缩变形，烘烤时具有一定的胀发力，成品有清晰的花纹。为此，酥性面团在调制中必须遵循有限胀润的原则，这就是要适当控制面筋性蛋白质的吸水率，使面团获得有限的弹性。

3. 甜酥性面团

这种面团的调制大体上与酥性面团的调制相似。因甜酥性面团配料中油糖用量更高，且面团的弹性要求更低一些，因此在调制时加水量极少，一般不用或极少用糖浆，甜味料以糖粉为主。油脂由于用量较大而不能使用液态油脂，这是因为液态油脂流散性大，易使饼干面团“走油”，而使面团在成型时完全无结合力。要避免“走油”现象的发生，不仅要使用固态油脂，且要求面团温度保持在19～24℃，以使面团中油脂呈凝固状态。

4. 苏打面团

苏打饼干是一种发酵饼干，它利用酵母的发酵作用和油酥的起酥效果，使成品质地特别酥松，其断面具有清晰的层次结构。

苏打饼干配料中不能像酥性和甜酥性饼干那样含有较多的油脂和糖分，因高糖高油会明显影响酵母的发酵力。高糖所形成的高渗透压会使酵母细胞质壁分离甚至死亡。高油脂可在酵母细胞外形成油膜，隔绝空气而影响酵母的呼吸作用。另外，酵母发酵所产生的二氧化碳要靠面团面筋的保气能力而存于面团中，因此，要尽量选择面筋含量高、品质好的小麦粉。面团的调制与发酵一般采用两次发酵法。有关苏打饼干面团调制和发酵可参考前节面包面团的调制与发酵部分内容，这里仅列出需注意的两个问题。

（1）油脂用量　苏打饼干出于对酥松度的要求，配料中需使用较多的油脂，而这样多的用油脂，对酵母的存活是不利的，特别是当使用液态油脂时，其影响更大。因此，一般将一部分油脂在和面时加入，另一部分油脂则与少量面粉、食盐拌成油酥，在辊轧面团时加入面片中。

（2）食盐用量　咸苏打饼干中所加入的食盐是调节口味的主料，其食盐的加入量占面粉总量的1.0%～2.0%。加入食盐除了口味的需要外，它还可以改善面团的物理性能，增强面筋的弹性和筋力，提高面团的保气能力。食盐又是淀粉酶的活化剂，少量食盐的加入可加快淀粉转化为糖的速度。盐的渗透作用，对杂菌也有一定的抑制作用，但过多的盐对酵母也有抑制作用，故常将配方中用盐量的30%加入面粉中调制面团，而其余70%的盐要加入油酥中。

**（四）面团的辊轧**

辊轧（压面）工序可以排除面团中部分气泡，改善制品内部组织；使疏松的面团经辊轧后，形成具有一定黏结力的坚实面片，不易断裂，同时也可提高面品表面光洁度；重要的是可将面团辊压成形状规则、厚度符合成型要求的面片，便于成型操作。由于饼干类型不同，辊轧的目的和要求也各不同，如韧性饼干的特征要求表面光滑，断面结构有层次，韧性面团又具有较强的延伸性和适度的弹性，因此韧性面团如果单靠成型机上的2～3对轧筒的简单辊轧是不够的，必须经过细致的辊轧工序。酥性面团辊轧是为给成型工序创造有利条件，以获得表面光滑、平整、厚度符合成型要求的面片。由于酥性面团中油、糖配合比较高，面团质地较软，弹性极小，塑性较大，长时间辊轧会使面片韧缩，因此，酥性面团单依靠成型机上的2～3对辊筒将面团压成面片就够了，不必经过多次辊轧工序。

面团的辊轧与产品的质量密切相关，辊轧时应注意以下几点。

（1）压延比　辊轧时压延比应不超过1∶3，压延比过大，影响饼干膨松；压延比过小，势必增加辊轧次数，否则会使“头子”与新鲜面团掺和不均匀，致使制品表面色泽不均出现花斑。苏打饼干面团辊轧时，面片夹油酥后，更应注意压延比，一般要求在1∶3～1∶2之间。压延比太大，会造成面带表面破裂油酥外露，胀发力差，饼干色泽不均匀。

（2）“头子”的添加　饼干冲印和辊切成型中产生的“头子”，一部分是在面团调制过程中加入，另一部分是在面团辊轧时加入。当面团结合力较差时，掺入适量的“头子”提高面团的连续力，有利于成型。但“头子”加入量过多，会增加面带的硬性及弹性。“头子”的用量最好掌握在新鲜面团的1/3左右，并且“头子”与新鲜面团之间的温差也不能太大，否则会影响整个面团的温度。

加入“头子”时，要把“头子”均匀地铺在面带表面，经辊轧、折叠、辊轧，使面带变薄、结构均匀。如果“头子”铺得不匀，会造成压延后的面带软硬不均、厚薄不匀、颜色不一致，使整个面带的弹性、结合力变劣，影响成型，成品质量下降。

（3）需要进行多次轧压时，为使面团内部张力分布均匀，要在辊轧中多次将面片转90°。

### （五）饼干成型

饼干成型方法大体分为两大类：一类是面团成型，另一类是面浆成型。面团成型方式较多，有冲印、辊印、辊切、挤条成型等。面浆成型有上浆、挤浆成型等。

1. 冲印成型

冲印成型是将面团辊轧成连续的面带后，用印模将面带冲切成饼干坯的方法。此方法成型时要求面带黏性不大、厚薄均匀连续，饼坯花纹清晰、表面光洁，落饼无卷曲现象，“头子”分离顺利。这种成型方法适应性广，可用于多种品种的生产。印模基本分两大类：一类是带有针柱的凹花印模，可以用于酥性、韧性、和苏打饼干；另一类是不带针柱的凸花印模，只适用于酥性饼干而不适于韧性和苏打饼干。

2. 辊印成型

辊印成型是把调制好的面团置于成型机的加料斗中，在喂料槽辊及花纹辊相对运转中，面团首先在槽辊表面形成一层结实的薄层，然后将面团压入花纹辊的凹模中，花纹辊中的饼坯受到包着帆布的橡胶辊的吸力而脱模。

辊印成型法适合于高油脂品种，还适用于面团中加有芝麻、花生、桃仁、杏仁及粗砂糖等小型块状品种。其特点是没有“头子”，省略了许多机械动作，也减少了生产管理环节。

3. 辊切成型

辊切成型是将面团辊轧成连续的面带后，面带先由花纹辊压出饼坯的花纹，然后面带前进，再用后方的刀口辊将印好花纹的面带切成饼坯，与此同时产生了“头子”。再由斜帆布分去“头子”，重新调面或压延。此成型方法特点是集冲印成型和辊印成型于一体，具有广泛的适应性。

4. 其他成型方法

（1）杏元饼干的成型　是将配好的浆料用挤浆的方式滴加在烤炉载体（钢带）上，一次成型，进炉烘烤。其生产设备主要有两种形式：一是以烤盘为载体的间歇挤出滴加式成型机，二是以钢带为载体的连续挤出滴加式成型机。前一种逐渐被淘汰，而连续生产机得到推广。

（2）蛋卷饼干的成型　是将调制好的浆料通过上浆板，把浆料涂在高温制皮辊筒上，烘烤成软皮后，经制卷系统将软皮卷成一定螺旋角度的蛋卷圆筒，再经冷却后切断成规定长度，即成酥脆之蛋卷饼干。制皮辊筒可由电火或煤气火加热。

（3）威化饼干的成型　有半机械化和连续化两种方式。国内生产的成型机是半机械化的，是将浆料加在转盘式威化制片机的模板上，合上上模板后，经加热，使浆料成熟为威化饼干片，再将制出的威化薄片经切片、加馅、切块，即制成多层次的威化饼干。

此外，还有共挤出法生产的带馅的曲奇饼，它是用一台挤出机加工两种不同的物料，挤出物为带馅的长圆柱状，然后切片，挤出机有两个同心的挤压头。

### （六）饼干的烘烤

成型后的饼坯被送入烤炉，经短时间加热，发生一系列物理、化学及生物变化，包括饼坯中水分的蒸发、淀粉的熟化、蛋白质的变性、酵母的死亡以及饼坯内各种气体的挥发、膨胀等，使饼坯由生变熟，体积增大，产生鲜明的颜色、诱人的香味和酥松可口的内部结构。

1. 水分的变化

烘烤前，饼坯含有较高的水分，其水分含量与配方、饼干类别有关。酥性饼干坯的含水量为16% ~20%，韧性饼干坯的含水量为20% ~24%。烘烤结束出炉时，饼干的含水量约为8%，即经烘烤使水分含量降低了8% ~16%，冷却后饼干含水量为3% ~4%。若以饼坯到成品饼干的总失水量为100%，则烘烤过程中失水量约为75%，另有25%左右的水分在冷却过程中蒸发。

烘烤过程中水分的变化大体上分为三个过程：即进炉开始阶段的饼坯表面出现冷凝水到缓慢汽化，少量蒸发过程、中间阶段的快速脱水过程、后阶段的恒速蒸发过程。结合水分在饼坯内存在状态，游离水容易排除，胶粒吸附水次之，结合水的排除最难。烘烤前阶段排除的水分主要是游离水和吸附水，中间阶段排除的水分除游离水和吸附水外，尚有少量结合水，后阶段主要是结合水。

此外，蛋白质在烘烤过程中，还会由于温度升高而促使其在面团调制过程中吸收的水分释放出，释出的水分被急剧膨胀的淀粉粒吸收，在饼坯内形成短暂的水分重分配。不过这种情况只在饼坯内部存在，表面由于升温迅速、脱水剧烈而不明显。

2. 厚度的变化

烘烤过程中，饼坯有一定程度的胀发，主要是厚度明显增加。烘烤完毕，饼干成品和生坯相比，酥性类饼干一般增长160% ~250%，韧性饼干增长200% ~300%。胀发力主要来自疏松剂受热分解和饼坯内部水分的蒸发两方面，饼坯的胀发率与面团的软硬度、面筋的抗胀力、疏松剂的产气性能、炉温、炉膛内湿度等多种因素有着密切关系。

3. 色泽变化

烘烤后期，水分的蒸发已经极微弱，表面温度上升至140℃以上时，饼坯表面颜色转变为金黄色或棕黄色，这就是饼干的上色。它主要是由焦糖化和美拉德反应两种作用形成的。

目前广泛采用的平炉是过去隧道式烤炉的发展，炉膛内的加热元件是管状的，燃料可用重油、煤油、煤气或电热。载体主要有钢带和网带两种，钢带宜采用表面光洁的冷轧低碳合金钢带。根据需要它又分为有孔、无孔两种。有孔钢带适用于酥性饼干，用它烘烤出来的饼干底部有均匀的“砂状底”。无孔钢带适用于烘烤浆料类的杏元饼及高油脂饼干，若掌握好，同样也能得到“砂状底”，但掌握不好，易造成饼干“黏底” 和“凹底”。黏底变形的原因是多方面的，如饼干过于酥松、进炉温度过低、面筋形成量过少等，但钢带本身不光洁和无逸气孔也是原因之一。钢带不适宜烘烤苏打饼干。主要是前阶段温度低、升温慢，又无逸气孔（有孔的也不似网带那样孔隙大），不利于胀发，易造成产品僵硬。网带是用镀锌铁丝制成，网带的优点在于能使饼干底部的气体得以散失，烘烤时不会发生“油摊”或“凹底”，特别是几乎不发生饼干粘带现象。使用中，如果某一部分损坏，可抽去穿心铁线，换上新的，不必将网带全部调换。网带的最大缺点是热容量大、耗能多。从炉内带出热量多，车间的温度较高，尤其夏天时这种情况就更加突出。

### （七）冷却与包装

刚出炉的饼干，其表面温度约为180℃，中心层温度也在110℃左右，含水量8%～10%，质地非常柔软，此时立即进行包装势必影响饼干内热量的散失和水分的继续蒸发，缩短饼干保质期。因此，必须将其冷却到38～40℃时，才能进行包装。

冷却过程中还需要注意两点：

（1）冷却与形态　刚出炉的饼干非常柔软，特别是油、糖用量高的甜酥性饼干更软，略受外力的影响就容易变形。因此，在冷却过程中，要求饼干铺在平整的冷却运输带上，不要互相重叠，避免剧烈地翻动或碰撞，以免饼干弯曲变形。

（2）冷却与裂缝　刚出炉的饼坯若立即置于低温、低湿的环境中，或用鼓风机吹，对饼干品质是有害的。因为骤然降温，强烈的热量交换和水分急剧蒸发，会使饼干内部产生内应力，当应力超过一定限度时，饼干就会出现裂缝。所以，饼干出炉后不能骤然冷却，要避免用鼓风机吹，必要时需在冷却带上加装罩子，以免冷却速度过快。

目前较长的烤炉，一般在烤炉的后区域即停止加热、开始降温，这样就防止饼干出炉后突然遇冷而产生内应力，造成裂缝或变形。不过，饼干在炉内降温时间不宜太长，因为饼干过度冷却、变硬，会造成出炉后刮饼困难。

饼干出现裂缝的情形在当天难以发现，到第二天裂缝才会逐渐明显，裂缝大多都在饼干中间形成，渐向边缘伸展。此种现象当然不只是冷却方面的因素，与面筋形成量、加水量、烘烤温度等多方面因素有关，然而冷却是其中较重要的一环。

冷却至适宜温度的饼干，应立即进行包装、贮存和上市出售。饼干包装必须符合国家卫生标准，具体可参考下节内容。注意，饼干最适贮存温度为18℃以下，相对湿度不超过75%，避光保存。

## 三、饼干加工实例

### （一）韧性饼干

韧性饼干油糖用量较少，要求面筋有较好的胀润度，以其面团的韧性和弹性都比较大而得名，饼干表面为凹形花纹，较光洁，松脆可口，香味淡雅，可兼作主食或点心食用。

1. 配方

参见表5－3－6。

2. 工艺流程

参见图5－3－9。

3. 工艺要点

（1）按用量称取各原料，并进行处理。面粉过筛，糖、盐事先用适量打粉水溶解，人造奶油事先融化。

（2）面团调制　除焦亚硫酸钠、油脂以外的原料全部放入打粉机中预混，成团后加入油脂，先低速搅拌2min，中速调制约10min后加入焦亚硫酸钠，将面团调制成熟。

（3）静置　将面团取出，静置15～20min。

（4）辊轧　辊轧 11～13 次，并多次转向 90°，最后压成 2～2.4 mm 的薄片。

（5）成型　采用冲印或辊切成型。

（6）烘烤　温度 230～270℃，时间约 10min。

（7）冷却　自然冷却至 30～40℃后包装。

**（二）酥性饼干**

油糖用量高于韧性饼干，并添加乳粉等营养料，由于在生产中限制了面筋胀润度，面团呈半软性，弹性很小，可塑性大，以产品酥松而得名。制作上可采用无针孔的凸花印模，也可采用凹花印模。这种饼干块形厚实，表面花纹清晰，无针孔。

1. 配方

参见表 5－3－6。

2. 工艺流程

参见图 5－3－10。

3. 工艺要点

（1）按实际用量称取各原辅料，并进行预处理：面粉过筛，糖、盐事先用适量打粉水溶解，固体油事先融化。

（2）先将油、糖盐水及部分水在打粉机中预混，先低速，再中速充分乳化，然后加入溶解好的膨松剂，低速调匀后，最后加入过筛的面粉，进行调制面团，混合均匀即可。

（3）辊轧　酥性面团只需进行单向往复辊轧、不可折叠，片厚 2.4～3.2 mm。注意不能辊轧次数过多；若采用辊印成型，则不必进行辊轧。

（4）成型　若采用冲印成型，注意尽可能减少"头子"产生量，也可采用辊印或辊切成型。

（5）烘烤　炉温 200℃，时间约 7min。

（6）冷却　在室温自然冷却至 30～40℃，即可包装。

# 第四节　糕　点

## 一、糕点加工工艺

糕点是以面、油、糖等为主料，配以蛋品、果仁等辅料、调味品，经过调制加工、熟制加工而精制成的食品。它具有营养丰富、造型精美、味美适口、食用方便等特点。糕点也是食品行业中生产年代最久的食品之一。

不同糕点的生产工艺和方法不同，不过，总的加工工艺流程可总结为图 5－3－12：

原料的选择与配比 → 调制面团（糊） → 成型 → 熟制 → 冷却 → 装饰 → 成品

图 5－3－12　糕点制作基本工艺流程

## 二、糕点加工要点

### （一）调制面团（糊）

调制面团又称搅拌、和面、打粉，是将面粉或米粉与油、蛋、糖、水等调和成适合加工各种糕点的面团或面糊，通称为面团（dough）。它是糕点制作中一道重要工序，与产品质量密切相关。面团的形成，一般有胀润、糊化、吸附和黏结四种方式：

（1）胀润　分布在面粉中的面筋性蛋白质吸水胀润后形成面筋，经过搅拌而形成面筋网络，糖、油脂、淀粉等分布在网络中而成为面团。面团胀润过程是逐步由游离水变为水化水的过程，可以明显地感觉到面团逐渐变软、黏性逐渐减弱、体积随之膨胀、弹性不断增强。

（2）糊化　面粉中淀粉在常温条件下吸水率很低。在水温30℃时，淀粉只能结合水分30%左右，颗粒也不膨胀，大体上仍保持硬粒状态。但水温升至50℃以上时，淀粉物理性质就发生明显变化，即开始膨胀糊化，水温达60℃以上时，淀粉颗粒大量吸水，其体积比常温条件下增大几至几十倍，颗粒破裂并相互结合形成有黏性的糊精，黏结其他成分而形成面团。

（3）吸附　调制酥蛋面包的酥皮料时，油酥酥皮由于使用较多的油脂和面粉调拌，不能形成面筋，也不糊化，而是凭借油脂对面粉颗粒、水对面粉颗粒的表面吸附而形成面团，但这种油酥面团没有黏性，属于粉质状的面团。

（4）黏结　调制酥蛋面包使用的蛋质酥皮料，主要是面粉、鸡蛋和糖。由于蛋和糖液是胶状物质，对面粉起黏结作用。因此，能调制成散粒状的面团。

由于糕点品种繁多，面团的种类十分复杂，各种面团所用原料、方法及用途各不相同，制作时要根据具体品种要求调制具有相应加工性能的面团。

### （二）馅料制作

俗称馅心，从口味上可分为咸馅、甜馅和甜咸馅三种。制作馅心的原料极为丰富，由于馅的用料多样，制馅方法不同，糕点的风味及花样也不相同。馅的重量一般占糕点重量的40%～45%，馅料的种类、质量对成品的品种及色、香、味、形都有很大的影响。

馅料制作一般包括炒制馅和擦制馅两种方法。炒制馅（frying filling）是指经加热炒制的馅料，如：豆蓉、枣泥、莲蓉馅等。擦制馅（mixing filling）是指不经加热拌和而成的馅料，如：五仁、椒盐馅等。虽然馅的种类较多，用料上也各有差别，但操作方法基本相同。制馅时应注意以下问题：

（1）制馅所用的面粉要求熟制，以破坏面筋蛋白质，使馅心经烘烤后松酥、爽口，并可防止制品的内心不熟，入口发黏。为保持馅心的理想色泽，熟制时最好蒸制。

（2）制咸味馅以猪油为宜，制甜味馅以花生油、香油为佳。使用豆油、葵花油、菜籽油，必须熬炼，去其异味，冷却后使用。

（3）制馅所用的糖应加工粉碎，过箩后使用。这样不但便于操作，而且口感绵软，一般糖、熟面、油的比例是1∶1∶0.6。

（4）馅内使用的小料，应根据情况，加工精选。为防止料与料之间味道排斥，一定要依品种要求来选择小料，如玫瑰与南桂不得同时使用；麻盐馅，不得使用花椒面、大葱；咸馅（椒盐、麻盐）不得使用带有酸味的果脯、瓜干；芝麻、花生米等应烘烤粉碎后使用。

(5) 严格控制加水量，馅心不得过软。馅内的少量用水最好与油一起加入，搅拌均匀，防止糖化。

**(三) 糖膏和油膏调制**

糕点表面装饰有糖膏和油膏，它不仅可使制品外观美丽诱人，而且能改进制品风味。

(1) 翻糖（semi - inverted sugar） 又称白马糖、马牙糖、风糖，是指糖、水煮沸后加入转化剂再煮沸、冷却、搅拌成乳白色的半转化糖。大多用于蛋糕裱花、面包、大干点心装饰，也用于小干点夹心，既增加甜度，又装饰外观。

翻糖洁白细腻、不粗糙，软硬适中，柔软有光。加工翻糖时要防止返砂，搅拌拉白时注意温度不要高，以防糖膏粗糙。温度太低不易拉白。

(2) 蛋白膏（egg white icing） 简称蛋白，是由蛋白、糖和其他辅料经搅打而成的膏状物。用于蛋糕裱花、面包、饼干夹心等。

蛋白膏色泽洁白有光泽，气孔细密，软而不塌，裱花时拉出的条子花纹清晰，棱角分明制作时蛋白以新鲜的为佳，若用蛋白干，冬天用温水浸泡过滤后使用，不宜放置过久，否则蛋白分解变臭；制造蛋白膏的工具必须清洁，不得有油，否则蛋白打发不起来。

(3) 奶油膏 又称白脱淇淋、复制奶油。奶油膏色泽光亮细腻，软硬适度，裱花软而不塌，清晰，入口肥厚而爽润，奶味浓郁。

制作奶油膏时将奶油倒入容器内，搅拌至发泡细腻后，再将过筛的糖粉分多次搅入奶油中，搅至呈细腻黏稠的油膏为止。需要着色时，则可分装在几个容器中，分别调入不同的颜色，搅匀即可使用。注意夏天需将奶油放在冰箱中，要当天制作当天使用，制品应及时冷却。

**(四) 糕点成型**

糕点的品种多样，相应的成型方法也有多种，如手工的搓、卷、包、捏、擀、挤及印模成型等，近年来发展很快，许多大型糕点厂改变了以前以手工操作为主的生产方式，自己设计制造或从国外引进先进的机械设备，使一些销量较大的产品实现了机械化和自动化生产，如蛋糕机、自动包馅机等。

**(五) 熟制加工**

熟制加工包括烘烤、油炸、蒸制、烙制、煮制等。这些熟制方法，是根据品种的质量要求，而采取的不同加热方式。成熟方法恰当，工艺条件合理，不仅可以提高制品色、香、味和外观质量，并可达到理想的组织状态。因此，成熟工序是保证产品质量的重要工序。

熟制加工的关键是必须根据制品特点严格控制熟制的温度和时间此相辅相成的两个方面，使制品既达到熟制要求，又满足酥脆等口感需要。

**(六) 熬浆与挂浆**

熬浆与挂浆主要是针对油炸制品的一道工序。浆，即糖浆，是砂糖加适量水，经过加热使糖溶化而熬成的具有黏性的液体。熬浆是制作方法，挂浆是装饰方法。

糖浆可分为亮浆、砂浆、沾浆三种。

（1）亮浆　也称明浆、晶浆，这种糖浆挂涂在制品上光亮透明，不粘手、不返砂、不脱落，如萨其马。

（2）砂浆　也称翻浆，糖浆内不添加转化剂，易返砂，经过翻拌，粘到制品上很快就返砂，不透明，色泽洁白，不散碎，表面呈现细粒状，如江米条。

（3）沾浆　与亮浆相同。制品挂浆后，表面再粘一层糖霜、芝麻等，如麻球。

在已炸好或烤熟了的制品表面上涂一层糖衣，称为挂浆。挂浆的方法分为浇浆、拌浆、捞浆三种。

（1）浇浆　将熬好的糖浆浇到制品表面上的过程，又称淋浆。适用于酥脆制品如千层酥、千层散子。

（2）拌浆　将半成品放入糖浆内进行拌和的过程，又称上浆、挂浆，如江米条。

（3）捞浆　将半成品放入糖浆中浸泡的过程，又称透浆、浸浆，如蜜三刀、蜜果等。

### （七）冷却、包装与储运

烘烤完毕的糕点要经过冷却、包装、保管、运输和销售等几个环节。糕点质量的好坏，取决于原辅料的合理配备、面团调制的好坏、精工细作的优劣、熟制加工的程度。但冷却、包装、贮存、运输和销售环节若被忽视，常常严重影响糕点的质量，甚至造成不应有的损失。

刚刚熟制后的糕点，由于在高温下，油、糖、水的相互作用，使制品发软，最怕挤压。一定要凉透才可包装，它不仅能使制品保持特有的造型，而且对于杜绝糕点的霉变起着重要作用。

包装时，应根据产品的不同特性，选择各种形式的包装物，产品应完整包装，最好严密封口，并在外包装贴有标签。贮放时制品要轻拿轻放，码放整齐，应保持清洁、干燥。储运中应注意下列问题。

（1）成品不得存放时间过长，不要堆放过高，不能露天保管，做到先进先出。

（2）要根据不同产品的特点，放在适当的库房内保管，并要采取相应的措施和方法。如：饼干类、酥类、茶酥类含水量少，最易吸收水分。因此，要放在干燥、通风处，以防吸潮，出现变形、发韧。而蛋糕类、肥面类由于本身含水量大，不宜在干燥的通风处，以防制品过早干硬。

（3）保管中要注意卫生。防止虫咬鼠嗑，不要和有异味的东西放在一起。

（4）应尽量做到当地生产、当地销售，不长途运输，以防颠簸，破碎。

（5）搬动时应轻拿轻放。包装物上，不应坐人或压以重物，并应盖好苫布，防止污染或雨淋。

## 三、糕点加工实例

### （一）京八件

京八件是中式酥皮类糕点的代表产品，它具有酥层次分明，馅细腻清香，形状小巧形象逼真等特点，并有各种小料香味。如有枣花、风云、花瓣、云仙、寿字、银锭、如意、薄松饼等，近年来又创新出孔雀开屏、金鱼戏水、蝴蝶酥等，京八件制品，至少有8个花式。

1. 配方

（1）皮料　精粉16kg，起酥油2.5kg，水7.5kg。

（2）油酥　精粉15kg，起酥油7.5kg。

（3）馅料　见表5－3－7。

表5－3－7　　馅料配制表　　单位：kg

| 原料 | 馅名 | | | | | | | |
|---|---|---|---|---|---|---|---|---|
| | 山楂 | 玫瑰 | 葡萄 | 青梅 | 白糖 | 豆沙 | 枣泥 | 椒盐 |
| 面粉 | 1.7 | 1.7 | 1.7 | 1.7 | 1.7 | — | — | — |
| 白砂糖 | 1.8 | 1.8 | 1.8 | 1.8 | 1.8 | — | — | — |
| 饴糖 | 0.7 | 0.7 | 0.7 | 0.7 | 0.1 | — | — | — |
| 花生油 | 0.4 | 0.4 | 0.4 | 0.4 | 0.4 | — | — | 1.5 |
| 桂花 | 0.1 | 0.1 | 0.1 | 0.1 | 0.3 | — | — | 1 |
| 蜂蜜 | 0.25 | 0.25 | 0.25 | 0.25 | 0.25 | — | — | — |
| 金糕 | 0.3 | — | — | — | — | — | — | — |
| 桃仁 | 0.2 | 0.2 | 0.2 | 0.2 | 0.2 | 0.2 | 0.2 | — |
| 瓜仁 | 0.05 | 0.2 | 0.1 | 0.1 | 0.1 | 0.1 | 0.1 | — |
| 玫瑰 | — | 0.3 | — | — | — | — | — | — |
| 葡萄干 | — | — | 0.3 | — | — | — | — | — |
| 青梅 | — | — | — | 0.3 | — | — | — | — |
| 豆沙馅 | — | — | — | — | — | 4.5 | — | — |
| 枣泥馅 | — | — | — | — | — | — | 4.5 | — |
| 熟面粉 | — | — | — | — | — | — | — | 2 |
| 白糖粉 | — | — | — | — | — | — | — | 1.5 |
| 熟麻仁 | — | — | — | — | — | — | — | 0.3 |
| 花椒面 | — | — | — | — | — | — | — | 0.02 |
| 精盐 | — | — | — | — | — | — | — | 0.06 |

2. 工艺流程

参见图5－3－13。

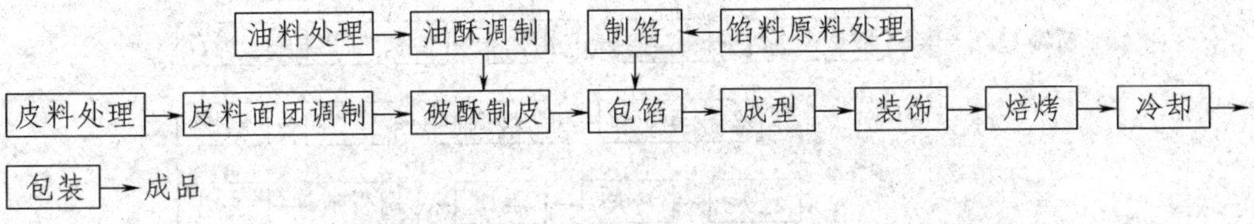


图5－3－13　酥皮类糕点制作工艺流程

3. 工艺要点

（1）制面皮　分别调制筋性面团及油酥面团，待筋性面团调好后，包入油酥面团；经破酥制成小剂，待包馅用。

（2）破酥　分小破酥和大破酥两种方法。小破酥即把油酥和水皮分别切成小剂，用一个水皮包一个油酥，再擀成片，将小卷的两端向中间折叠，按成饼状。小破酥层次多，层薄均匀，但费时费力。大破酥是将一块水皮擀成长方片，再将一块油酥铺到水皮上，但不要铺满，用水皮把油酥包严，包时要防止水皮重叠，包好后擀成大片，然后顺长度方向切成条，从刀切处分别往外卷，卷成长条后掐成小剂，按成小片即为生坯饼皮。大破酥效率高，但皮酥层次少且层厚，适合大批量生产。

（3）包馅成型　将各种制好的馅料分摘成小块，包入生坯饼皮内，收好边，制成各种形状。京八件成型方法靠手工技巧，塑造各种形象逼真的生坯。

（4）烘烤　京八件要求表皮呈乳白色，所以烘烤时上火要小于底火。

**（二）广式月饼**

浆皮类糕点是中式糕点的传统产品，其代表产品是月饼。广式月饼配料考究，皮薄馅多，花色多样，不易破碎，便于携带，不仅受到国内南北方消费者的欢迎，并且在国际市场上也很受欢迎。它品种繁多，品名一般以包馅的主要成分而定，如金腿、莲蓉、豆沙、枣泥、椰蓉、冬蓉等。它的原料极为广泛，如蛋黄、松花蛋、香肠、叉烧、鸡丝、乳粉等，都可以作为原料，配制各式各样的品种。

1. 配方

（1）皮料配制　每100kg成品用面粉16.5kg，砂糖6.5kg，葡萄糖浆1.5kg，花生油3.5kg，碱水0.25kg，碳酸氢钠0.1kg，熬糖浆用水3.5kg，成品刷面用鸡蛋2kg。

（2）馅料配制

①金腿馅料配方（单位kg）：砂糖17.5，花生油1.5，糖玫瑰3，五香粉0.35，熟糯米粉6，白膘肉13.5，橄榄仁2，瓜子仁4，核桃仁4，芝麻仁4，瓜条3，大曲酒0.25，火腿3，香油0.5，胡椒粉0.35，精盐0.13。

②百果馅料配方（单位kg）：砂糖19，花生油3，糖玫瑰2，熟糯米粉5，白膘肉15，橄榄仁2，瓜子仁4，核桃仁4，芝麻仁5，瓜条5，橘饼1，糖饯橘3，杏仁3。

③豆沙馅料配方（单位kg）：砂糖32，小豆24，花生油11，糖玫瑰3，熟面粉2。

④枣泥馅料配方（单位kg）：砂糖16.5，花生油13，绿豆粉3，黑枣37.5，熟糯米粉3。

2. 工艺流程

参见图5-3-14。

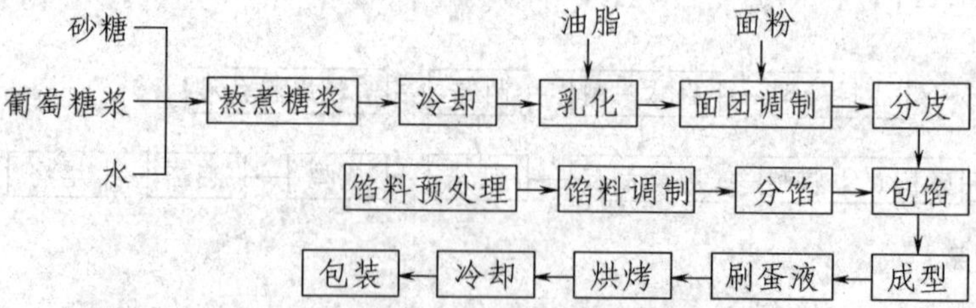


**图5-3-14　广式月饼工艺流程**

3. 工艺要点

（1）将糖先熬成糖浆后，与油、面粉、碱调成有适当筋力的浆皮面团，将面团分成小块反复揉叠，待面团组织紧密柔软后，再擀成小剂待用。

（2）广式月饼的馅料以果脯和肉类为主，用擦制法制成，馅中加入适量的调味料和少量米粉，不加熟面，以控制糖分流动。糖和炒米粉保持 10∶3 的比例，炒米粉不能用得太少，太少容易流动，制品烘烤时出现跑馅现象。广式月饼包馅与其他产品不同，它先将剂坯用手按成中间厚、四周薄的饼状，其面积以能包住馅的 2/3 为宜。然后一手拿起馅团，另一手将皮面置于馅团上，边提边移动，渐渐将剂口收严。再将封口朝上放入印模中，用手按紧、按平，磕入烤盘中。入炉前，表面刷少量蛋液，以增加制品表面光泽。

（3）烘烤时，入炉温度要高，一般在 220 ~ 230℃，中间温度可控制在 180℃，出炉时温度以 200℃ 为宜，当产品表面呈金黄色，侧面有凸腰时可出炉。冷却后包装。

**（三）果酱清酥**

果酱清酥是西式糕点奶油起酥类糕点中常见的品种，是以水皮包油酥，经多次折叠、成型、烘烤而成的制品。这类糕点奶油用量大，外观层次分明，块大体轻，入口酥香，具有浓郁的奶香味。

1. 配方

特制粉 1.4kg，奶油 1.1kg，鸡蛋 0.3 ~ 0.4kg，水 0.55 ~ 0.6kg，果酱 0.2kg，食盐适量。

2. 工艺流程

参见图 5 – 3 – 15。

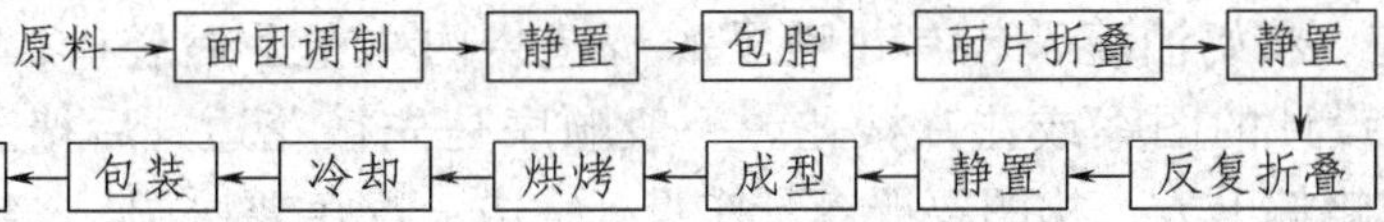


**图 5 – 3 – 15 西式糕点奶油起酥类工艺流程**

3. 工艺要点

（1）将鸡蛋和食盐搅拌均匀，再加水搅拌均匀，然后拌入面粉制成面团。

（2）将面团擀成厚薄一致的面片，再将奶油包在中间封严，然后用手按成方饼。

（3）把压好的方饼擀成正方形，折成三层，要使油脂在生坯中均匀分布，放入干净的盘中，表面盖上湿布，在 0℃ 左右低温处静置 30min。如此擀折 4 ~ 5 次即成奶油清酥坯面。

（4）根据设计要求，切成各种形状，如有切成长方形的，也有切成三角形或菱形块的，将切好的生坯表面刷上蛋液，中间点上果酱。

（5）烘烤时采用中火，上火要小于底火，使制品正常地起发。

**（四）奶油花蛋糕**

属西式糕点水点心，装饰的花样可随意选择，制品装饰精巧，图案美观。

1. 配方

蛋糕坯配料：鸡蛋 2.5kg，砂糖粉 1kg，特制粉 1.2kg，香兰素适量。

奶油膏用料：奶油 1kg，牛奶黄浆子 0.5kg，香兰素适量。

2. 工艺流程

参见图5-3-16。

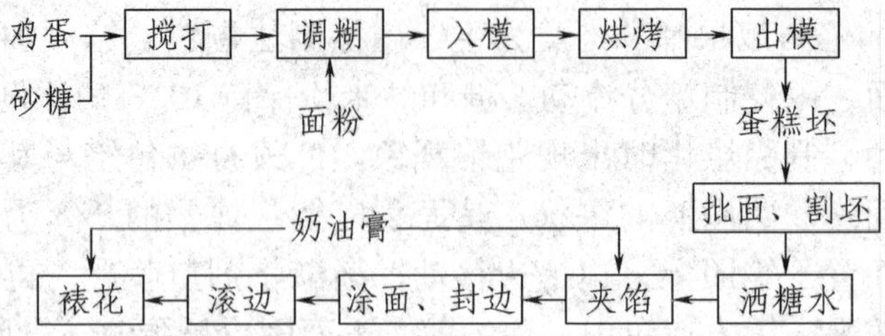


**图5-3-16　奶油花蛋糕工艺流程**

3. 工艺要点

（1）制蛋糕坯　将糖、蛋放在打蛋机中搅拌，使其体积增加到原来的2~2.5倍，加入过筛的面粉搅成均匀蛋糊。将蛋糊浇入圆铁模或小方烤盘内，底部垫纸，入炉烘烤，温度在180~220℃之间，烤制15~20min（视规格大小而异）。

（2）割坯　将烤熟的大蛋糕从中间片开，使蛋糕内层朝上，片的厚薄要均匀一致。

（3）洒糖水夹馅　将1kg糖溶于2kg水中，煮沸待冷，也可加入少量朗姆酒。用喷水壶均匀洒在蛋糕切面上，在两层糕坯中间夹一层奶油膏，奶油膏厚约为0.5cm。

（4）打底子、封边　舀一勺奶油膏放在糕坯面上，用长刮刀将奶油均匀地涂满糕坯表面和四周，要平整，最后将刀烘热在面上搪光。

（5）滚边　将蛋糕屑搓成碎末，均匀地粘满蛋糕四周，要避免蛋糕屑落到蛋糕表面。

（6）裱花　将奶油灌入装有花嘴子的挤花袋内，左手握袋口，右手捏住离裱花头5cm处，根据设计的图案或花卉裱花。一般顺序是先裱花边，后裱主花，构图要对称，字写在中间或略偏上方，构图要严谨、庄重、大方，配色要协调。

**【思考题】**

1. 结合面筋性蛋白质吸水特性，说明面包面团形成过程。
2. 说明膨松面团的种类及各自膨松机理。
3. 阐述打蛋原理及制作蛋糕对设备的要求。
4. 简述快速发酵法制作面包工艺流程及面团调制工序操作要点。
5. 分析酥性饼干制作实验中饼干产品发生变形的主要原因。
6. 画出小麦子粒结构简图，并说明各部分加工特点。
7. 阐述油脂在焙烤制品中的功用，并举例说明油脂的选择原则。
8. 简述饼干生产中，辊轧工序的作用。
9. 试述面包面团发酵机理及技术关键。
10. 试比较酥性面团与韧性面团的加工特性，分别说明配料与调制的关键技术。
11. 试述饼干冷却与其质量间的关系，可采取的防止措施是什么。

## 参考文献

[1] 陆启玉．粮油食品加工工艺学．北京：中国轻工业出版社，2005
[2] Karel Kulp Joseph G. Ponte，Jr. Handbook of Cereal Science and Technology. 2nd Edition. Marcel Dekker Inc.，2000
[3] 陆启玉．挂面生产工艺与设备．北京：化学工业出版社，2007
[4] Harry T. Lawless，Hildegrade Heyann. Sensory Evaluation of Food Principles and Practices. Springer，1998
[5] Duncan Manley. Technology of biscuits，crackers and cookies，third edition，CRC Press LLC，2000
[6] R. 卡尔·霍斯尼著．李庆龙译．谷物科学与工艺学原理．北京：中国食品出版社，1989
[7] 李里特，江正强．焙烤食品工艺学．北京：中国轻工业出版社，2010
[8] 阿曼德拉著，徐书鸣译．面包师手册．北京：中国轻工业出版社，2000
[9] 王森．面包制作入门．北京：中国轻工业出版社，2009
[10] 陆启玉．米制方便食品．北京：化学工业出版社，2008

参考文献

[1] [illegible]
[2] [illegible] Handbook of [illegible]
[3] [illegible]
[4] [illegible] Solutions, 1996
[5] [illegible]
[6] [illegible]
[7] [illegible]
[8] [illegible]
[9] [illegible]
[10] [illegible]

# 第六篇

## 糖果加工工艺

# 第一章　糖　　果

**【学习指导】**

本章应了解糖果生产工艺发展进程、糖果的共有属性、糖果的分类，熟悉各类糖果特点及代表产品；重点掌握硬糖的主要特征（物态与质构、发烊与返砂、平衡相对湿度）、硬糖的组成及各组成的功用、硬糖的生产原理、工艺流程及品质控制关键；掌握焦香糖果、充气糖果及胶基糖果的主要特征、基本组成及其生产关键。

## 第一节　糖果概述

### 一、糖果的概念

糖果是以白砂糖、淀粉糖浆（或其他食糖）、糖醇或允许使用的其他甜味剂为主要原料，经相关工艺制成的固态、半固态或液态甜味食品。《糖果分类》（GB/T 23823—2009）中，糖果不再局限于固态食品。

### 二、糖果的分类

糖果的花色品种繁多，分类方法也不统一。消费者通常按软硬度分：硬糖（含水量 <2%），半软糖（含水量 5% ~10%），软糖（含水量 >10%）。《糖果分类》（GB/T 23823—2009）将糖果分为硬质糖果（硬糖类）、酥质糖果（酥糖类）、焦香糖果（太妃糖类）、凝胶糖果、奶糖糖果（奶糖类）、胶基糖果、充气糖果、压片糖果、流质糖果、膜片糖果、花式糖果及其他糖果 12 大类；每大类又按原料、质地等分成若干小类，如硬糖类又包括砂糖、淀粉糖浆型硬质糖果，砂糖型硬质糖果，夹心型硬质糖果，包衣、包衣抛光型硬质糖果，无糖型硬质糖果及其他型硬质糖果 6 个小类。

为便于学习糖果加工工艺，通常根据相同或相似的工艺特点，将糖果归纳为以下几种主要类别。

**（一）熬煮糖果（high boiled sweets）**

这类糖果经高温熬煮而成，含有很高的干固物和较低的残留水分，质构坚脆，故又称硬性糖果，简称硬糖（hard candies）。

熬至规定浓度的硬糖膏经不同的加工处理又可分为透明、丝光、结晶、膨松等次类，每一次类又可因香味、外观、形态、添加料、包装等不同而变化出若干品种花式。

**（二）焦香糖果**（caramelized confections）

这类糖果富含乳品和脂肪，也经高温熬煮制成，物料在高温区产生独特的焦香风味物质，故称焦香糖果，在国内也称乳脂糖。按其质构分为韧质（chewy）和砂质（grain）两类。卡拉蜜尔糖与太妃糖属于前者，福奇糖属于后者。同样，每一次类又可因香味、外观、形态、添加料和包装等不同而变化出若干品种花式。

**（三）充气糖果**（aerated confections）

这类糖果一般经机械搅擦在糖体内充入无数细密的气泡，或通过定向的机械拉伸作用形成充气质构的甜体。随着物料的浓度、密度和充气程度的差异，可分为高度充气、中度充气和低度充气等次类。第一次类以马希马洛糖（棉花糖）为代表，第二次类以牛轧糖为代表，第三次类以明胶奶糖和求斯糖（chews candy）为代表。

不同充气的糖果又可分成韧性和脆性两种类型，每一种类型随着香味、形态、外观、添加料和包装等差异而变化出若干品种花式。

**（四）凝胶糖果**（gelatinized confection）

这是一类以不同凝胶剂为基本组成的质地柔嫩黏稠的糖果，也称为软糖。按凝胶剂的类型而分为若干次类，如淀粉、琼脂、果胶、明胶、树胶等。不同类型的凝胶糖果按其含水量和质构特征又可分为冻胶类（jellies）和凝胶类（gums）两种类型。每种不同类型的凝胶糖果也同样可变化出若干品种花式。

**（五）胶基糖果**（Gum Base Candy）

胶基糖果又称胶姆糖，是将胶基、白砂糖或其他甜味料、香料等原辅料经机械加工而成的可咀嚼或吹泡的糖果。其最大的特点是具有咀嚼性，可缓解紧张情绪，保护牙齿、清洁口腔，美容脸部。

胶基糖主要有口香糖（Chewing Gum）和泡泡糖（Bubble Gum）两大类。

**（六）巧克力制品**（chocolate products）

巧克力制品基本上可分成巧克力和巧克力糖果两个主要的次类。

巧克力包括纯的、含乳的、花式的等不同类型。纯巧克力含可可成分较高，香味浓烈、色泽深褐，故又称深色巧克力，包括苦的、半甜的、甜的等类型；牛奶巧克力包含不同比例的乳制品，兼有可可与乳的优美风味，色泽鲜明；在巧克力内添加麦精、咖啡、各种果仁或果脯等辅料，成为不同香味和口感的制品，可称为花式巧克力。

巧克力糖果是指巧克力和各类糖果或甜食制成的混合型制品，有不同的外观、形态、质构、香味和包装，因而形成一个多样的类别体系。

**（七）其他**

糖果还有多种大类产品，如夹心糖果（filled confections）、涂衣糖果（coated confections）、结晶糖果（crystallized confections）、粉质糖果（tablets，lozenges）、膏质糖果（liquorice paste）等。每一类型糖果均有其各自的工艺和品质特点。

# 第二节 熬煮糖果

## 一、熬煮糖果生产工艺

根据生产工艺水平不同，熬煮糖果先后出现了常压熬煮生产工艺、真空熬糖生产工艺和连续铸模成型三种生产工艺流程，其加工工艺如图6-1-1至图6-1-3所示。

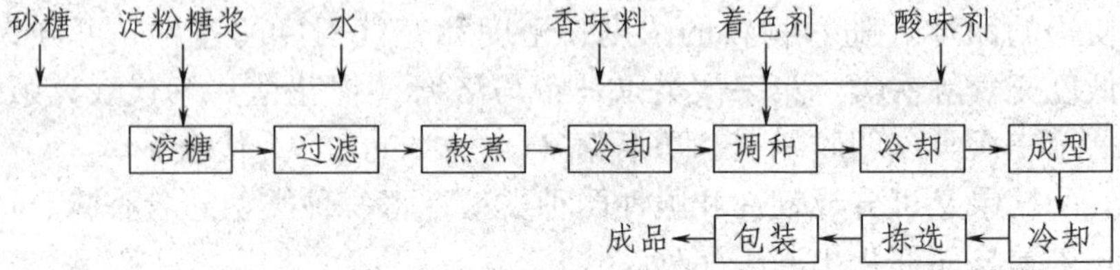


图6-1-1 硬糖常压熬煮工艺流程

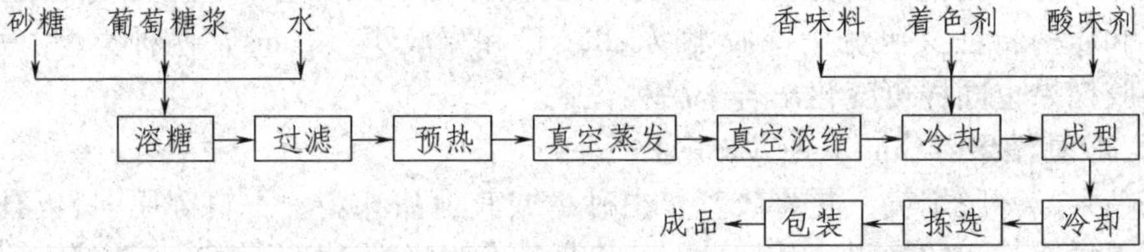


图6-1-2 硬糖真空熬煮工艺流程

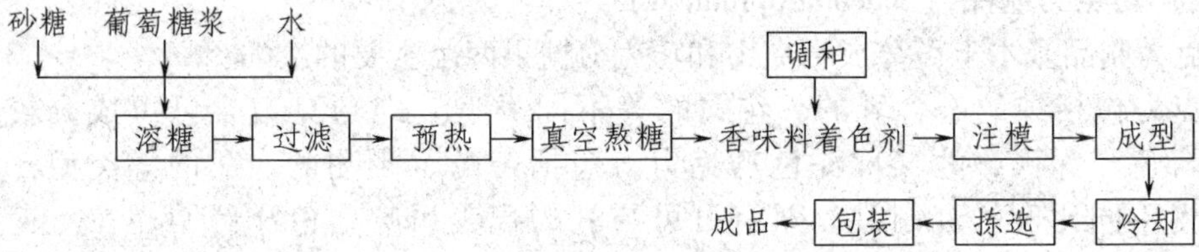


图6-1-3 硬糖真空熬煮连续注模工艺流程

## 二、熬煮糖果操作要点

### （一）硬糖的特性

1. 物态与质构

硬糖是由多种糖类（碳水化合物）高度浓缩制成，在常温下是一种坚硬而易脆裂的固体物质。从化学角度看，硬糖基体实际上是一种过冷的、过饱和的固体溶液。在这种过饱和溶液中，一切可溶性物质在水介质中基本上都处于分子分散态，只有部分分子质量很高的多糖类和微量蛋白质处于溶胶状态，微量盐类则处于分子或离子分散态。所有这些基本组成构成一种均匀的连续相，具有溶液的一切特征，硬糖高度透明的无定型体就是溶液的属性之一。

硬糖也常添加油脂、乳制品、可可、咖啡和果仁等辅料。这些辅料在硬糖中处于乳浊的、悬浮的或粗粒的分散状态，使硬糖的物态构成一种多相分散体系。但是，硬糖的基体仍是一种过冷的、过饱和的固体溶液。

硬糖质构是一种类似玻璃的无定型固体，没有固定的熔点。当硬糖膏处于150℃高温时，物料具有流体的特征，黏稠但易流散；随着温度降低，物料黏度增大，物料变得滞厚而呈塑性；低于60℃时，物态固化，成为透明的无定型固体，光滑而致密。硬糖质构不稳定，易随外界温度和湿度条件的变化而变化。

硬糖的质构随工艺条件变化可形成以下不同的物理状态：透明状态（clear）、丝光状态（pulled）、结晶状态（grained）和膨松状态（brittle）。不同的质构状态使硬糖产生不同的物理和口感特性，如无定型硬糖透明而坚脆；丝光硬糖外观洁白并有丝光光泽，质构硬而嚼时略带疏松；结晶硬糖坚实而微显透明；膨松硬糖外观混浊，质构膨脆而嚼时疏松。除以上常见的质构外，随着硬糖组成的改变还可产生其他质构特征。

2. 发烊和返砂

发烊和返砂是糖果质量变化的主要问题，尤其是硬糖，发烊、返砂降低其商品价值。控制产品发烊和返砂的速度也是衡量工艺技术水平的重要内容。

（1）发烊　硬糖透明似玻璃状的无定型基体无保护地暴露在湿度较高的空气中时，由于其自身吸水汽的特性，开始吸收周围的水汽分子，在一定时间后，糖体表面逐渐发黏和混浊，这种现象称为轻微发烊。如空气的湿度不变或增加，开始发黏的硬糖就继续吸收周围的水汽分子，其表面黏度迅速降低，呈现溶化状态而失去固有的外形，这种现象就称为发烊。持续发烊的过程实质上就是硬糖从原来过饱和溶液状态变为饱和与不饱和的溶液状态，直至硬糖完全溶化，即为严重发烊。

（2）返砂　硬糖的返砂是指其组成中糖类从无定型状态重新恢复为结晶状态的现象。一般的规律是，经吸收水汽而呈发烊的硬糖表面，在周围相对湿度降低时，其表面的水分子获得重新扩散到空气中去的机会，水分扩散导致表面溶化的糖类分子重新排列形成结晶体，这是一层细小而坚实的白色晶粒，硬糖原有的透明性消失，这种现象就称为返砂。

发烊和返砂可以反复交替进行，发烊导致返砂，返砂后的糖体在一定条件下又可继续发烊，再返砂，如此循环不止，直到硬糖的整体完全返砂。这一过程由表及里地进行，形成一层层细小的结晶，返砂后的硬糖失去原来光滑的舌感，其质构变得粗糙。

发烊和返砂是硬糖常见的质变现象。这表明无定型状态的硬糖具有不稳定的双重性：第一，吸水汽性；第二，重结晶性。这是一个问题的两个方面，阻止或推迟这两种倾向一直是无定型硬糖工艺中一项重要课题。

但是，在非透明硬糖或其他糖果的工艺过程中要求产生的糖体结晶现象，不能一概视作变质现象，相反，还应在规定的技术条件下控制进行。

## （二）配料

所有硬糖基本上都是由甜体和香味体两部分组成。甜体包含砂糖（蔗糖）和各种糖浆，由此产生一个甜的基体。香味料包含香料、调味料和辅料，由此产生不同的色香味个性。两种结合就形成具有不同特色的硬糖。

从糖果工艺的角度，蔗糖是一种结晶物质，各种糖浆是非结晶物质，当两者在加工过程中经过高温熬煮而构成一种透明的无定型状态的硬糖甜体时，实际上各种糖浆是起着抗结晶的作用，削弱和抑制蔗糖在过饱和状态下产生的重结晶现象。

糖浆在糖果内所起的抗结晶作用是基于以下两个主要因素：

（1）提高甜体内溶液的溶解度和饱和系数；

（2）增大甜体内溶液的黏度。

第一个主要因素是通过糖浆所含还原糖的数量和类型来体现的，第二个主要因素是通过糖浆所含多聚糖的数量和类型来体现的。淀粉糖浆兼有这两个主要因素，因而能发挥很好的抗结晶作用。

然而，生产实践表明，当硬糖甜体所包含的糖浆干固物比例过大时，虽能有效防止蔗糖在过饱和状态下重结晶的倾向，但同时也不同程度地增加了硬糖甜体的吸湿性，变得非常黏稠，这使最终的产品容易发烊变质，且在风味和质构上发生很大的变化。

因此，当确定硬糖甜体中结晶和抗结晶物质的正确比例时，必须充分考虑这两类物质的特性和可能产生的后果，同时也要充分考虑产品在加工和保藏过程中的各种具体条件。例如，硬糖甜体所含砂糖和淀粉糖浆的比值受熬煮方式的制约，表 6－1－1 是采用常规淀粉糖浆（42DE）时砂糖与糖浆的比例关系［DE（dextrose equivalent value）称为葡萄糖当量，是指还原糖（以葡萄糖计）在淀粉糖浆中所占的百分数（以干物质计）］。

表 6－1－1　硬糖组成的砂糖与糖浆比例

| 硬糖熬煮方式 | 砂糖与淀粉糖浆比值 |
|---|---|
| 常压熬煮（明火） | 75/25 ~ 70/30 |
| 真空熬煮 | 65/35 ~ 60/40 |
| 连续真空熬煮 | 60/40 ~ 50/50 |

以上的比例关系是指硬糖的加工和保藏条件处于正常情况下，当客观条件异常时，则上述的比值应作相应的变动。一般说来，硬糖甜体中结晶和抗结晶物质的比值应服从最终产品应有的质量标准。硬糖主要质量标准之一就是产品所含的总还原糖量。硬糖的总还原糖量一般控制在 12% ~20%。若能严格控制加工过程中生成的还原糖量，产品的包装和保藏条件良好，则最终产品的总还原糖含量可适度偏高，但以不超过 25% 为宜。如产品采用转化糖浆为基本组成，则总还原糖以控制得较低为宜，并应严格控制加工过程中生成的还原糖量。

因此，确定硬糖的甜体中结晶和抗结晶物质的比值时，应全面衡量下列因素：

（1）砂糖和糖浆的类型、质量水平和供应状况；

（2）物料在加热熬煮过程中的浓度、黏度、pH、温度、时间、加热方式等条件；

（3）产品的包装、保藏和销售等条件；

（4）产品的质量标准和商品要求。

**（三）化糖**

化糖工序是以适量的水在最短时间内将砂糖完全溶化，彻底破坏蔗糖的晶相结构，使之与糖浆组成均一的状态。

化糖时加水量一般随着不同类型的糖果产品所具有的特性而异。就硬糖而言，加水量一般为配方物料总干固物的30%～35%。若加水量不足，在较短时间内难以将砂糖晶粒全部溶化，晶粒的存在给加工与保藏带来返砂的危险。反之，过量加水，则将加重熬煮负荷，造成糖的过量转化和能源浪费。显然，这两种结果都是生产上力求避免的。

在选择加水量的同时，还要结合考虑溶化速度和溶化方式。在硬糖实际生产中，常常以提高温度来加快糖的溶化速度，并适度降低加水量。

**（四）熬糖**

熬糖是硬糖工艺中的关键。通过熬糖把糖液中大部分水重新蒸发除去，使终产品达到很高的干固物浓度。糖液的蒸发和浓缩过程具有其自身的特点：

（1）糖液黏度随浓度的增大而迅速提高，因此，采用一般的加热蒸发方法，很难去除糖膏中最后的多余水分；

（2）糖液的蒸发浓缩必须在一个持续加热过程中完成，以形成硬糖所要求的玻璃状无定型的质构特征。

熬煮糖膏最终的浓度和残留水分构成产品的基本特征，在整个熬煮过程中，物料受两个因素的制约，即糖液的组成和比例、熬煮工艺条件。其中，熬煮工艺条件的影响更显著，通常有常压熬糖与减压（真空）熬糖两种方式。

1. 常压熬糖

正常大气压强下，水在100℃沸腾，而饱和蔗糖溶液约在105℃沸腾。如果大气压强条件不变，要提高蔗糖溶液的浓度，就必须提高蔗糖溶液的沸腾温度。即只有不断提高糖液的沸腾温度，才能不断脱除糖液中水分，这就是常压熬糖的实际含义。糖液的沸腾温度与浓度的相对关系见表6－1－2。

表6－1－2　　蔗糖溶液沸点与浓度的关系

| 糖液沸点/℃ | 糖液浓度/% | 残留水分/% | 糖液沸点/℃ | 糖液浓度/% | 残留水分/% |
|---|---|---|---|---|---|
| 104 | 65.0 | 35.0 | 122 | 91.6 | 8.4 |
| 106 | 72.4 | 27.6 | 124 | 92.8 | 7.2 |
| 108 | 77.2 | 22.8 | 126 | 93.7 | 6.3 |
| 110 | 80.9 | 19.1 | 128 | 94.6 | 5.4 |
| 112 | 83.4 | 16.6 | 130 | 94.9 | 5.1 |
| 114 | 85.7 | 14.3 | 138 | 96.0 | 4.0 |
| 116 | 87.4 | 12.6 | 150 | 97.0 | 3.0 |
| 118 | 89.0 | 11.0 | 160 | 98.0 | 2.0 |
| 120 | 90.4 | 9.6 | | | |

在早期的糖果生产中，硬糖甜体完全是砂糖，在常压熬煮条件下利用蔗糖自身的转化完成生产。后来，硬糖的甜体中增加了淀粉糖浆，这使糖液的组成发生了变化。由不同糖类组成的糖液，在同一浓度下，其沸腾温度不同（见表6－1－3）。

表6－1－3　　不同糖类的沸点比较（67.1%溶液）

| 糖液类型 | 沸点/℃ |
|---|---|
| 蔗糖溶液 | 104.8 |
| 转化糖液 | 105.6 |
| 淀粉糖浆（42DE） | 102.9 |

由表中可以看出，糖液所含糖类分子质量越大，其沸点越低；所含糖类分子质量越小，则在同样浓度下，达到的沸点越高。由此可见，糖液在标准大气压下进行蒸发和浓缩时，其沸点随着浓度提高而相应提高。若要求糖液最终浓度达到98%，残留水分为2%，则根据表6－1－2可查明熬糖温度应提高至160℃。由于配料中包含一定量的淀粉糖浆，故实际沸点可能略低，或在同一沸腾温度下，其最终浓度将略高。

在熬糖过程中，蔗糖会随糖液pH的不同而不同程度地分解为转化糖，而转化糖具有强烈的吸湿性，含量过高导致产品在生产及保藏期间容易发烊变质，故必须控制糖液的pH以控制蔗糖的转化作用。此外，熬煮温度也是促使蔗糖分解的重要原因。当糖液温度达140℃以上时，其色泽逐渐转深，这表明糖液在高温下发生化学分解，分解速度随温度升高而加剧。可用下式表示此化学分解过程：

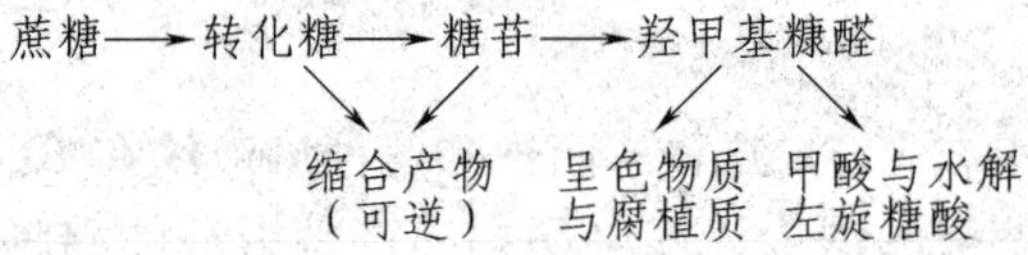


以上分解生成的物质呈色极深、吸湿性强且味苦，这是常压熬糖不加控制的结果，在生产过程中应力求避免发生这些问题。因此，在常压下熬糖应严格控制引起蔗糖分解的各种条件，其中特别要注意糖液的pH、熬煮温度和熬煮时间。

2. 真空熬糖

真空熬糖可降低糖液的沸点减少受热，从而避免由温度而引起的化学变化。不同熬糖条件下浓度和沸点的关系见表6－1－4。

表6－1－4　　不同熬糖条件下浓度和沸点的关系

| 硬糖的干固物含量/% | 常压熬煮沸点/℃ | 真空熬煮 | |
|---|---|---|---|
| | | 沸点/℃ | 真空度/kPa |
| 96 | 143.4 | 129.5 | 84.26 |
| 97 | 150 | 135 | 91.06 |
| 98 | 160.1 | 140.6 | 94.39 |

真空熬糖过程一般分为三个阶段，即预热、真空蒸发和真空浓缩。化好的糖液浓度为75%～80%，温度115～118℃。预热是将糖液浓度提高至86%～88%，温度115～118℃，从而减少真空熬糖的周期。真空蒸发阶段的真空度一般保持在33.33kPa，以蒸发除去物料中的大量水分，糖液的沸腾温度达120℃以上。真空浓缩阶段应将液面的真空度提高到93.33 kPa以上，以去除最后的少量水分，物料的温度下降至110～115℃，真空熬糖完成。

由真空熬糖取得的产品，色泽浅，风味纯正，保藏期间品质较稳定。在真空熬糖基础上又发展了连续真空熬糖和连续真空薄膜熬糖工艺。

真空熬糖主要由加热熬煮蒸发和真空浓缩两部分组成，装置如图6－1－4所示。物料通过一组蛇形管加热器，在短时间内温度升至140℃左右，浓度约为96%，随后进入一蒸发室，物料的二次蒸汽由风扇排出，此过程即为加热熬煮与蒸发。浓糖浆然后进入蒸发室下部真空浓缩室，室中保持93.33 kPa以上真空度，除去物料内少量水分，物料浓度提高到97%以上，物料的温度下降至115℃左右，真空熬糖过程完成。

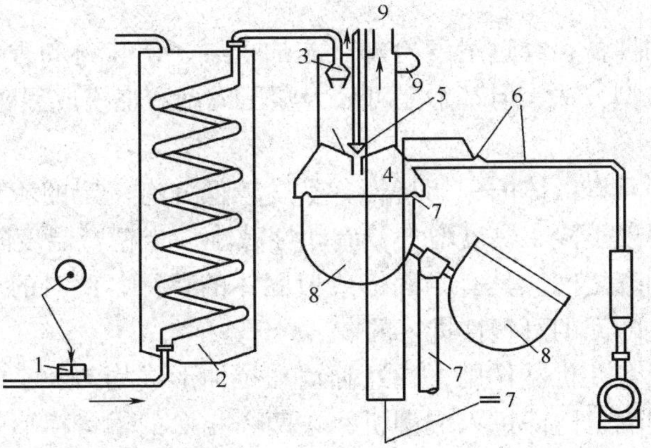


**图6－1－4 真空熬糖装置**

1—糖浆泵 2—蛇管加热器 3—糖浆入口 4—真空浓缩室 5—针状阀
6—真空系统 7—卸料控制系统 8—转锅 9—二次蒸汽排除系统

连续真空薄膜熬糖具有热交换速度更快、熬糖周期更短、产品质量更好等特点，其装置如图6－1－5所示，工艺过程如下：①达到相当浓度的糖浆被送入一装有高速旋转刮板的加热蒸发室，受离心力的作用，糖浆从顶部沿着加热壁面以1mm厚度的薄膜流下，形成一种湍流状薄膜。②液层薄膜与加热壁面迅速进行热交换，水分汽化迅速。③糖浆的二次蒸汽被蒸发室顶部的风扇排除，浓缩的糖浆落到底部并进入连接的混合室。④糖浆在真空的减压条件下脱除大量水分，最后与计量吸入的色素及酸溶液混合。⑤物料经泵移送至另一混合器，与香料混合。⑥以上蒸发过程的周期为8s。

连续真空薄膜熬糖克服了其他熬糖设备的某些缺点，尤其是在采用连续浇模成型工艺与装备时，这一技术显示了极大的优越性。

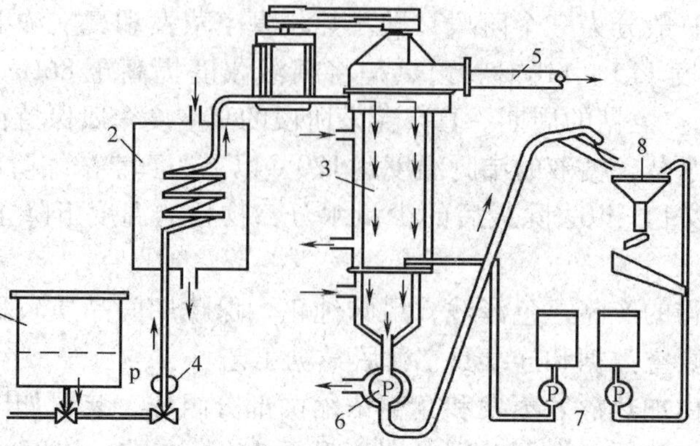


**图6－1－5　连续真空薄膜熬糖装置**

1—糖浆贮缸　2—预热器　3—薄膜熬糖装置　4—糖浆泵　5—真空泵
6—卸料泵　7—色素、香料计量泵　8—混合器

**（五）成型**

熬到规定浓度的糖膏，经过适度冷却，添加色素、调味料和香料，混合均匀，即可成型。硬糖有多种成型方法，但基本上可分为塑压成型和浇模成型两种方式。

1. 塑压成型

刚熬好的糖膏仍具有液体的一切特性，黏度较低并有一定的流动性。但在冷却和不断翻拌后，糖膏的温度下降，黏度增大，流动性减小。当糖膏温度降到70～80℃时，糖膏状态介于液态和固态之间，具有半固体或似固体的特征，此时的可塑性最大，塑压成型就是利用糖膏在此瞬间的可塑性进行的。

具有可塑性的糖膏在机械作用下，经翻动和拉伸形成均匀大小的糖条，这一工序称为匀条。大小均匀的糖条随即进入成型机，在两个相对的铜铸模型的连续冲压下形成整齐而均匀的糖粒，并立即风冷至固化状态。硬糖的硬化温度为56～58℃，冷却要及时，否则糖粒容易变形。冷却时，温度保持在38℃左右，糖粒宜放置在传送带上，带面应宽而速度较慢。

2. 连续浇模成型

连续浇模成型是将熬好的处于流变状态的液态糖浆定量浇注入连续运行的模型盘内，然后予以迅速冷却和定型，最后从模盘内脱落分离。图6－1－6是硬糖连续浇模成型生产线的整个装置示意图。

**（六）包装**

包装对于糖果是一种不可缺少的保护手段，尤其硬糖是一类含水量低且很容易吸收潮的糖果，吸湿后发生发烊、返砂而降低或丧失其商品价值。试验证明，当硬糖与外界空气完全隔绝时，经保藏数年后品质变化很小。

采用金属罐或玻璃瓶密封包装能较长时间保存硬糖，使用其他保护性较强的包装形式，如塑料薄膜袋、透明纸、涂蜡层的纸等，也能在一定时间内延缓硬糖的变质，但不能久藏。

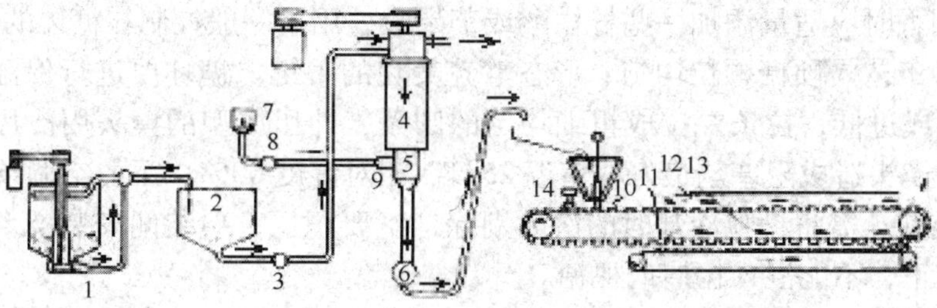


图6-1-6　硬糖连续浇模成型生产线装置示意图

1—糖液制备　2—贮缸　3、6—泵　4—真空熬煮室　5—香味料混合室
7—酸、香料、色素液容器　8—计量泵　9—吸入头　10—模型盘　11—卸料点
12—模盘上方气流　13—模盘下方气流　14—润滑剂喷雾器

目前，一般都采用包装机进行糖果包装。包装机类型很多，性能也不尽相同。注意，包装应在一定的温湿度条件下进行。实践表明，包装室温度应保持在25℃，相对湿度50%以下，才能顺利进行机械包装过程。

## 三、熬煮糖果生产实例

### （一）水果硬糖

水果硬糖是糖果中最坚硬的一种，经过高温熬制而成，含水量最低，其最明显的特征是坚脆与透明，似玻璃状。硬糖按其工艺、形态、包装和色香味不同而分成不同的类别，而水果硬糖则是以其香味命名的。由于水果品种繁多，相应的水果硬糖也不计其数，可形成一个系列。

1. 配方

白砂糖10kg，淀粉糖浆6kg，柠檬酸120g，水果香精30mL，色素适量。

2. 工艺流程

参见图6-1-2。

3. 操作要点

（1）按白砂糖量25%～30%的比例加水进行溶糖，边搅拌边加热至沸腾并保持片刻，促使砂糖充分溶解，并防止焦底。溶糖水温不宜太高，否则会使糖液迅速沸腾，水分大量蒸发而导致物料溶解不充分。溶糖过程和存放时间均不宜过长，防止色泽变深，成品的质量难以控制。溶化后的糖液必须经80～100目筛过滤除杂。

（2）按真空连续熬糖工艺程序进行，要求最终熬制温度为138～142℃，真空度达0.093MPa以上。熬制时间不宜过长，一般在3min之内。要定期检查真空系统，杜绝低真空度现象，同时要定期用碱液清洗加热室紫铜管，并用热水冲洗至干净为止。

（3）正确掌握调和时糖膏的温度，即此时温度为120℃，操作时应避免物料散失在台面上，防止与台面发生粘连现象。冷却程序中应反复将冷却面向里折叠，并防止气泡的产生，直至糖膏具有良好的可塑性。

（4）在调香时应适量添加一些柠檬酸或苹果酸，用量一般控制在糖体的1%～3%。

（5）成型工艺是硬糖颗粒均匀、形态整齐美观的关键。糖坯要进行保温，温度要适中，不要过高或过低，拉条要拉成粗细均匀的圆条，冲压成型的模头用冷风吹拂，避免糖条发热黏附模头造成阻塞。最好在室温25℃、相对湿度60%以下的空调条件下操作。

（6）包装前，需将糖粒冷却时的次品剔除，不要积压，包装间安装空调，商标纸要包裹紧密、端正，不能混入糖屑或裸糖。

**（二）润津糖**

润津糖是一种保健型硬糖，利用中草药宝库中可直接食用的罗汉果、乌梅、海藻、白芍、绿茶和薄荷加工成浸膏后，再参照硬糖制造工艺加工而成。它具有润喉、生津、消口臭、护嗓的功能，清凉爽口、酸甜适中，深受文艺工作者、教师等广大消费者青睐。

1. 配方

白砂糖10kg，淀粉糖浆5kg，柠檬酸15g，色素适量，薄荷脑7g，罗汉果浸膏17g，海藻浸膏8g，白芍浸膏8g，绿茶浸膏7g，乌梅浸膏17g。

2. 工艺流程

参见图6－1－7。

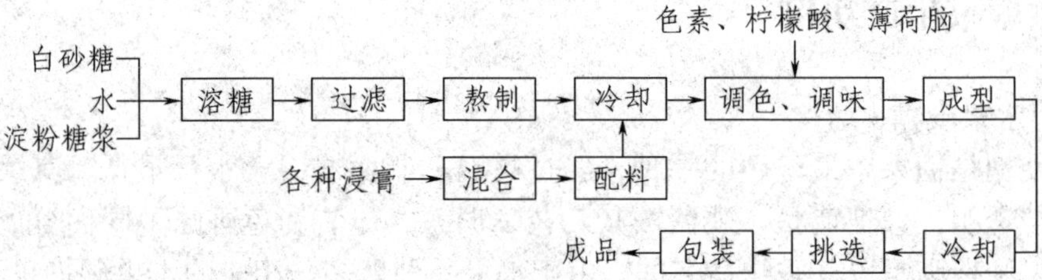


**图6－1－7　润津糖工艺流程**

3. 操作要点

（1）配料中的各种浸膏均由纯物料加工而成，未添加任何其他物料，按照加工浸膏的方法要求将各物料进行清洁、浸泡、熬煮直至形成固形物为70%以上的膏状即可。

（2）制得的上述配料（配方规定的量）可供10kg硬糖糖坯混合使用。

（3）按照硬糖工艺流程进行制作。熬制后冷却，待糖膏温度降至约100℃，便可将各种浸膏依次加入并翻叠数次，使其充分混合，然后待糖膏温度进一步降低到约80℃时即可调色、调味。

（4）成型可采用冲压成型机，也可采用滚压成型，成型拉条时糖条应均匀，无论冲压成型还是滚压成型，喂糖要足以减少残次品。

（5）调色时应注意，应先将少许的色素用糖浆调制成有一定流变性的色浆，然后再添加到糖膏中，此时的糖膏温度不宜过低，否则将会造成成品颜色深浅不均匀，影响感官指标。

（6）该产品是糖果中的精品，大多采用圆形小铁听或小纸盒包装，要严密防湿。

# 第三节 充气糖果

## 一、充气糖果工艺流程

图6－1－8为蛋白糖工艺流程，图6－1－9为奶糖工艺流程，图6－1－10为棉花糖工艺流程。

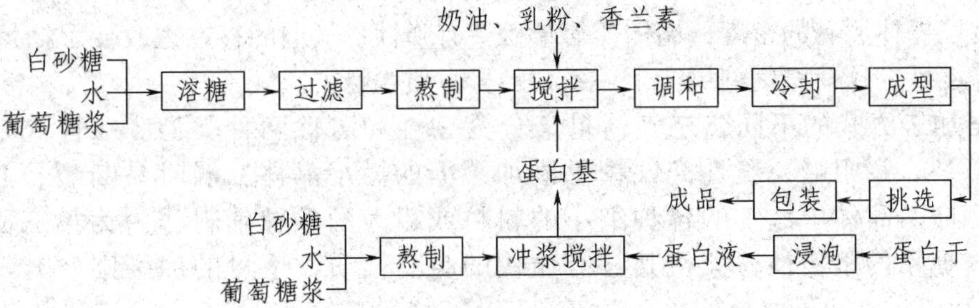


图6－1－8 蛋白糖工艺流程

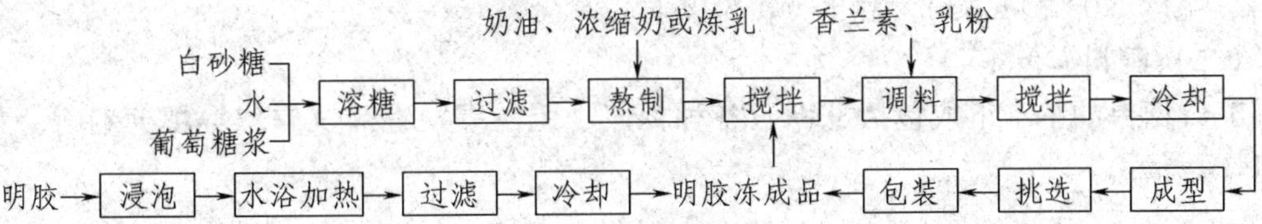


图6－1－9 奶糖工艺流程

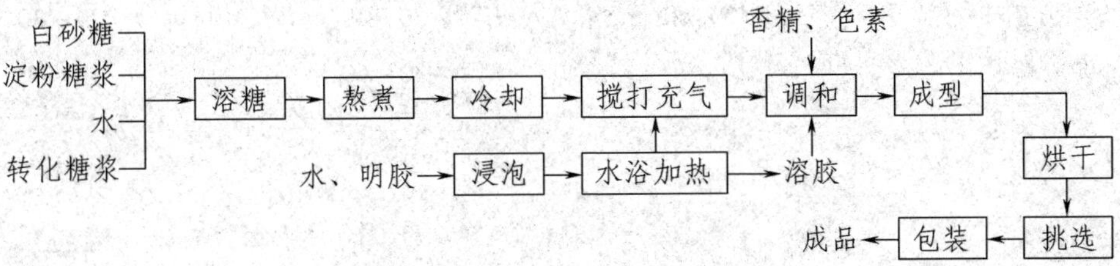


图6－1－10 棉花糖工艺流程

## 二、充气糖果操作要点

### （一）充气糖果的特性

充气糖果的物态是一类复杂的多相分散体系，从胶体化学角度看，它由糖浆组成的连续相和充入气体的分散相组成，此外，在伴随充气作用的过程中，必须添加高分子质量的胶体物质如卵蛋白、变性蛋白和明胶等，以达到起泡、增稠或稳定的功能作用。而且为了改善充气糖果的风味与口感，很多制品还添加糖的微晶体、可可粉等各种粉料、果仁或果脯颗粒等辅料，这些第三固体相以悬浮体在整个体系中成为第二种分散相。为了有利于糖果后期成型的挤压作用或切割作用，很多充气糖果也添加固体脂肪发挥润滑作用。包括最后添加微量的香味料在内，充气糖果的最终的物态体系实际上都可视为相对稳定且复杂的多相分散体系。

充气糖果的甜体被不同程度充气后形成一种异于其他糖果的特殊质构，气泡的存在与分布改变了糖溶液的光学特性，原有的透明性消失，变得洁白并略带光泽；气泡的存在也改变了糖体原有的密度，糖体变得疏松并有弹性；气泡的存在也改变了糖体的黏度、硬度和流变性，这使充气糖果产生一系列的异常质构特征。

根据加工方式的不同，充气糖果又分为韧性和脆性两种类型。韧性充气糖果嚼时不易断裂，耐咀嚼；脆性充气糖果添加了糖的微小晶体，嚼时易断裂，并有逐渐返砂的倾向。甜体中添加的各种细小的粉粒或粗大的颗粒辅料作为为第三固相，既增加充气糖果的坚实性，又使其具有愉快的咀嚼性质，适量的油脂则使充气糖果产生润滑感。

各种充气糖果的具体物料组成、充气方式、加工程序等则不尽相同，因而其最终制品的质构和香味特征都各有特色。相对密度随充气不同可分为三种类型：低度（1.0～1.4），中度（0.9～1.15），高度（0.5以下）。

**（二）配料**

充气糖果的基本组成包括蔗糖、各种糖浆、蛋白等发泡剂及果仁等填充料等，如表6－1－5所示。

表6－1－5　充气糖果的基本组成

| 物料组成 | 高度（棉花糖） | 中度（蛋白糖） | 低度（奶糖） |
|---|---|---|---|
| 蔗糖 | 15～60 | 30～40 | 20～30 |
| 淀粉糖浆 | 20～70 | 30～60 | 40～60 |
| 转化糖浆 | 20～35 | — | — |
| 发泡剂 | | | |
| 蛋白 | 1.5～7 | 2～4 | — |
| 明胶 | — | — | 1.5～3 |
| 填充料 | | | |
| 果仁 | — | 10～20 | — |
| 非脂乳固体 | — | — | 4～10 |
| 总脂肪 | — | 2～8 | 3～10 |
| 水分 | 15～19 | 5～9 | 5～9 |

（三）充气作业

充气糖果工艺过程需要解决的重要课题就是气泡的产生、形成和稳定。这一通过机械作用而形成的充气过程称为充气作业。由气体分散形成的小气泡作为分散相分布在甜体的胶体分散系统内，包围密集气泡的糖液是由液相和分子态固相构成的连续相，大大小小气泡的直径在1～100m，这就是充气糖果含有无数气泡的甜体特征。

气体经剧烈搅擦并分散在液体中形成大大小小的气泡，具有不稳定的倾向。因为纯粹的液体或含糖液体都不能形成稳定的气泡膜层，这是由于气液分界处存在着表面张力的影响，气泡的存在短暂且不稳定，气泡产生得快，消失得也快。因此，要使通过机械搅擦作用形成的气泡保持相对的稳定，必须在这一体系内增加第三种成分即发泡剂。发泡剂的表面活性作用可以有效地降低界面间的表面张力，同时在气体－液体界面被很快地吸附，并产生凝聚作用，这样，在每个气泡周围形成一层保护膜，使气泡变得稳定。

在充气过程中，气泡是不断产生也不断消失的，气泡的破坏速度超过形成速度，气泡层是不能形成的。当气泡的形成速度大大超过破坏速度，气泡将越积越多，终于产生并形成一个相对稳定的气泡层。

充气方法主要有一步充气法、二步充气法。

1. 一步充气法

一步充气法是指一批物料或近似全部组成在一次充气过程中形成有稳定泡沫体糖果的充气工艺过程。大规模连续进行的充气作业大多采用一步法。此生产工艺的特点是预先批量制备可贮放的糖－气泡基。然后将连续熬煮到规定浓度的糖液与其他配料组成，按比例和计量的糖－气泡基进行混合，即可获得品质稳定的充气糖果甜体。

将发泡剂的溶液直接与90%浓度的糖液在高速的机械搅擦作用下搅擦制备一种浓度较高的含糖气泡基，含水量为25%～35%，相对密度0.35～0.45。因此，糖－气泡基有较高的稳定性，一般可贮放8h。若糖的浓度提高，制备成相对密度为0.55的糖－气泡基，其稳定期甚至可达一周。在稳定期间，随取随用。

一般以体积浓度来表示糖－气泡基的充气程度，体积浓度受以下因素制约：

（1）消耗在整个体系中的动能；

（2）干固物含量；

（3）碳水化合物类型；

（4）发泡剂的类型和浓度；

（5）搅擦过程中的温度。

2. 二步充气法

二步充气法是传统的充气工艺方法。先将卵蛋白或植物蛋白发泡粉溶液放置于搅擦机内，以高速打擦制成一种细密洁白的泡沫体，备用。然后，将熬到规定浓度的糖液缓缓地冲入泡沫体中，形成的疏松泡沫体糖坯，最后加入香料和辅料混合均匀，冷却成型。

此工艺方法的特点是先制备蛋白泡沫体，再制成疏松糖体，因此被称为二步法。由于蛋白泡沫体的含水量可高达45%以上，相对密度在0.08～0.20，生成的气泡稳定性较低，在较短时间内，气泡逐渐消失。每批数量较少，操作程序繁杂，且不易控制，不能适应大批量与高速度的工业化生产，二步法的充气工艺在现代化的糖果工厂已逐渐不采用。

## 三、充气糖果生产实例

### （一）蛋白糖

蛋白糖又称牛轧糖、鸟结糖，它起源于法国，因最早应用鸡蛋蛋白作为发泡剂制作而得名，又因客观存在的物料配比和工艺操作上的差异，形成产品结构不尽相同的类别。本例介绍蛋白糖基础品种，不仅质地蓬松、细腻、有弹性，而且具有浓郁的奶香味，与用明胶作为发泡剂的奶糖极为相似，但没有奶糖那种较强的韧性。

1. 配方

白砂糖10kg，葡萄糖浆15kg，乳粉2kg，奶油1kg，香兰素20g，蛋白干120g（或植物蛋白发泡粉80g）。

2. 工艺流程

参见图6-1-8。

3. 工艺要点

（1）蛋白基的制备　用2~3倍的温水在生产前8h浸泡蛋白干，使其全部溶化成蛋白液备用。将配料中的白砂糖和葡萄糖浆按糖果熬制工艺程序加热熬至116℃左右，缓缓冲入装有蛋白液的搅拌机锅内，中速搅拌片刻待混合浆液呈白色后改快速搅拌，直至形成坚实的白色泡沫组织，有时为了增强其机械稳固性添加少量的明胶冻。另外，还可以用葡萄糖浆直接冲入装有蛋白液的搅拌机锅内，快速搅拌来制备蛋白基，此法制取的蛋白基所产生的蛋白糖色泽很好。无论哪种方法，都必须注意浸泡水不能用硬水，蛋白液不能沾上油污，搅拌不能过度，不能有酸碱物质混入，这些都会影响发泡度。蛋白基的制备量应根据生产需要制取，并要求即用即制。

（2）蛋白糖熬制工艺可参照硬糖常压熬制工艺。最终含水量应控制在5%~8%，最终温度应根据配料、工艺、季节、气候等条件而定。采用一步法熬制冲浆的一般控制温度在128~136℃范围。

（3）搅拌冲浆形成白色糖膏后便可加入奶油、乳粉和香兰素等辅料，为了避免调料时因搅拌而造成辅料四溅，可事先将其调制成膏状物加入，同时应注意控制搅拌速度。若辅料中油脂较多，可添加适量的单甘酯和卵磷脂等乳化剂。

（4）因蛋白糖具有多孔性气泡组织，散热性较差，所以要求冷却迅速、均匀、适中，以使糖坯具有良好的可塑性。

（5）冷却适度的糖坯经刀平车或拉条成型机制取所需要的方形或圆柱形糖粒。

（6）经挑选的糖粒可采取蜡纸双扭结包装或采用复合塑料枕式包装，要求包装严密。

### （二）奶糖

奶糖以纯正的奶香味、诱人的色泽和良好的咀嚼性在糖果中独树一帜。其组织结构和外观与蛋白糖相似，但较蛋白糖更有弹力、韧性和坚实的组织状态，更富有营养价值。近年来，奶糖发展很快，花式品种繁多，深受人们的喜爱。

1. 配方

白砂糖 10kg，葡萄糖浆 20kg，炼乳 6kg，奶油 2kg，乳粉 2kg，明胶 0.5kg 或明胶冻 1.5kg，香兰素 15g。

2. 工艺流程

参见图 6-1-9。

3. 操作要点

（1）明胶冻的制备　明胶冻的制备是奶糖生产的关键，直接影响奶糖质构体系的形成。不能直接用明胶生产奶糖，必须进行预处理。制造奶糖应选择凝冻强度为 160～200 的中等黏度明胶，用两倍的水浸泡使其胀润，然后用水浴或隔层加热水蒸，使其全部溶化成胶液，过滤后冷却成胶冻。最好采用真空溶胶法制备。具体的操作是：在配料桶里，用 1.5 倍的热水淋泡明胶，搅拌至无未胀润的胶粒，然后将其置于真空锅内，在真空度 0.06～0.09MPa 状态下，加热约 60min，温度至 50～54℃，胶粒全部溶化成溶胶，最后经过过滤冷却成胶冻。

（2）奶糖的配比即各物料的组成必须合理，一般为：蔗糖 30%～35%、还原糖14%～20%、脂肪 6%～8%、非脂乳固体 10%～15%、明胶蛋白 1.5%～2%、水分5%～8%。

（3）按奶糖一般工艺程序进行。溶糖后最好采用高压均质机将油、糖、乳、水充分混合呈匀一状态，熬制温度应视物料的组成、工艺特点、当时的气候条件而定，一般最终熬制温度在 118～126℃。该产品因用较多的炼乳、奶油，所以搅拌时间也较长，熬制温度为 118℃左右，搅拌则应快速搅拌 40min，其间要不断地检查糖膏的黏度和软硬度，至糖膏呈洁白、疏松状、不粘牙即可。奶糖含胶量较多，故在冷却时应注意防止糖条的收缩。回掺糖头不宜过多，冷却要均匀适中。成型时糖条要拉匀，不能粗细不一，必要时糖条可长点，让其预收缩，然后切割成圆柱形糖粒，或者切割成方块形。包装宜在室温为 24℃左右、相对湿度为 60%以下的条件下进行，同时，应趁糖粒微热时包装。

（4）奶糖的甜度不宜大，宁可偏低一些，若发现甜度较高的情况，则应调整配方或改进搅拌方式，提高充气程度。总之，奶糖产品应低甜度、浓香味，组织细腻、富有弹性和韧性，有良好的咀嚼性。

### （三）胶质型棉花糖

胶质型棉花糖又称马希马洛糖，是一种高度充气糖，密度仅为 0.3～0.5g/cm$^3$。它用明胶作为发泡剂，经高速搅打充气形成柔韧、富有弹性、洁白、光滑等质构特征。可浇注淀粉模或挤压切割成型，也可进一步加工涂布巧克力，形成系列产品。糖品按质构特征分为胶质、砂质和夹心型。

1. 配方

白砂糖 40kg，淀粉糖浆 27kg，转化糖浆 11kg，明胶 2.5kg，香精、色素适量。

2. 工艺流程

参见图 6-1-10。

3. 操作要点

（1）用 3 份温水将 1 份明胶预先浸泡 2～3h，使用时隔水加热（水浴法）使其熔融成胶体溶液。制取棉花糖一般选择冻力值为200～260的中等或高黏度明胶。

（2）按溶糖、熬煮工艺要求，将白砂糖、淀粉糖浆和转化糖浆熬至115℃后，冷却至70～80℃。

（3）将冷却的混合糖液和明胶液放置到搅拌锅内，先以低速搅拌，物料呈稠厚状后再改为快速搅打，直至形成白色的疏松糖－气泡体。然后加入香精和色素，搅拌均匀。

（4）采用人工或机械将上述糖－气泡体注入淀粉模内成型，并移入烘房进行干燥。烘房温度不宜过高，一般在40℃左右。干燥时间应视产品的规格大小正确掌握，最终产品水分含量为12%～16%。

（5）本产品如果采用连续充气机生产，效果更好。

**【思考题】**

1. 简述古典甜食与现代糖果的差异。
2. 糖果的共有属性有哪些，如何定义糖果？
3. 阐述硬糖的组成及各组成的功用。
4. 简述糖果的分类，说明各类糖果特点及代表产品。
5. 简述硬糖的主要特征，分析硬糖主要品质问题及预防措施。
6. 试说明硬糖的生产原理、工艺流程及品质控制关键。
7. 试分别说明焦香糖果、充气糖果及胶基糖果的主要特征、基本组成及其生产关键。

# 第二章 巧克力制品

【学习指导】

本章应重点掌握巧克力制品的主要特征；了解巧克力的基本组成及其功用；掌握巧克力浆处理技术关键及其机理。

## 第一节 巧克力的基本组成和特点

### 一、巧克力的基本组成

由于巧克力的主要成分是可可，并在其中添加了砂糖、乳制品、香料、麦芽、表面活性剂及其他物料，因此，补充和丰富了巧克力的香气，使其具有独特的香气和苦味。巧克力制品的类型、品种等级很多，其组成复杂而多变。表6－2－1和表6－2－2是几种常见巧克力的基本组成。

表6－2－1 深色巧克力的基本组成 单位:%

| 基本组成 | 苦巧克力 | 半甜巧克力 | 甜巧克力 | 深色巧克力（涂外衣用） |
|---|---|---|---|---|
| 可可料 | 67～72 | 44～50 | 35～40 | 35～40 |
| 可可脂 | — | 10～12 | 14～16 | 16～18 |
| 蔗糖 | 30～35 | 32～42 | 40～50 | 40～50 |
| 总油脂量 | 35～38 | 33～35 | 34～36 | 36～38 |

表6－2－2 牛奶巧克力的基本组成 单位:%

| 基本组成 | 牛奶巧克力（一级） | 牛奶巧克力（高档） | 牛奶巧克力（涂外衣用） |
|---|---|---|---|
| 可可料 | 10～12 | 11～13 | 10～12 |
| 可可脂 | 22～28 | 22～30 | 22～30 |
| 蔗糖 | 43～55 | 40～45 | 44～48 |
| 乳固体 | 10～12 | 15～20 | 13～15 |
| 总油脂量 | 30～38 | 32～40 | 35～40 |

### （一）糖类

糖在巧克力及其制品中主要起稳定基体和调节风味的作用。砂糖在巧克力配方中与可可液块和可可粉比例应相对平衡，添加量过高，会使巧克力过于甜腻；添加量过低，则影响巧克力的硬度、黏度和融化性。牛奶巧克力除砂糖外还含有3% ~10%的乳糖，乳糖甜度比砂糖低得多，因此，乳糖主要起调节风味的作用。同时，它又是巧克力精炼过程中产生焦香风味反应的重要参与物质。葡萄糖的甜度仅为砂糖的2/3，其融化时吸热，所以添加在巧克力中能使其口感凉爽，同时也能起到湿润作用。但因葡萄糖性质偏软，不宜高比例使用，一般为砂糖用量的1/3。目前，为了开发低甜度巧克力，应用结晶麦芽糖、低聚糖、固体糖醇来替代砂糖。

### （二）可可制品

作为各种巧克力制品的主要组成——可可液块、可可脂和可可粉都是可可豆的产品或初级产品。可可豆是世界上重要的热带经济作物，品质优良的可可豆在收获后都需经过发酵和干燥，未经发酵的豆肉呈蓝灰色、香味低劣。发酵过程是一个复杂的生物化学变化过程，微生物和多种酶参与这一过程的变化，发酵结果赋予可可豆以浓郁而独特的香味前体，并使其组织结构趋于成熟。

可可的发酵期视豆的品种而异，一般薄皮豆的发酵期短些，最短为2 ~3d。西非和巴西的可可豆皮厚，发酵期一般需要5 ~7d。发酵过程中的温度变化要控制得当，起始的3d，发酵温度控制在38℃以上，到最后3d，其发酵温度应上升到50 ~51℃。在可可的发酵过程中，发现可可碱的含量降低了，可可碱是可可风味的主要来源，具有能被接受的苦味。在发酵过程中还发现部分可可碱转变为乙酸，发酵后果肉的pH达到3.8 ~4.0（加纳豆）。发酵后可可含有的果胶质增加了，但单宁质含量降低。发酵并经干燥的可可豆在干燥中失重约40%。

1. 可可液块

可可液块又称可可料（cocoa mass）或苦料。可可豆经焙炒去壳成豆肉，再磨成酱体，在温热状态下具有液体的流散性，冷却后则凝固成块，故称可可液块。呈褐棕色，香味浓，略有苦涩味。再加热又重新变为融化状态，可反复进行。可可液块可浇模制成10 ~20kg的大块，是一种半制品原料。可可液块含脂量在55%以上，低于45%就不符合规格要求，含水量应低于4%。在贮存期间，可可液块很容易长霉、虫蛀、组织疏松、香气散失、产生酒味和不愉快的陈宿气味，故不宜长久贮存，其贮存温度以10℃为宜。

可可液块是赋予巧克力色香味基本特征的主要来源，其品质的好坏决定了巧克力的品质好坏，它是可可脂和可可粉混合料无法替代的。

2. 可可脂

从可可液块内取出的油脂称为可可脂，是一种淡黄色的天然植物脂肪。它是多种三甘油酯的混合物，其中既有对称型的甘油三酸酯，也有不对称的甘油三酸酯。正是由于甘油酯多类型的并存，导致形成多晶型特性，这一特性是巧克力加工中调温和成型工艺的基础，也影响巧克力在贮存过程中的品质变化。可见，可可脂在巧克力制品加工中不仅仅是赋予巧克力良好的香味，还起着极为重要的作用。

3. 可可粉

从可可液块压榨去油脂的残粕称为可可饼（cocoa cake），饼粕经粉碎磨细为可可粉。可可粉既是产品又是中间原料。可可粉的加工方法分为一般处理和碱处理，碱处理的目的是为了使其色泽趋向棕红色。可可粉按其含脂量分成高脂、中脂和低脂可可粉。高脂可可粉含脂量为22%～24%，中脂可可粉含脂量为10%～12%，低脂可可粉含脂量则为5%～7%。

可可粉除了赋予巧克力良好的香味，同时还提高了巧克力的营养价值，因为可可粉不但含有高热量的脂肪，还含有丰富的蛋白质和碳水化合物。可可粉中还含有一定量的生物碱、可可碱和咖啡碱，它们使巧克力成为具有扩张血管、促进人体血液循环功能的健康食品。

**（三）类可可脂与代可可脂**

由于原料生产受到气候条件等的严格限制，天然可可脂的产量远远不能满足巧克力生产发展的需要，为此人们一直在寻求可可脂的代用品。自20世纪50年代以来，可可脂代用品发展极其迅速。目前，世界上可可脂代用品品种繁多，概括起来可分为类可可脂与代可可脂两类。

1. 类可可脂（简称CBE）

类可可脂是一类由天然植物油脂制得的人造高级专用脂肪。除香味以外，在化学组成和物理特性方面，均与天然可可脂相似或一致。目前，一些国家使用牛油、坚果脂、棕榈油、双罗果脂、婆罗脂、芒果脂等生产类可可脂，经过分馏提纯和配合制成。我国采用乌桕脂，其三甘油酯的脂肪酸组成与天然可可脂极为接近。

类可可脂与可可脂的互溶性极好。在各种温度下，二者都可以以任意比例相混合，类可可脂在巧克力制品生产中应用不受工艺的限制，二者工艺技术是一致的。在巧克力制作时，类可可脂也需要进行调温，故又称调温型硬脂。类可可脂所制的巧克力在黏度、硬度、脆度、膨胀收缩性、流动性及涂布性等方面，与天然可可脂制品几乎没有区别。尤其在30～35℃之间，二者几乎完全一致。

2. 代可可脂（简称CBS）

代可可脂是一类能迅速融化的人造硬脂。代可可脂的脂肪酸组成、甘油三酯类型与天然可可脂完全不同，但在物理性能上，却接近天然可可脂。二者的融化曲线没有显著差别，在20℃时都很硬，到25～35℃之间都能迅速融化。可采用不同类型的原料油脂加工制造代可可脂，目前，常见的有以下两种：

（1）月桂酸型硬脂　即以月桂酸系油脂经选择性氢化，再分别提出其中接近天然可可脂的物理性能的部分，如硬化棕榈仁油或酯化棕榈仁油和椰子油。这类油脂的三甘油酯中，脂肪酸以月桂酸为主，含量可达45%～52%，不饱和脂肪含量低，饱和度高，其碘值为2～6，皂化值为240～250。其优点是在20℃具有很好的硬度、脆性和收缩性，且有良好的涂布性与口感；在制作巧克力时无需调温，结晶快。但其缺点也很明显，代可可脂的变形温度比天然可可脂低，制得的巧克力在高温下易变形；与天然可可脂的相溶性差，若天然可可脂比例过高，则造成巧克力硬度降低，产品易冒霜发花，味道清淡，熔点较宽，制成的巧克力有蜡状感。

（2）非月桂酸型硬脂　由非月桂酸系油脂如大豆油、棉子油、米糠油等，通过氢化或选择性氢化成硬脂，再用溶剂结晶，提取其物理性能与天然可可脂接近的部分，经脱催化剂和脱臭处理制得。这类硬脂具有与可可脂相似的硬度、脆性、收缩性和涂布性能，不需经过调温加工过程，与天然可可脂的相溶性虽不好，但优于月桂酸型硬脂，且没有产生肥皂味危险，耐热性好；但由于油酸氢化形成的异构体扩大了甘油酯的熔点范围，熔点范围较宽而口内融化较慢，制成的巧克力有蜡状感，并且结晶时收缩性小，脆性较差。

近年来统计资料表明，类可可脂价格大约是天然可可脂的70%，而代可可脂大约是天然可可脂的50%。

**（四）其他配料**

1. 乳固体

乳固体包括全脂乳粉、脱脂乳粉、乳清粉，在巧克力制造中起着填充料的作用，它主要赋予巧克力细腻的组织结构和优美的香气滋味。

2. 表面活性剂

表面活性剂的主要作用是有效地降低巧克力物料相界面的张力，从而有效降低巧克力物料的黏度，增强其流变性，便于巧克力的制造。巧克力制造中常用的表面活性剂有单甘酯、卵磷脂、大豆磷脂、蔗糖酯、吐温80以及聚甘油酯类乳化剂。

3. 香味料

香味料通常用的是香兰素和麦芽酚，在巧克力中不但不会损害巧克力原有的香味特征，而且还起着衬托、完善和丰满的作用。

## 二、巧克力的质构特点

巧克力是一种以油脂为分散介质，以糖、可可、乳固体及少量的水和空气为分散相的复杂的多相分散体系。其组织细腻滑润，是一种热敏性食品。在常温下，巧克力有坚实的质构特征，外界温度越低，巧克力就变得越坚硬而带脆性。当温度接近35℃时就会发软甚至融化。巧克力的颜色源于可可原料中存在的天然色素——可可棕色和可可红色，光泽源于可可脂形成的细小稳定晶体及蔗糖细小晶粒的光学特性。巧克力特殊的香气和滋味源于可可豆品种和加工条件，香味物质的形成与可可物料中游离氨基酸的类型和含量变化有关。此外，物料中的可可碱、咖啡碱、多元酚、有机酸和乳固体等物质也影响巧克力的风味。巧克力的黏度在一定的温度下，与其可可脂的含量有关，含量越高流变性越好，表面活性剂－磷脂能有效地降低巧克力的黏度。

# 第二节　巧克力生产工艺

## 一、巧克力工艺流程

纯巧克力与代可可脂巧克力工艺流程如图6－2－1、图6－2－2所示。

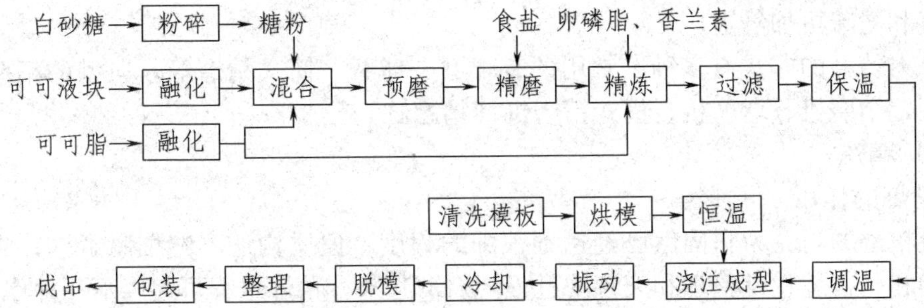


图6-2-1 纯巧克力工艺流程

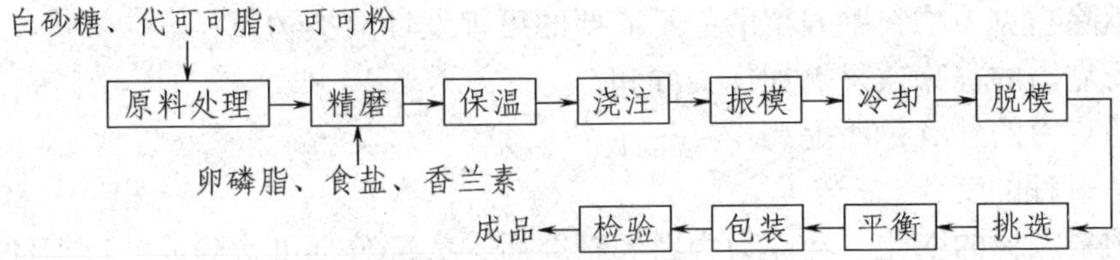


图6-2-2 代可可脂巧克力工艺流程

## 二、巧克力操作要点

巧克力的加工必须有原辅料预处理、混合、精磨、精炼、调温、注模成型和包装等工序。

**（一）原辅料预处理与混合**

可可液块和可可脂在常温下均为固体原料，应在夹层锅或保温槽内加热融化，融化后的可可酱液和可可脂的温度一般不超过60℃，保温时间不宜太长。为了加快融化速度，可先将大块原料分切成小块。原料中的砂糖应先加工成糖粉，然后再投料。

在精磨前进行混合处理，可以缩短巧克力的精磨时间，提高设备利用率，降低设备的磨损率，延长其使用寿命，同时，使巧克力酱料研磨细度更加均匀，符合标准。

**（二）精磨**

精磨的主要作用是把巧克力各物料研磨达到所要求的细度，感官经验和物理测试方法均表明磨得很细的巧克力物料，其平均细度应不超过25μm，而大部分质粒的粒径在15~20μm的效果最好。

在精磨过程中，如果物料温度保持一定，精磨得很细的物料就会显得稠厚，物料黏度增加，流动性降低。这是因为作为巧克力分散介质的油脂数量不变，分散质粒的增多必然影响黏度的变化。因此，在精磨过程中，需要对巧克力酱料进行稀释和乳化，同时，精磨过程会有效地降低巧克力酱料中的水分含量，使之具有良好的流变性。

此外，通过精磨可促使各种物料混合均匀，构成巧克力高度均一状态的分散体系，并能有效地挥发除去巧克力研磨过程中产生的不愉快气味，便于巧克力的增香和调香，使其香气和滋味更加舒适。

巧克力精磨的方式有多种，常用的有辊磨、球磨、筒式精磨等。典型的精磨设备有三辊和五辊精磨机、球磨机、筒式精磨机（精磨缸）。

**（三）精炼**

1. 精炼的作用

经过精磨的巧克力料固然已经达到很细的程度，但质构还不够细腻滑润，香味还不够优美醇和，精炼就是整理和完善的过程。归纳起来，精炼过程可起以下几种作用：

（1）使巧克力物料更为细腻滑润，使之具有良好的口感；

（2）使巧克力料物料中的水分含量进一步降低；

（3）促使巧克力物料的黏度降低，使物料变得较为稀薄和容易流散；

（4）驱除巧克力物料中残留的、不需要的可挥发性酸类物质；

（5）巧克力的香味效果更加优美醇和；

（6）巧克力的外观色泽提高。

2. 精炼过程的变化

（1）物料颗粒的变化　巧克力物料经精磨后，大部分都可达到或接近细度标准要求，但有部分的质粒仍嫌粗糙，因而将影响最终产品的口感效果。在显微镜下观察通过研磨辊筒的巧克力物料颗粒形态是不规则的，边缘锋利而多棱角，舌感就缺少光滑感。精炼的作用是将使较大颗粒变小并变得均匀。此外，精炼设备的机械作用将颗粒的多角体磨平，变成光滑的球体，弥补了精磨过程带来的不足。

表6－2－3表明，通过精炼，巧克力物料的颗粒变小；但时间过长，颗粒微小化的倾向减少了。

**表6－2－3　精炼过程巧克力物料颗粒的变化**

| 测定结果 | 精磨后 | 精炼24h | 精炼48h |
|---|---|---|---|
| 巧克力质粒大小（<15μm） | 54.0% | 60.0% | 60.0% |

（2）物态的变化　在精炼过程中，物料颗粒变得较小和光滑，同时均匀地分散在液态油脂的连续相内，在不断推撞和摩擦作用下，在物料内乳化剂的表面活性作用下，降低了颗粒间的界面张力，油脂由球体变成膜状，膜状油脂又均匀地把糖、可可及乳固体包裹起来，彼此紧紧吸附在一起，形成高度均一的物态分散体系，物态的这种乳浊状态在冷固后具有高度的稳定性。

（3）水分和黏度的变化　在巧克力生产过程中，物料黏度是一个重要因素，影响巧克力料黏度有多种原因，如物料的成分、细度、含脂量、磷脂添加量和物料温度等。此外，物料的含水量也直接影响物料的黏度。水分使巧克力物料内所含胶体因水化而膨胀，因而使物料变得稠厚，造成操作异常困难。

精炼过程可使物料的含水量减少，加热和机械运动的作用加快了物料水分的蒸发。表6－2－4为精炼过程中水分的变化。

表6-2-4　　巧克力料在精炼过程中水分的变化

| 测定内容 | 精磨后 | 精炼24h | 精炼48h |
|---|---|---|---|
| 物料含水量/% | 1.19 | 0.96 | 0.91 |

表6-2-5　　巧克力料在精炼过程中黏度的变化

| 测定内容 | 精磨后 | 精炼24h | 精炼48h | 精炼72h |
|---|---|---|---|---|
| 物料黏度/（Pa·s，40℃） | 7.6 | 5.0 | 4.65 | 5.3 |

由表6-2-5可见物料在精炼过程中黏度随着水分降低而有明显的降低，但长时间的作用后，物料黏度有所增加，但与开始相比，物料黏度仍是降低的。

为此，可在精炼后期添加磷脂。磷脂是一种表面活性剂，在巧克力物料中除起乳化作用外，还起着非常重要的稀释作用。一方面改变了液固两相间的界面张力，另一方面又能减少物料内胶团水化作用的发生和强化，也就阻碍了冻胶的形成。这是磷脂使巧克力物料从稠厚变得稀薄的重要原因，从而可以减少一定数量的可可脂。磷脂添加量一般为0.3%~0.5%。此外，磷脂还具抗氧化作用，防止油脂氧化。

（4）色香味的变化　巧克力物料色香味在精炼过程中也发生变化。经过精炼，物料色泽变得柔和，这可能是高度乳化的结果。经过精炼，也明显地改善了巧克力的香味，未经精炼的巧克力料存在着某些使人不愉快的气味。精炼过程使物料的香味组成发生变化，并去除物料内产生刺激性物质，使巧克力的香味更为醇美。经过精炼，物料内的有机酸降低，见表6-2-6。

表6-2-6　　巧克力料在精炼过程中挥发性酸的变化

| 精炼时间/h | 挥发酸含量/% | 总酸含量/% |
|---|---|---|
| 0 | 0.089 | 0.67 |
| 24 | 0.079 | 0.61 |
| 48 | 0.071 | 0.51 |
| 72 | 0.058 | 0.42 |

经过精炼，由于物质颗粒变小，表面积增大，新的表面与空气接触产生氧化作用，促使红色单宁质和水溶性氮发生质的变化，因而改善巧克力的味觉效果。经过精炼，物料在较高温度下长时间运动，同样也促进了糖和蛋白质的焦香化反应，产生愉快的甜香风味。

总的来说，精炼过程一方面除去原有的不愉快气味，一方面又增进新的香味，因而使香味效果更趋完善。

3. 精炼的技术条件

精炼方式有液态精炼、干液态精炼和干塑液态精炼三种方式。

（1）液态精炼　又称液相精炼，是指精炼过程中巧克力物料在加热保温下始终保持液化状态，通过滚轮旋转长时间往返运动，巧克力物料不断摩擦翻动与外界空气接触，使水分减少，苦味渐渐消失，获得完美的巧克力香味；同时巧克力得到均化，使可可脂围绕着每个细小颗粒周围形成油脂膜，提高了润滑性和熔融性。这是最初的传统的精炼方式，现在已经很少采用。

（2）干液态精炼　这一过程中，巧克力物料先后经过两个阶段：干态和液化阶段，也就是干炼和液炼两个阶段结合在一起进行。干炼阶段：巧克力物料处于干粉状态，总脂肪含量为25%～26%，这一阶段主要是增强摩擦、翻动和剪切，使水分和挥发性物质挥发。液炼阶段：添加油脂和磷脂，巧克力物料处于液态，进一步均化物料，使质粒变得更加细小光滑，增进香味和口感。

（3）干相、塑相、液相三阶段精炼　干相精炼阶段：水分和不需要的化合物成分减少，如可可豆中残留的挥发性酸、醛、酮，使其达到不影响最后巧克力口味生成的理想程度。塑相精炼阶段：除了消除聚结在一起的物料以外，再次产生如传统精炼提高口感质量的作用。液相精炼阶段：最后精炼阶段，进一步提高前段精炼效果，在最佳流动性下形成最适宜的香味。

精炼过程对巧克力的品质起着相当重要的作用，但要达到巧克力的品质要求，精炼必须达到一定的时间要求，一般的周期需要24～72h，时间过短，不能取得明显效果。同时，精炼过程要保持一定的温度，这一技术条件随产品品种而变，深色巧克力一般为55～85℃，牛奶巧克力一般为45～60℃。

**（四）调温**

1. 调温的作用

控制巧克力物料中可可脂晶型的变化的过程称为调温。其作用是控制巧克力物料在不同温度下相态的转变，使物料产生稳定的晶型，并使稳定的结晶在整个过程达到一定的比例，从而达到调质的作用，使巧克力获得稳定的质构。

并且，调温可提高巧克力物料在成型过程中的收缩性能，利于脱模。未经调温或调温不好制成的巧克力，外观黯淡无光，质构粗糙松软。贮存日久，产品将变得更为粗劣，完全丧失商品价值。

2. 调温过程的变化

巧克力物料在整个调温过程的变化，实质上是可可脂多晶型特性的变化。当可可脂从液态转变为固态时，随着物料温度下降，产生晶核，最先出现的是$\gamma$结晶，周期很短，瞬息即逝，以后转变为$\alpha$晶型，这是一种针状发亮的结晶。$\gamma$和$\alpha$晶型都是不稳定的，熔点很低，这类不稳定的晶型对巧克力的品质是不利的。随着物料温度的继续降低，并保持在较低温度时，$\alpha$晶型又转变为棱形的较暗的结晶，形成这种晶型的周期较长，融点也较高，这就是$\beta'$晶型。但是$\beta'$晶型还是不稳定的。如果继续保持较低温度，$\beta'$晶型继续转变为$\beta$晶型，这是一类稳定的晶型，融点也高。巧克力内含有$\beta$晶型的结晶比例越高，则品质也就越稳定。

3. 调温的技术条件

巧克力的调温过程包含晶核形成和晶体成长的整个过程，需要一定的温度和一定的时间才能完成。经过精炼的巧克力料一般在45℃以上，物料中不存在油脂的任何晶型。

因此，精炼后的物料最好先在贮缸内冷却一段时间后，再进行调温。调温的第一阶段，物料从40℃冷却至29℃，温度的下降是逐渐进行的，使油脂产生晶核，并转变成其他晶型。调温的第二阶段，物料从29℃继续冷却至27℃，使稳定晶型的晶核逐渐形成结晶，结晶的比例增大。调温的第三阶段，物料从27℃再回升至29～30℃。这一过程在于物料内已经出现多晶型状态，提高温度的作用是使融点低于29℃的不稳定晶型重新融化，而把稳定的晶型保留下来。图6－2－3是巧克力物料调温过程物料温度变化。

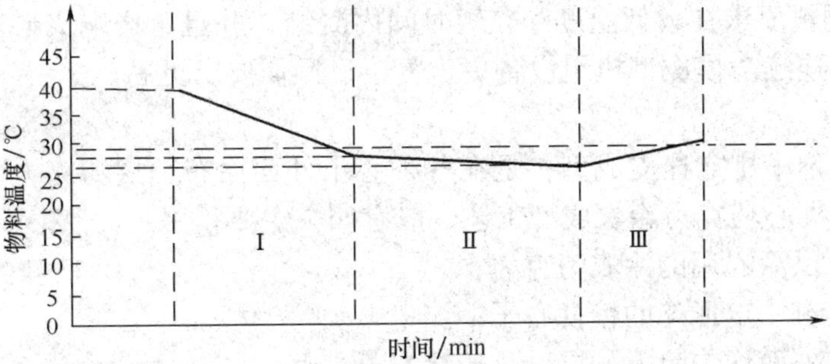


**图6－2－3 巧克力物料调温过程物料温度变化**

调温过程是一种细致的工艺过程，对温度的调节和变化控制要求十分严格和准确。巧克力的比热容较低，18℃时为1.59～1.67kJ/（kg·K），这也就说明同质量的巧克力料在吸收或放出一定热量时所引起的温度变化要比水大。所以，一般用手工操作来调节物料的温度变化时，需要非常谨慎。过度的加热或过度冷却，都会引起物料温度很快波动，从而影响或破坏油脂在调温过程中的规律性，最后失去调温的意义。薄膜式连续调温机就是按物料在调温过程的变化规律设计的，这对巧克力生产的连续进行极为重要。

**（五）成型**

1. 浇模成型

浇模成型是把液态的巧克力物料浇注入定量的模型盘内，移去一定的热量，使物料温度下降至可可脂的融点以下，使油脂已经形成的晶型按严格的结晶规律排列，形成致密的质构状态，产生明显的体积收缩，变成固态的巧克力，最后从模型内顺利地脱落出来，这一过程也就是浇模成型所要完成的工艺要求。因此，浇模成型要能顺利进行，必须有各种条件的配合，这些条件是：

（1）处于良好状态下的巧克力酱料，应是已达到调温工艺要求，并具有良好的黏度和流散性；

（2）性能正常的浇注器，在浇注过程中能保持物料应有的温度要求和物料分配的准确性；

（3）符合浇注要求的模型盒，并保持洁净；

（4）使物料冷却、凝结、固化成型得以进行的低温区，并能满足温度变化的工艺要求。

2. 连续浇模成型

巧克力连续浇模成型生产线是把原来间歇的断续的操作程序放在完整的循环的装置系统上进行，包括定量浇模、模盘振动、预冷、冷却硬化、脱模、模具再热等工序，组成整体连续机械装置。生产速度和劳动生产率大大提高，产品质量稳定，食品卫生条件改观，这是巧克力生产工艺的一大进步。

近年来又发展了巧克力夹心连续浇模成型生产线，这类设备有更高的工艺技术要求：

（1）外衣和心子的物料应有较低黏度和良好的流散性，以适应物料输送、浇注和分配的要求；

（2）心子物料要求在较低温度和较短时间内凝结，并且不影响夹心巧克力的收缩特性。夹心巧克力连续浇模成型机组设备更为复杂，操作要求更高。

3. 涂衣成型

涂衣成型又称吊排或挂皮成型，是在各种心子外面涂布一层巧克力外衣，产品被称为夹心巧克力。夹心巧克力涂衣成型工艺一般有四个主要程序：

（1）制成可供涂衣用的涂衣巧克力；

（2）制成具有一定形态的糖食心子；

（3）在心子外面均匀涂上一层融化的涂衣巧克力；

（4）经冷却凝固成一种光亮而可口的巧克力制品。

在选择一种涂布巧克力外衣的心子时，应充分考虑巧克力外衣和心子的协调性，无论从形态、质构、香气和滋味等方面，都应配合恰当。

涂衣成型一般既可手工进行，也可以在涂衣机上进行，应严格控制以下条件：

（1）控制涂布用巧克力物料的温度和黏度，在循环使用时产生差异，应随时调节；

（2）控制心子温度，一般低于巧克力外衣温度5℃左右；

（3）控制产品的冷却硬化速度，涂衣成型机组的冷却温度保持7～12℃；冷风速度不超过7m/s；冷却时间为15～20min；冷却后期要求保持较低的相对湿度。

**（六）包装**

要经久保持巧克力制品应有的外观、质构和香味特征，除了要提供适宜的保藏条件，包装也起着不可忽视的作用，如防热、防水气侵袭、防香气逸失、防油脂析出、防霉和虫蛀、防一切污染等。包装也应力求美观。

要达到以上包装要求，用一般包装纸是做不到的。巧克力制品常用的包装材料有铝箔、聚乙烯、聚丙烯等，也可采用金属与塑料复合的薄膜材料。根据巧克力制品不同质构和形态等方面的要求，可选用不同类型的包装机进行包装。巧克力包装室温度应控制在17～19℃，相对湿度不超过50%。

## 三、巧克力生产实例

**（一）纯巧克力**

纯巧克力的典型品种有黑巧克力、香草巧克力、牛奶巧克力、奶油巧克力、白巧克力、果味巧克力、脆米巧克力、果仁巧克力、麦芽糖醇巧克力（无糖型）和乳糖醇巧克力。在此介绍黑巧克力加工。

1. 配方

白砂糖40kg，可可液块50kg，可可脂10kg，卵磷脂0.3kg，香兰素50g，食盐300g。

2. 工艺流程

参见图6-2-1。

3. 工艺要点

(1) 化油（化酱） 分别将可可脂、可可液块在夹层锅或保温槽等加热设备中进行融化，融化温度≤60℃。融化后的可可脂和可可液块要尽快使用。使用前，可可脂用120目筛网过滤，可可液块用60目筛网过滤。

(2) 巧克力料精磨 ①混合：调整卧式混合机的夹套保温在40~50℃，打开机盖，放好筛板，按混合配方投料。加入白砂糖、可可脂（总配方量的1/3左右），充分混合。根据实际情况掌握混合时间，待物料黏度适宜时方可出料。②预磨：打开二辊机（或三辊机）的电源及油泵开关，使混合物料经过螺旋推进器或钢带输送系统进入二辊机（或三辊机）的进料斗，辊筒的压力和间隙按照设备操作规程执行。控制物料的进料量，以达到均匀分布，并且使出料符合工艺要求（75~85μm）。达到细度要求后方可由螺旋推进器或钢带输送系统将预磨料送入五辊机的进料槽。③精磨：打开五辊机的电源和空气开关，严格按照五辊机设备的操作规程执行。上辊分布物料要均匀，精磨温度控制在40~50℃，不得超过50℃。调整好辊筒之间的压力和间隙，使出料细度平均在15~18μm。达到细度的物料由输送带或钢带输送系统及时送入精炼缸。

(3) 巧克力料精炼 打开立式精炼机的电源开关和慢速搅拌开关，打开夹套保温进出水阀，在操作控制面板上设定精炼机夹套的保温温度，使精炼机进入工作状态。精磨后达到细度要求的粉体物料由输送系统进入精炼缸，进入量可根据物料的干粒状态，按配方设计要求（2/3剩余可可脂中的20%），在空缸时适当补充底油和少量乳化剂，一边连续输送，一边慢速搅拌，待进料完毕后（一般进料时间需要1.5~2.5 h，进料时间不宜太长），开启排风装置。继续干式精炼1~1.5 h。关闭慢速搅拌开关和排风，打开快速搅拌开关。使物料进入液化精炼阶段，20~30min后加入一次可可脂（加入量是2/3剩余可可脂中80%的一半），此时方可开启精炼机中的提升机，使酱体进入缸底的入口，提升机与旋转的滚柱接触，产生拍击作用，如此循环以至迅速液化。在液化精炼的中后阶段，可将剩余的可可脂平均分1~2次加入，并开启排风。精炼结束前1 h可加入剩余的乳化剂和香料。精炼完毕后，将巧克力酱经80目筛过滤，方可送入中转保温罐内贮存，并开启搅拌运转。保温罐的温度应保持在42~43℃。

(4) 巧克力料调温 采用自动调温机工序：设定巧克力保温罐的进料温度为38~40℃，调温参数为38~40℃→29℃，29~27℃，27℃→29.5℃→30.5℃。

(5) 巧克力成型：选好相应的模板和分配板，打开总电源开关，并开启水泵看是否有水压（200~400 kPa）。装入分配板，加热烘模，保证浇注时模板温度为27~28℃。打开模板振动器开关和制冷开关，并设置好隧道冷风温度。生产时，保证料斗的实际温度为29~31℃。当料斗的巧克力酱料液位超过搅拌器轴的中心线时，即可开始浇模。先按产品净含量要求调整好浇注量，打开模板开关，可根据振动脱气情况及时调整好振动器的频率，以使巧克力酱料的浇模振动能达到最好效果。经浇注、振动后的巧克力模板自动进入冷却隧道，25～30min巧克力固化后自动脱模，在输送带上送出。冷却隧道温度应控制在5～10℃。巧克力经整理后，再送入平衡或包装工序。

巧克力成型车间的温度应控制在18～22℃，相对湿度≤50%，确保脱模后巧克力表面光泽度良好。

**（二）代可可脂巧克力**

代可可脂巧克力的典型品种有黑巧克力、香草巧克力、牛奶巧克力、奶油巧克力、白巧克力、果味巧克力、脆米巧克力、果仁巧克力、麦芽糖醇巧克力和乳糖醇巧克力。在此介绍代可可脂黑巧克力加工。

1. 配方

白砂糖35kg，代可可脂30kg，可可粉35kg，卵磷脂0.3kg，香兰素50g，食盐300g。

2. 工艺流程

参见图6－2－2。

3. 工艺要点

（1）精磨　按配方准确称取各种原料。白砂糖预先粉碎，过100～120目筛。代可可脂预先融化，融化温度≤55℃。预留约5%的油脂在精磨结束前1 h与卵磷脂、食盐和香兰素一起加入。精磨过程中巧克力酱料温度≤50℃，并保持缸内气体在精磨过程中不断流动，精磨时间为18～22h，酱料细度控制在25μm以下，精磨机电机的电流不宜超过25A。

（2）调质保温　将精磨后的巧克力酱料置于保温缸内调质保温，控制酱料温度为35～40℃，出缸时用80目筛子过滤。

（3）成型　机器成型时选好模板和分配板，并且装好分配板，设定浇注斗及分配板的浇注温度35～38℃。开启烘模及振动装置，按产品要求调节好浇注量及振动频率。若采用手工成型，模板温度略低于浇注温度1～2℃。跳台振动为无级调节，以巧克力酱料在振动过程中的脱气良好为宜，确保产品表面无直径为1 mm气孔存在。

巧克力成型车间的温度应控制在18～22℃，以相对湿度≤50%为宜，确保脱模后巧克力表面光泽度良好。

（4）冷却　手工冷却，冷却室温度在2～5℃，冷却时间25～30min。隧道冷却有以下两种形式：一个冷却温区：冷却温度一般设定在5～6℃，冷却时间25～30min；三个冷却温区：预冷风区、冷却风区、回温风区，冷却周期25～30min。

**【思考题】**

1. 简述巧克力制品“只溶在口，不溶在手”的机理。
2. 说明牛奶巧克力制呈色原因。
3. 阐述巧克力的基本组成及其功用。
4. 简述精磨工序过程中巧克力料物态变化、精磨作用及其技术条件。
5. 简述精炼过程中巧克力物料的变化及其品质控制措施。
6. 试分析巧克力料调温作用、影响因素、调温方式及技术条件。

## 参考文献


[1] 张忠盛，赵发基．糖果巧克力生产技术问题．北京：中国轻工业出版社，2009

[2] 刘玉德．糖果巧克力配方与工艺．北京：化学工业出版社，2008

[3] Stephen T. Beckett：et al. The Science of Chocolate，RS. C

[4] W. P. EDWARDS，Bardfield Consultants，Essex. UK：The Science of Sugar Confectionary. RS. C

[5] 蔡云升，张文治主编．糖果巧克力生产工艺与配方．北京：中国轻工业出版社，1999

[6] 李书国主编．新型糖果加工工艺与配方．北京：科学技术文献出版社，2002

## 参考文献


[1] [illegible]

[2] [illegible]

[3] [illegible]

[4] [illegible]

[5] [illegible]

[6] [illegible]

# 第七篇
# 罐藏食品加工工艺

第一章　罐头食品概述
第二章　果蔬罐头
第三章　肉禽类罐头
第四章　水产罐头
第五章　软罐头
第六章　其他类罐头

# 第一章 罐头食品概述

**【学习指导】**

本章应重点掌握罐头食品的概念以及分类，熟悉软包装罐头的优点，了解各种罐头包装材料的特性。

## 一、罐头食品的概念

罐头食品（canned food）定义：原料经调制、装罐、排气、封罐、杀菌等工序加工而成的包装食品。

## 二、罐头食品的分类

罐头的品种很多，分类方法各不相同，通常有以下几种分类方法。

**（一）按罐藏原料分类**

这是外贸部门和商业部门普遍采用的分类方法。

1. 畜禽罐头

主要是以猪、牛、羊肉及内脏为原料，其中猪肉罐头最多。有原汁猪肉、红烧猪肉、清蒸牛肉、咖喱羊肉、清炖猪肚、五香牛杂、羊舌等100多种罐头。

2. 禽类罐头

主要是以鸡、鸭、鹅肉及内脏为原料。有红烧鸡、纸包鸡、冬菇鸭、烤鸭、鸭四宝、焖鹅掌等数十种罐头。火鸡、鸽子、野鸡、野鸭、麻雀罐头在内，品种有去皮去骨火鸡、红烧野鸭、油炸禾花雀等。

3. 水产品罐头

主要是以鱼、虾、蟹、贝类为原料，其中鱼类罐头最多。有红烧带鱼、五香黄鱼、五香海螺、原汁鲍鱼等约200种罐头。

4. 水果类罐头

主要以水果为原料。有糖水橘子、糖水苹果、糖水什锦水果、干装白梨、糖浆山楂、草莓酱、荔枝汁、酸梅汁等100多种罐头。加糖较多的瓜类、姜类罐头包括在内，品种有糖水银瓜、糖水香瓜、姜糖等。

5. 蔬菜类罐头

主要是以蔬菜为原料，还有一部分食用菌类。有青豆、青刀豆、菜花、红色辣椒、原汁鲜笋、美味黄瓜、凉拌菜、番茄酱、盐水马铃薯、蘑菇等近百种罐头。

6. 其他类罐头

不属于上述各类的，列入其他类罐头。有花生米、五香杏仁、八宝饭等几十种罐头。

**（二）按加工方法分类**

1. 清蒸类罐头

这类罐头以保存原料食品特有的色香味为主，只加入少许食盐（或稀盐水）和调料（如月桂叶、胡椒粒等），如清蒸猪肉、清蒸羊肉、白烧鸡、白烧鸭、清蒸鲑鱼、清蒸对虾、清水笋、盐水胡萝卜、清水莲藕等罐头。

2. 调料类罐头

原料食品加入各种配料、调味品进行初步加工，或是将原料先装入罐内，再注入调味液和配料，使成品具有浓郁的香气和滋味，以适应消费者的口味和要求，如糖醋排骨、五香带鱼等罐头。

3. 油浸类罐头

先将食品原料进行初步加工，如蒸煮、油炸或熏制，然后装入罐内。注入精炼的植物油，油分与原料混合，色泽调和，具有特殊的香气和滋味，如油浸黄鱼、油浸鲢鱼等罐头。

4. 糖水、糖浆类罐头

这类罐头的主要原料是水果，也有少部分用蔬菜做原料。原料经过加工处理，预热处理，装入罐内。再注入一定浓度的糖水，开罐时糖度为14%～22%，称为糖水罐头，如糖水菠萝、糖水梨、糖水桃子等。若将原料放进糖浆中熬煮后装罐，并注入浓度很高的糖浆，开罐时糖度为55%～65%，称为糖浆罐头或液态蜜饯罐头，如糖浆金橘、糖浆草莓等罐头。

5. 果酱类罐头

这类罐头使用水果和茄果类蔬菜作为原料，经过切碎，打成酱泥，去皮去籽，加糖熬煮成浓稠状（蔬菜类不加糖），然后装罐，如草莓酱、番茄酱等。

6. 果汁类罐头

这类罐头主要是用水果和番茄作为原料，洗净后经过挑选，整理，在压榨机中榨出汁液，过滤，加糖（有的不加糖），浓缩，然后装罐，如山楂汁、桃子汁、柠檬汁等。

**（三）按罐藏容器分类**

1. 铁盒罐头

用马口铁皮制成罐盒，有高圆形、平圆形、方形等。马口铁盒与玻璃瓶对比，有以下优点：

（1）铁皮柔软，易于弯曲、拉伸、冲压、密闭；

（2）机械强度大，不易破碎断裂，便于携带、运输和贮存，破损率小；

（3）重量较轻，约为同一容积的玻璃瓶的1/5～1/4，有利于装卸搬运；

（4）热传系数高，$\lambda = 54\text{kcal/m} \cdot \text{h} \cdot ℃$，比玻璃大80倍，杀菌和冷却时间短，遇冷热急剧变化，不易破裂。

2. 玻璃瓶罐头

罐身是透明无色的玻璃，罐盖用马口铁皮或硬塑料制成。有胜利瓶、四旋瓶、螺丝口瓶等几种。玻璃瓶与马口铁盒对比，有以下优点：

（1）化学性质稳定，抗酸性强，不与罐内食物发生作用而产生变质；

（2）瓶身透明，可以看到内容物的色泽、形状，便于消费者选购；

（3）旧瓶回收，可以多次使用；

（4）生产玻璃的原料丰富，价格便宜。

3. 软包装罐头

用复合材料薄膜袋做容器，又称软罐头。它是由聚酯－黏合剂－铝箔－黏合剂－高密度聚乙烯（或聚丙烯）复合而成的，各层之间的黏合剂耐高温，并有紧密的黏结能力。另一塑料薄膜袋的中间不夹铝箔，透明，可以直接看到内容物的形态和色泽，但其保存性能差。

软包装罐头的优点：

（1）能经受121℃高温杀菌，包装物料不变性，不破裂，密封性能好，与外界空气、水分、光线隔绝，可以长期保存内容物质量；

（2）内容物受热面积大，热传导快，与同等容积的硬罐头比较，杀菌时间短，可避免食品的香气消失和质地软烂，能保存原有的风味；

（3）包装物料重量轻，减少运输装卸费用，携带方便，开袋可食，又可原封不动地投入热水中加热，而后热食；

（4）所使用的材料符合卫生要求，对人体无毒害。

**【思考题】**

1. 简述罐头食品的概念。
2. 按照加工方法分，罐头可分为哪几类？
3. 果酱类罐头和果汁类罐头的区别有哪些？
4. 铁盒罐头、玻璃瓶罐头各自的优点是什么？
5. 软包装罐头的优点有哪些？

# 第二章　果 蔬 罐 头

【学习指导】

本章应重点掌握果蔬罐头加工中水果的分选、热烫、杀菌等工艺，熟悉糖水桃罐头、草莓酱罐头的加工工艺及操作要点，了解果蔬罐头原料配比及质量要求。

## 第一节　果蔬罐头工艺概述

果蔬类罐头是指以果实（包括水果和干果）、蔬菜为原料，经过预处理后装入罐藏容器或软包装，经排气、密封、杀菌、冷却等工艺加工而成的可以长期贮存的罐头制品。我国地大物博，果蔬种类繁多、资源丰富，有发展果蔬罐头的基本工业条件：改革开放以来，罐头行业发生了很大变比，但水果罐头仍在整个罐头食品中居产量之首，其次是蔬菜罐头，两者合计占罐头总量的70%以上。

糖水水果罐头是目前市场上较为畅销的罐头食品之一，其中以糖水菠萝、糖水桃子、糖水橘子等罐头销量最好。

### 一、糖水水果罐头生产工艺

1. 工艺流程

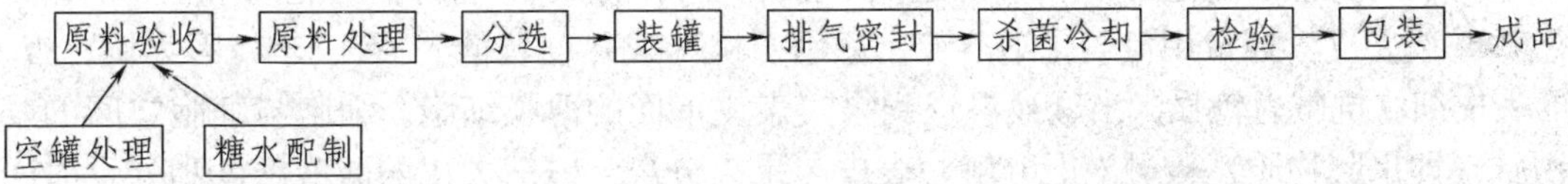


水果原料在装罐前必须有除去不可食部分去皮、去核、切割和预煮等顶处理过程。

2. 工艺要点

（1）分选与洗涤

①投料温度：水果罐头的生产过程中酶的活性与致死温度非常重要。从冷库或较低湿的贮存室取出的果实，加工投料时使果心达到一定温度是十分必要的。原料的果心温度过低，不能保证加工质量和成品色泽。抽空时不易抽透，烫漂时酶的致死时间相应延长，影响色泽。

②水果的分选：水果的分选对果实罐头来说相当重要，分选包括选剔和分级。选剔

指剔除腐烂霉变、畸形、病虫害、成熟度不足或过度成熟的不合格原料。分级是指按制定出的级别、等级标准，根据水果的成熟度、糖酸比、生青腐烂果实所占的比例将水果分为若干等级。

原料的分级除手工操作外，多采用振动筛式及滚筒式分级机。分级方法可按大小和品种分级两种。

水果的分选方式：一是在果园内采收时分选，二是果实进厂后进行分选。水果在果园内的分选，应按种类、品种进行采收，分别存放。避免日光曝晒和雨淋，不要把生青腐烂果带进厂。水果进厂后应分级加工，对于那些腐烂果剔削后再进行加工。这样做有利于提高产品的质量。水果经分选出来的腐烂果，用刀具把腐烂部分削去，带有果核的水果，用刀具把果核挖去，这样有利于加工，但所使用的刀具是不锈钢或铜制品，不可用铁制刀具。因水果中的单宁与铁结合，容易生单宁铁蓝黑色物质，影响水果罐头的色泽和质量。

③水果的洗涤：水果进厂分选后，首先经过洗涤，然后才能进行加工。洗涤的目的是将水果表面的泥沙、杂物和残留农药及大量的微生物洗掉。

水果的洗涤方法有漂洗法、喷洗法和转筒滚沉法，浆果类原料（如葡萄等）应采用小批淘洗，防止机械损伤及浸泡过久，影响色泽和风味。

水果的洗涤用水，应符合酿造用水指标，否则不能使用。对于残留农药较多的水果，要采用一些洗涤剂来洗涤水果。

（2）去皮与修整

有些果实表皮粗厚、坚硬、具有不良风味或在加工中容易引起不良后果，这样的果实应根据需要去皮。水果去皮的方法很多，如手工去皮、机械去皮、热力去皮、化学去皮等。

①机械去皮：一般采用去皮机，方式大致两种，一种是利用机械作用，使原料在刀下转动去皮的旋去机，适用于苹果、梨等；只一种是利用涂有金刚砂、表面粗糙的转筒或滚轴，借助摩擦的作用除去表皮的擦皮机，适用于马铃薯、荸荠等。

②热力去皮：一般采用高压蒸汽或开水短时间加热，使果实表皮突然受热松软，与内部果肉脱离，然后迅速冷却去皮。适用于成熟度高的桃子、番茄、枇杷等。

③碱液去皮：通常用氢氧化钠溶液，适用于桃（成熟度较低）、杏、李，因为桃、杏、李的表皮细胞抗碱力较强，当碱液渗透到果实表皮下面的薄膜细胞，细胞与细胞之间的胶合物质（即果胶物质）被碱液所分解，表皮与果肉分离。碱液去皮的碱液浓度和处理时间要控制好，处理太轻，果皮去不净；处理过度，果块外表粗糙，损耗原料较多。

a. 桃子（采用淋碱法）：氢氧化钠浓度为13% ~16%，温度80 ~85℃，时间50 ~80s。

b. 杏子：氢氧化钠浓度为8% ~14%，温度95 ~98℃，时间50 ~60s。

c. 李子：氢氧化钠浓度为6% ~10%，温度98 ~100℃，时间80 ~120s。

果实去皮后迅速用清水冲洗或再用0.1% ~0.3%稀盐酸液洗涤中和，以洗除残余碱液，防止变色。另外，果实的去皮方法还有红外线辐射去皮、火焰去皮、冷冻去皮、酶法去皮等。有些果实不需要去皮，只需去蒂柄或适当修整即可。

（3）热烫与清洗　有些果实在装罐前需要热烫（或称预热）处理，所谓热烫是将果实放入沸水或蒸汽中进行短时间的加热处理，其目的主要是：

①破坏酶的活性，稳定色泽，改善风味与组织；

②软化组织，便于装灌，脱除水分，保持开罐时固形物的稳定；

③杀死部分附着于原料中的微生物，并对原料起一定的洗涤作用；

④排除原料组织中的空气，可减弱空气中氧对镀锡薄板罐的腐蚀。

果实热烫的方法，有热水处理和蒸汽处理两种。热水热烫的温度通常在沸点或沸点以下。此法的优点是设备简单，物料受热均匀，最大的缺点是可溶性物质的流失量较大。蒸汽热烫通常是在密闭的情况下，借蒸汽喷射来进行。热烫温度在100℃左右。此法的优点是果实可溶性物质流失少，但要有一定的设备。

热烫的温度和时间，应根据果实的种类、块形大小、工艺要求等条件而定。一般在不低于90℃的温度下热烫2～5min，烫至果实半生不熟，组织比较透明，失去鲜果的硬度，但又不像煮熟后那样柔软则可。通常以果中过氧化物酶活性的全部破坏为宜。

（4）抽空　水果内部含有一定量的空气，其含量依品种、栽培条件、成熟度不同而异。例如，桃子所含空气量占其体积的3%～4%，莱阳梨为3%～5%，杏子为6%～8%，海棠为10%～15%，国光苹果为18%～25%。

水果含有空气，不利于罐头加工，容易造成内容物变色、破裂、煮烂、组织松软、装罐困难、腐蚀罐壁、降低罐内真空度等问题。因此，一些含空气较多或易变色的水果（如苹果、梨等）在装灌前必须先抽去空气，即将果块放在密闭容器中，利用真空泵等机械造成真空状态，使果实细胞间隙中的空气释放出来，由糖水或盐水渗入果肉组织中。

抽空方法分干抽和湿抽两种，分述如下：

①干抽法：将处理好的果块装于密闭容器中，进行抽空，使真空度达到90.66kPa以上，15min，抽去果肉组织中的空气，然后注入规定浓度的糖水（或盐水），使其淹没果肉。

②湿抽法：将处理好的果块装于密闭容器中，浸于抽空液中，抽空液与果块之比约为1∶1.2。在抽空液内由真空抽气系统进行抽空，使果块透明度达3/4以上。抽空液有以下三种：

a. 水：适用于变色缓慢的品种，果块生装，风味浓郁，但大型果装罐困难。如糖水苹果的抽空糖水浓度为18%～25%。

b. 食盐水：适用于较易变色的品种，抽空后再用清水（或添加0.10%～0.15%柠檬酸）预煮漂洗。如糖水莱阳梨的抽空食盐水浓度为2%。

c. 护色液：适用于变色极快的品种，抽空后用清水预煮漂洗。糖水长把梨的护色液配比如下：食盐2%，柠檬酸0.2%，焦亚硫酸钠（有效$SO_2$含量50%～61%）0.02%～0.06%。有些果实罐头的抽空液中要加入氯化钙或乳酸钙，如糖水草莓罐头；可使果胶酸与钙结合，成为不溶于水的果胶酸钙，从而使草莓硬度增加，减轻糖水草莓罐头在杀菌过程中的煮溶现象。

经过上述预处理过程后，糖水水果罐头一般还有糖液配制、装罐等工序。

（5）糖液的配制

①糖液的浓度：装罐时需用的糖液浓度，一般根据水果的种类、品种和产品的质量标准要求而异。我国目前生产的各类水果罐头，除芒果、杨梅、金橘和杏子等少数产品

外，均要求产品开罐后糖液浓度为14%～18%。

②糖液配制时的注意事项：配制糖液用的砂糖应选优质蔗糖，并符合GB－317.1—1991的要求。砂糖溶解调配时，必须煮沸过滤，糖液加酸必须做到随用随加，必须防止积压，避免蔗糖转化为转化糖使果肉色泽变红。一般要求，注罐时的糖液温度为85℃。但荔枝、梨用的糖液、加热煮沸后如迅速冷却到40℃再加酸，对防止果肉变红有明显效果。另外，水的品质也要注意，尤其硝酸根离子的含量。防止罐内壁溶锡腐蚀的发生。

③糖液配制方法：有直接法和稀释法两种。

a. 直接法：根据装罐需要的糖液浓度，直接称取砂糖和水在溶糖锅内加热搅拌溶解并煮沸过滤，校正浓度后备用。

b. 稀释法：先配制高浓度的浓糖液，称为母液，装罐时再根据需要浓度以水稀释。

④糖液浓度的测定：测定糖液浓度的仪器，一般采用折光计，包括手提折光计和阿贝折光计，也可采用白利糖表、贝林糖表或波美表。使用时注意各种糖度表的换算和糖液温度的校正。

(6) 装罐

按产品标准要求，剔除变色、软烂、斑点和病虫害等不合格果。并按大小、成熟度分开装罐。每一罐中要求大小、色泽、形态大致均匀。有个（块）数要求者，应控制每罐装入个（块）数。每罐装入果实重量，应根据开罐固形物量要求（按规定净重计），结合原料品种成熟度等条件，通过试装决定。每罐加入糖水量，一般控制在比规定净重稍高，防止果肉露出液面。使用电镀素铁罐的产品，为防止罐内产生液面氧化圈及空罐腐蚀、糖液应加满。

## 二、果酱类罐头生产工艺

1. 工艺流程

原料处理（选果、去皮、去核等）→加热软化→打浆（泥状酱）或取汁（果冻）→配料浓缩→装罐密封→杀菌冷却→检验→包装→成品

2. 原料选择

生产果酱类制品用的原料要求果酸和果胶含量高，芳香浓郁，成熟度较高，品质优良，其中又以果胶和果酸含量最为重要。因此，各种果实原料又根据其果胶和酸的含量，分为以下5种：

(1) 果胶和果酸丰富的原料　山楂、杏、苹果（含酸量高的品种）等。

(2) 含果胶量高、含酸量低的原料　无花果、甜樱桃、桃子、香蕉、番石榴等。

(3) 含果胶和酸中等的原料　葡萄、枇杷、成熟度高的苹果等。

(4) 含果胶量少、含酸量高的原料　酸樱桃、菠萝、杨梅、芒果等。

(5) 含果胶和酸都少的原料　成熟的桃子、洋梨、草莓等。

当采用含果胶量和果酸量少的果实生产果酱类制品时，需要外加果胶和果酸，也可

通过加入另一种富含果胶的果实来弥补不足。

3. 原料处理

(1) 原料预处理　剔除霉烂的、成熟度低的等不合格果实，然后按成品种类的不同要求及成熟度的高低进行分级清洗，再根据需要分别进行去皮、去核、切块，最后进行修整，彻底修除斑点、虫害等部分。去皮切块后易变色的水果，应及时浸入食盐水或其他护色液中，并尽快加热软化，破坏酶的活性。

(2) 加热软化　处理好的果块根据需要加水或加稀糖液加热软化，也有一小部分果实可不经软化而直接浓缩（如草莓）。加热软化的主要目的有：

①破坏酶的活性，防止变色和果胶的水解。

②软化果肉组织，便于打浆和糖液的渗透。

③促使果肉中的果胶溶出。

④脱除一部分水分，缩短浓缩时间。

加热软化时升温要快，沸水投料，每批的投料量不宜过多。加热时间根据原料的种类及成熟度控制，防止过长时间的加热影响风味和色泽。

(3) 打浆与取汁　生产泥状果酱的果块，软化后要趁热打浆。打浆机孔径一般为0.5mm。生产果冻的果块软化后需先榨出果汁，再经过滤、澄清处理。柑橘类一般使用果肉榨汁，残渣再用少量的水加热软化，抽取果胶液与果汁混合使用。

4. 果酱配方

(1) 配方　果酱的配方按原料种类及成品标准要求而定，一般果肉（汁）占总配料量的40%～50%，砂糖占45%～60%（其中可用淀粉糖浆代替20%的砂糖）。当原料的果胶和果酸含量不足时，应添加适量的柠檬酸和果胶或琼脂，使成品的含酸量达到0.5%～1%，果胶含量达到0.4%～0.9%。

(2) 配料的准备　所有的固体配料使用前都应先配成浓溶液后过滤备用。

①糖：配成70%～75%的溶液。

②柠檬酸：配成50%溶液。

③果胶粉：果胶粉不易溶于水，可先与果胶粉重的4～6倍的砂糖粉充分混合均匀，再以10～15倍的水在搅拌下加热溶解。使用果胶粉时要注意所用果胶粉的胶凝度。例如，1g果胶能与150g糖形成具有上述强度和质量的凝胶，则这种果胶粉的胶凝度就为150度。标准果胶的胶凝度为100～150度。

④琼脂：琼脂俗称洋菜或冻粉，是果酱类制品生产常用的一种增稠剂，使用时应先用约50℃的温水软化清洗，再以20～24倍的水加热溶解，过滤后备用。

5. 果酱浓缩

生产泥状果酱时，将处理好的果浆投入浓缩锅中加入浓糖液即可加热浓缩。若生产块状果酱，则应先将果肉加热软化10～15min，以使果肉软化透，再加入浓糖液加热浓缩。待浓缩至接近终点时，再依次加入果胶液或琼脂液、淀粉糖浆、柠檬酸等，充分搅拌均匀，至可溶性固形物含量达到65%即可。

由于大部分水果原料属热敏性较强的物料，故浓缩的方法、条件及操作等都将直接影响制成品的质量。在生产中应根据实际情况合理选择浓缩的方法，尽量做到既要提高浓缩效率，又要最大限度地保存水果原有的色、香、味。目前常用的浓缩方法主要有：

（1）常压浓缩　将物料置于夹层锅中于常压下加热蒸发水分，以达浓缩目的。

（2）真空浓缩　将物料置于真空浓缩装置中，在减压条件下进行蒸发浓缩。真空浓缩由于浓缩温度较低，制成品的色、香、味等品质都较常压浓缩的要好。

6. 装罐密封

酱类制品为热装产品，出锅后必须迅速装入事先清洗消毒好的空罐中，即刻密封。每锅酱自出锅到分装完毕不得超过30min，以20min为主，封口温度不得低于180℃。同时要注意果酱不得污染罐边或玻璃瓶口，若有污染应以自消毒湿布及时擦净，以免成品在贮存过程中发霉变质。

酱类制品除极个别品种如椰子酱用素铁罐外，一般均采用玻璃瓶或抗酸涂料罐。当采用玻璃瓶时，要注意保持瓶温，以免装罐时遇热果酱瓶炸裂。

7. 杀菌冷却

果酱经加热浓缩，所含的大部分微生物已被杀死，且由于酱体的糖度高，pH低（pH3～4），一般装罐密封后残留于罐内的微生物极少，也不易生长繁殖。故在卫生条件好的情况下。果酱密封后只需倒罐或倒瓶数分钟进行罐盖消毒即可，不用再进行杀菌处理。但也发现一些果酱罐头，特别是玻璃瓶装的果酱罐头有长霉和发酵的现象。因此，为确保罐头质量，密封后的果酱罐头还需再进行常压杀菌处理。杀菌条件视品种及罐型而定，一般为100℃杀菌5～15min。杀菌后的罐头应迅速冷却至38℃左右。玻璃瓶罐头应采用热水分段冷却，并严格控制好各段的温度，以防炸瓶。

# 第二节　果蔬罐头生产实例

## 一、糖水桃罐头生产工艺

1. 工艺流程

原料选择 → 分级 → 切分 → 去核 → 去皮 → 预煮 → 冷却 → 修整 → 装罐注糖水 → 加热排气 → 封罐杀菌 → 冷却

2. 工艺要点

（1）原料选择与分级　选择新鲜、无成熟过度又无过生的桃子，剔除有外伤、腐烂和表面青白色的果实。然后进行分级，果实横径要求在50mm以上。

（2）切分去皮核　洗净泥沙和桃毛，用不锈钢刀沿着缝合线切分，然后用圆形挖核圈挖土桃核（去核后的桃块应立即放入稀盐水中护色），最后将桃瓣反扣，淋碱去皮。氢氧化钠溶液浓度为13%～16%，温度为80～85℃，时间为50～80s。淋碱后迅速搓去果皮，再以流水冲洗，除去果表面残留的碱液。

（3）预煮与冷却　将桃块放在95～100℃的热水中煮4～8min，煮透为度。预煮前先也水中加入0.1%柠檬酸，待水煮沸后再倒入桃块。煮后迅速冷却，以冷透为止。

（4）修整　对经水煮、冷却的桃块进行修整，割除表面斑点及部分残桃皮，使切口无边毛，桃凹光滑。果块呈半圆形。

（5）装罐、注糖水　修整好的桃用折光计测定可溶性固形物，并调制糖水。装罐时要注意桃块核窝朝下。称量要准确，装罐后将罐倒放片刻，沥去果片带入的水分，保证糖水浓度。桃块装330g，注入28%的糖水180mL，以接近装满为止。

（6）加热排气　在排气箱中放置12min，使罐中心温度达75℃即可。

（7）封罐、杀菌　趁热封罐，封罐后在热水中煮10～20min杀菌。

（8）冷却　玻璃罐用60℃和40℃温水逐级冷却，擦干后在30～32℃库中放3～5d后检查。

3. 糖水浓度调节　见表7－2－1。

表7－2－1　糖水浓度调节表

| 桃块可溶性固形物含量/% | 糖水浓度/% | | |
|---|---|---|---|
| | 净重423g | 净重567g | 净重822g |
| 7 | 28.8 | 37 | 30.6 |
| 8 | 27.4 | 37 | 29.0 |
| 9 | 26.0 | 37 | 27.4 |
| 10 | 24.5 | 37 | 24.1 |
| 11 | 23.1 | 37 | 22.5 |
| 13 | 20.3 | 37 | 20.5 |
| 14 | 19.0 | 37 | 19.4 |
| 15 | 17.5 | 37 | 16.7 |

4. 质量检查

糖水桃罐头的质量要求是：

（1）呈白色或青白色，同一罐中大小果块和色泽基本一致，在果尖、核凹及合缝处不带微红色，糖水较透明，允许有少量不引起浑浊的果肉碎片。

（2）具有桃子的香气、风味，无异味。

（3）桃块组织柔软、完整，允许稍有毛边，同一罐头内果块大小比较均匀，不带机械损伤和病虫斑点。

（4）果重不低于净重的60%，糖水浓度为14%～16%和18%～22%两种。

## 二、草莓酱罐头生产工艺

1. 工艺流程

原料验收→清洗→去蒂把萼叶→配料浓缩→装罐密封→杀菌冷却

2. 工艺要点

（1）原料　应选用新鲜良好、八至九成熟、风味正常、果面呈红色或浅红色的鸡心或鸭嘴草莓。

（2）原料处理　在流动水中浸泡3～5min后，分装于孔筐中在流动水或在通入压缩空气的水槽中淘洗，去净泥沙等杂质。逐个去除蒂把、萼叶及不合格果。

（3）配料浓缩

①配比：草莓300kg、75%糖液412kg、柠檬酸700g、山梨酸240g。

②真空浓缩：糖液与草莓抽入锅内在真空度46.6～53.3kPa下加热5～10min，提高真空度到80kPa以上，加热浓缩至酱体可溶性固形物含量达60%～63%时，依次加入山梨酸溶液和柠檬酸溶液，继续浓缩至可溶性固形物含量达63%以上。关闭真空泵，破除真空，蒸气压到提高0.245MPa时进行加热。酱体达到98～102℃后边搅拌边出锅。

（4）装罐、密封　采用净至454g的玻璃瓶装草莓酱454g，趁热灌装、密封，酱体温度不低于85℃。

（5）杀菌冷却　杀菌条件：5—20min/100℃，分段冷却。

## 三、番茄酱罐头生产工艺

1. 工艺流程

原料验收→选料清洗→修整→破碎脱籽→预热→打浆→真空浓缩→加热→装罐→密封→杀菌冷却→成品

2. 工艺要点

（1）原料处理及要求

①选料：严格剔除霉烂及成熟度不足的果。番茄均匀投入进料水槽预洗。拣去杂质，再经鼓泡式洗涤机将番茄表面彻底洗干净。

②修整：洗涤后专人将青果、烂果剔除，并将病虫害、裂果部分修割干净。

③破碎和脱籽、预热：番茄进入破碎脱籽机脱籽（网眼孔径1.2mm），脱籽后通过管式加热器预热到75～80℃。

④打浆：预热后通过三道打浆机打浆。打浆机筛板孔径为：第一道为1.0mm，第二道为0.5mm，第三道为0.4mm，要求进料均匀，浆渣畅通。打出的浆流入带搅拌器的贮罐。

（2）浓缩　采用双效真空浓缩技术。当酱体浓度达到28.5%～29.5%时，将酱加热至90～95℃消毒（也可采用抽气密封）后，立即装罐。酱温80～85℃，洗涤罐外。

（3）密封装罐　见表7-2-2。

表 7－2－2　　罐号及番茄酱的装罐量

| 罐号 | 净重/g | 番茄酱/g |
|---|---|---|
| 539 | 70 | 70 |
| 668 或 5104 | 198 | 198 |
| 10114 | 1000 | 1000 |
| 15173 | 3000 | 3000 |
| 15267 | 5000 | 5000 |

（4）杀菌及冷却

①净重 70g 杀菌公式：5—15min/100℃（水）；

②净重 198g 杀菌公式：5—20min/100℃（水）；

③净重 1000g 杀菌公式：5—40min/100℃（水）；

④净重 3000g 杀菌公式：5—30min/100℃（水）；

⑤冷重 5000g 杀菌公式：5—35min/100℃（水）或 7—25—7min/104℃。

杀菌后及时冷却。

（5）说明及注意事项

①低浓度番茄酱指可溶性固形物含量为 22% 的番茄酱，高浓度番茄酱指可溶性固形物含量为 28% 的番茄酱。

②注意原料的品种，一般要求型大、整齐、表面光洁、单产高、色大红、干物质含量高、皮薄、肉厚、籽少。

③注意选成熟、红透的果实，柄蒂周围的绿色应削尽。

④真空浓缩工艺严格控制，这是保证质量的关键工艺。

⑤趁热装罐，提高顶隙部分的真空度，减少顶隙度，防止变色及维生素 C 的氧化。

⑥尽量缩短工艺流程，加工过程严防与铁器接触。

⑦空罐一般选用抗酸涂料铁罐（三涂二烘或补涂）或高锡带罐。

⑧常压杀菌可采用常压连续杀菌机，严格控制加热时间和温度，以防番茄红素因长时间加热而氧化变色。

⑨贮存温度为 20℃以下。

**【思考题】**

1. 简述果蔬罐头的概念。
2. 简述水果罐头加工过程中水果去皮的方法有哪些。
3. 简述水果罐头加工过程中热汤的作用。
4. 简述果酱罐头加工过程中加热软化的目的。
5. 简述果蔬罐头杀菌条件选择的依据。

# 第三章　肉禽类罐头

【学习指导】

本章应重点掌握原汁猪肉罐头、午餐肉罐头、红烧扣肉罐头的加工工艺，熟悉肉禽类罐头加工工艺的操作要点，了解肉禽类罐头加工中常见质量问题。

家禽、家畜含有大量的全价蛋白质、脂肪、浸出物、矿物质及维生素等营养素，是人们日常生活必不可少的主要食品，也是罐头食品的主要原料之一。牛肉、羊肉、猪肉和家禽肉以及屠宰副产品等都可以用于制造肉类罐头。肉类罐头按加工及调味方法可分为以下几类：

（1）清蒸类罐头　即原料经过初加工，不经烹调而直接装罐制成的罐头。这类产品最大限度地保持了原料的特有风味，如清蒸猪肉、原汁猪肉、白烧鸡、白烧鸭罐头等。

（2）调味类罐头　即将原料整理后，经预煮、油炸或烹调之类的加工，或在装罐后加入调味汁液而制成的罐头。调味方式不同，产品各具特有风味。如各种红烧肉类、红烧鱼类、五香酱鸭等罐头，加注调味番茄汁的茄汁鱼类、茄汁黄豆猪肉、茄汁兔肉罐头等。

（3）腌制类罐头　即处理后的原料，经食盐、亚硝酸钠、砂糖等按一定配比组成的混合料腌制后，再加工制成的罐头，如午餐肉、咸牛肉、咸羊肉、猪肉火腿等罐头。

（4）烟熏类罐头　即处理后的原料经腌制、烟熏后制成的罐头，如火腿肉、烟熏肋条肉等罐头。

（5）香肠类罐头　即肉腌制后，加香辛料斩拌，制成肉糜，直接装入肠衣，经烟熏、预煮、装罐制成的罐头。

（6）内脏类罐头　即猪、牛、羊的内脏及副产品，经处理调味或腌制加工后制成的罐头，如猪舌、牛舌、猪肝酱、牛尾汤、卤猪杂等罐头。

## 第一节　清蒸原汁类罐头

清蒸原汁罐头具有最大限度地保持各种原料肉原有风味的特点，其生产工艺也比较简单。制作时将经过处理的原料肉直接装罐，在加入食盐（或先将肉和食盐拌匀）、胡椒、洋葱、月桂叶、猪皮胶等配料后，经排气密封、杀菌冷却而制成，如原汁猪肉、清蒸牛肉、白烧鸡等。

## 一、原汁猪肉罐头生产工艺

1. 工艺流程

原料验收→解冻→去毛污→处理（剔骨、去皮、整理、分段）→切块→复验→拌料→装罐→排气密封→杀菌冷却→擦罐入库

（拌料←猪皮胶熬制）

2. 工艺要点

（1）原料　采用合格的猪肉，肉肥膘不宜过厚。最好采用肥膘厚度为1～3cm，即商品等级为1级或2级的猪肉。

（2）解冻　以冷冻肉为原料时，须先进行解冻。解冻后的肉富有弹性，无肉汁析出，肉色鲜红，气味正常。

（3）毛污处理　洗除解冻后猪肉表面的污物，去除残毛、血污肉、糟头（脖颈）、碎肉等。肥膘太厚者应片除，控制肥膘厚度1cm左右。

（4）切块、复验　将整理后的肉按部位切成长宽各为3.5～5cm的小块，每块约重50～70g。切块后的肉逐块进行一次复验，除去一切杂质，并注意保持肉块的完整性，较小的肉块应单独分放供搭配添称用。

（5）拌料　各部位肉块分别按以下比例进行拌料：肉块100kg，精盐1.3kg，白胡椒粉0.05kg，分别按比例拌匀后便可搭配装罐。

（6）猪皮胶或猪皮粒制备　原料猪肉罐头装罐时须添加一定比例的猪皮胶或猪皮粒。

①猪皮胶熬制：取新鲜猪皮（最好是背部猪皮）清洗干净后加水煮沸15min，取出，稍加冷却后用刀刮除皮下脂肪层及皮面污垢，并拨除毛根（毛根密集部位弃去）。然后用温水将碎脂肪屑全部洗净，切成条，按1∶2.5的皮水比例在微沸状态下熬煮，熬至胶液的可溶性固形含量达15%，出锅以4层纱布过滤后备用。

②猪皮粒制备：取新鲜猪皮，清洗干净后加水煮沸10min（时间不宜煮的过长，否则会影响凝胶能力）。取出在冷水中冷却后去除皮下脂肪及表面污垢，拔净毛根，然后切成5～7cm宽的长条，在－5～－2℃中冻结2h，取出后在孔径为2～3mm的绞肉机上绞碎。绞碎后置于冷藏库中备用。注意绞后的猪皮粒细度不宜超过3mm，否则装入罐内不能完全融化成胶。

（7）装罐　净重397g的962空罐，每罐装肉360g，猪皮胶液37g。为保证原汁猪肉罐头质量符合油加肥肉重不超过净重的30%的要求，除在原料处理时控制肥膘厚度在1cm左右外，在装罐时须进行合理搭配。一般后腿与肋条肉，前腿与背部大排肉搭配装罐。每罐内添称小块肉不宜过多，一般不允许超过两块。

（8）排气密封　真空密封，真空度53.3kPa；加热排气密封应先经预封，排气后罐内中心温度不低于65℃，密封后立即杀菌。

（9）杀菌冷却　原汁猪肉需采用高温高压杀菌，杀菌温度为121℃，杀菌时间在90min左右。

962 罐杀菌式为：15—60—20min/121℃或 15—70min/121℃，反压冷却，反压力为 0.11 ~ 0.13MPa。

## 二、去骨鸡罐头生产工艺

1. 工艺流程

原料验收 → 解冻 → 处理 → 预煮 → 拆骨切块 → 装罐 → 排气密封 → 杀菌冷却 → 擦罐入库

2. 工艺要点

（1）原料　用于罐藏的鸡肉应是表层呈淡黄色的新鲜鸡或冷冻鸡，表皮不正常或出现青皮、黄骨或严重烫伤者不得使用。投料时公鸡、母鸡各一半或 4∶6 比例。

（2）处理　在 25℃以下解冻，经解冻后的鸡，逐只拔净所有的毛，包括血管毛，头和翅膀的毛可不拔。如遇隐毛密集时可局部去皮，但面积不允许超过 $2cm^2$。绒毛可用火焰烧除，烧时注意不要烧焦表皮。用刀割去头部、颈、尾尖，沿膝关节切下鸡爪。剖腹取除内脏、血管、气管、食管等，用清水洗净并逐只检查。

（3）预煮　按公鸡与母鸡，老鸡与嫩鸡分开，分别进行预煮。预煮时间加水量以淹没鸡只为度，并加入适量洋葱。预煮时间嫩鸡一般不超过 30min，老鸡一般不超过 60min，以达到易去骨为准。若采用生拆骨工艺，在先将处理后的生鸡拆除骨头，并切成 4 ~ 6cm 或 6 ~ 8cm 的小块。再进行预煮时，预煮时间分别为公鸡 6 ~ 8min、母鸡 8 ~ 9min、碎鸡肉 2 ~ 3min，沸水下料。每锅预煮汤汁浓度达到 2% ~ 4%（以折光计）时，将汤汁取出过滤，以备装罐用。

（4）拆骨切块　预煮后的鸡趁热拆骨，拆骨时应注意保持肉块的完整并不破皮，去骨净。去骨后的鸡块切成 4 ~ 6cm（采用 747 号罐型装）或 6 ~ 8cm（采用 962 号罐型装）的小块，块形力求整齐，皮肉连接在一起，并再次检查碎骨、黑皮、血管等杂质。

（5）装罐　采用抗硫涂料罐，在罐内定量装入精盐、胡椒粉以及称重时已搭配在盘内的鸡块。装罐时鸡皮向底盖，添称小块等夹在中间。装罐量如表 7 – 3 – 1 所示。

装罐时可根据鸡只的肥瘦情况适当添加一些鸡油，但不宜过多，也不可使用贮存过久的鸡油，否则会由于鸡油氧化，产生油哈味。

**表 7 – 3 – 1　去骨鸡罐头的装罐量**　单位：g

| 罐型 | 净重 | 鸡肉重 | 精盐 | 白胡椒粉 | 鸡汤 |
|---|---|---|---|---|---|
| 747 | 142 | 120 | 1.5 | 0.15 | 30 |
| 962 | 383 | 210 | 4.0 | 0.2 | 180 |

（6）排气密封　真空密封排气，真空度控制在 53.3kPa；加热排气，罐中心温度 55℃以上（净重 142g），净重 383g 的中心温度不低于 65℃。

（7）杀菌冷却

杀菌条件：142g 装热排气，10—60—10min/118℃；383g 装热排气，10—60—

10min/121℃；真空密封排气，升温杀菌延长 5min。杀菌后立即冷却到 40℃左右。

# 第二节　腌制、烟熏类罐头

## 一、午餐肉罐头生产工艺

1. 工艺流程

原料验收→解冻→处理（分段、剔骨、去皮、修整）→分级切块→腌制→绞肉→斩拌→真空搅拌→装罐→真空密封→杀菌冷却→擦罐入库

2. 工艺要点

（1）原料及辅料　午餐肉生产用原料应采用健康良好，宰前宰后经兽医检查合格，经冷却成熟的 1～2 级肉或冻藏不超过 6 个月的肉。不得使用冷冻两次或冷冻贮存不善，质量不好的肉。午餐肉生产中的辅料主要有淀粉、盐、大豆蛋白、香辛料、糖、亚硝酸钠等。淀粉应洁白细腻，无杂质，含水量不超过 20%，pH 在 6.0～8.0 之间。盐应采用洁白干燥，含氯化钠 98.5% 以上的精盐。香辛料使用干燥无粗粒的粉末，无夹杂物，有浓郁香味，无霉变虫蛀。亚硝酸钠为干燥、白色结晶状细粒，纯度在 90% 以上。砂糖应洁白干燥，纯度在 99% 以上。猪油采用健康猪的板油或肥膘熬成，洁白无杂质，酸价不超过 2.5，水分不超过 0.3% 。为改善制品质量，可添加三聚磷酸盐或焦磷酸盐等。

（2）解冻　冻猪肉应先进行解冻，解冻完毕的肉温以肋条肉不超过 7℃，腿肉不超过 4℃为宜。

（3）预处理　解冻后的肉及时进行预处理。先去除肉表面的污物、修净残毛，在分段机上将肉片分成前腿、中腿和后腿三部分，再剔骨去皮，然后进行整理，修尽碎骨、软骨、淋巴结、血管、筋膜、淤血肉等；再次检查表面污物、猪毛、杂质等。将前、后腿刮去肥膘作净瘦肉，严格控制肥膘在 10% 以下。肋条部分去除奶脯，背部肥膘留 0.5～1cm，多余的肥膘去除，作为肥瘦肉。肥瘦肉中含肥肉量不得超过 60%，否则过肥易造成脂肪析出。净瘦肉与肥瘦肉的比例为 5∶3。处理好的肉逐块检查，直至无骨无毛、无杂质等方可将肉块送往切条机（或手工切）切成 3～5cm 条块送去腌制。在整个加工处理过程中原料不得积压，操作要迅速，肉温应保持在 15℃以下，生产车间的温度不宜过高，应控制在 25℃以下。

（4）腌制　处理好的肉立即拌上混合盐腌制。混合盐配比为精盐 98%，砂糖 1.5%，亚硝酸钠 0.5% 。净瘦肉和肥瘦肉分开腌制，每 100kg 肉添加混合盐 2.25kg，用拌和机或人工拌匀后定量装入不锈钢桶中，在 0～4℃冷藏库中腌制 48～72h 。腌制好的肉色泽应是鲜艳的亮红色，气味正常，肉块捏在手中有滑黏而坚实的感觉。要注意标注腌制时间，

先腌先用。注意腌制桶、腌制库地面等的清洁卫生，腌制桶及时刷洗，运输推车要保持干净。

（5）斩拌　腌制后的肉进行绞碎和斩拌。将肥瘦肉在 7～12mm 孔径绞板的绞肉机上绞碎得到粗绞肉；将瘦肉在斩拌机上斩成肉糜状，同时加入其他调味料。瘦肉斩拌的操作过程为：先开动斩拌机，将净瘦肉均匀地放入斩拌机的圆盘中，然后放入冰屑、淀粉、香辛料，斩拌 3～5min，斩拌后的肉糜要有弹性，抹涂时无肉粒。

（6）真空搅拌　将斩拌后的肉糜倒入真空搅拌机，再加入 80kg 粗绞肥瘦肉在真空度为 67.7～80kPa 的条件下搅拌 2～4min，使粗绞肉和细斩肉糜充分拌和均匀，同时抽除半成品肉糜中的空气，防止成品产生气泡和氧化作用，防止产生物理性胀罐。

（7）装罐　真空搅拌后肉糜取出后立即送往装罐机进行装罐。装午餐肉的空罐最好使用脱膜涂料罐。若采用抗硫涂料罐，在空罐清洗、消毒后沥干水，然后用猪油在罐内壁涂抹，使罐内壁形成一层油膜，以防止粘罐现象的产生。装罐时肉糜温度不超过 13℃。要注意装罐紧密，称量准确，重量符合标准。装罐称重后表面抹平，中心略凹。非脱膜涂料罐再涂一薄层猪油，随即送往封口。

（8）密封及杀菌冷却　午餐肉罐头采用真空密封，真空度为 60～67kPa 。密封后的罐头逐个检查封口质量，合格者经温水清洗后再装笼（篮）杀菌。杀菌温度为 121℃，杀菌时间按罐型不同。杀菌条件如表 7－3－2：

表 7－3－2　几种罐型的午餐肉罐头杀菌条件

| 罐型 | 净质量 | 杀菌公式 |
|---|---|---|
| 306 | 198g | 15—50min/121℃，反压冷却 |
| 304 | 340g | 15—55min/121℃，反压冷却 |
| 962 | 397g | 15—70min/121℃，反压冷却 |
| 10189 | 1588g | 15—130min/121℃，反压冷却 |

反压冷却时前三种罐型采用 0.15MPa 的反压力，1588g 装者为 0.11 MPa 的反压力。冷却后的罐头及时擦罐，入库保温。

## 二、午餐肉罐头中常见质量问题分析

（1）脂肪析出与胶冻析出　脂肪析出与胶冻析出是午餐肉生产中容易出现的问题，出现这种问题的罐头肉表面有明显的白色脂肪薄层，在罐底有半透明胶冻物凝聚。其主要原因是肉的质量不好，持水性、结着性差，在加工过程中不能将水分和脂肪保持住；或是肥肉比例过大。为解决这一问题，应采取以下措施：严格控制原料肉的质量、解冻和腌制的条件、肥肉的含量；保证半成品不积压，一般腌制肉原料出库至装罐不超过 20min，装罐至封口不超过 10min，封口至杀菌不超过 30min；控制好车间的温度，以 20℃为宜；保证斩拌刀的锋利；还可以添加适量的多聚磷酸盐。

（2）弹性不足　弹性不足通常与胶冻析出同时出现。产生这一问题的主要原因是肉的质量不好、持水性、结着性差。所以在生产中应严格控制原料的新鲜度、解冻条件和腌制条件，并保证绞肉刀、斩拌刀锋利，确保肉糜温度不超过10℃，就可有效防止这一问题的出现。

（3）物理性膨胀　物理性膨胀产生的原因主要有两个，一是肉糜中存在较多的空气；二是装填过多。要解决这一质量问题，首先要严格装罐、抽真空搅拌操作，同时要检查空罐容积是否符合规定，密封真空度是否达到要求，另外，采用反压冷却，这样可有效防止假胖听的产生。

（4）表面发黄、切面变色快　该问题是制品表面接触空气氧化而造成的。解决这一问题的关键是提高罐头的真空度，减少罐内残存的空气量。所以要控制搅拌真空度在67～80kPa，封口真空度在67kPa以上。

## 第三节　调味类罐头

调味类罐头是肉类罐头中品种、数量最多的一类。它是以我国传统的烹调技艺为基础的，注重配料，讲究色、香、味，成品具有原料肉和配料经特殊烹调后特有的风味。根据烹调方法和加入的配料不同又可分为红烧、五香、茄汁、咖喱等品种，各个品种都具有各自的特色。

### 一、调味类罐头常用的调味料

在调味类罐头的生产中，调味辅料起着极其重要的作用，各种不同的调味品种是通过添加不同的调味辅料并加上特有的调味方式而制成的。常用的调味辅料除盐、糖外，还包括许多香辛料、调味料、增稠料等。

1. 香辛料

香辛料是指某些植物的果实、花、皮、营、茎、叶、根等，这些物质具有一定的气味和滋味，能给予食物以一定的风味，具有抑制和矫正食物的不良风味、提高风味的作用，而且能增进食欲，促进消化。用于调味类罐头生产的香辛料主要有胡椒、辣椒、花椒、蒜、大葱、姜、洋葱、桂皮、肉豆蔻、小茴香、八角茴香、麝香草、月桂叶、荷兰芹等。所用香辛料要求无霉变、无虫蛀、无杂质、气味与色泽正常。

2. 调味料

调味料中用得最多的是盐、糖，此外，作调味料使用的有酱油、味精、酒、醋、豆豉、番茄酱等。酱油应使用酿造酱油，相对密度不低于1.1787（22°Bé），氯化钠含量不超过18%，鲜味浓，无酸苦涩味及不正常的气味；味精应洁白无异味，谷氨酸钠含量在80%以上，水分不超过1.5%；黄酒应色黄澄清，味纯正，含酒精度在12%以上；白酒应无色透明，味醇正常。

3. 着色料

肉禽类罐头生产中只允许使用天然色素，如甜红辣椒粉、番茄酱、焦糖等。焦糖又称糖色、酱色，是砂糖或葡萄糖或淀粉糖浆在高温下加热制成，是红烧类罐头的主要着色料。

4. 增稠料

用于罐头生产的增稠料主要有淀粉、琼脂、明胶、面粉等，要求纯净、无霉变、无虫蛀、无杂质、无异味。

## 二、红烧扣肉生产工艺

1. 工艺流程

原料→解冻→去杂质→预煮→上色→油炸→切块→复炸→装罐→加调味液→排气、密封→杀菌、冷却→擦罐入库

2. 工艺要点

（1）原料处理　剔骨后的肋条肉割去奶脯，靠近脊背部肥膘厚度控制在2～3cm，靠近腰部的五花肉总厚度要在2.5cm以上，防止过肥影响质量或过薄影响块形。将肉块表皮污物刮净，剔除肋条肉上残留的碎骨、碎肉、淋巴，淤血、拔净猪毛，清洗干净。

（2）预煮　沸水预煮，预煮时间为35～55min，以肉皮发软带有黏性、肉块中心无血水为度。预煮时，每100kg肉加鲜葱和拍碎的鲜姜各200g（葱、姜均用纱布包好）；加水量与肉量之比为2:1，肉块必须全部浸没水中。预煮得率为90%左右。预煮是形成红烧扣肉表皮皱纹的重要工序，必须严格控制。

（3）上色　将预煮的肉表皮水分揩干，在皮面上涂抹一层上色液，稍停几秒钟，再抹一次，以使着色均匀。上色液配方：黄酒6kg，饴糖4kg，酱色1kg。上色操作时注意不要涂到瘦肉的切面上，以免炸焦。

（4）油炸　上色后立即油炸，当油温达到200～220℃时，将上色过的肉块投入油锅中，油炸时间45～60s，炸至肉皮呈棕红色、发脆，瘦肉转黄色即可捞起，稍滤油后投入冷水中，冷却1～2min，待肉皮回软后捞出，时间不宜过长，以免降低成品油炸风味。

（5）切块、复炸　962罐型397g装，切成长8～10cm、宽1.2～1.5cm的块；854罐型227g装，切成长6～8cm、宽12～1.5cm的块。切块时要求厚薄均匀、块形整齐、皮肉不分离，并修去焦糊边缘。边角碎料修成长2～4cm、宽1cm的小块肉作添秤用。切块得率为96%。将切块肉倒入油温为180～190℃的油锅中复炸30s左右，复炸时要小心翻动。炸后立即放入冷水中浸1min左右，可避免肉块黏结。冲去焦屑，沥干水分，送去装罐。

（6）加调味料　装罐前配制好调味液，调味液中骨汤要先准备好。

①骨汤熬制：肉骨头150kg、猪皮30g加水300kg焖煮，时间不少于4h，经过滤后备用。骨汤要求澄清不混浊。

②调味液配方：3%骨汤100kg，酱油20.6kg，精盐2.1kg，砂糖6kg，味精0.15kg，

黄酒 4.5kg，切碎生姜 0.45kg。

③调味液配制方法：除黄酒、酒精外，其他各料放入夹层锅中（香辛料用纱布包好）煮沸 5min，出锅前加入黄酒和味精，搅拌过滤备用。

（7）装罐　962 罐型每罐装肉块 7 ~ 9 块，854 罐型每罐装肉块 6 ~ 8 块，每罐可添加带皮或不带皮小块肉 1 ~ 2 块，用调味液注满。装罐时，肉块大小和色泽大致均匀，肉块皮面向上，排列整齐，添秤肉可衬在底部。

（8）排气、密封、杀菌冷却　加热排气，罐头中心温度应达 65℃ 以上；真空密封，真空度为 47 ~ 53kPa。密封后尽快进行杀菌，杀菌条件：10—65min/121℃，反压冷却，反压力 0.12MPa。杀菌后立即冷却到 40℃ 以下。

## 三、香菇肉酱生产工艺

1. 工艺流程

原料验收 → 解冻 → 去皮去骨 → 整理 → 切丁 → 烹调 → 调味 → 装罐 → 密封 → 杀菌冷却 → 擦罐入库

2. 工艺要点

（1）原料验收

①香菇：采用无苦味、无霉变、无虫蛀、气味正常的干香菇或鲜香菇，鲜香菇应呈褐色，干香菇允许带黑色；

②豆瓣酱：发酵完全，豆瓣呈红褐色，里外一致，氯化钠含量为 16% ~ 20%，氨基酸含量在 0.5% 以上，组织松软，无硬心，鲜味浓，无焦苦味，无霉变和其他异味。

③蒜：结实饱满，不瘪粒，不抽苔，辣味浓。

（2）猪肉处理　合格的新鲜猪肉经成熟，冻猪肉经解冻，去皮去骨、去除淤血、淋巴等后分成腿肉、五花肉和肥膘三部分。

（3）切丁　将肉分别切成 10 ~ 12mm 的肉丁，肉层薄的应切成 15 ~ 20mm 的小块。

（4）辅料处理

①香菇：干香菇在清水中浸泡约 15min，并不断地搅动，待香菇完全变软后洗净捞出。去除菇蒂后切成 5mm 宽的丝条，以清水漂洗两次捞出备用。

②青葱：切去绿叶，清洗沥干后打碎，投入 140℃ 的油中，在 120℃ 油温下 3 ~ 5min，至浅黄色捞出沥油，控制脱水率在 50% ~ 55%。

③蒜头：切去两端，去除外膜，打碎后与青葱一样在油中炸 1.5 ~ 2min，脱水率控制 40% ~ 45%。

④豆瓣酱：去除杂质，搅匀后绞细，马上使用，以免色泽变暗。

⑤酱油：过滤后备用。

⑥砂糖：溶解于番茄酱中用纱布过滤后使用。

（5）配料调味　配料表见 7 - 3 - 3。

表 7-3-3　香菇肉酱配料表

| 原辅料名称 | 用量/kg | 备注 | 原辅料名称 | 用量/kg | 备注 |
|---|---|---|---|---|---|
| 腿肉 | 75 | | 砂糖 | 28.66 | |
| 五花肉 | 15 | | 番茄酱 | 13 | 浓度为12% |
| 肥膘 | 10 | | 辣椒粉 | 0.5 | |
| 豆瓣酱 | 71 | | 辣椒油 | 10 | |
| 香菇 | 3 | 干香菇 | 猪油 | 15 | |
| 蒜头 | 4 | 未油炸 | 调味酱油 | 2.5 | |
| 青葱 | 33 | 未油炸 | 味精 | 0.28 | |
| 精盐 | 调整至成品含盐量6%～8% | | | | |

（6）装罐、密封　采用750空罐，净重150g。装搅拌均匀的肉酱155g后，即刻密封。密封时肉酱的温度不能低于65℃。

（7）杀菌冷却　杀菌公式：10—20—10min/110℃。杀菌后急速冷却至约40℃后擦罐入库。

【思考题】

1. 肉类罐头按加工及调味方法可分为哪几类？
2. 原汁猪肉罐头及去骨鸡罐头杀菌的条件是什么？
3. 简述午餐肉罐头加工过程中真空搅拌的作用。
4. 午餐肉罐头常见有哪些质量问题？
5. 调味类罐头常用的调味料有哪些？

# 第四章　水 产 罐 头

【学习指导】

本章应重点掌握清蒸类水产罐头、茄汁类水产罐头、调味水产罐头、油浸类水产罐头的加工工艺，熟悉水产类罐头加工工艺的操作要点，了解水产类罐头加工中调味液的配比。

水产罐头的种类繁多，根据加工方法的不同，可分为清蒸、油浸、鲜炸、茄汁、熏鱼等类型。

## 第一节　清蒸类水产罐头

清蒸罐头又称原汁罐头，其特点是以保持原料特有的风味色泽为主。以鲜度良好的水产品为原料，经过初步加工，以生鲜状态或经预热处理后装罐，调味品只加少量盐、糖、解腥辅料等，然后加热杀菌而制成。脂肪多、水分少、新鲜肥满、肉质坚密的鱼类，如海鳗、鲐鱼、鲳鱼、马鲛鱼、金枪鱼等，都可作为清蒸鱼罐头的原料。除鱼类外，头足类的墨鱼、贝类中的蛤蜊、牡蛎以及虾、蟹等都可加工成清蒸类罐头。清蒸水产罐头的生产中，要求特别注意原料的新鲜度以及采取适当的杀菌温度与时间，尽量保持水产品原料特有的风味和色泽。

以清蒸鲭鱼罐头为例介绍清蒸类水产罐头工艺要点。

1. 原料处理

鲜鱼冲洗，冻鱼解冻至半冻状态，去头尾、内脏，修整腹肉，用流动水洗净腹腔黑膜、血污，剔除鲜度差、有机械伤及不合格的原料。

2. 切块

按罐头尺寸决定，块装鱼段切成5～5.5cm，尾部直径大于2cm。

3. 盐渍

将配制好的饱和盐水稀释至鱼块盐渍所规定的浓度，冻鱼块与盐水之比为1∶1，其中鲜鲭鱼，盐渍时间可增加2～3min。盐渍过程要求鱼块全部浸没在盐水中。

4. 装罐

空罐用80℃热水清洗消毒，装罐量按每罐净含量区分：589号156g罐装140～150g，

763 号 200g 罐装 180 ~ 195g，7116 号 425g 罐装 385 ~ 400g；以上为冻鱼装罐量，若为鲜鱼则增加 5 ~ 10g。

5. 脱水

采用 98 ~ 100℃蒸汽蒸煮脱水，脱水时间：156g 罐为 7 ~ 14min，200g 罐为 7 ~ 14min，425g 罐为 16 ~ 22min。以鱼体基本蒸熟、骨肉分离为准。将罐头取出后倒置控尽水。

6. 复磅、加香料盐汤

净含量 156g 者复磅要求鱼块 125g，加盐汤 35g；净含量 200g 者复磅鱼块 160g，加盐汤 45g；净含量 425g 者复磅鱼块 355g，加盐汤 75g。

7. 排气及密封

真空抽气的真空度，589 号罐为 0.051 ~ 0.055MPa，763 号罐为 0.04 ~ 0.046MPa，7116 号罐为 0.027 ~ 0.033MPa。

8. 杀菌及冷却

589 号、763 号罐：10—50—10min/118℃；7116 号罐：10—55—10min/118℃。杀菌后及时冷却至 40℃左右，取出擦罐入库。

## 第二节　茄汁类水产罐头

以鱼类等水产品为原料，处理后经盐渍脱水生装后加注茄汁，或生装经蒸煮脱水后加注茄汁，或经预煮脱水后装罐加茄汁，或经油炸后装罐加茄汁，然后经排气、密封、杀菌等过程而制成的一类罐头。它兼具鱼肉及茄汁的风味，并宜经过贮存成熟，待色、香、味调和后食用。我国的茄汁配制，主要用料为番茄酱、砂糖、精盐、精制植物油、味精等。茄汁水产罐头为国际流行的产品。日本的主要品种是茄汁沙丁鱼。英、美和北欧，一般采用体型小脂肪含量低的鱼类。对茄汁鱼类罐头的一般质量要求是：肉色正常，茄汁为橙红色、鱼皮呈自然色泽。茄汁风味浓郁，咸淡适中，无异味。组织紧密适度，块形完整不碎散，大小均匀，鱼块应竖装排列整齐。

以茄汁沙丁鱼罐头和茄汁鲢鱼罐头为例介绍茄汁类水产罐头工艺要点。

**（一）茄汁沙丁鱼罐头**

1. 原料处理

新鲜的或是冷冻的体长为 10 ~ 21cm 的沙丁鱼，冷冻鱼须用 20℃以下的冷水解冻，然后去净鱼鳞、去鳍、去头、去内脏，用清水洗净腹腔内的血污，沥水。

2. 盐渍

将鱼体浸没于 10 ~ 15°Bè 盐水中，鱼体与盐水之比为 1∶1，盐渍时间为 10min 左右，盐渍时应间断翻动。盐水可使用 3 次，但在每次盐渍后，应调整其至规定的浓度。将盐渍后的鱼捞起，用清水漂洗一次，沥水。

3. 茄汁的配制

配方：番茄酱（20%）42kg，砂糖 10kg，精盐 1.2kg，味精 0.3kg，精制植物油 15kg，冰醋酸 0.08kg，清水约 31kg，油炸洋葱 1.0kg，配成总量 100。

4. 蒸煮脱水

将生鱼装罐，采用603号、604号抗硫涂料罐，将鱼背朝上整齐排列，注满1°Bè盐水，加热罐头中心温度达80℃以上。经倒置沥净汤汁，及时加入茄汁，趁热密封。

5. 排气及密封

真空封罐时，真空度为0.048~0.053MPa，密封后倒罐装杀菌篮（车）。

6. 杀菌及冷却

净含量340g罐，杀菌公式：15—80—20min/118℃；净含量198g罐，杀菌公式：15—75—20min/118℃。将杀菌后的罐冷却至40℃左右，取出擦罐入库。

**（二）茄汁鲢鱼罐头**

1. 原料处理

用新鲜或冷冻的鲢鱼或鲤鱼作原料。将新鲜鱼用清水洗净，冷冻鱼在不超过20℃的水中解冻洗净。将洗净的鱼去鳞、去头尾、去鳍、剖腹去内脏，洗净腹腔内的黑膜及血污，切成长5~6cm的鱼块。

2. 盐渍

将鱼块浸没于3~5°Bè盐水中，鱼与盐水比为1∶1，盐渍时间5~8min，视鱼块大小而定，盐渍后用清水漂洗一次，沥干。

3. 油炸

将鱼块放入170~180℃油中，油炸时间为2~4min，炸至鱼块表面呈金黄色时即可捞起沥油。

4. 茄汁的配制

配方：番茄酱（20%）35kg，砂糖6.5kg，精盐3.5kg，味精0.015kg，精制植物油16.5kg，红甜椒粉0.021kg，黄酒3.2kg，冰醋酸0.1~0.4kg，清水或香料水约3.3kg，油炸洋葱31.5kg，胡椒粉0.1kg，蒜泥0.35kg，配成总量100kg。

5. 装罐

采用860号抗硫涂料罐，净含量256g。将空罐清洗消毒后，先在罐底放月桂叶0.5~1片，胡椒2粒，装鱼块170~185g，鲢鱼每罐不超过4块，鲤鱼每罐不超过5块，竖装，大小搭配均匀，排列整齐。加茄汁71~86g，茄汁温度保持在75℃以上。

6. 排气及密封

将罐预封后热排气时，罐头中心温度达75℃以上。趁热密封，真空封罐时，真空度为0.047~0.053MPa。

7. 杀菌及冷却

热排气杀菌公式：10—70—反压冷却/118℃。真空抽气杀菌公式：15—70—反压冷却/118℃。将杀菌后的罐头冷却40℃左右，取出擦罐入库。

## 第三节 调味水产罐头

以鱼类等水产品为原料，在生鲜状态或经加热脱水后装罐，加调味液后密封杀菌而制成的一类水产罐头。其特点是注重调味液的配方及烹饪技术，使产品各具独特风味，可满足消费者的不同爱好。调味罐头有红烧、五香、烟熏、葱烤、鲜炸、糖醋、豆豉等多个品种，体现了我国烹饪技术的传统特色。

以五香凤尾鱼罐头和红烧鲤鱼罐头为例介绍调味水产罐头的工艺要点。

**（一）五香凤尾鱼罐头**

1. 原料处理

鱼体完整带籽，鱼鳞光亮，鳃呈红色，体长在12cm以上的冰鲜或冷冻凤尾鱼，用流动水清洗，去尽附着于鱼体上的杂物，剔除变质、无籽、破腹等不合格鱼。然后摘除鱼头，同时拉出鱼鳃及内脏，力求鱼体完整，保留下颚，鱼腹带子饱满不破损。得率为83%~85%。按鱼体大小分为大、中、小三档，分开装盆。

2. 油炸

按档次分别进行油炸，鱼油之比为1∶10，油温为200℃左右，油炸时间为2~3min。油炸后的鱼体无弯曲、断尾或没炸透现象。油炸得率为55%~58%。

3. 调味

将油炸后的凤尾鱼捞起，稍沥油，随即趁热浸没于调味液中，浸渍时间为1min左右，捞出沥去鱼体表面的调味液，放置回软。

调味液配方：酱油75kg，砂糖25kg，黄酒25kg，高粱酒7.5kg，精盐2.5kg，味精0.075kg，生姜1kg，八角茴香0.19kg，桂皮0.19kg，陈皮0.19kg，月桂叶0.125kg，水50kg。先将生姜、桂皮、八角茴香、陈皮、月桂叶等加入煮沸1h以上，捞去料渣，加入其他配料，再次煮沸，最后加酒并过滤，用开水调整至总量为100kg调味液备用。

4. 装罐

采用抗硫涂料401号、602号、962号罐，净含量均为184g，各装凤尾鱼184g；500mL罐头瓶，净含量为250g。

5. 排气及密封

真空抽气真空度为0.053MPa，冲拔罐为0.035~0.037MPa，装罐后及时送真空封口机抽气及密封。

6. 杀菌及冷却

杀菌公式：10—55—反压冷却/118℃，取出擦罐入库。

7. 说明及注意事项

（1）严格控制炸鱼的油温，如油温过高，易使鱼尾变暗红色；油温过低，易造成鱼体弯曲变暗。

（2）封罐后应尽快杀菌。

（3）冲拔罐在杀菌终了时须先用70℃热水降温，降温要缓慢，防止突角和瘪罐，出锅后放入水池中冷却至40℃左右。

**（二）红烧鲤鱼罐头**

1. 原料处理

将鲜鲤鱼去鳞、去头尾、去鳍、剖腹去内脏，然后刷洗干净，横切成约5.5cm长的鱼块，再清洗。

2. 盐渍

鱼按大小分级，并分别浸没于3%的盐水中，鱼块与盐水之比为1∶1，盐渍时间为5～10min，捞出沥干。

3. 油炸

将鱼块投入180～210℃的油锅中，鱼块与油之比为1∶10，油炸时间为3～6min，炸至鱼块呈金黄色。

4. 调味液的配制

配方：砂糖6kg，精盐3.5kg，味精0.045kg，琼脂0.36kg，水88kg，花椒0.05kg，五香粉0.08kg，鲜姜0.5kg，洋葱1.5kg，酱油10kg。将香辛料加水于夹层锅内微沸30min，过滤去渣后，再加入糖、盐等其他配料煮沸溶解过滤，最后加入味精，用开水调整至总量为110kg调味液备用。

5. 装罐

采用860号罐，净含量为256g，装鱼肉150g，鱼块不多于3块且竖装排列整齐，加麻油0.45g，调味液106g，调味液温保持在80℃以上。

6. 排气及密封

热排气罐头中心温度达80℃以上，趁热密封；真空封罐真空度为0.053MPa。

7. 杀菌及冷却

杀菌公式：15—90—15min/116℃。杀菌后冷至40℃左右，取出擦罐入库。

## 第四节 油浸类水产罐头

油浸类水产罐头是采用油浸调味方法制成的一类罐头食品。精制植物油的注入，有鱼块生装后直接加注；有生装经蒸煮脱水后加注；有先预煮再装罐后加注；也有经油炸装罐后加注，与茄汁罐头的加注茄汁的情况类似。注入精制油后经排气、密封、杀菌等过程制成。产品具有独特香味与风味。存放成熟待色香味匀和之后食用，风味尤佳。

以油浸鲭鱼罐头为例介绍油浸类水产罐头工艺要点。

1. 原料处理

选用鱼体完整、肌肉有弹性、条重在0.4kg以上的冰鲜或冷冻鲭鱼。冰鲜或半解冻的鲭鱼，流水洗净鱼体，去头、去内脏，流水洗净腹腔黑膜及血污，沥水后切成4.8～5.2cm的鱼段。

2. 盐渍

用盐水浓度为22%，盐水和鱼的比例为1∶1，盐渍时间25min。盐渍完毕，清水冲洗并沥干。

3. 装罐

采用抗硫涂料罐860号，装入鲭鱼段260～275g，鱼段竖装，排列整齐。

4. 脱水

温度为100℃，时间30～50min脱水后倒罐沥尽汤汁，趁热加注精制植物油40g。

5. 真空密封

真空度在0.053MPa以上。杀菌公式：10—70—15min/118℃。杀菌后冷却到40℃左右，取出擦净。

【思考题】

1. 根据加工方法，水产罐头可分为哪几类？
2. 茄汁类水产罐头加工过程中对原料盐渍的作用是什么？
3. 茄汁类罐头加工中排气的目的？
4. 简述五香凤尾鱼罐头加工中需注意的事项。
5. 各类水产罐头杀菌条件为何不同？

# 第五章　软　罐　头

【学习指导】

本章应重点掌握软罐头的概念、分类及加工工艺；熟悉各类软罐头加工工艺的操作要点；了解软罐头包装的容器以及软罐头生产中常见质量问题。

## 第一节　概　　述

### 一、软罐头的概念与特点

软罐头由英文 Retort Pouch Food 意译而来。从广义上讲，软包装食品分为袋装食品（透明袋、铝箔袋两种）、盘装食品（透明盘、铝箔盘两种）、结扎食品三类。从狭义上讲，是以聚酯、铝箔、聚烯烃等薄膜复合而成的包装材料制成的耐高温蒸煮袋为包装容器，并经密封、杀菌而制得的能长期保存的袋装食品，简称 RP－F。该食品的生产原理和过程与普通的罐头生产大致相同，只是采用软质的包装材料，故称作软罐头。

### 二、软罐头的容器

软罐头的容积主要是蒸煮袋。蒸煮袋是由多层复合材料制成的具有一定尺寸的袋。蒸煮袋可按如下方法分类：按其材料构成及内容物的保存性可分为透明普通型、透明隔绝型、铝箔隔绝型和高温杀菌用袋。按其承受杀菌温度的能力，可以分为能耐121℃杀菌的普通蒸煮袋（RP－F）、能耐135℃高温的高温蒸煮袋（HRP－F）及能耐150℃高温的超高温蒸煮袋（URP－F）；按袋的容量大小可分为100g以下的小袋、100～500g装的一般袋和1000g以上的大袋。按袋的外表形态可分为四方封口的平袋和能竖放的直立袋。

## 第二节　软罐头的加工工艺

### 一、软罐头生产工艺

1. 工艺流程

软罐头生产工艺流程与一般罐头的基本相同，只是罐装、密封和杀菌冷却工艺有所不同，现列工艺流程图如下：

原料验收 → 处理（清洗、预煮、调味等）→ 装填 → 排气 → 密封 → 杀菌冷却 → 干燥

卷材复合薄膜 → 制袋（开袋←预制袋）

↓

→ 包装 → 封口检查

2. 工艺要点

（1）原料验收与预处理　此操作与一般罐头的操作相同。

（2）装填、排气　在软罐头生产中装填、排气和密封是关键操作。装填的食品有固体的、液体的也有固体和液体混合的，无论装填哪种食品都要求装填量精确，不污染袋口；装填速度快，抽气效果好，密封结构要牢固。

## 二、软罐头生产实例

### （一）虾子肉软罐头

1. 工艺流程

猪肉处理 → 拌肉 → 过油 → 虾子处理 → 拌料 → 称量 → 装填封口 → 杀菌冷却 → 擦袋入库

2. 工艺要点

（1）原辅料

① 猪瘦肉：用通脊肉或精瘦肉，其他要求与肉类罐头一致。

② 虾子：颗粒干燥、松散，无蛀虫，颜色深褐，具有干制虾子应有的海鲜味，无异味。

③ 干红辣椒：全部红色，为成熟辣椒干燥而成，不得有萎缩现象，水分含量不超过15%，具有明显的辣味，洁净、不碎、无杂质、无虫蛀。

花生油、味精、食盐、料酒（黄酒）、白砂糖、酱油等均应符合卫生标准。

（2）猪肉处理　将分割冻肉于25℃室温下，在流水中进行解冻（不得超过16h，以解冻完全、肉质不变为准）。将解冻肉清洗干净，整理后切成1.5～2cm见方的小块。

（3）拌肉　先将食盐拌入肉丁，再加入淀粉，逐渐加入水混合均匀，使稀稠适度的淀粉附着于肉的表面。

（4）过油　将拌均匀的瘦肉在160～180℃油温下油炸，当肉色由红变白色时，捞出沥油。注意一定要将油中肉丁充分打散，不得有过油不透的红色肉和油炸过度的焦黄色肉，捞出沥油。过油后的肉丁必须充分沥干油和水分方可拌料。

从解冻肉的处理至过油其间隔时间不得超过2h。

（5）虾子处理　将虾子用清水漂洗干净，待油热后，下油锅煸炒片刻，出锅备用。

（6）备料　先将干红辣椒去柄、去籽、洗净，切成0.5cm的段状，再将处理好的红辣椒段放入油中煸炒片刻，最后，与肉丁和虾子充分拌匀。

（7）制调味汁　将水烧开，加入食盐、酱油、白糖、料酒、味精等调味料，称重、过滤、冷却备用。

（8）装袋密封

① 蒸煮袋：取用三层复合袋（PET－AL－PP），规格为130mm×170mm。

② 称重：固形物135g，汤汁50g。

③封口：采用TVA－A2型自动包装机，其操作参数如下：预热温度125℃；热封时间0.25s，电压15V；真空度：第一次53～60 kPa，第二次80～93 kPa；封袋速度28袋/min。

封口不良者，拆开重装。装填封口时，物料温度不得超过40℃。自肉丁过油至装填封口，间隔时间不得超过1h。

（9）杀菌　采用RCS－100/20RG高压杀菌釜，每次杀菌不得超过720袋。杀菌公式22min/121℃，反压176kPa。

装袋封口后应尽快杀菌，间隔时间不得超过0.5h。

（10）入库　杀菌后冷却至37℃，小心取出，擦干袋外水分，点数入库。袋子必须平整码放，不得折损。

**（二）鱼翅汤软罐头**

1. 工艺流程

原料验收 → 清蒸鱼翅 → 分拆肉翅 → 鸡丝过油 → 制汤 → 拌料 → 称量 → 填充封口 → 灭菌冷却 → 擦袋入库

2. 工艺要点

（1）原辅料

①鱼翅：采用经刮沙、拆骨后的干燥鱼翅，呈微黄色，无虫蛀及腐烂现象。

②玉兰片：干燥、微黄色、根小、肉厚、体长在70～120mm之间，无霉变、褐变、黑心，复水后不软不烂。

③鸡脯肉：采用来自非疫区、健康良好、宰前宰后经检验并附合格证的鸡脯肉，经急速冷冻，表皮呈白色或黄白色。表皮及肉质紫色、红色、深色的两次解冻的鸡不得使用。

④鸡架：健康鸡只屠宰后（或冷冻鸡）去头、爪、内脏、皮及肉所得的鸡架，用于煮汤。鸡架色泽正常不得有异味，每只质量不得低于400g。

⑤排骨：脊柱骨或棒骨皆可。肌肉新鲜有弹性，色泽正常，不得带血肉，不得使用二次解冻、有异味、不新鲜的原料。

⑥鸭：采用来自非疫区，新鲜或冷冻，健康良好，宰前宰后经检验合格制鸭只，肥度可采用三级品（每只不低于1.5kg）。表皮色泽不正常及冷冻两次的鸭只不得使用。若采用处理后的鸭只，不得带有头、爪、内脏、气管、食管、嗉囊、色素肉、淤血等。

⑦淡口酱油：要求色味纯正，无黏稠，以日本产“万”字牌为宜。

其他所用辅料花生油、味精、食盐、白胡椒粉、淀粉、鲜姜、大葱、大蒜等均须符合罐藏要求。

（2）原料处理

①鱼翅：将去沙拆骨的干鱼翅用清水冲洗干净后，在70~80℃热水中浸泡30min。

②玉兰片：将干玉兰片用清水浸泡清洗，软后放入夹层锅中煮15min，使二氧化硫充分蒸发，然后再长流水下漂洗至质软色白、无异味为止。捞出沥干，切成长30~40mm、厚2~3mm的细丝。

③鸡丝：将鸡胸脯肉充分解冻，清洗干净，去除鸡皮、白筋，切成长30~40mm、厚2~3mm的细丝。

（3）清蒸鱼翅　将泡软的鱼翅置于没过鱼翅的清水中，在蒸锅中蒸30min，出锅后用冷水清洗，然后在夹层锅中烧开水，投入葱、姜、将鱼翅投入开水氽一下，以去掉腥臭味，捞出浸在清水中。

（4）分拆肉翅　将鱼翅用手工拆成单翅细丝，洗净待用。

（5）鸡丝过油　将油加热，放入蒜丝、姜丝（均切成1mm宽、10mm长的细丝），煸炒片刻，然后把用油拌过的鸡肉丝、笋丝投入油中煸炒，至肉色变白，出锅备用。

（6）制汤　先将鸡架、排骨、鸭只清洗干净，加水及葱、姜熬汤。熬制时使汤微开，以免混浊，熬至收量为止。捞出固形物，再加入食盐、淡色酱油、味精、随后加入调好的淀粉，开锅后加入胡椒粉，出锅过滤备用。

（7）拌料 将处理好沥干水分的鱼翅丝与过油的鸡丝、笋丝共同混合均匀。

（8）装袋密封

蒸煮袋：取用三层复合袋（PET/Al/PP，规格130mm×170mm）装入固形物42g，汤汁145g。

采用全自动包装机，用热装排气法，汤汁温度须在80℃以上。热封温度为170~175℃。封口不良的袋拆开重装。

自鱼翅拌料至装填封口，间隔时间不得超过30min。

（9）杀菌　用高压锅进行杀菌，杀菌公式为20min/121℃，反压176.5kPa。

（10）入库　杀菌后冷却至37℃以下，小心取出，擦干袋外水分，点数入库。袋子必须平整码放，不得折损。

## 三、软罐头生产中常见质量问题分析

### （一）装填时袋口污染

袋口污染是软罐头生产中容易出现的问题，而袋口污染又会导致一系列质量问题。如在封口部分由液汁、水滴附着，热封使封口部分（内层）就产生蒸气压，当封口外压力消除时，就会瞬时产生气泡而使封口部分膨胀，导致封口不紧密；如果在封口部分污染上油和纤维等物质，就会使部分地方不能密封，从而造成在加压杀菌及冷却时的第二次污染，在贮藏、运输过程中的渗漏。所以在装填密封过程中要严格避免袋口污染。为防止袋口污染可采用以下措施：

①严格控制装袋量，内容物离袋口至少3~4mm，并要加强检查，发现污染应立即擦净。

②根据产品特性合理选用装填器，如使用活塞式定量装填器、螺旋推进机齿轮泵装填器。

③在灌装液汁时，尽量使漏斗伸入袋口，使翼状的保护片插入袋口内，以保护内层封口表面不受污染。

④严格控制撑开袋口的工序，使用夹钳或抓手来定向；使用空气喷射的辅助设备以充分张开袋口；用托架夹住袋子以正确位置。

⑤采用合理的抽真空方法：可采用两次抽真空，第一次抽真空可稍低一些（74～80kPa），第二次抽真空可高一些（80～93kPa），这样可以避免真空过高而将内容物抽出污染袋口。

软罐头生产中另一个常出现的问题是封口时封口部分生产皱纹。一般有两种类型的皱纹：a. 由于熔合封口时局部区域一个封口表面长于另一封口表面而产生的折叠，俗称打褶。有这种严重皱褶的为不合格产品，应报废；b. 由于在热熔封口时接触面的一点不平整而引起一面凹下去另一面高起来的现象。这种皱纹一般不会超过封口宽度的1/2，不会形成槽状，不会渗漏，故允许存在，或再进行一次热熔封口和冷却。第二种皱纹还包括在封口部分的材料还没有很好地冷却前就从真空状态转移到大气压而造成的袋周围的塌陷。

防止皱纹产生的措施主要有：a. 封口时袋口相对的两个表面必须平整和并行，两面没有长短差异。b. 封口机压模两面要平整并保持平行。c. 内容物块形不要太大，装填量不要太多，严格控制产品的总容量、总厚度。

**（二）杀菌冷却中的破袋**

软罐头生产中的破袋主要原因如下：

（1）内容物本身带骨或装填过多。

（2）袋内残存气体多。在高温高压杀菌时，由于袋内空气及内容物受热膨胀，部分液体汽化而产生内压力，软罐头容器不像金属和玻璃罐能承受这种压力，由于生成的压力和体积的增加呈膨胀状态，以致袋破裂。

（3）热杀菌操作不当。在杀菌冷却过程中压力掌握不好，使袋内外压力差过大，超过袋所能承受的压力而导致袋破裂。软罐头破袋率与杀菌锅压力之间的关系见表7-5-1。

**表7-5-1　软罐头破袋率与杀菌锅压力之间的关系**

| 批号 | 1 | 2 | 3 | 4 | 5 | 6 | 7 |
|---|---|---|---|---|---|---|---|
| 加反压力 | 0 | 4.9 | 9.81 | 19.6 | 29.4 | 39.4 | 49.0 |
| 121℃杀菌锅表压/kPa | 103 | 108 | 113 | 123 | 132 | 142 | 152 |
| 软罐头破袋率 | 95% | 30% | 20% | 0 | 0 | 0 | 0 |

从上述破袋原因就可以防止和减少破袋的主要措施是：

（1）严格控制袋装量，尤其是带骨的食品。

（2）尽可能减少袋内残存的空气量，保证软罐头的真空度。

（3）掌握好杀菌冷却过程中的反压力，保证在整个杀菌过程中袋内外压力差始终小于袋所能承受的压力。尤其是在冷却阶段，必须加入足够的压缩空气，使杀菌锅中的压力始终大于软罐头袋内的压力，直到冷却结束。

【思考题】

1. 简述软罐头的概念及特点。
2. 软罐头的容器有哪几类?
3. 软罐头生产中，如何防止装袋时袋口污染?
4. 简述软罐头生产中，杀菌冷却时破袋的原因。
5. 简述软罐头和其他罐头的异同。

# 第六章　其他类罐头

【学习指导】

本章应重点掌握坚果类罐头、粥类罐头的加工工艺，熟悉坚果类罐头、粥类罐头加工的具体工艺流程，了解粥类罐头的原料配比。

## 第一节　坚果类罐头

在罐头分类标准中按加工方法和要求的不同把一些特殊类别的罐头单独列出，称为其他类罐头。其中包括：坚果类罐头，如花生米、核桃仁、什锦干果罐头等；粥类罐头，如八宝粥、莲子粥等罐头；汤类罐头，如牛尾汤、猪肚汤，水鱼汤等罐头。

### 一、坚果类罐头概述

坚果类罐头包括符合要求的坚、干果原料，经挑选、去皮（壳），油炸拌盐（糖或上糖衣）后装罐而制成的罐头产品。

### 二、坚干果罐头生产实例

#### （一）花生米

1. 工艺流程

原料验收→原料分选→烘焙脱衣→分选→油炸→拌盐→分选装罐→排气密封

2. 工艺要点

（1）原料分选　用分级筛进行大小分级后，再筛出泥沙杂质及过小的花生米。

（2）烘焙脱衣　将花生米在水中瞬间浸润后送入烘房，在 80～90℃下鼓风 9～10h，使花生米的水分含量达到 2% 以下易于去衣为止。在干燥的条件下急速冷却，及时用机械或手工去衣。

（3）分选油炸　剔除碎片、僵仁、干瘪、断裂、有氧化味及未去干净内衣的不合格花生米，然后按大小分开进行油炸。油温 150～160℃，时间 9～11min，花生米呈黄色，酥脆后即刻捞出甩油，冷却至 85℃以下。

（4）分选拌盐　剔除颜色过深、花斑、严重畸形、走油、碎瓣等不合格花生米，并将半粒花生瓣单独放置；色泽浅的花生米在进行复炸。合格的整粒花生米和半粒花生米分别拌盐，每10kg花生米拌入烘干粉碎后的盐粉100g，充分拌匀。

（5）装罐　采用889空罐，净重227g。空罐用沸水消毒，烘干后，再以75%酒精消毒；罐盖打印后经里外消毒。整粒装要求颗粒完整，色泽呈均匀的淡黄色至黄色，无焦斑及白斑，大小均匀；半粒装要求色泽、大小基本均匀。

（6）排气密封　采用真空密封排气，真空度73～80kPa。

**（二）琥珀桃仁**

1. 工艺流程

原料挑选→水煮→甩水→挑选→上糖液→油炸→冷却→甩油→装罐→抽气密封

2. 工艺要点

（1）原料挑选　核桃仁通过0.8cm孔径的振动筛，筛除碎桃仁、碎皮、杂质，挑选出虫食、霉变的不合格桃仁。

（2）水煮　沸水煮2～4min，立即以清水冷却透、漂洗，除去涩味，预煮水要经常更换。

（3）甩水　水煮漂洗后将桃仁装入布袋内，在离心机内甩2min左右，去掉多余的水分。

（4）上糖液　将甩干的核桃仁浸泡在50%蔗糖液中。

（5）油炸　将桃仁放入150～160℃的油中炸2～4min，炸透呈琥珀色，不焦糊。立即捞起、摊开，迅速冷却至60～70℃，翻动以免粘连，冷却至50℃以下，再在离心机中甩油1min，使之脱去表面余油。取出分选，选除焦糊、颜色过深、发黏、碎块和杂质。

（6）装罐、抽气密封　按色泽、大小粒分开装罐，要求色泽、大小均匀。琥珀桃仁不进行杀菌，故对加工过程的卫生和个人卫生要求很严。装罐后抽气密封，真空度为53kPa。

## 第二节　粥类罐头

### 一、粥类罐头的种类和特点

粥是以谷类如大米等为基础原料，再辅以豆类、干果等其他原料加工而成的一种半流体食品，其种类很多，但至今没有统一的分类方法。一般常以主原料或粥中的某一特色原料来命名分类，如薏米粥、莲子粥等；也有的则以所用原料的种数来命名，如八宝粥等。粥的名称基本上可反映出这种粥的特色。

## 二、粥类罐头生产工艺

### （一）原料及其基本要求

粥类罐头生产用的原料种类、品种很多，主要有以下五类：

（1）谷类　主要有糯米、粳米、稻谷等。

（2）豆类　主要有红小豆、绿豆、芸豆等。

（3）干果　桂圆、红枣、莲子等。

（4）杂粮　大麦仁、小米、薏米、黑米等。

（5）其他　银耳、花生米、枸杞、桂花等。

生产粥类罐头用的谷物、豆类、干果、杂粮等原料应颗粒饱满、色泽正常、无虫蛀、无霉变、无杂质、无污染，应符合有关标准的要求。

### （二）原料的预处理

（1）选料、清洗　挑选剔除糯米、薏米、麦仁、红豆、绿豆、芸豆、花生、莲子、葡萄干等原辅料中虫蛀、破损、发霉等不良颗粒及杂物。然后用清水清洗充分清洗去除表面杂物、灰尘及残留农药。

（2）浸泡复水　桂圆肉、红枣等原料在装罐前应以适量的水进行适度浸泡复水。

（3）预煮　红小豆、芸豆、花生等辅料筛选清洗后进行适度预煮（煮至八成熟，手感略硬）。

### （三）常见质量问题

（1）粥粒不完整、成糜状　原因为：

①米、水等配比不当，水的比例过高。

②加工工艺不当，米淘洗过度、熟化过度。

（2）分层、粥体不均匀、不黏稠　原因为：

①主原料如大米品种选择不当或两种米的比例不当。

②米、水等的比例不当，米量过少。

③加工工艺不当，如分次加水等。

（3）干硬、无流动性　原因为米、水等的比例不适当，米量过高。

## 三、粥类罐头生产实例

八宝粥是指以 8 种以上的谷类、豆类、干果、杂粮等（不包含糖水）为原料加工而成的粥，是我国粥中最受欢迎的一类。以八宝粥类罐头和黑米八宝粥罐头作为粥类罐头的加工实例。

### （一）八宝粥罐头

1. 工艺流程

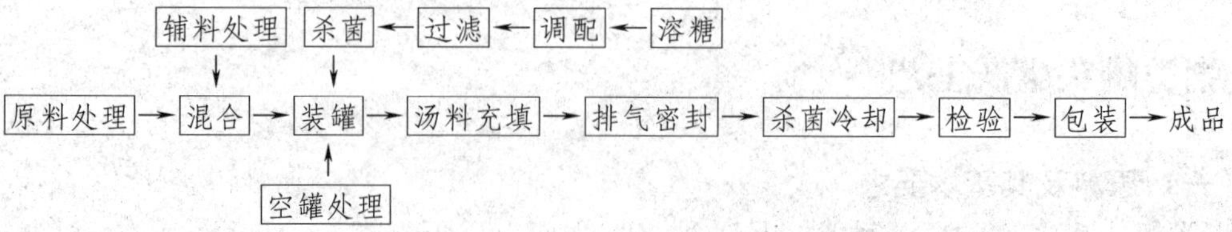


2. 工艺要点

（1）原料配方　（1200 只）糯米 20kg，红豆 10kg，薏米 4kg，花生 4kg，珍珠米 2kg，绿豆 10kg，桂圆肉 5kg，麦片 2kg，红枣 2400 粒，汤料 400kg。

（2）原料的选择　无虫蛀、无破损、无霉变的优质糯米、薏米、绿豆、红枣、珍珠米、桂圆肉、麦仁、花生米。

（3）原料处理

①糯米、薏米、珍珠米：筛选、清洗、浸泡。

②红枣：挑选、浸泡、清洗。

③桂圆：清洗、浸泡，浸泡水水过滤后用于汤汁制备，桂圆肉挑选后备用。

④豆类、花生米：筛选、清洗、预煮。

（4）配汤　按工艺要求配置好糖液，为增强风味应加入桂圆滤液。

（5）装罐　经处理的糯米、薏米、珍珠米、绿豆、麦片、花生等原辅料按一定的比例混合后，用自动定量装罐机装罐；红枣、桂圆人工控制装罐，最后再加入汤料。953 型铁罐，每罐装混合料 110g、汤料 240g。

（6）排气密封

①排气箱排气：93℃，6 ~ 8min，罐中心温度达 80℃即刻密封。

②真空排气密封：真空度 67kPa。

（7）杀菌冷却　净质量 340g，8—38—15min/119℃，冷却至 38 ~ 40℃。

**（二）黑米八宝粥罐头**

1. 工艺流程

2. 工艺要点

原料配方：黑米 2kg，紫糯米 2kg，红糖 6kg，红枣 1kg，红豆 1kg，薏米 1kg，糯米 1kg，莲子 500g，桂圆肉 200g，水 100g。

黑米先用冷水淘洗干净，然后浸泡在 50℃水中 2h，水∶米 = 2∶1

将糯米、红豆、紫糯米、薏米等原料淘洗干净后，在水温达到 60℃时连同黑米一起下入锅中，加大热量，使其迅速烧开，沸后煮约 15min，加入红糖，然后用文火慢慢煮制。

煮熟 0. 5h 放入红枣及桂圆肉，全部煮制时间大约是 1. 5kg，这时粥汁已成稳定的乳胶状态。

成品趁热装罐、密封，罐中心温度为 80℃左右。

杀菌：杀菌公式为 10′—20′—反压冷却/121℃。杀菌时应注意将罐倒放，冷却后，再将罐放正。

【思考题】

1. 坚果类罐头包括哪几种?
2. 坚果类罐头生产中分选油炸的作用?
3. 简述粥类罐头的种类和特点。
4. 粥类罐头生产用的原料主要有哪几类?
5. 粥类罐头常见质量问题有哪些?

## 参考文献


[1] 马长伟编. 食品工艺学导论. 北京: 中国农业大学出版社, 2004
[2] 沈月新主编. 水产食品学. 北京: 中国农业出版社, 2001
[3] 汪之和主编. 水产品加工与利用. 北京: 化学工业出版社, 2003
[4] Horner W. F. A., Canning fish and fish products. edited by G. M. Hall, London. Blackie Academic and Professinal, 1997
[5] 梁文珍. 罐头生产. 北京. 化学工业出版社, 2011
[6] 赵良. 罐头食品加工技术. 北京: 化学工业出版社, 2007
[7] 江建军. 罐头生产技术. 北京: 中国轻工业出版社, 2006
[8] 赵秀丽. 罐头制品质量安全与卫生操作规范. 北京: 中国计量出版社, 2010

# 第八篇
# 调味品工艺

# 第一章　调味品概述

【学习指导】

本章应重点掌握调味品的概念及分类。

## 一、调味品的概念

调味品是指在食品加工或烹调中能够调整或调和食物口味的食品加工辅料或添加剂。在国家标准《调味品分类》（GB/T 20293—2007）中调味品的定义为："在饮食、烹饪和食品加工中广泛应用的，用于调和滋味和气体并具有去腥、除膻、解腻、增香、增鲜等作用的产品。"它的主要功能是增进菜品质量，满足消费者的感官需要，从而刺激食欲，增进人体健康。

调味品又称调料，主要是指香草和香料。香草是各种植物的叶子。它们可以是新鲜的、风干的或磨碎的。香料是植物的种子、花蕾、果实、花朵、树皮和根。香料的味道比香草浓烈得多。有些情况下，一种植物既能用于生产香草又能用于生产香料。有些调味品由多种香料混合而成（例如红辣椒粉），或者由多种香草混合而成（例如调味袋）。调味品种类繁多，它不仅能够赋予食品一定的气味和滋味，还能改善食品的质感和色泽。只有了解调味品的属性和调味原理，掌握调味品的应用方法、相互作用及使用量等，才能加工出色、香、味俱全的美味食品。

## 二、调味品的分类

中国食物色、香、味俱全，调味品更是丰富多彩。调味品大致可以分为甜味料、酸味料、咸味料、辣味料和香味料等。这些调味品的成分大多数为人体所必需或对人体无害。所以调味品的添加不但不影响食物中的营养素，反而有补充效果。但调味品的用量也不能过度，否则会产生副作用。

中国研制和食用调味品具有悠久的历史和丰富的知识，调味品品种众多。其中有属于东方传统的调味品，也有引进的调味品和新兴的调味品品种。对于调味品的分类目前尚无定论，从不同角度可以对调味品进行不同的分类：

1. 按来源分类

可分为动物性（鸡精），植物性（黑胡椒、芥末、姜），矿物性（食盐），化学合成类。

2. 按加工过程分类

（1）酿造类　酿造类调味品是以含有较丰富的蛋白质和淀粉等成分的粮食为主要原料，经过处理后进行发酵，即借有关微生物酶的作用产生一系列生物化学变化，将其转变为各种复杂的有机物，此类调味品主要包括：酱油、食醋、酱、豆豉、豆腐乳等。

（2）腌渍类　腌渍类调味品是将蔬菜加盐腌制，通过有关微生物及鲜菜细胞内的酶的作用，将蔬菜体内的蛋白质及部分碳水化合物等转变成氨基酸、糖分、香气及色素，具有特殊风味。其中有加淡盐水浸泡发酵而成湿态腌菜，有的经脱水、腌渍发酵而成半湿态腌菜。此类调味品主要包括：榨菜、冬菜、梅干菜、泡姜、泡辣椒等。

（3）鲜菜类　鲜菜类调味品只要是新鲜植物。此类调味品主要包括：葱、姜、蒜、辣椒、辣根、香椿等。

（4）干品类　干品类调味品大都是根、茎、果干制而成，含有特殊的辛香或辛辣等味道。此类调味品主要包括：花椒、胡椒、干辣椒、八角、芥末、桂皮、姜粉等。

（5）水产类　水产类调味品是水产中的部分动植物，干制或加工，蛋白质含量较高，具有特殊鲜味，习惯用于调味的食品。此类调味品主要包括：鱼露、虾米、虾皮、虾酱、虾油、蟹制品、淡菜、紫菜等。

（6）其他类　不属于前面各类的调味品，主要包括：食盐、味精、糖、黄酒、咖喱粉、芝麻油、花生辣酱等。

3. 按状态分类

可分为液态（食醋、卤水汁），油态（鲜虾油），粉状（胡椒粉、大蒜粉、鸡粉），糊状，膏状（沙茶酱、酸梅酱）。

4. 按味感分类

可分为咸味调味品（食盐、酱油、豆豉），甜味调味品（蔗糖、蜂蜜），酸味调味品（食醋、茄汁、山楂酱），鲜味调味品（味精、虾油、鱼露），酒类调味品（黄酒），辛香料调味品（花椒、葱），复合及专用调味品（甜面酱、花椒盐）。

5. 按人们的口味和习惯分类

（1）单味调味品　如醋、糖盐等。

（2）基础调味品　如酱油、味精、面酱、辣椒油等。

（3）复合调味品　如辣椒酱、蛋黄酱、番茄酱、烤肉酱、沙茶酱、调味醋等。

6. 按调味品的性质、来源等分类

可分为化学调味料、复合调味料、核苷酸调味料、天然调味料、原始辛香调味料、西式调味料和酿造调味料 8 类。

7. 按用途分类

可分为快餐调味料、复合调味料、西式调味料、方便食品调味料、膨化食品调味料、火锅调味料、海鲜品调味料及速冻食品调味料等。

**【思考题】**

1. 什么是调味品?
2. 简述调味品的分类方法。
3. 按加工过程分，调味品分为哪些类?
4. 调味品按味感分为哪些?

# 第二章　酱油、酱类和腐乳

【学习指导】

本章应重点掌握酱油的概念及分类、酱油的酿造工艺；酱的分类及豆酱和面酱的酿造工艺；了解腐乳生产的原辅料、掌握其生产工艺流程和操作要点。

## 第一节　酱　　油

酱油起源于中国，是一种古来的传统调味品，是以豆、麦、麸皮等为原料酿造的液体调味品，色泽红褐色，有独特酱香，滋味鲜美，有助于促进食欲。

### 一、概述

#### （一）酱油的概念

酱油是以富含蛋白质的豆类和富含淀粉的谷类及其副产品为主要原料，在微生物酶的催化作用下分解成熟并经浸滤提取的调味汁液。

#### （二）酱油的分类

1. 按行业标准分类

（1）酿造酱油　酿造酱油是以豆类、谷类或其他粮食为主要原料，经曲菌酶分解，使其发酵成熟制成的调味汁液。可供调味及复制用。

①高盐发酵酱油：是指原料在生产过程中应用高盐发酵工艺酿制的调味汁液。可供调味及复制用。其还可以细分为以下几类：a. 高盐固态发酵酱油：是指原料在发酵阶段采用高盐度、小水量固态置醅工艺，然后在适当条件下再稀释浸取的调味汁液。b. 高盐固稀发酵酱油：是指原料在发酵阶段采用高盐度、低水量固态制醅工艺。然后在适当条件下再稀释成醪，继续分解成熟制取的调味汁液。c. 高盐固稀发酵酱油：是指原料在发酵阶段采用高盐度、多水量稀态制醪工艺，分解成熟后直接滤取或适当稀释滤出的调味汁液。

②低盐发酵酱油：指原料在生产过程中应用低盐发酵工艺酿制的调味汁液。产品通常用于调味及复制。可细分为以下两类：a. 低盐固态发酵酱油：是指原料在发酵阶段采用低盐度、小水量固态制醅工艺，分解成熟后再稀释浸取的调味汁液。b. 低盐固稀发酵酱油：是指原料在发酵阶段以低盐度、小水量固态制醅工艺，然后在适当条件下再以一

定浓度盐水稀释成醪，继续分解成熟制取的调味汁液。

③无盐发酵酱油：指原料在生产过程中不添加食盐，采用固态发酵工艺进行酿制的调味汁液。产品通常用于调味及复制。

（2）再制酱油　再制酱油是以酿造酱油为基料，添加其他调味品或辅助原料进行加工再制的产品。其体态有液态和固态两种，均供调味用。

①液态再制酱油：是指利用酿造型调味汁液直接配制的产品或经简易再加工获得的复制品。

②固态再制酱油：是指以酿造酱油为基料，经加热或以其他方式浓缩并加入适当充填料制成的产品。稀释后用于调味，可分为酱油膏、酱油粉、酱油块等。

③酱油状调味液以主要原料水解液为基料，再经发酵后熟制成的调味汁液。

2. 商业流通中的酱油分类

在商业流通中，有的按生产方法分类，有的按添加风味物质分类，还有的按形态分类，常见种类如下：

（1）抽油　古法提取酱油时，以有蜂眼的管子插入酱缸中，让酱油渗入管内，然后抽取而出，故得名抽油。第一次抽取的汁液质量最好，称“头抽”；第二次抽取的质量次之，称“二抽”；第三次抽取的质量最差，称“三抽”。

（2）生抽　是一种不用焦糖色素调色、增色的酱油。一般以精选的黄豆（7 份）和面粉（3 份）为原料用曲霉制曲经曝晒、发酵成熟后提取而成，并以提取次数的先后分为特级、一级、二级。其风味、使用方法与普通酱油基本相同，尤其适用于色泽要求较深的食品。

（3）老抽　是在生抽中加入用红糖熬制成的焦糖，再经加热搅拌、冷却、澄清而制成的浓色酱油。按生抽的级别相应分为特级、一级、二级。其风味、使用方法与普通酱油基本相同，尤其适用于色泽要求较深的食品。

（4）复制红酱油　是在酱油中加入红糖、八角、山柰、草果等调味品，用微火熬制，冷却后加入香味剂制成的酱油。可用于冷菜及面食的调味。

（5）白酱油　是未经调酱色或酱色较浅的化学酱油。风味与普通酱油相同，只是色泽呈浅黄色或无色。多用于要求保持原料原色的菜肴及食品，如白蒸、白煮、白拌等。

（6）甜酱油　是以黄豆制成酱醅，添加红糖、饴糖、食盐、香料、酒曲等酿造而成的酱油，色泽酱红、质地黏稠、香气浓郁、咸甜兼备、咸中偏甜、鲜美可口。用法同普通酱油，尤以浇拌凉菜为宜。

（7）美极鲜酱油　用大豆、面粉、食盐、糖色、鲜贝提取物等加工制成的浅褐色酱油，其味极鲜，多用于清蒸、白煮、白焯等菜肴的浇蘸佐食或用于凉拌菜肴。

（8）辣酱油　是在酱油中加入辣椒、生姜、丁香、砂糖、红枣、鲜果及上等药材，经加热、浸泡、熬煎、过滤而成的酱油。其色酱红，具有咸、鲜、辣、甜、酸、香等多种味感。多用于蘸食及调拌冷菜。另外，在西餐中较多使用。

（9）加料酱油　此类酱油是在酿造过程中加入动物或植物性原料，制成具有特殊风味的酱油，如草菇老抽、香菇酱油、虾子酱油、蟹子酱油、五香酱油等。

## 二、酱油酿造工艺

**（一）原料验收**

对所有原辅料如豆粕、麸皮等进行感官、理化及卫生学等方面的检验，合格者方可用于生产。

**（二）粉碎**

粉碎的目的是使原料有适当的粒度，便于润水和蒸煮，增加米曲霉的繁殖面积和酶的作用面积，有利于原料成分的充分分解。

豆饼或豆粕的粉碎可采用适当的粉碎设备，如锤式粉碎机、多功能粉碎机。粉碎后再通过筛分，使豆粕细碎度达到标准要求。

**（三）混合**

制曲原料的配比，各地不一。既要考虑酱油的质量，又要照顾各地区酱油风味特点。由于酱油的鲜味主要来源于原料中蛋白质分解生成的氨基酸，而酱油的香甜主要来源于原料中淀粉分解生成葡萄糖及其生成的醇类，醇与有机酸结合生成酯形成香味。所以若需酿制鲜味较浓并带香甜的酱油，在原料配比中需适当增加蛋白质原料；如需酿制出香甜味浓并带有鲜味、体态黏稠的酱油，在原料配比中需适当增加淀粉质原料。常用的原料配比是：豆饼（豆粕）：麸皮为8∶2或7∶3或6∶4或5∶5。粉碎后的豆饼与麸皮应按一定比例充分拌匀，混合均匀。

**（四）润水**

所谓“润水”，是给原料加入适量的水分，使原料均匀而完全吸收水分的工艺过程。

（1）原料润水的目的　使原料均匀地吸收一定水分，使其膨胀、松软，以利于蒸煮时蛋白质达到适度变性，淀粉充分糊化，溶出曲霉生长所需的营养成分，同时也为曲霉生长提供所需的水分。

（2）原料润水的方式　目前润水的方式有三种，即人工翻拌润水、螺旋输送机润水、旋转式蒸煮锅直接润水。

人工翻拌润水是在蒸锅附近筑一平台，周围稍砌高畦，以防翻拌润水时水分流失。加水时在平台上用铲翻拌，使水与原料充分接触，均匀吸水。加水后堆积一段时间，让水分自然浸润，使原料均匀而完全吸收水分。

螺旋输送机润水是将原料送入螺旋输送机内，边加水、边混合，使原料与水充分接触，让水分接触，然后再堆积一段时间，让其自然润湿。

旋转式蒸煮锅润水是将原料装入蒸煮锅内，蒸锅回转运动同时按一定比例喷入水分，并使水分尽可能分布均匀及渗入料粒内部的操作过程。

（3）原料润水的方法　原料可选用冷水、温水及热水进行润水。用冷水润水耗时长，容易污染大量杂菌；温水润水润湿物料的时间短一些，但是可溶性成分的浸出量较大，易造成有效成分的损失；用接近沸点的热水润水，不仅润湿的时间最短，同时还可以使蛋白质受热凝固，提高其松散度，防止物料发黏，减少可溶性成分的损失，因此目前常采用热水润水。

（4）加水量　加水量对制曲、原料利用率及氨基酸生产率影响很大。加多少水适宜必须根据原料的性质及配比、制曲的条件、制曲的季节而定。原料品质好，加工设备先进，操作环境卫生洁净，操作过程不易为杂菌浸染，加水量宜多些，反之加水量宜少些。据日本有关资料报道，豆饼加水量从70%增至160%过程中，原料全氮利用率和氨基酸生产率随加水量增加而逐渐提高。

（5）加水量对产品质量的影响　在一定范围内加水量越多，成曲蛋白酶活力越高，氨基酸生成率越高，酱油的鲜味越浓、质量越好。但是随加水量增加杂菌也越易繁殖，糖类消耗大，淀粉有效利用率低，制曲温度升高迅速甚至难以控制，易发生烧曲、馊曲或酸败，生成大量游离氨，影响酱油成品质量。

实践证明，加水量为豆饼的80%～100%较合适，在此水分含量条件下，原料利用率和氨基酸生产率都得到较大提高。另外，原料蒸煮冷却以后，熟料的水分含量，春秋季节应控制在48%～49%，夏季控制在49%～51%，冬季控制在47%～48%。

蒸煮时原料要吸收为总料量3%～5%的水分，在冷却过程中又要蒸发少量水分，干麸皮也要吸收一部分水分。蒸煮过程中吸收的水分基本上可以抵消蒸发及干麸皮吸收的水分，计算时可以忽略该方面的影响。

**（五）原料的蒸煮及冷却**

（1）蒸煮是使原料中的蛋白质适度变性、淀粉糊化，有利于被酶水解；杀灭原料中的有害及致病微生物。

（2）蒸熟后的原料应立即冷到接种温度，常压蒸料可采用摊冷法或扬凉法，旋转式蒸煮锅蒸料可用扬送机扬凉，刮刀式蒸煮锅蒸料可将熟料缓慢送入凉料机中风冷。无论哪一种冷却方式都应注意卫生，防止二次污染影响酱油质量，同时打碎团块，以利于下一步的操作。

**（六）制曲**

制曲时在熟料中加入种曲，创造曲霉生长繁殖的适宜条件，使之能充分繁殖，同时产生酱油酿造时所需各种酶类的过程。产生的主要酶类有蛋白酶、淀粉酶、脂肪酶、纤维素酶等。制曲是酿制酱油最关键的环节，成曲的好坏对酱油的产量、质量起决定性作用。要制好成曲，一定要制出优良的种子曲，二是做好原料的选择、配比及处理工作，三是制曲时要做到科学管理。

**（七）发酵**

酱油发酵是利用成曲中曲霉、酵母、细菌所分泌的各种酶类，对曲料中的蛋白质、淀粉等物质进行分解，形成酱油独有的色、香、味成分。在成曲中拌入大量的盐水，使其呈浓稠的半流动状态的混合物成为酱醪；在成曲中拌入少量的盐水，使其呈不流动状态的混合物称为酱醅。酱油发酵的方法很多，根据醪和醅状态的不同，可分为稀醪发酵、固态发酵及固稀发酵；根据加盐量不同，可分为高盐发酵、低盐发酵和无盐发酵；根据发酵时加温情况不同，又可分为日晒夜露发酵及保温速酿发酵。无论何种发酵方式，其目的都是为了创造酶促反应的有利条件，避免有害杂菌污染，使酱醅（醪）能顺利、正常地发酵与成熟。

**（八）酱油的浸出（提取）**

浸出是指在酱醅成熟后，利用浸泡及过滤的方式，将有效成分从酱醅中分离出来的过程。浸出包括浸泡和过滤两个工序。浸出法代替了传统的压榨法，节省了繁琐而沉重的压榨设备，减少了占地面积。改善了劳动条件，提高了生产效率及原料利用率。浸出原则是尽可能将固体酱醅中的有效成分解离出来，溶解到液相中，并保持绝大部分浸提成分快速分布到成品中去。浸出方式有原池浸出和移池浸出两种方式。

**（九）酱油的后处理**

1. 加热处理

（1）作用　杀灭产品中的有害及致病微生物，钝化各种酶类，调和香气及风味，改善酱油色泽，脱除热凝固物、促进酱油澄清，提高酱油的保藏稳定性及食用安全性。

（2）热处理方法　采用间歇式加热法，应将成品酱油加热到70℃，并保持30min。如采用连续式加热法，应将酱油加热至80～85℃，维持5～10min。有条件的可采用超高温瞬时灭菌法（UHT法），可最大限度地保留产品中热敏性营养物质。

2. 产品的调配

（1）风味的调整　添加某些风味成分对酱油风味进行调整。鲜味成分：谷氨酸钠（味精）、鸟苷酸、肌苷酸等；甜味成分，砂糖、甘草、饴糖等；芳香成分：花椒、丁香、桂皮（浸提液）等；色素成分：焦糖色素、酱色等；防腐成分：苯甲酸钠、山梨酸钾等。

（2）理化指标的调整　一般对全氮含量、氨基酸态氮含量、盐的含量、无盐固形物的含量进行检测和调整，使产品符合相应标准规定。

3. 澄清与防腐

（1）澄清　杀菌后的酱油油应迅速冷却，在无菌条件下自然放置4～7d，使热凝固物沉淀并凝聚、沉降到下层，从而获得上清液；也可以采用过滤器进行过滤澄清。

（2）防腐　可添加防腐剂法进行防腐，常用的有苯甲酸钠、山梨酸钾，其最大用量不能超过0.1%。

**（十）灌装、封口、检验及贮存**

采用玻璃瓶、聚酯瓶或塑料薄膜袋对酱油进行包裹，包装材料应符合食品卫生要求，无毒无味，不透气，不透水，不透油、灌装封口操作尽量采用无菌灌封技术，保证产品不被二次污染。产品应该按照国家有关酱油的质量标准要求进行检验，合格者方可出厂，成品酱油应当在10～15℃、阴凉、干燥、避光、避雨处存放。

## 第二节　酱　　类

### 一、概述

酱是以富含蛋白质的豆类和富含淀粉的谷类及其副产品为主要原料，利用以米曲霉为主要微生物，经发酵而制成糊状调味品。酱经过发酵具有独特的色、香、味，含有较高的蛋白质、糖、多肽及人体必需的氨基酸，还含有钠、氯、硫、磷、钙、镁、钾、铁等离子。酱不但营养丰富，而且容易消化吸收，它既可作为菜肴，又是调味品，还保持特有的色、香、味、体，价格也便宜，因而是一种很受欢迎的大众化调味副食品。酱是我国传统的咸味调味品，因其原料不同，工艺差异，品种有所不同，现将市售品种分类介绍如下：

**（一）豆酱**

以豆类为主要原料，经过曲菌酶分解，使其发酵熟成的酱类。可直接佐餐或供复制用。

1. 黄豆酱

以黄豆为主要原料加工酿制的酱类。

（1）干态黄豆苗　指原料在发酵过程中控制较少水量，使成品外观是干涸状态的黄豆酱。

（2）稀态黄豆酱　指原料在发酵过程中加大用水量，使成品外观呈稀稠状态的豆酱。

2. 蚕豆酱

以蚕豆为主要原料加工酿制的酱类，分为生料蚕豆酱和熟料蚕豆酱。

3. 杂豆酱

以豌豆或其他豆类及其副产品为主要原料加工酿制的酱类。

**（二）面酱**

以谷类为主要原料，经过曲菌酶分解，使其发酵熟成的酱类，可直接佐餐和供复制用。或作为制作酱菜的腌制料。

（1）小麦面酱　以小麦为主要原料加工酿制的酱类。

（2）杂面酱　以其他谷类淀粉及其副产品为主要原料加工酿制的酱类。

**（三）复合酱**

复合酱是指以豆、面等酱为基料，添加其他辅料混合制成的酱类。可供佐餐用，如郫县豆瓣、辣面酱等。消费者在选购酱类时，应注意，优质面酱应为黄褐色或红褐色，鲜艳，有光泽，具酱香和酯香，无不良气味；入口咸鲜甜浓，醇厚，无苦味、焦糊味、酸味及其他异味；体态黏稠适度，无霉变、杂质。优质豆酱基本同面酱，并具浓郁豆香，甜度较低。面酱含盐量≥7%，豆酱含盐量≥12%。使用时应注意折算合理添加量。另外，若以酱作味碟蘸食，一定要蒸或炒后食用，否则可能引起肠胃疾病。

## 二、大豆酱酿造工艺

**（一）传统豆酱生产工艺**

1. 工艺流程

食盐水 ↓（加入豆瓣曲→发酵之间）

大豆→除杂→浸泡→蒸熟→制曲→豆瓣曲→发酵→成品

2. 工艺要点

（1）大豆浸泡　先将大豆清洗，再浸渍，浸渍时间：冬季4～5h、夏季2～3h，以豆粒胀起无皱纹为宜，淋干备用。

（2）蒸煮　蒸煮适度的大豆熟透而不烂，用手捻时豆皮脱落，豆瓣分开为宜。

（3）制曲　将蒸煮好的大豆冷却，在木盘或竹匾上摊平，放于通风处，几天后，豆子上长满1.7～3.3cm厚的黄毛，制曲完成。

（4）发酵　将制好的豆瓣曲加食盐水（食盐添加量为40%），拌匀。酱醅耙平，轻轻压实，再用塑料布封口，加盖。此后开始保温发酵。分别于第5天、第10天翻酱醅，15d左右即可发酵成熟。

**（二）现代豆酱生产工艺**

传统方法制酱，周期长，劳动强度大，而且容易污染杂菌，因此豆酱的现代化生产非常重要。豆酱的现代化工艺主要表现在制曲工艺上，实现了人工接种，制曲和发酵的管理更加科学、合理和可控。

1. 制曲

（1）工艺流程

大豆→洗净→浸泡（水）→蒸熟→冷却→混合（面粉）→接种（种曲（或曲精））→厚层通风培养→大豆曲

（2）工艺要点

① 原料配比：大豆100kg，标准粉40～60kg，种曲量为0.15%～0.3%。

② 大豆清洗：大豆中混有泥土、沙砾和其他杂物，因此有必要除去。方法是将大豆至于清水中，利用人工或机械不断搅拌，使豆荚、浮豆及其他较轻的杂物浮在水面，沙砾等重物沉积在底部，泥土等把水弄混浊，弃去上层和沉底的物质，并连续冲洗数次，大豆便洗涤清洁。

③ 大豆的浸泡：将洗净的大豆加水浸泡。浸渍程度为豆粒胀起无皱纹，豆内物白心，并能于指间容易压成两瓣为宜。大豆浸水要透，否则蛋白质吸水不够，蒸料时很难蒸熟，影响蛋白质完成一次性变质，从而降低成品质量和原料利用率。大豆经浸泡沥干后，一般重量增至2.1～2.15倍，体积质量增至2.2～2.25倍。

④ 蒸煮：目的是使大豆组织充分软烂，其中所含蛋白质变性，易于水解，同时部分碳水化合物水解为糖和糊精，以利于曲霉利用。大豆蒸煮的方法，因设备不同而分为常压和加压两种。将浸泡好的大豆放入蒸桶和蒸锅内，通入蒸汽，待蒸汽全部从面层冒出后加盖。若以常压煮豆，则加盖后维持2h左右，焖2h出锅；若以加压蒸豆，待蒸汽全部从面层冒出后，密闭盖子，通蒸汽至压力达到$4.9\times10^4$Pa，再放出冷气，继续通蒸汽至压力达到$9.8\times10^4$～$1.47\times10^5$Pa，维持30～60min即可。

⑤ 面粉处理：面粉可采用炒焙的方法或干蒸，也可加少量水后蒸熟，但经过蒸后水分增加，不利于制曲。因此现在有些工厂已直接利用面粉而不采取任何处理。将蒸熟的大豆冷却至80℃，与面粉拌和。

⑥ 接种：当熟料降温至38～40℃时，接入种曲，接种量为0.3%，接种后混合拌匀，为了使豆酱中不含麸皮，种曲最好分离出孢子后使用。料曲水分要适宜，水分过少，米曲霉生长困难；水分过大，会引起杂菌污染，且制曲过程中，有效成分损失过多。

⑦ 制曲：为了给米曲霉繁殖创造最佳的生长条件，使其分泌大量的酶类，作为发酵的动力，需要制曲。目前有同风制曲和制盒曲两种形式。通风制曲用机械通风代替人工倒盒，劳动强度低，曲质量也相对稳定，被大多数工厂所采用，小型工厂则用木盘、竹匾等制盒曲，曲室要求有保温、降温、保湿措施，还要定期灭菌。曲料接种完毕，接入菌槽，进行培养。曲室温度为26～28℃，干温差1～2℃。曲料入槽品温30℃左右，料层厚度约30cm，入槽培养8～10h，为米曲霉孢子生长的发芽期，此时期静置培养，当品温升至36～37℃时，通风降温至品温35℃以下。培养14～16h，米曲霉进入菌丝生长期，应持续通风，使品温不超过35℃。曲料出现结块时，进行第一次翻曲，此后，米曲霉进入菌丝繁殖期，品温上升迅速，应持续通风，使品温不超过35℃。当曲料层面产生裂缝全部发白时，可以进行第二次翻曲。培养20～22h，米曲霉开始着生孢子，进入孢子着生期。此时期内，米曲霉蛋白酶分泌最为旺盛。为了不影响蛋白酶的分泌，严格控制品温不超过35℃，还要求通湿风（相对湿度90%左右），或者用喷雾器喷洒一定量的凉水，并要连续通风。此时期品温应控制不超过35℃。孢子着生期进行两次产曲。此后，米曲霉逐渐成熟，品温下降至30～32℃，孢子呈淡绿色，总培养时间为30～36h，可以出曲。

2. 制酱

（1）工艺流程

食盐＋水→配制→澄清→盐水

↓

大豆曲→发酵容器→自然升温→第一次加盐水→酱醅保温发酵→第二次加盐水及盐→翻酱→成品

（2）工艺要点

①盐水的制备：由于制酱方法现在采用的有一般发酵法和固态低盐发酵法，其所需浓度不同，又因酱的种类不同，制醅发酵所需盐水浓度也有差异，经常需要配制14.5°Bé、15°Bé、19°Bé、23°Bé及24°Bé等不同浓度的盐水，澄清后，吸取其清液供不同酱品使用。

②发酵：豆酱的发酵过程是利用米曲霉及其他微生物所分泌的各种酶的生理作用，在适宜的条件下，使原料中的物质进行一系列复杂的生物化学反应，形成豆酱特有的色、香、味、体。小型工厂都使用缸、桶，都有保温设施。大型工厂可使用有水浴保温的水泥池。豆酱的发酵可分为高盐发酵和低盐发酵法两种。

高盐发酵（豆片曲制酱）需豆片曲100kg，19%盐水150kg。先将豆片曲预热至40℃，盐水预热至50℃，拌匀。发酵容器底部预先加入盐水少量，以免酱醅黏底变质。成曲拌盐时，底部盐水量可少一些，以后逐渐增多，最后把剩余盐水全部浇至面层，使其缓慢渗入。最后耙平，轻轻压实，表面铺盖聚乙烯薄膜及加盖。此后开始保温发酵。初期发酵1～5d，品温维持44～46℃，主要是蛋白质水解酶水解蛋白质。第5天进行第一次翻醅。发酵6～10d，品温升至46～48℃，仍以蛋白质分解分解为主，也伴有淀粉水解作用。第10天进行第二次翻醅。发酵11～15d，品温升至50～52℃，此期间主要是淀粉的水解作用。15d以后，酱醅发酵成熟，加入0.1%苯甲酸钠（先溶于沸水中），再利用压缩空气或翻酱机翻拌均匀，即得成品。

低盐发酵（大豆曲制酱）时，需大豆曲100kg，14.5%盐水90kg，24%盐水40kg，再制盐10kg。先将成曲倒入发酵容器内，表面耙平，稍微压实。其目的有二：一是使盐水逐渐缓慢渗入，曲与盐水的接触时间增长，二是避免底部盐水积得过多，同时面曲层也充分吸收盐水。压实后成曲会自然升温至40℃左右，再将14.5%盐水加热至60～65℃，浇至面层，使之逐渐全部渗入曲内，最后面层加再制盐一层，并将盖盖好。成曲加入热盐水后，醅温即可达到45℃左右。如果酱醅温度不低于40℃成品可以保持正常pH（pH6左右）。平时每天检查温度1～2次。10d后，酱醅成熟，补加24%盐水和剩余食盐，翻拌均匀，使食盐全部溶化。置室温下再发酵4～5d，以改善风味。

## 三、面酱酿造工艺

面酱又称甜酱、甜面酱，是以面粉为主要原料的一种酱类，由于其味道咸中带甜而得名。它利用米曲霉分泌的淀粉酶，将面粉经蒸熟而糊化的大量淀粉分解为糊精、麦芽糖及葡萄糖。曲霉菌丝繁殖越旺盛，则糖化程度越强。此项糖化作用，在制曲时已开始进行，在酱醅发酵期间则更进一步加强。同时面粉中的少量蛋白质，也经曲霉所分泌的蛋白酶的作用，将其分解成为各种氨基酸，而使甜酱又稍有鲜味，成为特殊滋味的产品。该产品已经远销日本和其他国家，是烤鸭必备的调味品，也是烹调中的调味佳品。

在面酱生产过程中，有两种不同的做法，即南酱园做法和京酱园做法，简称为南做法和京做法。它们之间的一个区别在于一个是死面的，一个是发面的。南酱园的做法是发面的，即将面蒸成馒头，之后制曲拌盐水发酵。京酱园是死面的，即将面粉拌入少量的水撮成麦穗形，而后再蒸，蒸完后降温接种制曲，拌盐水发酵。发面的特点是利口，味正。死面的特点甜度大，发黏。

### （一）传统曲法制面酱

1. 制曲

（1）工艺流程

种曲（或曲精）
↓
面粉+水→拌和→蒸熟→冷却→接种→厚层通风培养→面糕曲

（2）工艺要点

①原料处理：用和面机将面粉与水充分拌和均匀（每100kg面粉加水28～30kg），使其形成细长条形或蚕豆大小的颗粒，然后及时送入常压蒸锅中，当最后一包碎面块入蒸锅后，面层予以翻拌，待全部冒汽后即可。蒸熟的标准是面粉呈玉色，嘴嚼时不粘牙齿且稍有甜味为适度。或者可以用拌和机将面粉与水充分拌和成碎面块后，立即连续进

入蒸料机内，蒸熟的面糕也就连续出料，效果良好。

② 冷却接种：当蒸熟的面糕冷却至40℃时，按100kg的面粉接种曲0.3kg的比例，将与面粉拌和后的种曲均匀撒在面糕表面，再混合拌匀。为了保证面酱细腻无渣，接种的种曲以分离出的孢子（曲精）为宜。

③ 制曲：将曲料疏松平整的装入曲箱，料层厚25cm，曲料入箱后立即通风，使曲料品温均衡在30～32℃，静置培养6h左右，曲料品温逐渐上升，开始间断输入循环风，使料温保持33℃左右。6～8h，曲料表面出现白色绒毛状菌丝，内部有菌丝繁殖，曲料结块，间断通风，品温难以下降时，进入制曲第二阶段。

当料曲温度持续上升，曲料结块，料呈白色，立即输入冷风，使曲料品温降至30℃左右，翻曲一次，继续通风。品温保持在35℃左右，经8h通风培养，曲料二次结块，再进行一次翻曲即进入第三阶段。

二次翻曲时，曲料品温上升缓和，曲料表层菌丝体顶端开始有孢子产生，并随着时间的延长，曲料颜色逐渐变黄，此时应连续向曲箱输入循环风，并调节室温和相对湿度，品温保持在35℃左右，18h左右，孢子由黄变绿，曲料结成松软的块状，即为成曲。成曲应呈黄绿色，有曲香，手感柔软，有弹性，没有硬曲、花曲、烧曲，无酸臭气及其他不良气息。

2. 制酱

（1）工艺流程

食盐＋水→配制→澄清→盐水→加热
↓
面糕曲→发酵容器→自然升温→加盐水→酱醅保温发酵→成熟酱醪

（2）工艺要点

① 配合比例：面糕曲100kg，14°Bé盐水100kg。

② 制醪发酵：发酵时食盐对于淀粉酶、蛋白酶的活力有显著的抑制作用。根据试验测定，一般当氯化钠含量在10%的情况下，米曲霉的糖化力要比无盐时降低50%。同时，产品中若盐分含量高，在舌觉上甜味被遮盖，也影响成品质量。因此，面酱的发酵方法习惯上采用低盐发酵。盐水的浓度只要求14°Bé，而且盐水用量少，它的总含盐量比较低。这种低盐发酵的优点是成熟快，甜味足，色泽和香气也都很好，它既能防腐，又能及时成熟，并能获得较好的甜味。

发酵方法有两种：一种是先将面糕曲送入发酵容器内，耙平后自然升温，并随即从面层四周徐徐一次注入制备好的14°Bé热盐水（加热至60～65℃，并经澄清除去沉淀钩），让它逐渐全部渗入曲内，最后将面层压实，加盖保温发酵。品温维持在53～55℃，每天搅拌一次，至4～5d面糕曲已吸足盐水而糖化。7～10d后酱醅成熟，变成浓稠带甜的酱醪。另一种操作是先将14°Bé盐水加热到65～70℃，同时将面糕曲堆积升温至45～50℃，第一次盐水用量为面粉的50%，用制醅机将面糕曲与盐水充分拌和后，送入发酵容器内，此时要求品温达到53℃以上。拌种入发酵容器完毕，应迅速耙平，面层用再制盐封好并加盖，品温维持在53～55℃，发酵时间为7d。发酵完毕，再第二次加入沸盐水。最后利用压缩空气翻匀后，即得浓稠带甜的酱醪。

发酵温度要求53～55℃，需要严格掌握。如果发酵温度低，不但面酱糖分降低、质量变劣，而且容易发酸，若发酵温度过高，虽可促使酱醪成熟加快，缩短生产周期，但接触发酵容器壁的酱醪往往因温度过高而变焦，产生苦味。

面酱成熟后，一般当室温在15℃以下时，可以移至室外储存容器中保存，如果室温在15℃以上时，则贮存时必须经过加热处理和添加防腐剂，以防止酵母发酵而变质。

**（二）酶法制面酱**

酶法制酱是在传统的曲法制酱的基础上改进而来的。面酱糕不制曲，只加入少量特制的粗酶液进行水解。此法不仅可以减少杂菌污染，还可以缩短生产周期，提高出品率，但生产的面酱风味较差。

1. 工艺流程

温水（↓浸泡）　面粉＋水→拌和→蒸熟→面糕（↓拌和入发酵容器）

3.040米曲霉＋3.324黑曲霉→浸泡→压滤→酶液→拌和入发酵容器→保温发酵→磨酱→灭菌→成品

2. 工艺要点

（1）菌种的选择　酶法制面酱选用的菌种主要是3.324甘薯曲霉及沪酿3.040米曲霉。3.324甘薯曲霉所制得的麸曲（简称黑曲霉）的特点是：它的糖化型淀粉酶比米曲霉的糖化型淀酶的耐热性强，在60℃的糖化的效果较好，到65℃稍微减退，在30～58℃时则有较持久的耐力，生产中主要就是利用这个特点。其次3.324甘薯曲霉能产生有机酸，可使酱的风味调和而增进适口性。3.324甘薯曲霉的缺点是在制曲时，如果曲料水分大，时间控制不当，则孢子容易老熟顶产生黑色素。如果用这样的麸曲萃取曲液，不但糖化型淀粉酶的活力低，而且影响面酱的色泽，降低了面酱的质量，这是必须引起注意的一个环节。

3.040米曲霉的菌株是从温州得到的，它的糖化力相当强，而持续性则比较差，但是酱的色泽与风味都比较好，现在同时采用3.324与3.040两种菌种所生产的麸曲，则取长补短，发挥了各自的特点。

（2）3.324黑麸曲的制备

① 试管培养：培养基为6°Bé左右的饴糖液100mL、蛋白胨0.5g、琼脂2.5g，分装于试管后，加压0.1MPa，灭菌30min，然后制成斜面。无菌检查试验3d后接种，30～32℃培养3～5d孢子老熟，即可应用。

② 三角瓶培养：麸皮80g、面粉20g、水100mL，拌匀过筛，250mL三角瓶内装入20g，压力0.1MPa：灭菌30min，冷却后接种，置于30～32℃恒温箱内培养。18～22h后菌丝生长，温度上升，开始结块，摇瓶一次，第3天菌丝大量生长，即可扣瓶。孢子由黄色变成黑色就可应用。培养时间为4～5d。

③ 通风制曲：多次试验的结果证明，固体曲所分泌的糖化型淀粉酶的条件颇为复杂，虽同一菌种也因原料不同而异。即使菌种及原料相同，培养温度及培养pH改变时，

则酶的产量及组成比也有很大的变化。因此必须严格控制制曲期间的各个环节，以求得产酶的稳定。利用麸皮制曲，菌体长得较好，酶活力也较高，所以采用麸皮为制酶的主要原料。原料处理是麸皮250kg，加水65%，充分拌匀，常压蒸50min、焖30min（加压蒸料达到0.1MPa时，维持15min），送入通风曲池，冷却至40℃，接入三角瓶扩大种0.3%，接种完毕通风一次，使料层品温上下一致，6~7h后品温上升，即可间歇通风，使品温维持在32℃左右，不使超过38℃，如品温继续上升不易控制时，则可翻曲一次，经过26~30h，菌丝生长旺盛，呈微黄色，糖化酶活力达到高峰，就可出曲，摊晾备用。

④ 通风制曲的几点注意事项：

a. 温度与发芽的关系：实践证明，在25℃的低温下，曲霉要9h才能发芽，30℃下6.5h发芽，35℃时则6h就能发芽。所以为了缩短制曲时间应适当控制温度，促使其提前发芽。

b. 制曲温度：如曲料水分在51%，料层厚度20cm左右，温度一般能稳定在30~35℃。

c. 制曲时间：视曲料水分、培养温度、接种量等条件不同，一般是24~28h，当菌丝生长旺盛、孢子呈微黄色时出曲为最佳。如果孢子完全老熟变成黑色时出曲，则极不适宜。

d. 成曲贮存：3.324黑麸曲以新鲜应用为宜。如果不能一次用完，可放在阴凉干燥通风处，其水分不得超过13%。

（3）沪酿3.040黄麸曲的制备

① 试管及三角瓶培养：同3.324菌种培养。

② 种曲培养：如果三角瓶扩大曲用量过多，大批培养就有困难，应制造种曲。原料配比为麸皮10kg，加水60%~80%。

③通风制曲：原料配比及其处理、料层厚薄、制曲管理及成曲贮存等均可参照3.324通风制曲。唯制曲时间应比3.324黑麸曲长，为32~38h，曲呈淡黄色即可。

（4）酶液的萃取　将麸曲按投入原料重量的13%（其中沪酿3.040黄麸曲10%，3.324黑麸曲3%），加2.5倍40℃温水浸泡1.5~2h，搅拌促使酶能溶出，然后装入布袋压榨，也可用离心机使液渣分离。最简单的萃取方法是在木桶或缸内没一假底，再开一小洞，待曲浸泡后即可放出，这样循环套淋2~3次就可测定酶的活力，一般每毫升的酶液活力为45U左右（糖化酶活力）就可备用。浸出酶液热天易变质，要严加防止，必要时可适当加入食盐。

（5）原料处理　原料处理主要是面粉蒸熟。蒸面糕操作可参照一般面酱生产，但拌和面粉的水量应掌握在28%，即比原来减少2%，其细度也要比原来细些，尽可能做到越细越好。在正常情况下，蒸熟后面糕水分为36%~38%。酶法面酱生产用料配比如表8-2-1所示：

表8-2-1　酶法面酱生产用料配比　单位：kg

| 面粉 | 蒸熟后面糕质量 | 沪酿3.040黄麸曲 | 3.324黑麸曲 | 食盐 | 水（包括酶液） |
|---|---|---|---|---|---|
| 600 | 828 | 60 | 18 | 96 | 400 |

（6）拌料下缸及保温发酵　面糕蒸熟后冷却到60℃左右下缸，按原料配比加入麸曲浸出液，同时补足食盐量，充分拌匀后压实，此时品温要求达到45℃左右，以便使各种酶能迅速地起作用。24h以后，发酵容器四周已经出现液化现象，有液体渗出，面糕开始膨胀软化，这时即可进行翻酱，并维持酱温在45～50℃。第7天后即可升温到55～60℃，第8天可视面酱色泽的深浅调节温度到65℃，出酱前最好升温到70℃，这对防止成品变质有一定的作用，必要时按规定添加苯甲酸钠。酱温达到70℃后要注意立刻出酱，以免糖分焦化变黑，影响质量，每100kg面粉能生产面酱200kg左右。

在此过程中，应注意以下几点：

① 酶浸出液数量要掌握好，宜少不宜多。酶液少，浓度高，还可加水；酶液多，浓度低就难处理。

② 面糕出锅温度在80～90℃，因此不能立即与酶液混合，一定要冷却到要求温度，以保证酶的活力。

③ 要认真检查酶浸出液的变质情况，如已变质就不能应用。

# 第三节　腐　乳

## 一、腐乳的品种

腐乳又称豆乳腐，其口味鲜美、风味独特、质地细腻、营养丰富，是我国著名的传统酿造调味品之一，至今已有1000余年的历史。古籍中常见有酱腐乳、糟腐乳、白腐乳的记载，清朝初期又创造了青腐乳（臭豆腐）的制造方法，形成腐乳中风味独特的产品。我国现代腐乳的种类很多，大体上可分为红腐乳、白腐乳、青腐乳、酱腐乳及各种花色腐乳，主要是以表面的颜色、原材料的配方以及酿造后呈现出来的不同风味而区分，生产工艺过程大体相同。

制造腐乳的原料主要是大豆，也有用脱脂大豆的。辅料的种类很多，主要有食盐、黄酒（或其他酒类）、红曲、面膏、食糖及各种香辛料。

腐乳的营养价值很高，含蛋白质14%以上，脂肪5%以上，碳水化合物6%以上，每100g热量为544kJ，并含有较多的B族维生素，尤其是维生素$B_{12}$，100g红腐乳中维生素$B_{12}$含量为0.7mg，而青腐乳中每100g含量为1.88～9.8 mg。其蛋白质在微生物酶的作用下生成低分子肽及氨基酸，尤其是必需氨基酸含量较为丰富。

## 二、腐乳生产的原辅料

酿造腐乳的常用原辅材料主要有以下几种：

1. 蛋白质原料

豆腐乳的蛋白质原料有大豆、冷榨豆片及豆粕三种。

（1）大豆　大豆是酿造豆腐乳的最好原料。因大豆未经提油处理，所以制成的腐乳柔、糯、细，口感好。

（2）冷榨豆片　冷榨豆片是大豆经低温榨油后的豆饼。其脂肪含量已显著减少，而蛋白质、糖分等所占比例相对增加。由于在榨油过程中受到温度等理化因素的影响，其中蛋白质已部分变性。因此用冷榨豆片制造的豆腐在质量和产量上都受到一定的影响。

（3）豆粕　大豆经软化轧片处理，用溶剂萃取脱脂的产物称为豆粕。用于腐乳生产的豆粕要求采用低温真空脱溶法（80℃以下），使豆粕中保留较高比例的水溶性蛋白质，以提高原料的利用率和品质。

2. 水

对水质有一定的要求：一是要符合饮用水的质量标准；二是要求水的硬度越小越好。因为硬度大的水会使蛋白质沉降，影响豆腐的得率。表8-2-2是不同硬度的水质对豆浆质量的影响。

表8-2-2　浸泡水质对豆腐品质的影响

| 水质 | 豆浆中含蛋白质/% | 豆浆制豆腐得率/% |
|---|---|---|
| 软水 | 3.71 | 45.0 |
| 纯水 | | 47.5 |
| 井水 | 3.40 | 30.0 |
| 硬水 | | |
| 300mg钙/L | 2.49 | 26.5 |
| 300mg镁/L | 2.00 | 21.5 |

3. 凝固剂

凝固剂是能使大豆蛋白质凝聚的物质，制豆腐乳时常用盐卤和石膏。

4. 食盐

腐乳腌坯时需要适量的食盐。食盐在腐乳中有多种作用，如使产品具有咸味，与氨基酸结合增加鲜味，抑制某些微生物生长，防止豆腐乳变质等。对食盐的质量要求是干燥且含杂质少。

5. 调味料

调味料的主要作用是改变豆腐乳的风味，增加花色品种。

6. 黄酒

黄酒具有酒度低、性醇和、香味浓的特点，酿造时适量加入，可增加香气成分和特殊风味，提高豆腐乳的档次。

7. 红曲

红曲是红曲霉菌在米粒上繁殖而成的曲米，红曲色素由红曲霉红素（C22H2405）和红曲霉黄素（C17H2204）组成。红曲霉红素和红曲霉黄素微溶于水，易溶于酒精、醋酸、丙酮等有机溶剂中，芳香无异味，稀溶液呈鲜红色，浓度增大后呈红褐色，经光照会退色。酿造腐乳时，添加红曲色素可把坯表面染成鲜红色。

8. 面曲

面曲即面糕曲，是制面酱的半成品。腐乳酿造时使用晒干的面曲可给后发酵增加酶源，使成品中糖分含量增加。

9. 糟米

糟米也称酒酿糟，是制糟方的主要辅料。糟方腐乳外形美观、饱满，风味别致，糟香扑鼻，可促进食欲。

腐乳生产中使用的调味料还有花椒、红辣椒、茴香、陈皮、大蒜、葱、姜等。

## 三、腐乳加工工艺

### （一）腐乳的工艺流程

腐乳的种类不同，其生产工艺也会有所不同。发酵方式也有天然发酵和人工接种发酵等多种形式。腐乳的生产过程是将大豆浸泡，经磨浆、滤浆、煮浆、点脑、压榨、切块制成豆腐白坯，再经过接种、前期培菌、搓毛、盐渍成盐坯（也有不经盐渍成盐坯的），再将配制好的汤料与盐坯一同装入坛中密封，经自然或保温发酵而成。下面以北方常见的工业化生产的红方腐乳为例，介绍腐乳的生产工艺，其工艺流程如图 8－2－1 所示。

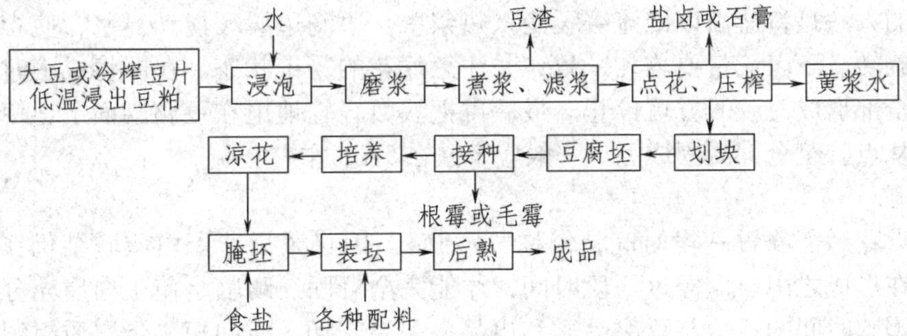


图 8－2－1　腐乳制作工艺流程

### （二）豆腐坯的加工工艺

1. 浸泡

（1）大豆浸泡　大豆 100kg 加水 200～250kg，一般冬季水温在 5℃时，浸泡 24h；春秋季节水温在 10～20℃，浸泡 12～18h；夏季水温在 30℃，浸泡 6h 即可。浸泡到大豆的两瓣劈开，就可进入下道工序。

（2）豆饼浸泡　应用冷榨豆片时用稀碱液浸泡，每 100kg 豆片配制 400kg、pH 9～10 的稀碱液。豆片在稀碱液中翻拌均匀，然后每半小时搅拌一次，直至浸泡结束（pH 一般在 7.0 左右）。浸泡时间根据气温高低而异，至豆片柔软为宜。

2. 磨浆

磨浆可采用砂轮磨、钢磨等。砂轮磨的细度比较均匀。但砂轮磨有利于豆浆和豆渣的分离。钢板磨产量高，但豆粉颗粒呈圆颗粒状，容易堵住筛眼，过筛较困难；而有的豆粉过细会穿过筛孔混入豆浆，从而影响豆腐质量。如果进料控制恰当，可得较好效果。磨浆过程中，应均匀加水，1kg 浸泡的大豆需添加 2.8kg 左右的水。

3. 滤浆

滤浆是利用离心机或滤浆机将豆浆与豆渣分离。一般每 100kg 大豆可得头浆 475kg 左右，以后分四次洗涤豆渣，第一次加水 80kg 左右（水温 80～90℃），稀释过滤，以后每次加水 80kg 左右（水温 60～70℃），最后结果是 100kg 大豆滤出相对密度为 5.5～6.0°Bé的豆浆 1100kg 左右。滤浆时如果泡沫较多，会影响过滤，可以加入少许油脚，使泡沫散失。

豆渣的重量为大豆的 110% 左右，大致成分为：含水 90%、蛋白质 1.5%、脂肪 0.4%、粗纤维 5%、碳水化合物 6%。

4. 煮浆

煮浆又称冲浆，是将过 100 目筛的豆浆加热到 95～100℃，放入缸中。

5. 点浆

点浆又称点花。控制点浆速度很重要，需掌握如下三个环节（以盐卤为例）：

（1）点浆温度在 82℃左右为宜，当煮沸过筛的豆浆冷却到 85℃时即开始下卤。

（2）点浆时豆浆的 pH 应调节到 6.8～7.0。

盐卤可加水冲淡成 15～16°Bé（100kg 大豆制成的豆浆需 28°Bé 浓盐卤 10kg）。

点浆的方法是将盐卤以细流缓缓滴入热浆中，边滴边缓缓搅动豆浆，使容器内豆浆上下翻动旋转。下卤流量要均匀一致，并注意豆花的凝聚状态。在即将成脑时搅动适度减慢，至全部形成凝胶时方可停止。最后再把淡卤轻轻地甩在豆腐脑面上，使表面凝固得更好。从点脑至全部凝固成型，一般应掌握在 5min 左右。

6. 蹲脑

豆浆点花后需静置一段时间，俗称“蹲脑”。因点浆后，蛋白质联结仍在进行，组织结构也在形成之中，需经过一段时间，才能完全凝固。蹲脑是使蛋白质充分凝聚成网状结构。蹲脑时间的长短与豆腐品质和出品率关系密切。时间短，蛋白质组织结构不牢固，未凝固的蛋白质会随黄浆水流失，产出的豆腐弹性差，出品率低；反之，时间过长，温度低，凝固物热结合能力弱，黄浆水不易析出，压榨成型困难。一般蹲脑时间为 20～30min。在此期间，尚需注意保温。

7. 压榨

蹲脑结束立即进行压榨。压榨的过程如下：

（1）清洗压榨工具，防止杂菌污染。

（2）蹲脑后豆腐脑下沉，黄浆水澄清，把竹滤器放入浆水中，按先轻后重加压，将 60% 的黄浆水从滤器上吸出。

（3）把豆腐脑加入高 1.6～1.8cm、内铺疏布的木框（可两个叠放，多组同时进行）中，加满后把框外余布向内折叠覆盖于豆腐脑上，待黄浆水沥出后，用压榨机压榨，进一步使豆腐脑中的余水排出。压榨开始时可较猛，以后减缓。压榨去水的程度可根据豆腐坯所需要的水分含量来决定，随品种和季节而异。

压成的豆腐坯要厚薄均匀，软而有弹性，色泽正常，无气泡及麻皮现象。压榨完毕的坯温一般控制在60~70℃之间，以防止微生物污染（要求杂菌数在500个/g以下），压榨后应及时进行划块工序。

8. 划块

用切块机将压榨好的豆腐坯按各地区品种规格要求切成小块。划块有热划、冷划两种。如果趁热划块，则划时要适当放大，使划成的豆腐坯冷却后的大小符合规格；冷划是待豆腐坯冷却、水分散发、体积已缩小后，再按原定的规格大小划块。

豆腐坯制成后，立即接种，并进行培养。

**（三）前期培菌**

1. 接种

①取生长良好的新鲜克氏瓶斜面，每瓶加入冷开水750~1000mL（热天适当减少）。用接种环洗下孢子，用纱布过滤后，制成的孢子悬液作接种用。

②将豆腐坯摆入笼格或框内，侧面竖立放置，均匀排列，其竖立两块之间需留有一块大的空隙。将孢子悬液按每100kg大豆使用两只克氏瓶孢子的比例（夏天加倍），喷雾到豆腐坯上，使豆腐坯的前、后、左、右、上五面喷洒均匀。

2. 培养

豆腐坯接种后，将笼格或框置于培养室内叠放，上层加盖。

培养的室温要求保持在26℃，在20h后才见菌丝生长，可进行一次翻笼（上下笼格调换），以调节上下温差，使生长速度一致；28h后菌丝已大部分生长成熟，进行第二次翻笼；44h后进行第三次翻笼，此时菌丝生长较快，较密；52h后菌丝基本上长好，开始适当降温；68h后散开笼格冷却。

夏天气温较高，如无降温设备，豆腐坯接菌种后，表面水分要吹干才可进入培养室。入室后须使水分再度挥发才能盖布。10h后可见菌丝生长，13、20、25h后分别进行第一次、第二次和第三次翻笼，28h后菌丝已基本长好；32h后散开笼格降温，前期发酵即可结束。

降温时间应在菌种全面长好时进行，过早将影响菌丝的生长繁殖，过晚则因温度升高而影响产品质量。降温一方面使菌丝成熟，增强酶的活性，另一方面可迅速冷却，延长产酶期。

**（四）后期发酵**

1. 腌坯

前期发酵结束即可进行腌坯。腌坯的操作是在离缸底18~20cm处铺放圆形木板一块，中心有直径约15cm的孔，把豆腐毛坯放在木板上沿缸壁外周逐渐排至中心，每圈相互排紧。在排列时，未长菌丝的一面应靠边，勿朝下，防止成品变形。

在排毛坯的过程中，先在底部木板上撒上薄层食盐，再按分层加盐的办法将盐撒到坯上，并逐层增加，最后在缸面铺上较厚的盐层。食盐的用量是按每万块（4.1cm×4.1cm×1.6cm）春秋季为60kg、冬季为57.5kg、夏季为62.5~65kg。腌坯3~4d后要压坯，即加入食盐水（或毛花卤，即腌坯后的盐水），超过腌坯面，使上层增加咸度。腌坯时间冬季为13d，春秋季节为11d，夏季为8d。腌坯结束，抽出盐水，放置过夜，使豆腐乳坯干燥收缩。

2. 装坛

配料与装坛是腐乳后熟的关键。腐乳的品种很多，各地区根据豆腐坯的厚薄及配料的不同，而制成不同的品种。

配料前先把缸内腌坯取出，块块搓开，再点块计数，装入洗净的干燥坛内，根据不同品种给予不同配料。现以小红方、小油方、小糟方、小醉方、青方及小白方为例，说明豆腐乳的生产方法。

（1）小红方　每万块（4.1cm×4.1cm×1.6cm）用酒总量为100kg，酒精体积分数为15%～16%，面曲2.8kg，红曲4.5kg，糖15g。一般每坛为280块，每万块可盛36坛。

①染坯红曲卤配制：红曲1.5kg、面曲0.6kg、黄酒6.25kg，浸泡2～3d，磨碎至细腻成浆后再加入黄酒18kg，搅匀备用。

②装坛红曲卤配制：红曲3kg、面曲1.2kg、黄酒12.5kg，浸泡2～3d，磨碎细腻成浆后再加入黄酒57.8kg，搅匀备用。

红方装坛方法是腌坯先在染坯红曲卤中染红，块块搓开，要求六面染到，不留白点。染好后装入坛内，然后将红曲卤灌入，至液面超出腐乳约1cm。每坛再按顺序加入面曲150g，荷叶1～2张，封面食盐150g，最后加封面土烧酒150g。

（2）小油方　每万块（4.1cm×4.1cm×1.6cm）用酒总量为100kg，腌坯装坛后灌酒卤超过腐乳1cm，然后每坛面上加砂糖250g，顺序加荷叶1～2张，封面食盐150g，封面再加土烧酒150g，油方灌卤全部为混合酒（酒精体积分数在16%左右），再混合酒内。

（3）小糟方　每万块（4.1cm×4.1cm×1.6cm）用酒总量为95kg（包括糟米中加酒），均为混合酒，酒精体积分数为14%左右，糟米折合糯米为20kg，即每坛平均放0.5kg糟米。糟方的装坛方法是装一层腌坯加一小碗糟酒，每坛面上封面食盐150g，但不加封面酒。

（4）小醉方　每万块（4.1cm×4.1cm×1.6cm）用酒总量为105kg，腌坯装块后，先加花椒一小撮（约十多粒），全部用黄酒灌卤，灌至超出腐乳面1cm，按顺序加荷叶1～2张，封面食盐150g，封面土烧酒150g。

（5）青方　青方（4.2cm×4.3cm×1.8cm）一般在春夏季节生产，要求水分为75%～76%，腌坯后含氯化物在14%以下。装坛时使用的灌卤液为8～8.5°Bé卤液，是由冷开水450kg（每万块）、黄浆水75kg再加毛花卤及盐水配制而成的。青方卤要当天配料、当天应用，灌卤至封口为止，每坛加封面土烧酒50g。

（6）小白方　小白方（3.1cm×3.1cm×1.8cm）一般在秋天和冬天生产，冬天供应。豆腐坯要求水分约为82%。毛坯直接在坛内腌坯4d，每坛装350块，腌坯用盐0.6kg，灌卤盐水和新鲜毛花卤加冷开水配成8～8.5°Bé，灌至坛口为宜。每坛加封面黄酒0.25kg。卤的配制一般是毛花卤，鲜味好，但易使腐乳色青带臭味，如盐水多则腐乳色也呈白色，但鲜味较差。

3. 包装与贮存

腐乳按品种配料装入坛内后，擦净坛口，加盖，再用水泥或猪血封口；也可用猪血拌和石灰粉末，搅拌成糊状物。

腐乳的后期发酵主要是在贮存期间进行。由于豆腐坯上生长的微生物与配料中的微生物，在贮存期内引起复杂的生化作用，从而促使豆腐乳成熟。

腐乳的成熟期因品种、配料不一而有快慢，一般在常温下6个月可以成熟。糟方与油方因糖分高，宜于冬天生产，以防变质。青方与白方因含水量大、氯化物低、酒精度少，所以成熟快，但保质期短。青方1～2个月成熟，小白方30～45d成熟，均不宜久藏。

4. 成品

腐乳贮存到一定时间，当感官鉴定舌觉细腻而柔糯，理化检验符合标准要求时，即为成熟产品。

【思考题】

1. 酱油是如何分类的？
2. 酿造酱油和再制酱油有何区别？
3. 抽油、生抽、老抽的概念分别是什么？
4. 说明酱油酿造的基本工艺过程。
5. 市售酱主要分为哪几类？各有什么特点？
6. 论述豆酱和面酱的酿造工艺和主要区别。

# 第三章　醋

【学习指导】

本章应掌握一般固体发酵制醋工艺、酶法液化通风回流制醋工艺、生料酿醋工艺、表面发酵法酿醋工艺、速酿醋工艺和液体深层发酵工艺。

## 第一节　概　述

食醋是我国传统的酸性调味品，主要成分为醋酸，此外还含有氨基酸、糖分、脂类等物质，酸、甜、鲜、咸协调适口，清香纯正。

我国食醋的品种很多，生产工艺在世界上独具一格。千古流传的不同酿醋技艺，生产出了如山西老陈醋、镇江香醋、四川保宁麸醋、福建红曲醋、江浙玫瑰米醋、上海米醋等产品。这些食醋不仅是人们喜爱的调味佳品，还有多种营养保健和药用功能。依醋酸发酵分类，可分为固态发酵、液态发酵和液固结合发酵三大类。

## 第二节　制醋工艺

### 一、固态发酵法酿醋工艺

在固体发酵工艺中，有些工艺的糖化和酒化也是在固体状态下进行的，称为固－固法，如一般固体发酵工艺、山西老陈醋生产工艺、镇江香醋生产工艺和四川老法麸醋生产工艺等。有些固体发酵工艺的糖化和酒化是在液态条件下进行的，称为液－固法，如酶法液化通风回流制醋工艺、酶法液化翻缸（池）制醋工艺和生料酿醋工艺等。下面介绍几种常用的固体发酵工艺。

#### （一）一般固体发酵制醋工艺

1. 工艺流程

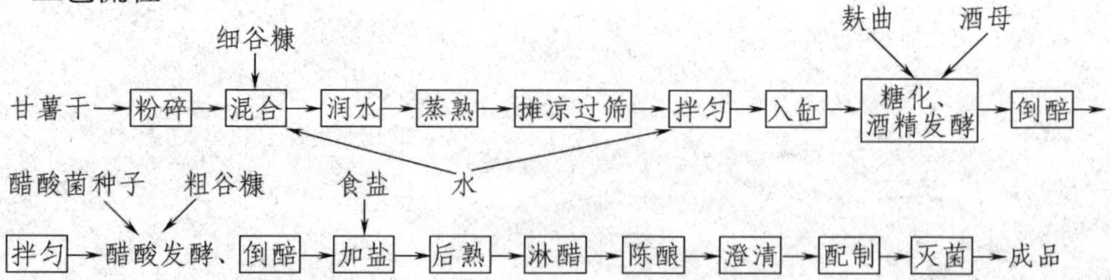

2. 工艺要点

（1）原料配比　甘薯干（或碎米）100kg、细谷糠（统糠）175kg，蒸料前加水275kg，蒸料后加水125kg、麸曲50kg、酒母40kg、粗谷糠50kg、醋酸菌种子40kg、食盐3.75～7.5kg（夏多冬少）。

（2）原料处理　甘薯干先经粉碎成甘薯干粉，或将碎米粉碎成米粉。将细谷糠（统糠）摊平在拌料场上，取甘薯粉或米粉倒在细谷糠上，混合均匀。在料上第一次加水，随翻随加，使水与原料充分拌匀吸透。润水完毕，装锅上蒸1h（加压蒸料为0.15MPa，40min），蒸熟后，将熟料取出放在干净的拌料场上，过筛，以基本上消除糊粒，同时翻拌及排风冷却。

（3）添加麸曲及酒母　熟料要求夏季降温至30～33℃，冬季降温至40℃以下后，再第二次撒入冷水，翻拌一次，再行摊平。将经细碎的麸曲铺于面层，再将经搅匀的酒母均匀地撒上，然后进行一次彻底翻拌，即可装入缸内。入缸醋醅的水分含量以60%～62%为宜。

（4）淀粉糖化及酒精发酵　醋醅入缸后，摊平，一般每缸装醋醅160kg左右，检查醅温应在24～28℃，冬季不得低于24℃，夏季不得高于28℃。缸口盖上草盖，室温保持在28℃左右。当醅温上升至38℃时，进行倒醅，一般不应超过40℃。倒醅方法是每10～20个缸留出一个空缸，将已升温的醋醅移入空缸内，再将下一缸倒在新空出的缸内，依此将所有醋醅倒一遍。再经过5～8h，醅温又上升到38～39℃，再行倒醅一次。此后，正常醋醅醅温在38～40℃之间，经过48h后逐渐降低，每天倒醅一次。至第5d醅温降低至33～35℃，表明糖化及酒精发酵已完成。此时醋醅的酒精含量达到8%左右。

（5）醋酸发酵　酒精发酵结束后，每缸拌入粗谷糠10kg左右及醋酸菌种子8kg。粗谷糠的用量要根据气温的不同适量增减，夏季适当减少，冬季适当增加。拌和粗谷糠及醋酸菌种子的方法为上下分拌法：先将粗谷糠及醋酸菌种子一半撒在缸内，用双手将上半缸醋醅拌匀，倒入空缸内；再将余下的一半粗谷糠及醋酸菌种子加入下半缸醋醅内，拌匀，合并成一缸。加入粗谷糠及醋酸菌种子后，第1天醅温不会很快升高，第2～3天醅温就会很快升高，这时醅温最好掌握在39～41℃，一般不超过42℃。每天倒醅一次。约经12d左右，醅温开始趋于下降，每天取样测定醋酸含量。冬季掌握醋酸含量在7.5%以上，夏季掌握在7%以上，而醅温下降至38℃以下时，表明醋酸发酵结束，应及时加盐。

（6）加盐及后熟　醋酸发酵完毕，立即加盐。一般每缸醋醅夏季加食盐3kg，冬季只需1.5kg。加盐方法是先将食盐一半撒在醋醅上，用长把铲翻拌上半缸醋醅，拌匀后移入另一缸内；次日再把余下的一半食盐拌入剩下的下半缸内，拌匀，合并成一缸。加盐后，再放置2d，作为后熟。

（7）淋醋　淋醋所用的设备，小型厂用缸，大型厂用耐蚀涂料的水泥池。采用淋缸三套循环法。如甲组淋缸放入成熟醋醅，用乙组淋缸淋出的醋倒入甲组缸内浸泡20～24h，淋下的称为头醋，乙组缸内的醋渣是淋过头醋的头渣，用丙组缸淋下的三醋放入乙组缸内，淋下的作为套二醋；丙组淋缸内的醋渣是淋过二醋的二渣，用清水放入丙组缸内，淋出的就是套三醋。丙组缸的醋渣残酸仅0.1%，可用做饲料。

（8）陈酿　陈酿有两种方法：一是醋醅陈酿，将加盐后熟的醋醅移入院中缸内砸实，上盖食盐一层，用泥土封顶，放置15～20d，中间倒醅一次再进行封缸。一般存放期为一个月，即行淋醋，但在夏季尚须防止烧醅现象的发生。另一方法是将醋液放在院中缸内或坛子内，上口加盖，陈酿时间为1～2个月。此法当醋酸含量低于5%以下时容易变质，不宜采用。陈酿后醋的质量显著提高，色泽鲜艳，香味醇厚。

（9）灭菌及配制成品　头醋移入澄清池沉淀并调整质量标准。除现销产品及高档醋不需添加防腐剂外，一般食醋均应加入0.1%苯甲酸钠作为防腐剂。生醋用蛇管热交换器进行灭菌，灭菌温度在80℃以上。最后定量装坛封泥，即为成品。每100kg甘薯粉或米粉能产5%醋酸含量的食醋700kg左右。

**（二）酶法液化通风回流制醋工艺**

自1967年在上海研究成功后，此法迅速在全国各地得到了推广应用。其特点是糖化和酒化阶段在液态下进行，采用α－淀粉酶制剂进行液化，速度快，节约能源，再加麸曲进行糖化，可提高原料利用率。酒精发酵结束，酒醪内直接拌入生麸皮制成固态的醋醅，在改进过的醋酸发酵池内进行醋酸发酵。此醋酸池的近底处设有假底，假底下的池壁上开有通风洞，让空气自然进入，利用固态醋醅的疏松，使醋酸菌得到足够的氧，进行醋酸发酵。另外，利用假底下积存的温度较低的醋汁，定时回流喷淋在醋醅上，以降低醅温，调节发酵温度，代替人工倒醅，从而减轻了劳动强度，提高了生产效率，产品质量稳定。

1. 工艺流程

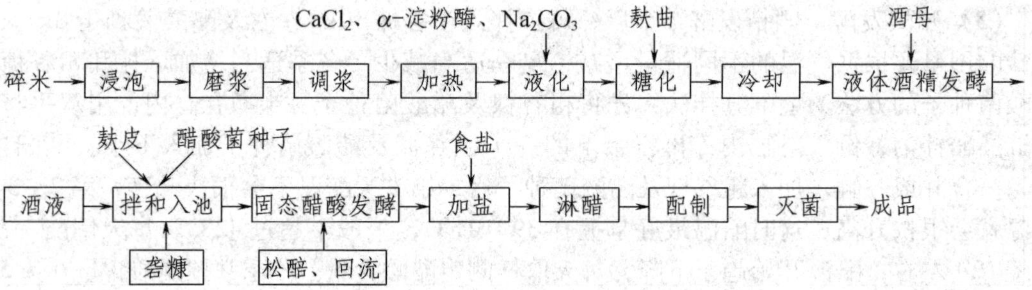


2. 醋酸发酵池

醋酸发酵池是高2.45m、直径4m、容积为30$m^3$，内壁砌有耐酸瓷砖的圆柱形水泥池。在距底15～20cm处设置有假底，把池分为上下两层，假底上面装料发酵，假底下面存留醋汁，紧靠竹篾四周设有直径10cm的通风洞共12个，对称排列于池周围。喷淋管上开小孔，回流液体用泵打入喷淋管，利用液体喷出的反作用力旋转，使液体均匀浇淋其面层。水泥池内壁贴一层瓷砖，既能防止酸的腐蚀，又符合卫生要求。

3. 工艺要点

（1）原料及处理

① 原料数量（以一个发酵池计算）：碎米1200kg，碳酸钠1.2kg（碎米的0.1%），

氯化钙2.4kg（碎米的0.2%），中温α-淀粉酶2.4kg（以每克碎米用8U计，酶活力为4000U/g），麸曲60kg（以碎米的5%计），酒母500kg，水3250kg（配发酵醪用），麸皮1400kg，砻糠1650kg，醋酸菌种子200kg，食盐100kg。

② 水磨与调浆：先将碎米用水浸泡，使米粒充分膨胀，然后将米与水按1:(1.5～2)比例均匀送入磨粉机（水磨），磨成70目以上细度的粉浆（浓度为18～20°Bé），用水泵送到粉浆桶调浆，用碳酸钠调至pH6.2～6.4（精密试纸测定），再加入氯化钙，然后加入按8U/g碎米计的中温α-淀粉酶，充分搅拌，使加入的酶很快地均匀分布在浆液中，打开粉浆桶的出料阀，缓缓放入液化桶内连续液化。

（2）液化与糖化　液化时边加热边进料边搅匀，液化品温掌握在85～90℃，待粉浆全部进入液化锅后，维持10～15min，以碘液检查，遇碘液反应呈棕黄色表示液化完全，最后缓缓升温至100℃，保持10min，以达到灭菌的目的。液化完毕后，将液化醪送入糖化桶内，冷却至（63±2）℃时，加入麸曲，糖化3h，待糖化醪冷却到27℃后，用泵送入发酵罐内。

（3）酒精发酵　将糖化醪3000kg送入发酵罐后，同时加水3250kg，调节pH至4.2～4.4，接入酒母500kg，使发酵醪总数为6750kg。酒精发酵的品温一般控制在33℃左右为最适，不超过37℃，不低于30℃。发酵周期为64h左右。酒精发酵结束，酒醪的酒精含量为8.5%左右，酸度为0.3～0.4，然后将酒醪送至醋酸发酵池。

（4）醋酸发酵

① 进池：将酒醪、麸皮、砻糠与醋酸菌种子用制醅机充分混合后，均匀入醋酸发酵池。面层要加大醋酸菌种子的接种量。然后耙平，盖上聚乙烯薄膜开始醋酸发酵。进池温度控制在40℃以下，以35～38℃为最适宜。

② 松醅：面层醋醅的醋酸菌生长繁殖快，升温快，24h左右即可升到40℃，但中间醅温低，所以要进行一次松醅，将上面和中间的醋醅尽可能疏松均匀，以利于醋酸发酵向纵深发展。

③ 回流：松醅后每逢醅温达到40℃即可回流，使醅温降至36～38℃。醋酸发酵温度前期要求42～44℃，后期为36～38℃，如温度升高过快，可将通风洞全部塞住而加以控制和调节。回流每天进行6次，每次放出醋汁100～200kg回流，一般回流120～130次后醋醅即可成熟。此时测定醋醅中酒精含量已甚微，酸度也不再上升。一般醋酸发酵时间为20～25d，夏季需30～40d。

（5）加盐　醋酸发酵结束，成熟醋醅的醋汁浓度已达6.5～7g/100mL。但为避免醋酸继续氧化分解成二氧化碳和水，应立即加入食盐100kg，以抑制醋酸菌氧化作用。池内加盐的方法是将食盐置于醋醅面层，用醋汁回流，使其全部溶解。加盐后，由于大池不能封池，久放则容易生热，影响质量，可立即淋醋。

（6）淋醋　淋醋仍在醋酸发酵水池内进行。先开醋汁管阀门，再把二醋汁分次浇在面层；从醋汁管收集头醋。下面收集多少，上面放入多少。当醋酸含量降到5g/100mL时停止。以上淋出的头醋一般可配制成品。每池产量为10t，平均每千克碎米出醋8kg。头醋收集完毕，再在上面分次浇入三醋，下面收集的称为二醋。最后上面加水，下面收集的称为三醋。二醋和三醋供淋醋循环使用。

（7）灭菌及配制成品　灭菌及配制成品的方法与上述一般固态发酵制醋完全相同。

**（三）生料酿醋工艺**

生料酿醋工艺是我国在20世纪70年代发展起来的一种新型酿醋工艺。其特点是：原料不经蒸煮，而是粉碎、浸泡后，直接加入糖化剂、酒母和部分辅料进行双边或多边发酵。

1. 工艺流程

　　　　　　　　　　麸皮、麸曲、酵母、水
　　　　　　　　　　　　　↓
原料→粉碎→混合→糖化、酒精发酵→加辅料→醋酸发酵→加盐→浸淋→熏醅→灭菌→成品

2. 工艺要点

（1）原料及处理

① 原料配比：按生米粉计算，每50kg原料加麸曲（AS3.758）25kg、酵母（AS2.339）5kg、麸皮60kg、稻壳75kg左右、水300～325kg，辅料要粗细搭配，要求醋醅既膨松又能容纳一定的水分和空气。

② 粉碎：将生产用的原料高粱或碎大米用磨粉机进行粉碎，高粱使用40目筛，大米用50目筛。原料粉碎越细越好。

（2）前期稀醪发酵　生料的糖化与酒精发酵采用稀醪大池发酵，按主料50kg，加麸皮10kg、麸曲25kg、酵母5kg的比例混合均匀，曲块打碎，然后加水325kg，放入大池内，由于气候变化，一般24～36h后把发酵醪表层浮起的曲料搅动一次，目的是防止表层发霉，以后打耙两次。

发酵5～7d后泡盖开始下沉，泡沫上升，酒度在4%～5%，酸度1.5～2g/100mL（以醋酸计），黄色，微涩，不黏，此阶段品温为27～33℃。

（3）后期固体发酵　前期发酵完成后，立即按比例加入辅料。根据季节不同焖24～48h，然后将料搅拌均匀，先用铁锹翻拌均匀后，用翻醅机将醅料拌匀，即为醋醅。用聚乙烯薄膜盖严，再过1～2d开始每天翻倒一次，并用竹竿将聚乙烯薄膜撑起，通入一定量的空气。头4～5d支竿不宜过高，因为此阶段是醋酸生成期，如果聚乙烯薄膜过高，酒精容易挥发，影响醋酸生成量。品温控制在40℃左右，使醋醅的温度稳定上升。当醋醅温度达40℃以上时，可将薄膜适当支高，使温度继续上升，但不宜超过46℃。这一阶段为乳酸菌生长最旺盛阶段。据有关资料表明，醋酸菌繁殖最适温度39℃，乳酸菌最适温度45℃，食醋的风味中乳酸是很重要的，醋酸发酵掌握适当品温，可提高食醋的色、香、味和清亮程度。

醋酸发酵后期品温开始下降。由于季节不同，一般品温在34～37℃。此时，竹竿支起薄膜的高度要低，以防止高温散失。

成熟醋醅颜色上下一致，无花色（即生熟不齐的现象），棕褐色，醋汁清亮，有醋香味，不浑，不黄汤，总酸6%～6.5%。醋醅成熟要及时下盐，加盐量为主料的10%，加盐后再翻1～2d将醋醅移出生产车间，放入池内或缸内压实、封闭，陈酿1～6个月，

隔一阶段要翻醅一次，无陈酿条件也可随时淋醋。

（4）淋醋　把成熟的醋醅装入淋缸内，每套装醅按主料计算为300kg左右，放水浸泡时间可长达12h，短则3～4h，但需泡透。醋醅泡透即可淋醋。淋醋采取套淋法，清水套三醋，三醋套二醋，二醋套头醋。

（5）熏醅　将部分成熟醅子进行熏醅，熏醅采用煤火熏醅和水浴熏醅两种。

① 煤火方法：将缸连砌在一起，内留火道，把成熟的醅子放入缸内用煤火熏醅，每天翻一次。熏醅温度最低为80℃，一周可熏好，颜色乌黑发亮，熏香味浓厚，无焦糊气味。

② 水浴方法：将大缸置于水浴池内，水温保持90℃，熏醅时间10d左右。

将未熏过的醋醅所淋出的醋汁浸泡熏醅，淋出的醋即为熏醋。出品率一般为1kg粮食（主粮）可出总酸含量为4.5g/100mL的食醋10kg。

## 二、液态发酵法酿醋工艺

液态发酵法酿醋工艺，在我国常用的有表面液体发酵工艺、速酿醋工艺、浇淋法酿醋工艺、液体深层发酵工艺等，一些名优醋如江浙玫瑰香醋、福建红曲醋等，也是采用液体发酵工艺。

### （一）表面发酵法酿醋工艺

表面发酵法依原料及前道工序的操作不同，又可分为白醋（或酒醋）、糖醋和米醋等不同生产方法。

（1）白醋（酒醋）生产工艺　白醋的生产方法为敞口容器中置醋种（一般为上批的成熟醋），加入酒精溶液（如将白酒加水冲淡，稀释至酒精含量为3%的稀释溶液）及少量的营养物质（如豆腐水）盖上缸盖，在自然气温或在30℃的保温室内自然发酵。此时醋酸菌在液面上形成一层薄菌膜，借液面与空气接触，空气中的氧溶解于溶液内。发酵周期视气温情况而定，在30℃左右时经20多天发酵即结束。温度低时需延长发酵周期。成熟醋液清澈无色，醋酸含量2.5～3g/100mL。

（2）糖醋生产工艺　糖醋是北京地区以饴糖为原料生产的一个品种，在接种醋母后，用纸封缸进行发酵，保持室温30℃左右，30d左右成熟。成品醋醋酸含量为3～4.5g/100mL。

（3）米醋生产工艺　米醋是以大米为原料进行液态表面发酵的制品。

有的在大米饭中接种米曲霉后制成米曲，加水糖化，或加曲对大米饭进行糖化；有的以小麦面粉接种米曲霉制成面曲，与大米饭一起加水进行糖化，制成糖化液后接种酵母进行酒精发酵，再接入醋酸菌进行表面发酵；有的加酒饼于大米饭中进行边糖化边发酵，然后加入醋种进行表面发酵。米醋口味纯正，醋酸含量3～5g/100mL。

### （二）速酿醋工艺

速酿醋是以白酒为原料，在速酿塔中经醋酸菌的氧化作用，将酒精氧化成醋酸，再经陈酿而成，所以速酿醋也称塔醋。速酿醋呈无色或稍带微黄色，体态澄清透明，醋香味较纯正。我国生产塔醋始于20世纪40年代，现在塔醋生产主要在东北地区。

1. 工艺流程

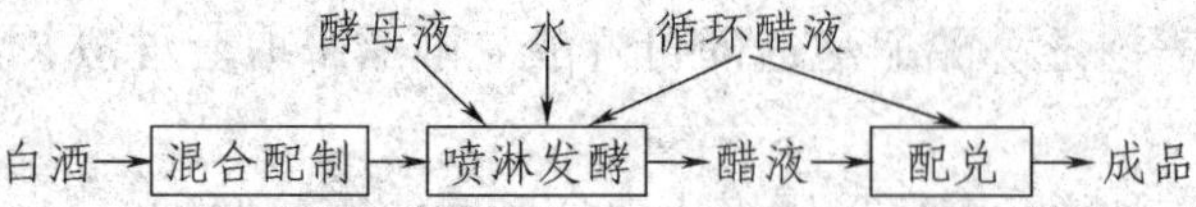


2. 速酿塔

生产速酿醋的主要设备是速酿塔。速酿塔的材质有木材、金属锡和耐酸陶瓷等。由于耐酸陶瓷塔造价低、耐腐蚀，我国目前多采用耐酸陶瓷速酿塔。速酿塔高度为2~5m，直径为1~1.3m，塔身由圆形的陶瓷塔节组装而成，一般为圆桶形或圆锥形，塔内设有带小孔的假底，假底至塔底距离约0.5m，假底下积贮醋液，假底上放置用于吸附固定醋酸菌的填充料，如榉木刨花、木炭等均可用做填充料。对填充料的要求是疏松、表面积大、有适当的强度和韧性，经醋液浸渍后不变软，没有不良气味物质溶出。安装在塔顶的喷淋管，可以依靠喷出醋汁的反作用力旋转，醋汁从填料层留下，积在假底下的贮醋池中，池底有管道与不锈钢离心泵接通，离心泵可以将醋汁重新送入喷淋管喷淋到填充物上，这样，醋液可进行间歇循环反复醋化。塔顶的木盖上设有排气孔，塔下部设有进气孔，用来调节塔内空气。塔的上、中、下部插有温度计，供测量塔内温度时使用。

3. 工艺要点

（1）料液配制　将白酒、种醋、酵母液、水等原料按一定比例均匀配合，配制成醋酸发酵原料液，装入高位罐中，为速酿塔提供发酵原料。兑制好的料液应含酒精2.2%~2.5%（体积分数）、醋酸7.2%~8.0%、酵母液1.0%。兑制时各种原料用量比例为（kg）：循环种醋（醋酸含量为9.4%）76.9、白酒（酒精含量为50%）4.6、酵母液1.0、水17.5。用95%（体积分数）食用酒精代替白酒也可以，但以白酒为原料的醋香味好。

循环种醋是从经速酿塔发酵成熟的醋液中取出一部分作为种醋，种醋中含有醋酸菌，配入原料液中后，可以补充到速酿塔中，以增加塔中醋酸菌量，根据具体情况有时原料液中还需要补充一些人工培养的醋酸菌。此外，使用种醋的另一个作用是可以调节原料液的酸度，防止杂菌感染。

酵母液的制备方法是：先将大米制成糖化液，灭菌后作为培养液培养酵母菌，再经灭菌、过滤制成。将酵母液加入到原料液中，可提供醋酸菌营养物质，有利于醋酸菌生长繁殖。

原料液中加入的水，要预先加热到100℃灭菌，稍冷却后用于配料。加热既杀灭了水中杂菌，又可以将原料液调整至合适的温度。

（2）发酵　配制好的原料液，通过塔顶的喷淋管向下喷洒，料液流过填充料表面时，酒精被吸附在填充料上面的醋酸菌氧化成醋酸，流到塔底的醋液还含有未被氧化的酒精，因此需将它重新泵至塔顶喷淋，让醋酸菌继续氧化，这种操作反复进行直至酒精全部被氧化。一般每隔1h喷洒一次，每天喷洒16~18次，余下的6~8h作为醋酸菌的养息时间，以增强醋酸菌的生长繁殖。当塔底醋液中不含酒精时，表示醋液成熟，其含酸量已上升至9.2%～10%。此时，将一部分成熟醋液泵入贮罐作循环种醋，用于下一次配料；一部分成熟醋液泵入成品罐，经稀释配制成为成品醋。

发酵过程中要控制好室温和塔温，一般室温为28～35℃，塔温为33～35℃。由于醋酸菌菌种不同，有的塔温仅28～31℃，但也有的高至43℃，这要根据具体情况而定。发酵过程中空气的管理也很重要，始终要保持塔内通气性良好，使新鲜空气不断从塔底部进入塔中，以满足醋酸菌好氧发酵的需要。正常情况下，塔顶排气口会有温热气体不断排出，若无气体排出，就要检查原因并及时采取措施解决，例如填充料破碎、醋醪污染等都会造成通气受阻。

**（三）液体深层发酵工艺**

液体深层发酵制醋是一项先进的新工艺，其设备可用标准发酵罐或自吸式发酵罐，其特点是发酵周期短，劳动生产率高，占地面积小，不用稻壳等填充料，能显著减轻工人劳动强度。液体深层发酵制醋新工艺的出现使我国古老的酿醋行业朝着机械化生产前进了一大步，由于该工艺酿醋周期很短，风味上尚有不足之处，需继续改进。下面以上海醋厂自吸式20000L发酵罐生产为例介绍。

1. 工艺流程

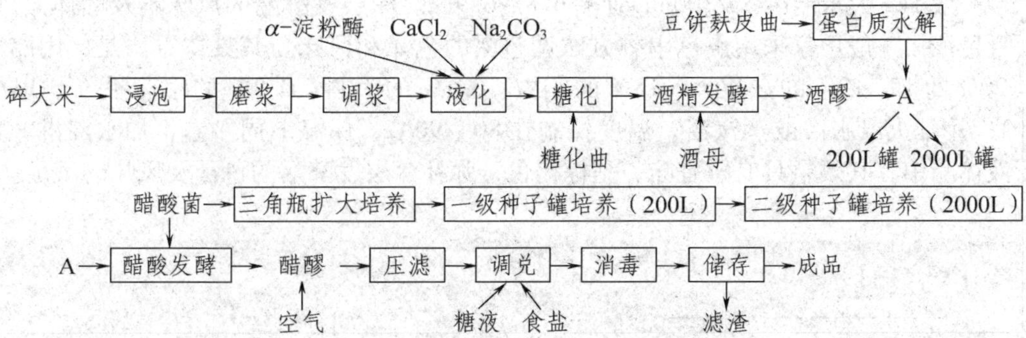


2. 工艺要点

（1）碎大米的液化与糖化、酒精发酵参阅“酶法通风回流制醋”。

（2）醋酸发酵

① 空气与管道消毒：首先将发酵罐洗净，同时检查发酵罐和一切阀门是否渗漏，然后将折叠式过滤器用甲醛灭菌关闭，然后开蒸汽进行空缸常压消毒1h。

② 进料：将酒醪和蛋白水解醪混合液用泵送入发酵罐，定容至14000L，开动搅拌器搅拌通风，保持温度32℃，然后接种。

③ 接种：醋酸菌种子按10%接种量逐步扩大，一级种子罐200L，二级种子罐2000L，培养液均用酒液，风量1∶0.1，培养前期酌情还可以小些。培养温度32～35℃，时间24h左右。

④ 发酵：发酵温度应控制在32～35℃，通风量前期24h 1∶0.07，后期1∶0.1，每小时记录罐温、通风量一次。如罐温过高，应加强冷却降温。后期每隔1～2h测一次总酸。待酒精氧化完毕、酸度不再上升即发酵完成。一般发酵时间为65～72h。

液体深层发酵制醋也可采用分割法取醋。当醋酸发酵成熟，即可放去1/3酸醪，同时加入 1/3 酒醪继续进行醋酸发酵，这样每隔 20 ~ 22h 可取醋一次。如醋酸发酵正常，一直可连续进行下去。当发现菌种老化、生酸速度慢等现象时，则应及时换种。采用分割法半连续发酵可省去醋酸菌的培养工作，由于醋酸发酵液呈酸性，因此能防止杂菌污染并因发酵罐中菌种已驯化，对提高原料利用率和质量、加快发酵速度均有好处，目前生产上多采用这种方法。采用分割法制醋，在取醋和补充酒液时，必须不间断地搅拌通风。因为醋酸菌是好气性菌，稍一中断通风则醋酸菌受严重影响，甚至死亡，造成产量、质量大幅度下降。

⑤ 压滤：醋酸发酵结束时，为了提高食醋糖分，在醋醪里加入一定数量的糖液以达到出厂标准。混合均匀后，送至板框压滤机进行压滤。

⑥ 配兑、消毒、贮存、成品：醋液压滤后取样测成品，加盐配兑合格后，通过列管式热交换器加热至 75 ~ 80℃灭菌，然后输入成品贮存罐，到期包装。

贮存的过程实际也是陈酿的过程。速酿食醋风味、色泽比固态醋差。在陈酿过程中，食醋中所含有的糖、醇、有机酸、甘油、氨基酸等成分，通过氧化还原等过程，能促进香气和色素的形成，这对于提高食醋风味是有一定好处的。陈酿的食醋均比未陈酿食醋入口柔和、无杂味、有香气、色深而澄清。因此，凡有条件时都应适当延长贮存期。

一般 1kg 大米能出 5g/100mL 食醋 6. 8 ~ 6. 9kg。深层发酵醋的风味不及固体醋风味，而且色浅。一般厂家采用熏色串香方法调整醋的色泽和风味。其具体方法是：用醋渣拌以 20% 的糠、10% 的麸皮、0. 15% 的花椒、0. 1% 的大料、0. 2% 的小茴香（均以醋渣计），用灶火或水浴或蒸汽浴，温度控制在 80 ~ 90℃，保温 1 周左右，加水浸淋，兑制于液体醋中，其效果具有熏香味，呈棕褐色，弥补深层发酵醋的色泽及风味的不足。

【思考题】

1. 固态发酵法制醋和液态发酵法制醋的主要异同点有哪些？
2. 酶法液化通风回流制醋工艺与生料酿醋工艺有何不同？
3. 简述表面发酵法酿醋工艺。
4. 说明速酿醋工艺的工艺流程及操作方法。
5. 阐述液体深层发酵工艺的工艺流程及工艺要点。

# 第四章　黄　　酒

【学习指导】

本章应了解黄酒的起源和特点；掌握黄酒的分类和生产工艺。

## 第一节　概　　述

黄酒源于中国，生产历史大约3000多年，是我国的民族特产和传统食品，也是世界上最古老的饮料酒之一。它是以谷物为主要的原料，经过不同种类的霉菌、酵母菌、细菌等的共同作用，经蒸煮、糖化、发酵、压榨等工序酿制而成的一种酒类，由于大多数呈黄色，因而得名“黄酒”。黄酒一般酒精含量为14%～20%，属于低度酿造酒。

### 一、黄酒的主要特点

（1）浓厚的地方色彩　各地黄酒生产原料的差异，糖化、发酵剂的种类不同，工艺操作方法的不同以及自然条件的差别，造成了黄酒品种繁多，风格和特点各自不同。

（2）典型的边糖化边发酵工艺　黄酒酿造时，糖化和发酵同时进行，醪液中的糖分不会积累过多，有利于酒精的生成，酒精含量可达14%～20%。

（3）生产季节性强　传统的酿造选择在冬季进行生产，在低温条件下，杂菌难以生长繁殖，糖化菌和酵母长时间在低温下发酵，有利于黄酒特有的色、香、味。

（4）酒曲的应用　黄酒生产中应用的酒曲有小曲、麦曲、红曲等。这些酒曲一般时多种微生物的载体，不同的微生物在发酵过程中进行完全不同的代谢，有利于生成多种不同的、有益的代谢产物，使黄酒味浓、醇厚。

### 二、黄酒的分类

1. 按含糖量分类（见表8－4－1）

表8－4－1　黄酒按含糖量分类

| 类型 | 干黄酒 | 半干黄酒 | 半甜黄酒 | 甜黄酒 |
|---|---|---|---|---|
| 总糖含量/（以葡萄糖计，g/L） | ≤15.0 | 15.1～40.0 | 40.1～100 | >100 |

2. 按产地分类

（1）江南黄酒（以绍兴酒为代表）　采用糯米或大米为原料，以酒药、麦曲为糖化发酵剂，摊饭法发酵。

（2）福建黄酒（以福建老酒和龙岩沉缸酒为代表）　采用糯米、大米为原料，以红曲和白曲为主要糖化发酵剂。

（3）北方黄酒（以山东即墨老酒为代表）　用黍米为原料，以麦曲为糖化发酵剂。

3. 按酿造方法分类

（1）传统工艺黄酒　传统工艺黄酒也称老工艺黄酒，是以小曲、麦曲、红曲或淋饭酒母为糖化发酵剂，进行自然的混合多菌种发酵而成，发酵周期较长，根据操作不同，又可分为淋饭酒、摊饭酒、喂饭酒。

① 淋饭酒：米饭蒸熟后，用冷水淋浇，急速冷却，然后拌入酒药搭窝，进行糖化发酵。这种酒的酒味淡薄，大多数的甜酒型黄酒也采用此种方法生产。

② 摊饭酒：将蒸好的饭摊开，用空气进行冷却，然后加入曲及酒母等进行糖化发酵而成。摊饭酒口味醇厚，风味好。绍兴加饭酒、元红酒是摊贩酒的代表。

③ 喂饭酒：喂饭酒是在黄酒发酵过程中，分批加饭，进行多次发酵而酿制而成的产品。浙江嘉兴黄酒是喂饭酒的典型代表之一。

在黄酒生产中，也采用摊饭法和喂饭法相结合的方法进行生产，如寿生酒、乌衣红曲酒等。

（2）新型工艺黄酒　新型工艺黄酒最显著的特点是在生产设备上的改革和自然曲与纯种酵母纯种曲的结合使用。其产品也具有自己独特的风格，故称为新型工艺黄酒。

在黄酒的分类中，还可按糖化剂来分类，如红曲酒、麦曲酒、小曲酒等，也可按原料种类的不同而分类，如糯米酒、粳米酒、籼米酒、黍米酒、玉米酒等。

## 第二节　黄酒的加工工艺

黄酒在风味和酿造工艺上有很多独特之处，比如：黄酒是以大米或黍米为原料，经过蒸煮、糊化、发酵、压榨制成，而不是蒸馏制得；糖化发酵剂一般采用麦曲或是米曲、小曲，给黄酒带来曲香、鲜味和苦味。因为黄酒是由许多霉菌、酵母菌和细菌共同发酵酿成的，所以黄酒酒味成分复杂、醇和绵软；黄酒酿造是糖化与发酵同步进行，发酵醪浓度高，酒精含量达15%～20%。酿造黄酒要在低温下进行长时间发酵，保持其特有的色香味。

黄酒在酿造时，配料、用曲的种类和数量及其生产过程等各地厂家差异很大，按新老工艺不同可分为传统摊饭法和新工艺大罐发酵法两种。

## 一、传统摊饭法

### （一）工艺流程

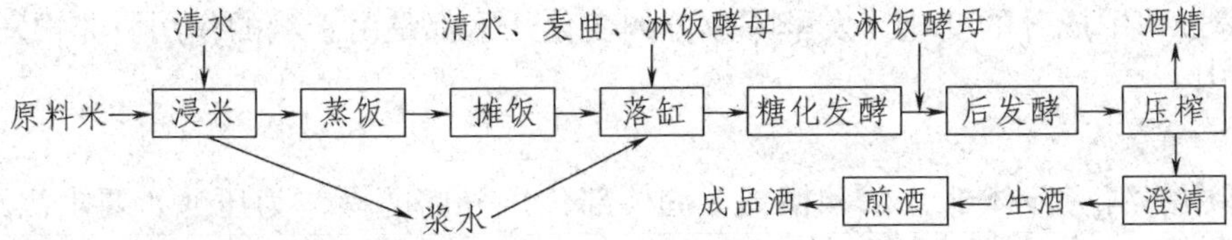


### （二）工艺要点

1. 大米的精白

所谓米的精白就是去掉糠层及胚部分，仅保留胚乳部分，使得米的成分接近胚乳的成分组成。由于糙米的糠层含有较多的蛋白质、脂肪给黄酒带来异味，降低成品酒的质量。米的精白度越高，淀粉含量越高，精米率越低。我国黄酒的酿造多选用标一粳或标二粳的，精米率在90%左右。

2. 洗米与浸米

洗米的目的是除去精白后米上附着的糠和尘土。洗时以淋洗水无白色混浊为宜。大部分的生产过程中洗米与浸米同时进行。浸米有两个目标：一是让大米吸水膨胀以利蒸煮，二是为了取得浸米的酸浆水，采用酸浆水发酵也是摊饭酒的重要特点。浸米程度一般要求米的颗粒保持完整而松酥为好，浸米不够或过度，都会影响淀粉的利用率。浆水的酸度达0.5～1g/100mL。用酸浆水作配料，是发酵具有一定的原始酸度，可抑制杂菌的生长繁殖，保证酵母菌的正常发酵，浆水中的氨基酸、生长素可提供给酵母利用；多种有机酸被带如酒醪，改善了黄酒的风味。

3. 蒸煮

将浸好的米与浆水分离，然后进行蒸煮。蒸煮的目的有三点：一是使淀粉糊化；二是对原料进行灭菌；三是挥发掉原料中的异杂味。一般常压蒸煮15～25min，对硬质粳米应适当延长蒸煮时间，并在蒸煮过程中淋浇85℃以上的热水，促进饭粒吸水膨胀，达到更好的糊化效果。蒸不熟，淀粉糊化不完全，淀粉的糖化也会不完全，导致不正常发酵，降低成品酒的质量及原料的利用率。而饭蒸过头，不仅浪费了蒸汽，而且使米黏结在一块，不利于糖化发酵，也会降低成品酒的质量及出酒率。蒸煮后经过摊冷降温到50～60℃。

4. 糖化发酵

（1）方法　将饭块打碎投入发酵缸内，依次投入麦曲、淋饭酵母和浆水，最后使落缸品温在27～29℃。为了保证成品酒酸度在0.45g/100mL以下，必须按3份酸浆水加4份清水的比例稀释，使发酵醪酸度保持在0.3～0.35g/100mL，从而使糖化和发酵顺利进行。

开耙后品温一般下降4～8℃，以后各次开耙的品温降低较少。头耙、二耙主要根据品温高低开耙；三、四耙主要依据酒醅发酵的成熟度来进行；四耙以后每天搅拌2～3

次，直到品温接近室温。一般主发酵3～5d结束，酒精含量达13%～14%，然后及时灌坛，进行后发酵。后发酵一般控制室温在20℃以下为宜，约经2个月的时间，使一部分残留的淀粉和糖分继续糖化发酵，转化成酒精，使酒精含量升高2%～4%，并生产各种代谢产物，使酒成熟增香，酒质更趋向完善协调。

（2）发酵过程中成分的变化　发酵醪成分的变化几乎都是由于酶的作用，非常复杂，有许多成分产生。

5. 压滤

把发酵醪中的酒（液体部分）和糟粕（固体部分）分离的操作为压滤，要求酒液澄清、糟粕干燥，压滤效率高。为了达到质量要求，首先注意滤布是否合适，应该具有酒液能通过而糟粕等固体物难通过以及孔隙不易堵塞，牢固吸水少与糟粕易分离的功能；其次注意增大过滤面积保证滤层薄而均匀；再次要注意缓慢增压。

6. 澄清

压滤流出的酒液称为生酒，其中含有少量的微细固形物不能直接饮用，必须放入澄清池中，加入适量糖色搅匀后，自然澄清2～3d后进行精滤。

7. 煎酒

煎酒又称灭菌，是黄酒酿制的最后一道工序。目的是杀死酒中的微生物，破坏残留的酶，使酒的成分固定下来，防止成品酒酸败。我国普遍采用83～93℃的煎酒温度，日本清酒仅在60℃以下杀菌2～3min。传统方法是在锡壶中直火加热，现在主要是用蒸汽通过热交换器完成。

8. 成品包装

目前，黄酒的主要包装方法还是坛装，瓶装发展较快。坛装有机械化程度低、难于堆叠、运输困难等问题。灭菌后的黄酒趁热灌装，入坛贮存。普通黄酒要求陈酿1年，优质黄酒要求陈酿3～5年，新酒经过贮存，色香味及其他成分都发生了变化，酒体醇香、绵软，口味协调。

## 二、大罐发酵新工艺

### （一）工艺流程

水（→浸渍）　水（→蒸饭机蒸饭）　酒母、麦曲、水（→落罐）

大米 → 浸渍 → 蒸饭机蒸饭 → 冷却 → 落罐 → 前发酵 → 后发酵 → 压滤机滤酒 → 澄清罐澄清 → 热交换器煎酒 → 包装 → 贮存 → 成品

### （二）工艺要点

大罐发酵新工艺是先将原料大米经精白除杂，然后通过气力输送入浸米槽或浸米罐，浸米24～72h，使米吸足水分，再经一个卧式或立式蒸饭机蒸煮，蒸好的米饭用风冷却后连续地送入拌料器，入大罐发酵，同时加入麦曲、纯种酒母和水，充分搅拌。进行前发酵3～5d后，醅温逐步下降，接近室温。用无菌空气将酒醅压入后酵罐，在室温13～

18℃下静止后发酵20d左右，再用板框压滤机压滤出酒液，经澄清、煎酒、灌装、贮存为成品酒。其后发酵所用的麦曲可以用块曲、爆麦曲、纯种生麦曲，并适当添加少量酶制剂，整个生产过程基本实现了机械化。

质量标准：一般为浅黄色，澄清透明，无沉淀物；有浓烈的香气，无异味；醇厚、鲜甜甘美、酒味柔和无刺激性。

【思考题】

1. 黄酒的主要特点有哪些?
2. 黄酒有哪些分类方法?
3. 按酿造方法分类，黄酒可分为哪些?
4. 传统摊饭法和新工艺大罐发酵法酿制黄酒的主要工艺区别有哪些?
5. 阐述传统摊饭法酿制黄酒的工艺流程和制作方法。
6. 阐述黄酒的大罐发酵工艺。

## 参考文献

[1] 葛向阳，田焕章，梁运祥. 酿造学. 北京：高等教育出版社，2005
[2] 李志江. 传统发酵食品工艺学. 北京：化学工业出版社，2010
[3] 王传荣. 发酵食品生物技术. 北京：科学出版社，2010
[4] 陶兴无. 发酵产品工艺学. 北京：化学工业出版社，2008
[5] 李里特. 大豆加工与利用. 北京：化学工业出版社，2003
[6] 朱海涛，董贝森. 调味品及其应用. 济南：山东科学技术出版社，1999

# 第九篇

## 食品加工三废处理及利用

# 第一章　三废处理

【学习指导】

了解食品工业三废的来源、特征；了解几种三废的处理方法。

## 第一节　概　　述

食品工业是以农、牧、渔、林业产品为主要原料进行加工的产业。按所用原料分类，可分为：肉制品加工业、禽蛋加工业、水产品加工、制糖工业、水果蔬菜加工业、粮食加工业、淀粉工业、食用油脂工业、乳制品工业、含酒精及无酒精饮料工业、调味品及添加剂工业、饮食服务行业等。食品加工过程中会有大量的副产物和废弃物产生。因此，随着食品工业的发展，产生的副产物和废弃物量也增加。这些副产物或废物大多可作为农田肥料，有的则是富含营养物质的饲料，如果合理利用，可节约资源并促进农副业的发展，如果不加利用或利用不好，就将成为主要的环境污染源。

## 第二节　食品工业废水处理

### 一、食品工业废水的主要来源

废水是由水和各种杂质组成的一种成分复杂的液体，其中既含有机物，也有无机物。来源不同，成分各有差异。食品工业中行业门类众多，但排放的废水中都含有机物质，大量的悬浮物，具有较强的耗氧性，并可能含有致病菌，且废水排放量较大。废水主要产生于不同的生产工序过程。

#### （一）原料的清洗

主要为沙土杂物、叶、皮、鳞、肉、羽、毛、农药等进入废水中，使废水中含有大量的悬浮物和化学物质。

#### （二）生产过程

加工过程中不能被利用的原料部分，它们进入废水，导致水中含大量的有机物。

**（三）成品修饰过程**

为改善食品色、香、味、型、延长保存期，使用了各种食品添加剂，其中一部分会流失进入废水，使废水化学成分更加复杂。

**（四）清洗用水**

食品生产企业的车间、设备需要经常定期彻底地清洗，产生的废水中会含有酸、碱、表面活性剂等成分。

## 二、食品工业废水的特性

食品工业的产品和生产过程以及生产周期的多变性，使其排放的废水具有一定的特征。

**（一）废水量的不均一性**

由于从事食品工业的各企业规模不同，生产的产品品种繁多，其技术水平、管理水平、企业运行模式等差别很大。因此废水量也各不相同，统一维护管理方面存在一定的难度。

**（二）废水的季节变化性**

废水水质、水量也随季节变化。由于食品加工受原料的限制较大，食品原料的供应与季节的关系密切，企业生产的安排也随之变化，造成废水的产生具有季节的变化性。

**（三）废水中可生物降解成分较多**

食品加工业的原料以自然界可食性有机物质为主，其废水中的成分也以其为主（如蛋白质、脂肪、糖、淀粉等），故生物降解性好。

**（四）废水中含各种微生物**

因废水中富含有机物，还含有动物排泄物、血液、皮毛等，所以易腐败发臭，并可能含有致病菌。

**（五）高浓度废水多**

近年来，从节约水资源和降低成本的观点出发，推行水利用合理化，在有机物质不变而水量减少和增加有机物质而水量不增加的情况下，都会导致废水浓度增高。

**（六）废水中氮、磷含量高**

在肉类、豆类和水产品加工时，由于加工的原料均富含这些成分，因此会导致废水中的氮和磷增高。

## 三、几类食品工厂的废水处理

1. 果蔬加工废水处理

水解 → 接触氧化 → 沙滤的处理工艺 → 集水池 → 调节沉淀池 → 曝气池 → 二沉淀池 → 沙滤池 → 清水池。

两个沉淀池为竖流式沉淀池，处理工艺运行平稳可靠，简单易行，管理方便，效率较高。

2. 乳制品加工废水处理

(1) SBR（批式活性污泥法）法　废水→水解酸化池→气浮池→SBR池→出水。

(2) 气浮-生物接触氧化法　集水池→曝气调节池→气浮→集水池→生物接触氧化池→沉淀池→出水。

污泥进行浓缩经板框压滤机压饼排除，上清液再次回流曝气调节池处理。

此工艺具有适应性强、效果明显、运行稳定、费用低以及操作简单的特点，出水的水质可以达到国家一级排放标准。

3. 速冻水产品加工废水处理

此类废水含有大量的血污、油脂、肉屑等污染物，因此有机物含量高。采用气浮-生物接触氧化法。

废水→机械格栅→水解沉淀池→调节池→一级气浮→生物接触氧化池→二级气浮→清水池→排放。

在一级气浮、二级气浮工序中投放絮凝剂和助凝剂，污泥进行浓缩经板框压滤机压成饼排除，可以用作农肥。滤液回流调节池二次处理。该工艺具有适应性强、处理效果稳定、能耗低，出水的水质可以达到一级排放标准。

4. 肉类加工废水的处理

肉类加工废水中呈现出较高的BOD、SS、油脂、氨氮、大肠菌群等特征。一般采用厌氧-好氧联合工艺处理。

废水→沉沙池→自动固液筛分机→格网→隔油调节池→水解酸化反应器→CAST（循环活性污泥）反应器→排放。

在隔油调节池中对浮油进行回收，从CAST反应器排放的污泥可回流水解酸化反应器进行再次处理。整个工艺为间歇式反应器，生物反应过程与泥水分离过程结合在同一池中进行。

此工艺流程沉降、分离效果好，具有更高的去除率和适应能力，设备占地面积小，剩余污泥体积小，运行成本低。出水可以达到《肉类加工工业水污染物排放标准》(GB13457—1992）中一级水质标准。

5. 油脂加工废水处理

油脂加工厂废水中含有污油、胶质较多，并常有一些悬浮物，有机物含量较高，可生化性好。

废水→调节池→高负荷UASB（上流式厌氧污泥床）→低负荷UASB→接触氧化→沉淀池→生物氧化→清水池→排放。

对精炼废水可利用气浮分离技术，以凝聚、气浮、撇渣、沉淀、刮泥为一体进行前期处理，然后综合处理。

6. 豆制品加工废水处理

豆制品加工废水污染物浓度高，BOD/COD 比值高，适宜于厌氧生物法处理。

废水→机械格栅→集水井→隔油池→调节池→厌氧 UASB 反应器→清水池→排放。

厌氧过程中产生的大量沼气经燃烧器燃烧产生热量，通过换热器烟气中的热量传给原水，可以节约工厂用于加热调节池废水所需的能源。经采用一级厌氧为主的工艺可以保证处理后的水质主要指标满足《污水综合排放标准》（GB8978—2002）中的三级标准。

7. 马铃薯加工废水

马铃薯片生产所排放的废水以淀粉废水为主，属于易生物降解的高悬浮物有机废水，采用 SBR 法进行处理。

废水→沉淀池→吸水池→水解池→SBR 池→排放。

此工艺集均化、初沉生物降解、二沉等于一体，无污泥回流系统。工艺简单、占地面积小、成本低、抗冲击负荷强，适宜于这类加工型企业。

8. 酱油生产废水处理

此类废水中主要包括碎豆屑、糖分、发酵残渣、酱色等。通常采用厌氧－好氧处理工艺。

废水→机械格栅→调节池→水解酸化→曝气池→沉淀池→吸附滤池→排放。

## 四、相关法规及标准

为促进生产工艺和污染治理技术的进步，防治水污染，国家对于地面水环境的质量标准，以及包括食品工业在内的许多工业水污染物排放标准进行了相应的法律和法规标准化建设。现有《中华人民共和国环境保护法》、《中华人民共和国水污染防治法》、《中华人民共和国海洋环境保护法》、《地面水环境质量标准》（GB3838—1988）、《污水综合排放标准》（GB8978—2002）、《肉类加工工业水污染物排放标准》（GB13457—1992）、《制糖工业水污染物排放标准》（GB21909—2008）、《城镇污水处理厂污染物排放标准》（GB 18918—2002）、《屠宰与肉类加工废水治理工程技术规范》（HJ 2004—2010）、《酿造工业废水治理工程技术规范》（HJ 575—2010）、《废水类别代码（试行）》（HJ 520—2009）等。

# 第三节　食品工业固体废料处理

## 一、食品工业固体废料的种类及其特征

在生产、流通、消费等过程中产生的不再有可利用价值而被丢弃的固体或半固体物

质，通称为固体废弃物。食品工业是以农业、林业、牧业、渔业产品为主要原料进行食品加工的工业。人们将农产品、畜产品、水产品等加工成各种食品的同时，也生产出大量的液体或固体废弃物。一般按生产工艺可将其分为发酵食品工业废弃物和非发酵食品工业废弃物；按来源可分为肉类食品加工废渣、粮谷类食品加工废渣、果类食品加工废渣、蔬菜类食品加废渣、油料类食品加工废渣。近年来，食品工业飞速发展，所用原料广泛，制品种类多样，产品工艺路线繁多，随之也产生了大量的固体废物，如麦麸、啤酒渣、甘蔗渣、甜菜渣、米糠、豆腐渣、白酒渣、醋渣、果渣、碎肉、动物内脏、各种下脚料等。固体废料占食品加工原料的20% ~50%。固体废料中含有大量的碳水化合物、脂类、蛋白质等多种物质。这些对原所有者无利用价值的废料中，仍可能成为其他行业可利用的部分，或经过一定的技术处理又可作为其他行业的原料而加以利用。在倡导节约型社会的今天，提倡资源的综合利用和社会再循环，使废物不废，有效减少废弃物数量和处理数量，增加社会效益和经济效益，将是社会应关注的重要问题。

## 二、食品工业固体废料的处理方法

将食品工业废弃物作为一种原料资源，以高技术含量的工艺手段，最大限度地利用和转化废弃物，降低生产成本，提高经济效益，减少环境污染，应该是未来食品加工业废弃物处理的发展方向。固体废弃物的主要处理方法为资源回收再利用、焚烧及热解、卫生填埋和堆肥、固化法，或者多种方法结合处理。

### （一）堆肥法

堆肥技术是固体废弃物常用处理方法之一，属于生物处理技术。堆肥是利用自然界广泛存在的细菌、放线菌、真菌等微生物，在人工控制的环境条件（温度、湿度、pH等）下对有机废物进行分解使之成为腐败质物质，而用做肥料的生物处理技术。微生物对有机固体废弃物的分解作用可使其无害化，可以使有机固体废弃物转化为能源、饲料和肥料，还可以用来从废品和废渣中提取金属，是固体废弃物资源化的有效技术方法，目前应用比较广泛的有：堆肥化、沼气化、废纤维素糖化、废纤维饲料化、生物浸出等。食品工业生产中形成的固体废弃物大部分是有机废料，所以还可以通过堆肥发酵进行处理。

### （二）焚烧法

焚烧是对具有较高热值的有机固体废弃物采用在高温下燃烧的处理方法。焚烧法是有控制地焚烧废物，以减少废物体积，便于填埋。有条件时还可回收热能及废物中的有用物质。在焚烧过程中，废物中的有机物能转变为水和二氧化碳，许多种病原菌和有害物能转变为无害物质，大大减少这些固体废物的危害性。焚化垃圾的设备多用焚化炉。一般焚化炉炉内控制温度为1000℃左右，高温焚化炉焚烧温度在1650 ~1800℃之间，供给空气可根据废物含可燃物多少而定，以保证其充分燃烧为宜。使用焚烧法处理废物，应增设除尘设备，防止灰尘、烟气可能造成的二次污染。

### （三）填埋法

填埋是采取防渗、压实、覆盖等工程技术措施及环境保护技术措施把固体废物在土地中填埋，是利用自然坑洼地或人工凹坑填埋固体废物。填埋用地一般可作绿地、农田、种树、牧场，而不宜修造建筑物和构筑物，同时要防止雨水径流对地下水的污染和填埋过程对周围环境的影响。

填埋法又分为卫生填地，压缩垃圾填地和破碎垃圾填地。卫生填地是先把坑地底部铺上15cm厚的垫底层，而后填一层垃圾，盖一层土，逐层上覆，最后盖表土60cm以上，栽种植物封固；压缩垃圾填地是先将垃圾压缩，再填埋，以便减少体积和其中的空气，防止垃圾腐烂发臭；破碎垃圾填地是先破碎垃圾至10cm以下，然后填埋。填埋法处理固体废物，一般投资不多，效果明显，卫生。

**（四）固化法**

固化法是通过物理的、化学的方法，把废物固定或包裹在固体基体产物中的处理方法。不论利用水泥、石灰、硅酸盐等固定剂与废物混合制成固体物，或者利用聚乙烯、沥青、石蜡等包裹剂与废物混合包容废物，都能降低或消除废物中有害成分的渗透性，然后堆埋。但固化法成本高，费工时，一般适宜于处理有毒性的有害废物，如放射性废物、重金属污泥等。

# 第四节　食品工业废气的处理

## 一、食品工业废气的种类及特征

空气污染，通常是指由于人类活动和自然过程引起某些物质进入大气中，呈现出足够的浓度，达到了足够的时间，并因此而危害了人体的舒适、健康环境或危害了环境。

大气污染源通常是指造成大气污染的污染物发生源，也就是排放有害物质或对大气产生有害影响的场所、设备和装置等。从大气污染的来源考虑，通常人工污染源分为四类：生活污染源、工业污染源、农业污染源和交通污染源。

食品工业企业产生的大气污染来源，主要来源于如下几方面：

（1）提供给食品工厂的热源，热源主要是燃煤提供的。煤燃烧时除了产生烟尘、$CO_2$、水汽、硫化物，此外还有氟，煤中含有杂质而产生其他污染空气的有害物质。

（2）食品加工过程中物料的输送、清理、碾磨、粉碎、分级、装卸、加热、冷却、萃取、烹制等工序过程中，产生的粉尘以及各种气体等。

## 二、食品工业废气的处理方法

气态污染物的净化是利用化学、物理及生物等方法，将污染物从废气中分离或转化。气态污染物的净化有多种方法，广泛采用的吸收法、吸附法、燃烧及催化转化法，其他的方法还有冷凝、生物净化、膜分离及电子辐射化学净化法等。

（1）气态污染物的吸收净化方法吸收是利用气态污染物对某种液体的可溶性，将气态污染物（溶质）溶入液相（吸收剂或溶剂），又称湿式净化。吸收分为物理吸收和化学吸收，前者是简单的物理溶解过程，后者在吸收过程中气体组分与吸收剂还发生化学反应。

（2）电除尘器是利用静电分离原理使粉尘从气体中分离。它能分离粒径为1mm左右的细尘粒，除尘效率高（>99%），阻力小，处理烟气大，适用于高温或腐蚀性气体。

（3）废气中污染物含量低、净化要求高，物理吸收难于满足要求，化学吸收常常成为首选的方案。在一定的温度与压力下，混合气体与吸收剂接触时，混合气体中的组分向液相迁移而被吸收。

（4）绿化工程。植物能够净化空气，使污染的空气变得干净和新鲜，有些植物具有能吸收一定量的有害气体，吸滞灰尘，吸收空气中的放射物质，减弱噪声和净化污水等功能。利用植物的净化能力来减轻和防止污染可以节省治理污染的费用，同时还起到美化环境的作用，因此，搞好绿化工作对保护环境有十分重要的意义。

## 第五节　食品工业噪声处理

### 一、食品工业噪声的来源

食品工业企业由于其工艺性质和设备配置使用等原因，存在着大量的噪声声源和相当程度的噪声污染。食品加工机械噪声是食品厂常见的噪声。食品（农副产品）加工机械噪声分为机械噪声、气流噪声和物料与机械撞击噪声三类。

### 二、食品工业噪声的处理方法

噪声在传播过程中有三个条件：噪声源、传播途径和接受者。因此，控制噪声必须从这三个方面采取措施，既需要分别研究，也需要综合考虑。

食品工业噪声控制首先是对噪声源的控制。

（1）机械噪声主要是高速旋转的机械运动，各零部件加工精度不够高、不平衡造成的振动，轴承精度不高、装配不妥造成的振动及辐射噪声。这类噪声可从材料、设计、制造、管理等方面采取相应的措施。如提高机械设备的加工精度和装配技术等。

（2）物料撞击噪声主要在机器外壳，管道弯头等部位出现。在可能情况下加装减少撞压的材料和吸收阻隔噪声的材料。

（3）气流噪声主要是各种风机进排气口，高速旋转形成涡流，以及输送管道中产生的空气动力性噪声。可以采取被动的噪声控制措施，如阻尼减振、隔声等。还可以降低气流速度，以降低湍流噪声，采用消声器、消声坑道和隔声技术等。

## 【思考题】

1. 何为食品加工业的三废？有何危害？
2. 食品加工废水的特性是什么？处理废水有哪些方法？
3. 食品工业固体废料的种类及其特征？如何处理固体废料？
4. 食品工业废气的种类及特征？有什么处理方法？
5. 食品工业噪声的来源是什么？如何处理？

# 第二章　三废的利用

【学习指导】

通过生产事例了解几种三废利用的方法。

## 第一节　概　　述

食品工业产生的废弃物，有机质比例高、有害物质相对含量少，生物可降解率可达80%以上，其资源优势很大，综合利用途径很多。处理废物的总原则为减量化、资源化、无害化。采取相应的方法处理废弃物，制取可用的材料或能量，进行物质回收、物质转换、能量转换。对废弃物进行综合利用，使废弃物具有最佳的经济价值，同时应尽可能地减少和防止从一切生产和消费活动中产生废物。总之，综合利用是实现废弃物资源化和减量化，解决环境污染及实现经济效益、环境效益、社会效益统一的最重要手段之一。

## 第二节　食品工厂三废的利用

不同的废弃物经不同的方法处理后，可以得到具有不同用途的二次资源，例如：

（1）豆制品生产中产生大量的有机废水，这些废水中含有多种多样的营养物质，直接排放不仅污染环境而且浪费资源。将大豆废水初步过滤，经超滤、反渗透、电渗析等处理脱去蛋白、浓缩脱盐，可制成大豆低聚糖、大豆乳清蛋白、大豆异黄酮等产品。

（2）生产玉米淀粉的提取淀粉废液，主要成分为可溶性蛋白质、碳水化合物、灰分、油脂、淀粉、乳酸等，经处理、脱水、除杂工序后可制备可溶性淀粉和纤维。

（3）从米渣、淀粉下脚料、棉子粕、芝麻粕、麸皮、豆渣等中，采用蛋白提取和菌细胞提取以及相应的处理技术，提取蛋白质、制成饲料蛋白，是增加植物蛋白产量的一个有效途径。

（4）葡萄酒的生产过程中会产生一些皮渣、酒脚料等废产物，对其进行处理。从这些废物中可以提取葡萄籽油、原花青素、酒石酸盐等有较高医用和商用价值的物质，皮渣还可作饲料添加剂。

（5）对水产品废弃物的加工利用，虾头、蟹壳经处理加工可制成甲壳素。甲壳素及其衍生产品在农业、医药、食品、化工、化妆品、生物技术、环保等许多方面都有着极其重要而广泛的用途。制成药物有强化免疫的功能，制成手术缝合线不必拆线，还可作为废水处理剂、食品保鲜剂、香烟黏合剂、植物生长调节剂等。利用鱼类废弃物生产鱼油和鱼粉，鱼油可用于提炼鱼肝油，也可代替矿物质油作为皮革制剂，或用于制造治疗糖尿病、高血压等病的药物原料；鱼粉可以用作高蛋白饲料。鱼皮可作为一种重要的皮革原料，鱼皮革制成皮鞋、手套、皮包、皮夹等物品很受消费者青睐。蚌壳可加工珍珠层粉和贝壳粉，珍珠层粉广泛应用于医药、化妆品制造；贝壳粉是饲料加工不可缺少的原料。鱼骨加工成骨粉，骨粉主要用作饲料添加剂。

【思考题】

1. 豆制品生产中产生大量的有机废水如何利用?
2. 生产玉米淀粉的提取淀粉废液如何利用?
3. 水产品加工废弃物的虾头、蟹壳有何再利用价值?

## 参考文献

[1] 仇农学，李剑超．食品环境工程学．北京：中国轻工业出版社，2010
[2] 曹健．食品发酵工业三废处理与工程实例．北京：化学工业出版社，2007
[3] 唐受印，戴友芝，刘忠义，周作明．食品工业废水处理．北京：化学工业出版社，2001
[4] 张国农．食品工厂设计与环境保护．北京：中国轻工业出版社，2005
[5] 周集体，张爱丽，金若菲．环境工程概论．大连：大连理工大学出版社，2007

# 高校食品质量与安全专业适用教材

**食品安全保藏学**（第二版）

- 定 价：38.00 元
- ISBN：978-7-5019-6141-2
- 作 者：刘兴华

**水产品安全性**（第二版）

- 定 价：39.00 元
- ISBN：978-7-5019-7642-3
- 作 者：林洪

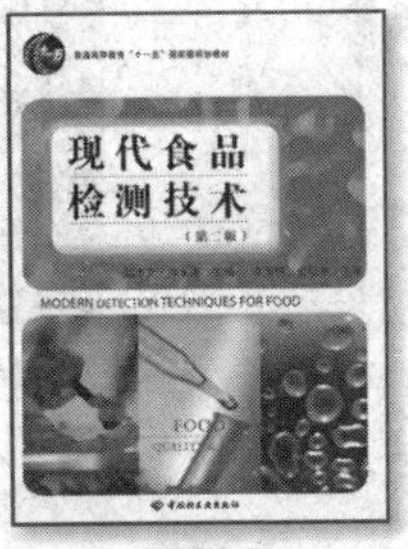


**现代食品检测技术**（第二版）

- 定 价：42.00 元
- ISBN：978-7-5019-6173-3
- 作 者：赵杰文，孙永梅

**食品加工中的安全控制**（第二版）

- 定 价：43.00 元
- ISBN：978-7-5019-6378-2
- 作 者：夏延斌，钱和

**食品质量与安全实验技术**（第二版）

- 定 价：40.00 元
- ISBN：978-7-5019-7903-5
- 作 者：汪东风

**食品毒理学**

- 定 价：41.00 元
- ISBN：978-7-5019-5023-2
- 作 者：刘宁，沈明浩

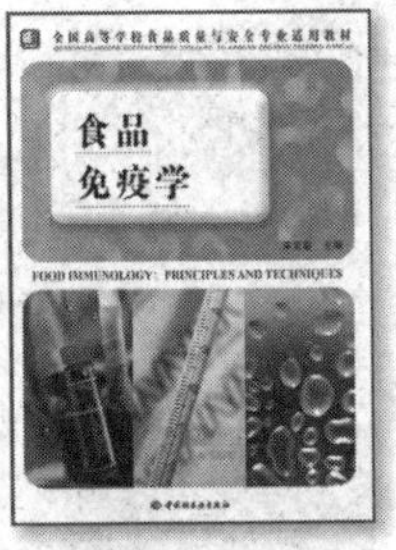


**食品免疫学**

- 定 价：38.00 元
- ISBN：978-7-5019-6835-0
- 作 者：宋宏新

**食品工艺学概论**

- 定 价：45.00 元
- ISBN：978-7-5019-5380-6
- 作 者：王如福

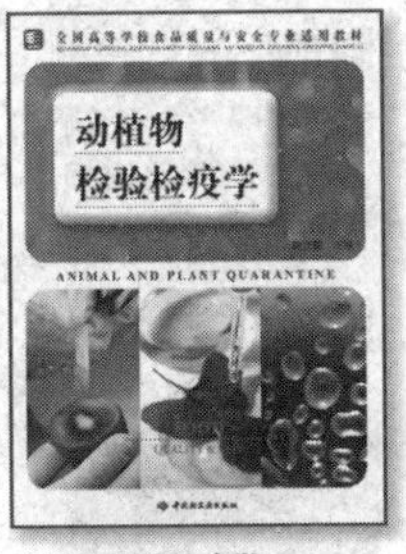


**动植物检验检疫学**

- 定 价：48.00 元
- ISBN：978-7-5019-6363-8
- 作 者：鞠兴荣

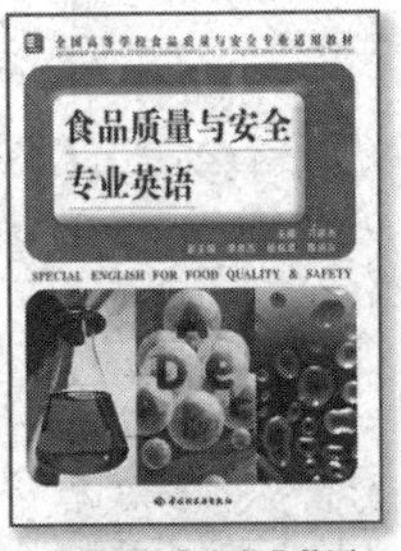


**食品质量与安全专业英语**

- 定 价：35.00 元
- ISBN：978-7-5019-6036-1
- 作 者：刁恩杰

**食品环境学**

- 定 价：35.00 元
- ISBN：978-7-5019-5573-2
- 作 者：张建新，沈明浩

**食品微生物学**

- 定 价：40.00 元
- ISBN：978-7-5019-5545-9
- 作 者：董明盛

**食品标准与法规**

- 定 价：36.00 元
- ISBN：978-7-5019-5506-9
- 作 者：张建新

**食品原料安全控制**

- 定 价：38.00 元
- ISBN：978-7-5019-5519-0
- 作 者：艾启俊，陈辉

# 国外优秀食品科学与工程专业教材

**食品化学**（第四版）
- 定 价：120.00元
- ISBN：978-7-5019-9053-5
- 作 者：Srinivasan Damodaran<br>Kirk L.Parkin<br>Owen R.Pennema

**基础食品微生物**（第四版）
- 定 价：68.00元
- ISBN：978-7-5019-9215-7
- 作 者：Bikey Ray<br>Arun Bhunia

**食品科学导论**（影印版）
- 定 价：43.00元
- ISBN：978-7-5019-4976-2
- 作 者：Rick Parker

**食品科学导论**
- 定 价：58.00元
- ISBN：978-7-5019-5532-9
- 作 者：Rick Parker

**食品科学**（第五版）
- 定 价：70.00元
- ISBN：7-5019-3004-X
- 作 者：Norman N.Potter<br>Joseph H.Hotchkiss

**现代食品微生物**（第五版）
- 定 价：75.00元
- ISBN：7-5019-2603-4
- 作 者：James M.Jay

**食品卫生原理**（第四版）
- 定 价：46.00元
- ISBN：978-7-5019-2601-8
- 作 者：Norman G.Marriott

**食品分析**（第三版）
- 定 价：80.00元
- ISBN：978-7-5019-8685-9
- 作 者：S.Suzanne Nielsen

**发酵食品微生物学**（第二版）
- 定 价：85.00元
- ISBN：7-5019-2605-0
- 作 者：Brian J.B.Wood

**食品加工原理**
- 定 价：30.00元
- ISBN：978-7-5019-2600-X
- 作 者：Dennis R.Heldman<br>Richard W. Hartel

**食品工程导论**（第三版）
- 定 价：54.00元
- ISBN：978-7-5019-9422-3
- 作 者：R. Paul Singh<br>Dennis R.Heldman

**食品化学实验指导**（第二版）
- 定 价：19.00元
- ISBN：978-7-5019-6624-0
- 作 者：Connie M.Weaver<br>James R.Daniel

**食品加工原理**（影印版）
- 定 价：37.00元
- ISBN：978-7-5019-5560-2
- 作 者：Dennis R.Heldman<br>Richard W.Hartel

**食品分析实验指导**
- 定 价：23.00元
- ISBN：978-7-5019-6597-7
- 作 者：S.Suzanne Nielsen

**食品供应链管理**
- 定 价：26.00元
- ISBN：978-7-5019-7136-7
- 作 者：Michael A.Bourlakis<br>Paul W.H.Weightman

**功能性食品学**
- 定 价：36.00元
- ISBN：978-7-5019-7964-6
- 作 者：Mingrou Guo

**食品微生物学实验指导**
- 定 价：25.00元
- ISBN：978-7-5019-5789-7
- 作 者：Lynne Mclandsborough

**食品工艺学实验指导**
- 定 价：32.00元
- ISBN：978-7-5019-8695-8
- 作 者：Frank D.Conforti

**感官评定实践**（第三版）（影印版）
- 定 价：40.00元
- ISBN：978-7-5019-6052-1
- 作 者：Herbert Stone<br>Joel L.Sidel